本辑刊的编辑出版受以下项目资助：

- 国家社科基金重大项目"西方史学史谱系中的文明范式研究"
  （项目号 19ZDA237）

全球史评论

第二十八辑

（2025 No.1）

Global History Review Vol.28

刘新成 刘文明◎主 编

中国社会科学出版社

图书在版编目（CIP）数据

全球史评论. 第 28 辑 / 刘新成，刘文明主编.
北京 ： 中国社会科学出版社，2025. 6. -- ISBN 978-7
-5227-5225-9

Ⅰ. K107

中国国家版本馆 CIP 数据核字第 2025401Y43 号

出 版 人　赵剑英
责任编辑　安　芳
责任校对　张爱华
责任印制　李寡寡

出　　　版　中国社会科学出版社
社　　　址　北京鼓楼西大街甲 158 号
邮　　　编　100720
网　　　址　http://www.csspw.cn
发 行 部　010-84083685
门 市 部　010-84029450
经　　　销　新华书店及其他书店

印　　　刷　北京明恒达印务有限公司
装　　　订　廊坊市广阳区广增装订厂
版　　　次　2025 年 6 月第 1 版
印　　　次　2025 年 6 月第 1 次印刷

开　　　本　710×1000　1/16
印　　　张　24.25
字　　　数　386 千字
定　　　价　128.00 元

全球史评论

Global History Review

目　录

圆桌论坛
全球文明史视域中的中国式现代化

全球史理论与方法

专题研究

学术评论

海外新书评介

Contents

Roundtable
Chinese Modernization in the Perspective of the History of Global Civilization

Theories and Methods for Global History

Research Articles

Review Articles

Book Reviews

Roundtable Forum

圆桌论坛

全球文明史视域中的中国式现代化[*]

董欣洁

从马克思主义出发，文明是人类的社会实践成果，其发展是生产和交往两种基本动力协同作用的产物，文明史即文明演化历程则是人的能动的生活过程，核心问题是如何使实践成果不断再生产，如何使人本身存续并不断摆脱被异化状态，获得自由平等的全面发展。中国式现代化全面建成小康社会，创造人类文明新形态，这是全球文明史上前所未有的大变革、大事件，是对全人类共同价值的积极践行，更是对世界和平与发展的巨大贡献。目前，学界还很少从全球文明史的视域来衡量这个人类文明的重大新成就。一旦从人类文明演化历程的纵深视域来考察中国式现代化，就会看到，中国式现代化作为一种全新的现代化模式，不仅是对西方式现代化理论和实践的重大超越，而且以合作发展互利共赢的思路开辟了人类共同实现现代化的新境界，引领了人类文明进步的发展方向。

一 现代化的历史必然性与实践多样性

18 世纪中叶以后，西欧北美地区的资本主义国家率先开启了工业化进程。作为第一个实现现代化的文明，西方文明试图垄断对现代化的定义和

---

* 本文是国家社会科学基金项目"中国世界史话语体系构建研究"（项目编号：21BSS013）、中国历史研究院智库基础研究项目（项目编号：ZKJC250504）、2024 年习近平文化思想研究中心重大课题"推动文明交流互鉴研究"（项目编号：24&WZD26）的阶段性成果、中国社会科学院重大交办项目"新中国成立以来历史学重大基础理论问题研究"（编号 2025YZDJ003）。

解释权。它们鼓吹现代化等同于西方化或美国化，鼓吹亚非拉国家只要以西欧北美的历史经验为基础，通过渐进的变革而不是激进的革命就能自动实现现代化的社会转型。第二次世界大战后，这套论调曾经给发展中国家造成严重的精神束缚甚至实践困境，但在当今世界已经破产。全球文明多姿多彩，发展道路多元多样，现代化同样如此。实现现代化是 1840 年以后中国人民的不懈追求，同样也是全球各国人民的共同追求。国际社会已经认识到，追求现代化是各国固有权利，是基于各国历史和国情的自主发展道路选择。究其实质，现代化是人类从农业社会迈向工业社会的大型文明实践，是人类文明演化过程中的一个必经阶段，具有社会生产力发展客观要求上的历史必然性。现代化的推动主体是国家，受到国家多样性的影响，现代化天然地具有实践路径的多样性。

中西学界对现代化的前述两个属性已有相当程度的共识。有学者指出，广义的现代化作为一个世界性历史过程，是指人类社会从工业革命以来所经历的急剧变革，即以工业化为推动力，从传统农业社会向现代工业社会的全球性转变过程；狭义的现代化是落后国家采取高效率的途径（其中包括可利用的传统因素），通过有计划地改造经济技术和学习世界先进经验，带动广泛的社会改革，以迅速赶上先进工业国和适应现代世界环境的发展过程。[①] 还有学者指出，现代化的核心过程是工业化，经济增长成为主要的社会目标，追求成就的动机成为个人层面的主要目标。[②] 也有学者认为，"现代化理论"是一种经济和社会理论，旨在概念化传统社会或不发达社会朝着更复杂分工和更精细社会政治组织模式发展时的变化过程。[③] 18 世纪中叶以后，世界的现实发展表明，现代化的核心基础是工业化，工业的生产方式一经出现，就会席卷全球。农业生产方式对人类文明演化具有奠基意义，工业化则代表着人类文明生产力在质上的飞跃。

不过，工业化只是现代化的一个核心特征，另一个核心特征则是人类社会生活的日益一体化。"工业化是指工业在国民总产值中超过农业，居

①　罗荣渠：《现代化新论——世界与中国的现代化进程》（增订版），商务印书馆 2004 年版，第 17 页。

②　Ronald Inglehart, *Modernization and Postmodernization：Cultural, Economic, and Political Change in 43 Societies*, Princeton：Princeton University Press, 1997, "Introduction," p. 5.

③　R. J. Barry Jones, ed. , *Routledge Encyclopedia of International Political Economy*, Volume 2, London and New York：Routledge, 2001, p. 1031.

于支配地位，并具有装备国民经济其他部门的能力。"① 没有工业化就没有现代化，追求现代化必然导致社会生活的日益一体化，这是由工业化的社会化大生产决定的。工业化增加了人类交往的手段，提高了人类交往的速度，使得原本缓慢地、自发地演化的社会生活加速一体化，城镇化所代表的大量人群聚集生活就是其中一个明显的现象。笔者以为，所谓现代化，用最简单的话概括，就是建立在工业化基础上的社会生活一体化。20 世纪中叶以后，信息化技术飞速发展，更加凸显了现代化的社会生活一体化特征。到 2023 年，全球 97.9% 的人口被第二代移动通信技术（2G）及以上的移动网络覆盖。② 建立在区域内部和区域之间的数字化互联互通，有力推动了社会生活一体化的不断深化。信息化与工业化的融合发展就会产生新型工业化。中国式现代化大力推进新型工业化，积极践行"科技含量高、经济效益好、资源消耗低、环境污染少、人力资源优势得到充分发挥"的工业化发展道路。这在理论和实践上拓展并丰富了工业化和现代化的概念内涵。

二 中国式现代化创造人类文明新形态

中国式现代化"实现了当代人类社会最伟大的经济和社会转型"，③ 创造了人类文明新形态。人类文明新形态是中华文明在中国特色社会主义初级阶段的新形态，其最鲜明的特征是："既以经济建设为中心，又全面推进经济、政治、文化、社会、生态文明以及其他各方面建设；既坚持四项基本原则，又坚持改革开放；既不断解放和发展生产力，又促进人的全面发展、逐步实现全体人民共同富裕。"④ 中国成为世界第一制造业大国、货物贸易第一大国、最具成长性的超大规模市场；具有最完整的产业体系、当代规模最大的教育体系和社会保障体系；是森林资源增长最多和人工造

---

① 中国社会科学院研究室编：《世界沧桑 150 年：〈共产党宣言〉发表以来世界发生的主要变化》，社会科学文献出版社 2002 年版，第 53 页。
② 中国国际发展知识中心：《全球发展报告 2024：动荡变革的世界：合作应对全球共同挑战》，中国发展出版社、中信出版社 2024 年版，第 10 页。
③ 中华人民共和国国务院新闻办公室：《中国的全面小康》，人民出版社 2021 年版，第 59 页。
④ 中华人民共和国国务院新闻办公室：《中国的全面小康》，第 62 页。

林面积最大的国家；经历了世界近现代史上规模最大、速度最快的城镇化进程；是国际社会公认的最有安全感的国家之一。国家统计局数据表明：2012—2024 年，中国国内生产总值从 53.9 万亿元增长到超 134.9 万亿元，规模稳居全球第二位；2024 年，我国 5% 的经济增速在世界主要经济体中居于前列，继续是世界经济增长的重要动力源。

中国式现代化在中华大地上全面建成了小康社会，历史性地解决了绝对贫困问题。中国的全面小康，"体现发展的平衡性、协调性和可持续性，是物质文明、政治文明、精神文明、社会文明、生态文明协调发展的小康；是不断满足人民日益增长的多样化多层次多方面需求，不断促进人的全面发展的小康；是国家富强、民族振兴、人民幸福，多维度、全方位的小康"①。仅以文体事业为例，截至 2020 年底，"全国共有公共图书馆 3212 个、美术馆 618 个、博物馆 5788 家、文化馆 3327 个、乡镇综合文化站 32825 个、村级综合性文化服务中心 57.5 万多个。所有公共图书馆、文化馆、文化站、美术馆和 90% 以上的博物馆已实行免费开放"，"全国共有体育场地 371.3 万个，体育场地面积 31 亿平方米，人均体育场地面积达 2.2 平方米"②。这些数据表明，中国式现代化真正将人的自由平等的全面发展作为核心，将实现人的全面发展和实现全体人民发展有机统一。

中国式现代化创造的人类文明新形态，在社会主义公有制占主体的情况下保证了经济发展效率，在财富日益增长的情况下较好地实现了合理化社会分配，实现了高效的社会组织动员。居民收入增长和经济增长同步实现，人民的生活水平得到了切实提高。现有研究指出：1978—2017 年，中国 GDP 总量实际增长 34 倍，由劳动生产率 17 倍提高所支撑，人均 GDP 实际提高 23 倍，城乡居民实际可支配收入提高近 23 倍。③ 这表明，随着中国式现代化的不断成功，人民、社会、国家的利益实现了全球文明演化至今的最大一致性。人类文明新形态是人类社会形态演化的最新发展阶段，即新时代中国特色社会主义的文明新形态，并且极大地推动了各国各地区人民交往交融互鉴、不断释放自主发展潜能的人类命运共同体的发展。这在全球文明史上具有划时代的意义，是非常典型的纵向社会形态的

① 中华人民共和国国务院新闻办公室：《中国的全面小康》，第 9 页。
② 中华人民共和国国务院新闻办公室：《中国的全面小康》，第 23 页。
③ 蔡昉：《中国经济发展的世界意义》，中国社会科学出版社 2019 年版，第 471 页。

演化推动横向交往的新发展。

三 中国式现代化引领人类文明
进步的发展方向

中国特色社会主义新时代是我国发展新的历史方位，是以中国式现代化全面推进中华民族伟大复兴，是我国不断为人类作出更大贡献的时代。放眼全球，这个新时代也是各个文明交流互鉴蓬勃开展、各国各地区人民发展能动性不断展现的新时代。中国式现代化作为一种全新的现代化模式，不仅是对西方式现代化理论和实践的重大超越，而且以合作发展互利共赢的思路开辟了人类共同实现现代化的新境界，引领了人类文明进步的发展方向。

（一）

中国式现代化作为一种全新的现代化模式，是对西方式现代化理论和实践的重大超越。西方式的现代化理论"已经成为一种关于进步的幻象，它预言世界的未来发展方向是自由主义、资本主义和非革命化的"，[①] 成为西方企图控制世界发展方向的意识形态策略。美国的现代化理论家们"将西方的、工业化的、资本主义的民主国家，特别是美国，作为历史发展序列中的最高阶段，然后以此为出发点，标示出现代性较弱的社会与这个最高点之间的距离"，致力于为美国建立一种以"地位的优越性"为基础的特性。[②] 现代（即西方）知识被认为是设定标准的，那些没有达到这一标准的国家被认为是落后的。[③] 他们以此巩固美西方对现代化的主宰权及在世界秩序中的优势地位。西方式的现代化实践，则是建立在16世纪西欧资本主义兴起之后对亚非拉人民持续数百年的殖民掠夺和剥削的基础之上。

---

① ［美］雷迅马：《作为意识形态的现代化：社会科学与美国对第三世界政策》，牛可译，中央编译出版社 2003 年版，"中文版序"，第Ⅳ页。

② 雷迅马：《作为意识形态的现代化：社会科学与美国对第三世界政策》，牛可译，第6—7、26页。

③ Johannes Feichtinger, Anil Bhatti and Cornelia Hülmbauer, eds. , *How to Write the Global History of Knowledge-Making*: *Interaction*, *Circulation and the Transgression of Cultural Difference*, Springer Nature Switzerland AG, 2020, p. 7.

正如弗朗兹·法农指出："我们应该断然拒绝西方国家想强迫我们所处的境况。殖民主义和帝国主义在把它们的旗帜和警力从我们的领土上撤走时并未还清欠我们的债。几百年来，资本主义者在不发达国家的所作所为如同真正的战犯。资本主义为了增加它黄金和钻石贮藏，它的财富，为了建立它的权势，使用的主要手段是流放、屠杀、劳役、奴役。"① 资本主义的殖民主义和霸权主义、强权政治，是造成人类文明危机的根本原因。资本主义对发展中国家遭受的困苦磨难负有历史责任。

资本主义只是人类社会组织形态的晚近阶段之一，曾经创造了前所未有的生产力，其全球扩张极大地加速了人类文明横向交往进程，却不能垄断人类的现代化实践。追求自由发展和平等权利是人类文明的基本宗旨与可贵之处。随着发展中国家普遍开启现代化进程，现代化既不是西方化，也不是美国化，现代化是各国自身的权利与必然选择，已经成为全球共识。中国式现代化植根中华优秀传统文化，发扬了中华文明讲仁爱、重民本、守诚信、崇正义、尚和合、求大同的精神特质；同时还体现科学社会主义的先进本质，始终以人民为中心实现共同富裕，"不让一个人掉队，不让一个区域落下，不让一个民族滞后"，② 全体人民共享发展成果。中国式现代化摒弃了西方以资本为中心、两极分化、物质主义膨胀、对外扩张掠夺的现代化老路，创造了世所罕见的经济快速发展和社会长期稳定两大奇迹。中国式现代化蕴含的独特世界观、价值观、历史观、文明观、民主观、生态观等及其伟大实践，是对世界现代化理论和实践的重大创新，为广大发展中国家独立自主迈向现代化树立了典范。

中国式现代化作为科学社会主义的最新重大成果，在全球范围内受到广泛关注。国际社会积极解码中国的发展道路和成功秘诀。例如，2023年，在"中国式现代化与世界"蓝厅论坛上，美国亚洲协会董事会联席主席约翰·桑顿提出，美国的现实主义外交政策专家应该感觉得到，中国式现代化这个概念和过去人类五千年的发展历史都是不一样的；人类会成长、会进步，进入更高层级的水平，而不一定最终都会走向战争；中国式

---

① ［法］弗朗兹·法农：《全世界受苦的人》，万冰译，译林出版社 2005 年版，第 55 页。
② 中华人民共和国国务院新闻办公室：《中国的全面小康》，第 39 页。

现代化指向的就是这个方向，是更高层级的人类发展追求。① 冈比亚外长坦加拉（Mamadou Tangara）则指出，中国成功的现代化提示人们有四个关键因素值得在全世界范围内倡导：第一，实现现代化有多种途径；第二，每个国家都拥有不可剥夺的权利来实现其特有的现代化；第三，现代化没有放之四海皆准的模式；第四，现代化没有单一的标准，中国式现代化拓宽了全球的现代化路径。② 中国式现代化正在以高质量发展的新成就，为世界各国发展提供新机遇。

（二）

更重要的是，中国式现代化推动构建人类命运共同体，为各国共同实现现代化提供可持续动力，这是对马克思主义文明理论在本体论上的创新发展，即世界各国可以通过合作发展互利共赢共同实现现代化。这极大地提升了对人类文明演化的规律性认识。习近平总书记在 2023 年 10 月 18 日指出："我们追求的不是中国独善其身的现代化，而是期待同广大发展中国家在内的各国一道，共同实现现代化。世界现代化应该是和平发展的现代化、互利合作的现代化、共同繁荣的现代化。"③ 我们的人类文明新形态以维护世界和平、促进共同发展为宗旨推动构建人类命运共同体，以共商共建共享为原则推动"一带一路"建设，以相互尊重、合作共赢为基础走和平发展道路，以深化外交布局为依托打造全球伙伴关系，以公平正义为理念引领全球治理体系改革，积极推动各国各地区人民通过交流互鉴形成共识与合力，"共同建设持久和平、普遍安全、共同繁荣、开放包容、清洁美丽的世界"。④

中国式现代化既造福中国人民，又促进世界共同发展。新时代以来，中国团结国际社会各方推动构建人类命运共同体走深走实。例如，"全球南方"国家的国内积累无法满足经济发展的需求，面临迫切的融资问题。

---

① "约翰·桑顿：英语主导全球沟通渠道，中国故事被讲歪了"，https：//baijiahao. baidu. com/s？ id=1763765999667244164&wfr=spider&for=pc［2025-03-29］。

② "78 国代表围绕'中国式现代化与世界'都说了什么？"，https：//baijiahao. baidu. com/s？ id= 1764045027231658101&wfr=spider&for=pc［2025-03-29］

③ 习近平：《建设开放包容、互联互通、共同发展的世界》，《人民日报》2023 年 10 月 19 日。

④ 习近平：《习近平谈治国理政》第四卷，外文出版社 2022 年版，第 475 页。

已有研究指出：中国是全球发展融资的重要提供方，2013—2018 年，中国对外援助金额为 2702 亿元，覆盖 122 个国家和 20 个国际组织；"一带一路"国际合作为共建国家创造 42 万个工作岗位，让将近 4000 万人摆脱贫困；2013—2022 年，中国与"一带一路"共建国家进出口总额累计达到 19.1 万亿美元，双向投资累计超过 3800 亿美元，促进了各国产业结构升级和供应链优化。① 中国式现代化正在通过共建"一带一路"推动各国共同发展。共建"一带一路"从亚欧大陆延伸到非洲、拉美，从硬件基础设施立体互联互通网络，扩展到规则标准软联通和共建各国人民心联通。据相关统计，截至 2024 年 5 月 25 日，中欧班列累计开行突破 9 万列，发送货物超 870 万标箱，货值超 3800 亿美元；目前已通达欧洲 25 个国家 223 个城市，以及 11 个亚洲国家超过 100 个城市，服务网络基本覆盖欧亚全境。② "一带一路"倡议下的国际合作正在开辟人类文明相互尊重、交流互鉴、和平互利的广阔空间，已经成为共建国家携手发展的合作之路、机遇之路、繁荣之路，是全球最受欢迎的国际公共产品和最大规模的国际合作平台；推动构建人类命运共同体落地生根，开辟了人类共同实现现代化的新路径和新境界。

中国始终基于平等互利原则同其他发展中国家合作，以发展中国家的实际需求为前提，以提升发展中国家自主可持续发展能力为目标，通过贸易投资合作努力为发展中国家多渠道筹集发展资金；主要投入基础设施建设和生产领域，例如，21 世纪头 20 年，中国贷款帮助非洲建成的公路铁路超过 13000 千米、大型电力设施 80 多个、医疗设施 130 多个。③ 60 多年来，中非双方合作缔造了中非友好合作精神，即"真诚友好、平等相待、互利共赢、共同发展，主持公道、捍卫正义，顺应时势、开放包容"。2018 年中非合作论坛北京峰会提出构建更加紧密的中非命运共同体，中国

---

① 中国国际发展知识中心：《全球发展报告 2023：处在历史十字路口的全球发展》，中国发展出版社 2023 年版，第 126、127 页。中国国际发展知识中心：《全球发展报告 2024：动荡变革的世界：合作应对全球共同挑战》，第 81 页。

② "中欧班列累计开行突破 9 万列！"，https：//baijiahao. baidu. com/s？ id = 1800000803453589035&wfr= spider&for= pc ［2025-03-29］

③ 中国国际发展知识中心：《全球发展报告 2023：处在历史十字路口的全球发展》，第 126—127 页。

不仅是非洲经济发展的合作者，还是非洲国家社会进步的同路人。① 中国式现代化本身，是人口规模巨大、全体人民共同富裕、物质文明和精神文明相协调、人与自然和谐共生、走和平发展道路的现代化，具有各国人民都可以分享的实践经验和价值取向，给世界上那些既希望加快发展又希望保持自身独立性的国家和民族提供了全新选择。中国式现代化正在蓬勃开展的全球文明交流和互鉴中，鼓舞各国人民探索适合自身历史和国情的现代化道路。

结　语

综上所述，当今世界进入新的动荡变革期，全球格局正在发生调整重组，不过，全球人民追求美好生活的共同愿望，决定了人类文明要共同实现现代化的大方向不会改变。人类需要为自身文明走向和平、安全、繁荣、进步的光明前景尽快形成合力。全球合作亟须加强，既要深化南南合作，也要加强南北合作。中国式现代化推动构建人类命运共同体，就是为各国共同实现现代化提供可持续动力，引领人类文明进步的发展方向。人类命运共同体的经济意义，就在于将互利共赢的经济合作制度化，释放各国人民的自主发展潜能，以及在此基础上的生产关系的不断优化，在全球范围内实现更高层次的资源配置优化，促进全球范围内的物质再生产过程在质上的提升，使各个有机组成部分获得更合理的效益。这将整体提升人类社会的生产力，推动各国共同实现现代化。人类文明将由此迈上新的发展台阶。

（董欣洁，中国社会科学院大学教授、中国社会科学院历史理论研究所、史学理论研究中心研究员）

---

① 李曾骙、焦授松：《为构建更加紧密的中非命运共同体开启新篇章》，《光明日报》2018年8月31日第1版。

国际化背景下晚清公司制度的兴起

李 玉

中国近代公司制度发端于晚清，是当时的一种新生事物，其发展与变革却并非纯由内因所致，而是与国际因素有直接关系，经历了从"师夷"到"制夷"的愿景变化，在促进中国经济发展的同时，也催生了"公司卫国"的民族意识。

一 "师夷长制"：晚清公司制缘起

公司制度起源于西方，对资本主义的发展产生了强大的推动作用，马克思在《资本论》第一卷中写道："假如必须等待积累使某些单个资本增长到能够修筑铁路的程度，那么恐怕直到今天世界上还没有铁路。但是，集中通过股份公司转瞬之间就把这件事完成了。"① 西方学者对公司制度之于世界经济发展的意义给予高度肯定，认为"股份公司是一种使其他一切（经营）形式都黯然失色的组织。可以说，以其财政力量，能征服整个世界"②。

公司制度是近代西方列强对华殖民扩张过程中传入中国的，其最早的"示范"者主要是英国东印度公司。在鸦片战争之前的中国涉外官私文献中，"公司"一词专指东印度公司，这与近代前夕来华外国商船中东印度

---

① ［德］马克思：《资本论》第一卷，人民出版社 2004 年版，第 724 页。
② ［美］詹姆斯·W. 汤普逊：《中世纪晚期欧洲经济社会史》，商务印书馆 1996 年版，第601 页。

公司船占主导地位有较大关系。

表1　　　　　　　　18世纪后半期前往广东贸易的洋船统计

年度	英国东印度公司船	英国散船	法国船	荷兰船	瑞典船	丹麦船	美国船	其他国船	总计
1751	7	3	2	4	2	1			19
1780	12	12		4	3	3			34
1787	29	33	3	5	2	2	2	5	81
1792	16	23	2	3	1	1	6	5	57

资料来源：Immanuel C. Y. *Hsu*：*The Rise of Modern China*（the Second Edition），Oxford University Press，1975，p. 200.

在梁廷楠所著《粤海关志》第27卷《夷商》一节中，随处可见"英吉利国贸易公司""英吉利国公司""英吉利公司"等指称。该著还将广州的洋人商馆称作"公司馆""公司夷馆"或"英吉利公司夷馆"。近代早期其他介绍西方的著作，如萧令裕的《英吉利记》、梁廷楠的《夷氛闻记》、夏燮的《中西纪事》、林则徐主持翻译的《华事夷言》等都有相似的表述。

值得注意的是，在国人的早期认识中，与"公司"相随的还有一个"公班衙"的概念。例如道光十年（1830）广东行商伍受昌在给官府的呈禀中这样说道："向来各国夷船来广贸易，皆系各备资本，自行买卖，惟英吉利国向设公班衙，发船来粤贸易，名为公司。"① 两广总督卢坤等人在道光十四年（1834）的一份奏疏中说道："英吉利国在广东贸易，该国向设有公班衙名目，管理通国贸易……派有大、二、三、四班来粤，总理贸易事务，约束夷商。"② 奏疏中所讲"管理通国贸易"，是指东印度公司从英国所获的贸易垄断权。东印度公司成立于1600年，而英国在广州"设立公班衙及公司名目……见于乾隆十五年"，即150年之后的1750年。③

由传教士创办的中国境内最早用中文出版的期刊《东西洋考每月统记

① 梁廷楠：《粤海关志》卷27，第4页B，沈云龙主编：《近代中国史料丛刊》（以下简称《史料丛刊》）续编第184号，台北：文海出版社版1975年版，总第1900页。

② 中国史学会主编：《中国近代史资料丛刊·鸦片战争》（一），上海人民出版社1962年版，第119页。

③ 梁廷楠：《粤海关志》卷27，第5页A，《史料丛刊》续编第184号，总第1902页。

传》在道光戊戌年（1838）九月号刊载《公班衙》一文，针对华人对"公班衙""屡次闻此言，而不知其义"的状况，进行了专门讲解："公班衙者，为群商捐资贮本钱，共同作生意也。"虽然"荷兰公班衙"创始在先，但在郑成功收复台湾之后破产，而"英吉利公班衙渐渐兴焉"①。

近代国人在"开眼看世界"过程中，较早注意到了西方"公司"的强大功能。魏源在其名著《海国图志》中说道：

> 公司者，数十商辏资营运，出则通力合作，归则计本均分，其局大而联。……方其通商他国之始，造船炮、修河渠、占埠头、筑廛舍，费辄巨万，非一二商所能独任，故必众力易攀，甚至借国王资本以图之，故非公司不为功。②

王韬注意到，西洋各国商人经办贸易，"陆则有轮车，水则有轮船，同洲异域，无所不至。所往之处，动集数千百人为公司，其财充裕，其力无不足"，实乃古今未有之商贸办法。③ 马建忠则明确指出："外洋商务制胜之道，在于公司。"④ 陈炽更是系统论述"公司"在西方殖民过程中的作用与影响。

> 泰西公司之法，托始于西班牙。……西班牙当日之富强甲于天下。葡萄牙、英吉利踵之于后，乃遍开南洋万岛、非洲、澳洲，东达中华，西连印度。商途所及，兵船随之，教会继之，兼弱攻昧，取乱侮亡，兵饷所资，率倚公司之力。⑤

> 商人之秘术二：一曰占先，二曰归总。……归总者，公司也，总则制人，散者制于人，所谓长袖善舞，多财善贾者。二百年来英商之

---

① 爱汉者纂：《东西洋考每月统记传》道光戊戌九月号，总第418页下—420页上。
② 魏源：《海国图志》，岳麓书社1998年版，第38页；中国史学会主编《鸦片战争》（五），第578页。
③ 王韬：《弢园文录外编》卷10，中华书局1959年版，总第299页。
④ 马建忠：《适可斋记言》，中华书局1960年版，第3页。
⑤ 赵树贵等编：《陈炽集》，中华书局1997年版，第97—98页。

所以横行四海、独擅利权者也。①

晚清思想界的"公司"评论还有很多，时人对于"公司"功能与意义的认识，概括起来，可以用陈炽的一句话代表，那就是"公司一事乃富国强兵之实际，亦长驾远驭之宏规也"②。在这种普遍的推重思想之下，学习西方的公司制度，便被纳入晚清洋务运动开启的"师夷"思潮，成为与"师夷长技"并行的"师夷长制"的重要体现。

对于"公司"的功能与影响，洋务派官员体认较早，一方面在于他们是晚清较早的"开眼看世界"者；另一方面则是因为他们在办理"洋务"的过程中，少不了与西方"公司"的正面接触或直接交涉，充分认识到"公司"是西方对华"商战"的"利器"。

既然如此，那么中国在"师夷长技"的同时，就不得不"师夷长制"。李鸿章创办轮船招商局的目的，一方面是发展新式轮船航运业；另一方面就在于通过"招商"的方式创办中国本土的"公司"。

李鸿章等人认识到，西方对华"商战"的优势不仅在于"船坚炮利"与"物美价廉"，更在于其生产、经营组织制度，其中一大关键就是公司制，此法不仅可获"集资"之效，亦能收"合力"之功。借助公司制度，洋商"众擎易举"，集团作战，又有利器优品，自然非华商所能抵挡。所以李鸿章等人意识到必须创办中国自己的公司，期收大规模生产、经营之效，以与洋商抗衡，保卫中国利权。本着这样的想法，李鸿章等洋务官员开始了中国近代早期的公司实践，笔者曾经写过一篇《晚清洋务企业"仿西国公司之制"缘起简论》的文章，对此进行了梳理，从中可以发现，晚清洋务企业虽然多命名为"局"，对外则有意无意地表述为"公司"。

这些"官督商办公司"是中国最早的近代企业，也表明中国近代企业的发端不完全是市场发展自由选择的产物，更不是完全商办的结果，中西企业的产生路径有明显不同。政府的介入与推动对于企业创办起初是有利的，就连晚清喊出"官督商办猛如虎"的郑观应最初对于这种官、商、民，政府、市场、社会优势互补的企业机制也非常赞成。

---

① 赵树贵等编：《陈炽集》，第234页。
② 赵树贵等编：《陈炽集》，第98页。

二　"师夷良法"：晚清的公司立法

公司法从本质上是基于股权而对公司组织结构及运营过程的法律规定，西方各国在这方面早已捷足在前，对比之下，国人逐渐认识到，中国"但学西人开公司之法，而不学其章程，但学其形似，而不求神似"①，于是开始了制定商法的吁求。

早期改良派人士多通过著述介绍西方公司的经营机制，认为西方公司所以能"风声一播而富商立集，股票一出而巨款立致，盖其规画之精、风俗之纯、章程之善，有使人深信不疑者也"②。钟天纬在其著作中写道：西方公司"总办受成于各董，各董受成于各股东，上下箝制，耳目昭著，自然无弊"③。薛福成也指出："外洋公司所以无不举者，众志齐、章程密、禁约严、筹画精也；中国公司所以无一举者，众志漓、章程舛、禁约弛、筹画疏也。"④郑观应在1882年就专门向李鸿章介绍了"各国公司例"中的一些常规机制与具体做法。⑤他指出："华商公司不能振兴，由于有剥商之条，无保商之政。查各国商律，各公司股董皆由股东公举，总办由股董公举。国家虽岁有津贴数十万，当道亦无敢越俎代谋荐一人。……今我国向无商律，当道不知商情，不恤商艰，若是公司禀请当道设立，稍得利益者，即委员督办，岁须报效。"⑥他为此亟呼："今欲整顿商务，必须仿照西例，速定商律"⑦；"振兴工商，宜速定商律也；振兴工商，必先有商律……若无商律，何异国无法律"⑧。

甲午战争之后，中日签订《马关条约》，西方列强获得在华投资设厂的特权，民族经济面临前所未有的冲击，朝廷不得不加大重商力度。光绪

---

① 《书织布局章程后》，《申报》1887年7月30日，第1版。
② 丁凤麟等编：《薛福成选集》，上海人民出版社1987年版，第609页。
③ 钟天纬：《扩充商务十条》，《刖足集》外篇，版本信息不详，第75页。
④ 丁凤麟等编：《薛福成选集》，第481页。
⑤ 中国史学会主编：《中国近代史资料丛刊·洋务运动》（六），上海人民出版社1961年版，第113—114页。
⑥ 夏东元编：《郑观应集》下册，上海人民出版社1982年版，第574页。
⑦ 夏东元编：《郑观应集》上册，第612—613页。
⑧ 夏东元编：《郑观应集》下册，第187页。

帝发布谕旨，要求及时举办"恤商惠工"等"实政"①，将原有官办局厂"从速变计，招商承办"，并且"一切仿照西例，商总其成，官为保护"②。戊戌变法时期，朝廷设立农工商总局，督理大臣端方等人建议：华商"果能自筹股本，或纠集公司，查明款项属实，应即批准，给以文札议章兴办"；各省商务分局和官吏应"共同保护，不使掣肘"③。1903 年 4 月商部成立，"以顺商情、保商利为宗旨"④，"力行保商之政"⑤。

　　1904 年 1 月 21 日，由商部拟定的中国历史上第一部公司法——《公司律》奏准颁行。梁启超等人在日本听闻清政府即将制定公司法，特地在所办《新民丛报》上发表了题为《编纂商法问题》的专评，称其为清政府设立商部之后最可记述之事。据该报称，"商法草案由伍廷芳主稿，而袁世凯为会办"，系"由英美各商法译出。而以日本现行商法参酌之"。该报还评价道："中国数千年来无公告之成文法，今此次商法若出世，可为其嚆矢。"⑥

　　《公司律》规定："无论官办、商办、官商合办等各项公司及各局（凡经营商业者皆是）均应一体遵守商部定例办理"；"附股人不论职官大小，或署己名，或以官阶署名，与无职之附股人均只认股东一律看待，其应得余利暨议决之权以及各项利益，与他股东一体均沾，无稍立异"。这些条款文本体现了股权平等的经营原则，有助于消除企业中的各项特权。该律还对股东会、董事会的设置作了具体规定，为公司经营运作提供了指导。

　　正因为该律体现了股权平等、股东平等的原则，所以为晚清洋务民用企业从"官督商办"向"商办"的改制提供了法律依据，也对晚清股东阶层兴起之后的股权对抗官权产生了一定的促进作用。轮船招商局依照《公司律》与邮传部围绕企业经营机制进行了反复博弈，加快了公司商办化进程。各省铁路公司在实行商办的过程中，也积极援用《公司律》的条款，提出相应诉求，多数实现了商办注册。

---

① 朱寿朋编：《光绪朝东华录》（四），中华书局 1984 年版，总第 3631 页。
② 朱寿朋编：《光绪朝东华录》（四），总第 3637 页。
③ 国家档案局明清档案馆编：《戊戌变法档案史料》，中华书局 1958 年版，第 397 页。
④ 刘锦藻编：《清朝续文献通考》卷 364，商务印书馆 1936 年版，考 11089。
⑤ 朱寿朋编：《光绪朝东华录》（五），中华书局 1984 年版，总第 5091 页。
⑥ 《新民丛报》第 38、39 合辑，光绪二十九年八月十四日。

《公司律》还推动了公司创办热潮，时人指出，对于投资者而言，其"企业心"之强弱，以及经营方法之良窳，皆与公司法制"有直接间接之关系"。所以，"国家颁发诸律，以裁制之、监督之当否，尤公司盛衰一大原因也"①。除了《公司律》，清政府还制定了一系列奖励公司的政策法规，其促进与鼓励作用也不可低估。时人这样记述："我国比年鉴于世界大势，渐知实业为富强之本，朝野上下，汲汲以此为务。于是，政府立农工商专部，编纂商律，立奖励实业宠以爵衔之制，而人民亦群起而应之"，创办公司"不可谓非一时之盛也"。② 截至1910年，在农工商部注册的企业共计345家，额定资本17648.32万元。其中股份有限公司197家，额定资本16598.881万元；股份无限公司2家，额定资本18.108万元；合资有限公司68家，额定资本686.229万元；合资无限公司29家，额定资本127.147万元。③

三　公司制建设与晚清民族意识

晚清公司制度兴起过程与抵制列强、反抗不平等的民族意识兴起相一致，这反映在国人对待外商、外资、外企、外国商品、技术、制度的态度上。当然，上述各个要素在其中的权重不一样，前四项受到的抵制尤为强烈，是国人谋求"制夷"的主要方面，后两项则是"师夷"的主要方面，当然还是为了"制夷"。而且，制度方面的"师夷"逐渐被上升为增强民族经济实力、巩固国家经济安全的重要路径。随着中外商战的进行，国人越来越意识到，中国公司的发展不仅关乎商务，更关乎国运，发展公司经济与保卫商权、捍卫国权的联系日益紧密。

钟天纬注意到："华商势分，分则力薄本微，不能经营远略；西人势合，合则本大力厚，而无往不前，所谓独立难成，众擎易举，公司是已。"④ 还有人指出："西商每创一公司，集资辄至千万以上，经始之初，规模宏远，数年以后，成效渐著，获利如操左券……华商力量浅薄，动即

---

① 《读大清公司律》，《成都商报》第3期，宣统二年（1910）五月二十一日。
② 汪敬虞编：《中国近代工业史资料》第二辑下册，科学出版社1957年版，第726页。
③ 李玉：《晚清公司制度建设研究》，人民出版社2002年版，第133页。
④ 钟天纬：《扩充商务十条》，《刖足集》外篇，版本信息不详，第74页。

受人挟制，鲜有能自立者。"① 换言之，中国商务"其所以易败而鲜成者，以公司之难集也"②；正因为以往"华人不肯设立公司，其势分，分则商务日衰"，所以中国欲振兴商务，就必须大力发展公司制度。③

尤其是由公司"众擎易举"功能而升华出的"资本团结战斗力"逐渐被国人发挥到对抗洋商方面。在一些特定领域，"认股"被视为"爱国"行为。资本的民族意识得到充分挖掘，"马负千钧，蚁驮一粒，各量其力，各尽我心"④，以期"保我财产身命""保我土地国权"⑤的理念激励着民众量力出资，挽救国难。因为"多购一股即少失一股利权"⑥，"多得一股分即多存一分命脉"⑦。国人深切地意识到"洋人的股本都是三千万、五千万，我们以这三千、五千吊钱，是战他不过的"，所以必须进行联合，"富者一人可入几万股、几千股，贫者几人、几十人亦能入一股。人多则股自多，招集数百万、数千万的股本，也是容易凑积了"⑧。反之，如果"吾侪不及今谋以自力联合大资本，组织大公司，经营大事业，而一任外国人以资本垄断我利源"，则国运与民命将会非常危险。而且时不我待，必须立即行动，"失今不图，过此以往，虽有大力无所补救"⑨。于是，资本联合的国家战略意义激励着国人开始大办公司、办大公司。

例如在江、浙两省，为抵制外债，独立修筑苏杭甬铁路，开展了轰轰烈烈的路股劝募运动，正如时人所言："空言无补，必有实力；实力奈何，惟有赶紧自行招足股本之一法"⑩；"今日之事，以招足股本为第一要

---

① 《论公司之益》，金匮阙铸补斋辑：《皇朝新政文编》卷10，第12页，《史料丛刊》三篇第292号，台北：文海出版社1987年版，总第342页。

② 丁凤麟等编：《薛福成选集》，第609页。

③ 《行商必藉公司说》，《申报》1898年4月7日，第1版；邵之棠编：《皇朝经世文统编》卷六十三，理财部八·公司。

④ 《商团公会公启》，墨悲编：《江浙铁路风潮》，台北：中国国民党党史史料编纂委员会1983年影印版，第149页。

⑤ 《三育高等小学校、女学校劝募路股》，墨悲编：《江浙铁路风潮》，第146页。

⑥ 《长元吴公立高等小学堂全体学生公启》，墨悲编：《江浙铁路风潮》，第152页。

⑦ 复旦公学嘉兴学生：《致嘉郡师范、府中两校函》，墨悲编：《江浙铁路风潮》，第153页。

⑧ 汪敬虞编：《中国近代工业史资料》第2辑，下册，第763页。

⑨ 戴执礼编：《四川保路运动史料》，科学出版社1959年版，第21页。

⑩ 《浙人拒绝借款之通告》，《申报》1907年10月30日，第12版。

义"①；"惟有苏浙同胞，多买路股，为无上之策也"②。各地官绅团体、旅沪同乡会、各行业团体、教育机构纷纷表态，共襄认资集股之盛举。其他各省路矿公司在招股时也都不同程度地表现出这样的导向，例如山西保晋公司招股之时正告民众："集股者，谋全省之利益也，防外人之窥伺也。"③可见，在晚清的挽回利权运动中，个人出资认股已非单纯的投资行为，而在一定程度上附着了"保家卫国"的非经济含义。

结　语

国际化与现代化是近代中国面临的两大发展路向，两者既相区别又紧密联系，其交叉之处在于都受到了西方帝国主义的影响，由此决定了中国国际化与现代化的历史处境。

西方学者对于近代中国的发展样态及其特征提出了多种解释，其中费正清等人的"冲击—反应"学说影响尤大，后来他的同事柯文不得不从"中国中心"看问题，也正说明了这一点。

发生在中国的历史，自然要从中国出发去"看"，但问题是"如何看"，或者说"看出什么"。柯文本人也注意到帝国主义对中国的影响，他继《在中国发现历史》之后的另一本专著《历史三调：作为事件、经历和神话的义和团》也对洋人、洋物等"帝国主义的影响"进行了充分讨论。也就是说，柯文并未否认费正清的观点，更没完全否认义和团是帝国主义"冲击"中国的"反应"之一。

问题是近代中国面临的"帝国主义"是一个复合体，既包括有形的、物质的内容，也包含无形的、文化的层面，由此造成的对华"冲击"是多样态、多层次的，从而决定了近代中国国际化与现代化进程的复杂性。

毫无疑问，从晚清开始的中国公司制度建设是西方对华"冲击—反应"的结果之一，但其演进又有着与其他结果不尽相同的表征。

与"长技"一样，作为西方"长制"之一的公司制度，对于近代中国

---

①　《民立中学堂开保路会》，《申报》1907年11月5日，第3版。

②　《敬劝苏浙同人入苏杭甬路股书》，《申报》1907年11月7日，第2版。

③　新元：《矿务招股与赔款之难易》，《晋阳公报》1908年12月19日，载李浩、郭海编著《晋矿魂——李培仁与山西争矿运动》，山西人民出版社2001年版，第232页。

的冲击同样巨大，中国不得不向西方学习。同技术引进一样，中国的公司制度引进经历了由被动到主动的过程。晚清"官督商办公司"是起步阶段的产物，这与公司制度建设肇端于官方，主要是洋务派官员有较大关系。但随着本土探索中不断暴露出各类问题，"官督商办公司"的社会信誉日渐丧失，国人开始了对西方公司法制的主动学习与引进。而且在此过程中，期望综合吸收西方各国公司立法之善。例如，1909 年由上海总商会、商学总会与预备立宪公会组织专人在广泛调研的基础之上拟定了《公司律调查案理由书》，"仅就其总纲所揭者言之……或取英国主义，或取德国主义，或取日本及其他各国主义，准以学理，参以向来习惯，逐条诠释，蔚为巨篇，实为中国从来未有之草案"①。这种面向国际，"准以学理，参以向来习惯"的立法原则，在辛亥革命之后的历次公司法制定中也都得到体现。

学习西方的公司制度与公司法，是为了更好地发展中国本土的公司、民族的公司，而这样做则是为了更好地抵制与对抗外国公司。这种以公司为主力的"商战"，不仅影响民生，更关乎国运。时人认识到"至今日，观国者竟以一国公司数之多少、资本额之大小，分国家之等级，占国运之盛衰……一完美公司之力，优于三万吨之军舰、万人之军队，国家与公司之关系诚大矣"②。于是，在晚清，掀起了普遍的"认股爱国""公司卫国"的思潮。

由此可见，作为西方"冲击"产物之一的公司制度，在晚清经历了由"被动反应"到"主动因应"的过程。就"冲击"而言，意味着中国"被迫国际化"；就"因应"而言，则又体现了中国主动现代化的意愿。"被动中的主动"是近代中国国际化与现代化交织的背景之下谋求发展的重要特征，还有其他史实可以佐证，兹不赘述。③

（李玉，南京大学历史学院教授）

---

① 《书商法调查案理由书后》，《申报》1909 年 5 月 29 日第 1 张第 2、3 版。
② 《读大清公司律》，《成都商报》第 3 期，宣统二年（1910）五月二十一日。
③ 参见李玉《从被动到"被动中的主动"：晚清开埠制度的变迁》，《江苏社会科学》2011 年第 3 期。

生态文明视域中的中国式现代化：基于中西思想史的比较

乔　瑜

中国式现代化是人类文明发展史上的重大创新，它突破了西方现代化以资本为中心、牺牲生态环境的传统模式，开创了一条人与自然和谐共生的新型现代化道路。这一发展模式既根植于中国自身的历史经验与文化传统，又体现了对西方现代化模式的深刻反思与超越。从生态文明的视角出发，通过中西思想史的比较研究，能够更清晰地把握中国式现代化的历史逻辑、理论根基及其独特的价值内涵，从而为全球可持续发展提供新的思路与借鉴。

一　西方现代化进程中生态困境的思想根源

西方现代化的历史进程始于 18 世纪的工业革命，这一革命以蒸汽机的发明与应用为标志，开启了人类社会工业化与现代化的新纪元。工业革命不仅推动了西方国家的经济腾飞，也确立了资本主义在全球的主导地位。然而，这一进程伴随着对自然资源的无节制开发与生态系统的严重破坏。煤炭、石油等化石燃料的大规模使用，以及工业废物的排放，导致了环境污染、资源枯竭和生物多样性丧失等生态问题。更为严重的是，西方国家通过殖民扩张和产业转移，将生态危机转嫁给发展中国家，加剧了全球生态不平等。这种以牺牲环境为代价的发展模式，最终引发了全球性的气候危机、生态退化。

西方现代化的生态困境并非偶然，其深层根源在于人类中心主义的思想传统与资本逻辑的支配。自启蒙运动以来，西方思想界强调人类的理性与主体性，将自然视为征服与利用的对象。这种"人为自然立法"的思想体系忽视了人与自然的内在联系，将自然简化为资源供给的工具。在资本主义框架下，这一思想进一步演变为对利润最大化的无限追逐，资本逻辑成为现代化的核心驱动力。资本将自然与人类劳动视为生产要素，通过不断扩张与掠夺实现增值，导致资源的过度开发与生态价值的边缘化。资本主义的逐利本性使得企业在生产中更关注短期利益，而忽视长期的生态后果。

此外，西方现代化的生态治理模式也存在根本性局限。尽管生态现代化理论强调技术创新与市场机制的作用，但其未能触及资本主义生产关系的本质。生态治理更多依赖技术修复与市场调节，而忽视了制度与文化的深层次变革。这种表面化的治理方式无法从根本上解决生态危机，甚至在一定程度上加剧了问题。例如，西方民主制度下的选票政治使得政策制定倾向于短期经济利益，而忽视生态治理的长期性与复杂性。政治家为赢得选民支持，往往采取短视的经济刺激政策，导致生态治理政策的碎片化与不可持续性。全球化进一步放大了西方现代化的生态困境。西方国家通过将高污染、高耗能产业转移至发展中国家，将生态成本转嫁给"全球南方"国家。这种"生态殖民主义"不仅加剧了全球生态不平等，也使得全球生态治理陷入困境。

西方现代化的教训提醒我们，现代化并非只有单一模式，中国式现代化正是在反思西方经验的基础上，探索人与自然和谐共生的新道路。通过中西生态思想的比较研究，我们可以更深刻地理解中国式现代化的独特价值与全球意义。

二　中国生态文明思想的历史渊源与当代创新

中国式现代化的生态文明观是其区别于西方现代化的重要特征，体现了对西方现代化模式的深刻反思与超越。中国古代生态文化源远流长，儒家、道家、佛家等传统文化中蕴含着丰富的生态智慧。这些思想资源为中国式现代化的生态文明建设提供了坚实的理论基础。在全球生态危机日益严峻的今天，中国的生态文明建设正是基于这种传统思想的回归与创新。

儒家的生态思想集中体现于"天人合一"与"仁民爱物"。"天人合一"是儒家的宇宙观，强调天、地、人三才并立，相互依存，具有内在的统一性和关联性。人与自然是一个有机的整体，只有顺应自然规律，才能实现自身的可持续发展。这种思想不仅为儒家的生态观奠定了哲学基础，也为古代执政者提供了重要的管理理念，强调在治理国家时要尊重自然规律，实现人与自然和谐共生。因此，儒家还提倡"仁民爱物"的政治理念和道德指引，主张将仁爱之心从人类社会扩展到自然万物。中国古代是典型的农业社会，农业生产高度依赖自然环境和资源的可持续利用。成书于两汉的《礼记·月令》详细规定了天子一年四季的政治活动，其中蕴含了丰富的生态保护思想，要求人们尊重自然万物的生长规律，因时而动，保护自然资源，实现资源的可持续利用。①

与儒家的"天人合一"相呼应，道家则以"道法自然"为核心，主张顺应自然规律，尊重万物的自主性和平等性，进一步丰富了古代中国生态智慧的内涵。首先，老子提出，"人法地，地法天，天法道，道法自然"，强调人与自然的统一性。"道"是自然的最高法则，万物皆由"道"而生。其次，道家还主张"无为而治"的生态实践，反对过度干预自然，认为人类应减少对自然的破坏，让万物自然生长。这种思想强调尊重自然的内在规律，避免因人类的贪婪和短视而破坏生态平衡。最后，道家还坚持"物无贵贱"的生态伦理，即万物平等，没有高低贵贱之分，尊重自然万物的生存权利。道家的生态思想为解决当代生态危机提供了重要的文化资源，强调通过减少人类对自然的干预，实现人与自然和谐共生。

佛教则通过"缘起论"和"众生平等"的理念，进一步从万物互联和生命同源的角度，拓展了对人与自然关系的深刻认知，为古代生态智慧提供了更为广阔的哲学视野。"缘起论"强调一切现象都是因缘和合而生，万物之间相互依存、不可分割，这一思想与现代生态学中的"生态系统"概念高度契合。"众生平等"思想主张一切生命都具有佛性，都应受到尊重和爱护，超越了人类中心主义，倡导对其他生命形式的慈悲与关怀。这种平等观念不仅体现在佛教徒的不杀生戒律中，也体现在对优美环境的崇尚中。

---

① 参见孙希旦撰《礼记集解》第 3 卷，上海古籍出版社 2008 年版。

儒释道三家虽然在思想体系和实践路径上各有侧重，但都强调人与自然和谐共生，体现了整体主义的生态观。这些思想将生态伦理纳入社会道德体系，推动人与自然和谐共生。习近平生态文明思想基于当代社会发展实际，对这些中华优秀传统文化进行丰富、创新和发展，提出"人与自然是生命共同体""绿水青山就是金山银山""人类发展活动必须尊重自然、顺应自然、保护自然"等重要论述。这些理念不仅继承了传统文化中对自然的敬畏与尊重，还通过现代科技与制度创新，实现了对传统生态智慧的创造性转化和创新性发展。同时，中国式现代化将生态环境保护放在与经济社会发展同等重要的地位，强调实现生态环境保护和经济高质量发展双赢，将促进人与自然和谐共生作为经济社会发展的重要价值追求。

三　马克思主义生态思想与中国式现代化的理论契合

在中国式现代化的进程中，生态文明建设不仅是对中华优秀传统文化的传承与创新，更是对马克思主义生态思想的实践与发展。马克思和恩格斯关于人与自然关系的深刻见解，尤其是他们对生态问题的批判性思考，为中国式现代化建设提供了重要的理论启迪。

马克思和恩格斯认为，人与自然的关系是辩证统一的。人类通过劳动与自然进行物质交换，但这种交换必须建立在尊重自然规律的基础上。马克思在《资本论》中指出，劳动是"人和自然之间的物质变换的过程"，[①]但人类不能无限制地掠夺自然，否则将破坏生态平衡。恩格斯则在《自然辩证法》中警告："我们不要过分陶醉于我们对自然界的胜利。对于每一次这样的胜利，自然界对我们进行报复。"[②] 他们批判了资本主义生产方式对自然的掠夺性利用，指出这种模式破坏了人与自然之间的物质代谢关系，导致生态危机。

中国式现代化强调人与自然和谐共生，这与马克思和恩格斯的生态思想高度契合。中国提出的"生态文明建设"理念，强调经济发展与生态保

---

① 《马克思恩格斯文集》第5卷，人民出版社2009年版，第208页。
② 《马克思恩格斯文集》第9卷，人民出版社2009年版，第559—560页。

护的协调，避免走"先污染后治理"的老路。中国在现代化进程中，深刻认识到资本主义工业化模式对生态环境的负面影响。因此，中国式现代化一再强调"绿水青山就是金山银山"的理念，推动产业结构升级，减少对高污染、高耗能产业的依赖，转向高质量发展，通过实施严格的环保政策和生态修复工程，努力避免资本主义工业化带来的生态灾难。

马克思和恩格斯还意识到生态问题的社会性，认为生态问题不仅是自然问题，更是社会问题。资本主义的生产关系和社会制度是导致生态危机的根源。他们主张通过改变社会制度来实现人与自然的和谐。马克思在《1844年经济学哲学手稿》中提到，共产主义社会将实现"人和自然界之间、人与人之间的矛盾的真正解决"[①]。此外，他们对科学技术的作用持辩证态度，认为科学技术既是人类改造自然的重要工具，也可能在资本主义的异化下成为破坏生态的力量。

中国式现代化强调社会主义制度的优越性，认为只有社会主义制度才能实现经济发展与生态保护的双赢。通过国家主导的生态文明建设，推动绿色发展理念深入人心，并在全球范围内倡导构建人类命运共同体，强调全球生态治理的合作与共享。中国式现代化高度重视科技创新在生态治理中的作用。不仅通过发展清洁能源、绿色技术和智能环保设备，推动科技与生态的深度融合，还通过推广节约资源、保护环境的理念，构建一种新的生态文明价值观。这种价值观不仅体现在政策层面，还深入社会文化和日常生活中，成为推动中国式现代化的重要文化资源。

结　论

通过中西历史的比较分析，中国式现代化的独特性得以更加清晰的呈现。这一现代化道路植根于中华优秀传统文化的生态智慧，并与马克思主义生态观深度融合，开创了一条人与自然和谐共生的新型现代化道路。中国式现代化不仅强调生态文明的制度建设、科技创新的应用，还积极参与全球生态治理，这一系列实践与马克思和恩格斯的生态思想具有深刻的内在一致性。从生态文明的视角审视，中国式现代化既是对西方现代化模式

---

① 《马克思恩格斯文集》第1卷，人民出版社2009年版，第185页。

的深刻反思，更是对其的实质性超越，为全球可持续发展提供了全新的路径选择。西方现代化模式以资本为核心驱动力，过度强调物质财富的积累，却忽视了人与自然的内在联系，最终导致了严重的生态危机和全球生态不平等。相比之下，中国式现代化坚持以人民为中心的发展理念，追求物质文明与精神文明的协调发展，超越了传统的人类中心主义，强调人与自然是休戚与共的生命共同体。

此外，中国式现代化的和平发展道路与西方的扩张掠夺模式形成了鲜明对比。中国通过自主创新和可持续发展实现现代化，摒弃了对外殖民和资源掠夺的传统路径，而是依靠科技创新和绿色发展推动经济持续增长。这种发展模式不仅顺应了人类文明的发展趋势，也为广大发展中国家提供了可资借鉴的新路径。中国式现代化的实践有力证明，现代化道路并非只有西方单一模式，而是可以根据各国的具体国情进行多样化探索。中国式现代化为人类探索更优越的社会制度提供了独特的视角，展现了人类文明发展的新图景，为构建人类命运共同体贡献了中国智慧和中国方案。

（乔瑜，首都师范大学历史学院副教授）

Theories and Methods for Global History

全球史理论与方法

全球史研究的"物质转向"*

乔吉奥·列略 (Giorgio Riello)

(石榴 译　石尚 校)

摘要　本文关注"全球史"和"物质文化"这两个不同领域之间的交汇与最终重合。全球史学家普遍认为,无论是商品、奢侈品、科学仪器、人种学标本,还是独一无二的艺术品,物质人工制品都被视为与人一样具有流动性。与此同时,全球史中所谓的"物质转向"也提出了一系列方法论和理论问题。首先从史学回顾开始,概览全球史中受此番"物质转向"影响的主要潮流和领域;然后在主体部分,由史学层面转入概念层面,将展示物质文化如何助益全球史,它所提供的系列方法和理论工具,让历史学家得以检视与重叙全球史,并对全球史要义的"连结性"概念加以修正。最后一个部分思考物质方法如何与近来所谓的全球微观史关联,以强调学术史和公共史学之间的能动性以及关系问题。

关键词　早期现代　物质文化　全球交流　艺术　消费　联系

---

* 本文发表之前曾在帕多瓦大学、都灵大学、巴塞尔大学、伦敦德国学院和巴黎高等师范大学进行过演讲。感谢 COST 活动"行动中的人"(People in Motion) 项目的组织者 Giovanni Tarantino 和 José María Pérez Fernández 鼓励我写作这篇文章。我还要感谢 Richard Butler、Susanna Burghartz、Anne Gerritsen、Beverly Lemire、Peter McNeil、Álvaro Sequeira Pinto、Glenda Sluga、Stéphane Van Damme,以及欧洲大学研究院的研究人员和图书馆的帮助。由于本文完成于 2020 年,最近发表的作品可能未能纳入本文的讨论。本文英文版见 Giorgio Riello," The 'Material Turn' in World and Global History," *Journal of World History*, Vol. 33, No. 2, June 2022, pp. 193 – 232. DOI: https://doi. org/10. 1353/jwh. 2022. 0019

当我们谈论各类"转向"时，会冒着过分强调变化的风险。这就是为什么在历史学领域"文化转向"和"语言转向"失去了新奇的吸引力之后，便面临着规模缩减的境况。① 九十度的"转向"变化对于全球史领域来说并不合适，因为这些领域的范围、话题和方法尚未形成清晰的界定。本文描绘了全球史和物质文化这两个不同领域的汇合和最终合流的图景。"物质"在这里是对各种不同话题的简要概括：对商品、奢侈品、人工制品，以及广义上被称为"物质文化"的兴趣。关于全球史与物质之间的结合，以及过去几十年"物"及其意义在全球史中所扮演的角色的例子有很多。现在有足够多的学术成果使我们能够看到新兴的趋势、主题，甚至存在的问题。②

本文分为四个部分：首先，史学概述，勾勒受"物质转向"影响的全球史的主要潮流和领域。其次，思考物质文化如何帮助全球史修正既定的分析框架。再次，关注概念层面的探讨，即物质文化如何通过提供一系列工具来帮助全球史学家重新定义全球史领域的关键概念"全球空间"（spaces of the global），尤其是"连结性"（connectivity）的意义。最后，总结一些关于物质方法如何与现在所谓的全球微观史相关联的思考，针对学术史和公众史学之间的能动性与关系问题。

一　物质文化与全球史：一段联姻的历程

如果我们浏览结合了物质文化和全球史的出版物，会惊讶于这样一个事实：采用物质文化方法的全球史著作中，早期现代时期（约 1400—1800 年）的研究所占的比例远比现代时期的高。原因之一可能在于，19 世纪和 20 世纪有着丰富的外交、帝国和制度文献材料，而早期现代（尤其是 1600 年以前）则缺乏这类文献。取而代之留给我们的是经常在博物馆里看到的各种各样的艺术品，它们被视为早期现代世界互联互通的实例。这些商品包括中国和印度生产、在欧亚大陆和其他地区被贩运贸易的昂贵的和

---

① "AHR Forum Historiographic 'Turns' in Critical Perspective," *The American Historical Review* 117, No. 3, 2012, pp. 698-699.

② 物质史与全球贸易消费史的关系已经得到了充分的研究。新的材料方法论被运用于研究全球范围内的本土性（indigeneity）、权力、情感史和感官史。

普通的棉布和丝绸；由在美洲开采的金属制成的金银制品；意大利和墨西哥等不同的地方出土的中国、日本和各种东亚瓷器；来自亚洲和美洲的祖母绿、钻石和珍珠；来自南亚和非洲的象牙；玻璃器；漆器；日本屏风；地图和绘画；染料；毛皮斗篷和头巾；海豹皮、海狸皮和鱼皮；大象、老虎和火鸡；糖、可可和茶等食品；鸦片、烟草等毒品；靛蓝和异域木材等半制成品；科学仪器、贝壳、艺术品和古董；刑具和奴隶。这个列表还可以继续，但重点是，物质文化史并不只是简单地处理与随机选择的物品之间的关系。它为更广泛的历史领域，特别是全球史领域提出了重要的方法论和理论问题。

就基本层面而言，历史学家对"物"的兴趣是由于物质人工制品，无论是商品、奢侈品、科学仪器、民族志标本，还是独特的艺术品，都被认为是可移动的——其移动性更甚于人。在大规模移民和快速旅行的时代之前，无论身处何地，人们对世界的认识都是片面的。物品不仅在广阔的地理范围和大陆之间流动，而且体现了"他者"（otherness）：未知的、不同的，以及通常被不准确地称为"异域"（exotic）的东西。学者和理论先锋已经把人工制品作为解释并展示所谓的"第一个全球时代"的联系的方式。移动的物品，包括"游牧之物"（nomadic objects）、"漫游之物"（peripatetic objects）、"流通之物"（material circulation）、"商品"（commodities）、"外源之物"（exogenous objects）、"边疆之物"（frontier objects）和"全球之物"（global things）① 等在叙事中被赋予了最重要的地位。过去几年里发展出了一系列概念议题，包括"接触"（contact）、"纠缠"（entanglement）、第一次和第二次"相遇"（encounter）、"混杂"（hybridity）、"转译"（translation）、"协商"（negotiation）、"互惠"（reciprocity）、"中

① 例如 Claire Farago, "The Peripatetic Life of Objects in the Era of Globalization," in *Travel*, *Cultural Exchange and the Making of European Art*, 1400–1900, ed. Mary Sheriff, Chapel Hill: University of North Carolina Press, 2010, pp. 17–42; *The Global Lives of Things: The Material Culture of Connections in the Early Modern World*, ed. Anne Gerritsen and Giorgio Riello, London: Routledge, 2015; *Local Subversions of Colonial Cultures: Commodities and Anti-commodities in Global History*, ed. Sandip Hazareesingh and Harro Maat, London: Palgrave, 2015; *The Nomadic Object: The Challenge of World for Early Modern Religious Art*, ed. Christine Göttler and Mia M. Mochizuki, Leiden and Boston: Brill, 2017; Ariane Fennetaux, Anne-Marie Miller-Blaise, and Nancy Oddo, eds., *Objets nomades: circulations matérielles, appropriations et formation des identités à l'ère de la première mondialisation*, *XVI*e–*XVIII*e *siècles*, Turnhout: Brepols, 2020.

介"（intermediation）、"适应"（adaptation），这些词汇成为前现代全球史中的关键概念。① 近年来，更具政治意味的"挪用"（appropriation）、"不对称"（asymmetry）、"不可通约性"（incommensurability）、"分离"（separation）、"异议"（dissent）和"冲突"（conflict）等概念也在物质文化的全球史的物质叙事中得到了卓有成效的运用。②

在全球史学家以前，历史学就已经对物和物质文化产生兴趣。③ 也许有人会说，全球史长期受益于诸如人类学和人种学等其他学科关注物质性和物质文化的方法，将其转化为今天所谓的物质文化研究。④ 历史学家对物品的兴趣更加有限。⑤ 几十年前，历史学的特定子领域只对"过去之物"感兴趣——通常是学术界不具代表性的——比如服装史、纺织品史、家具

---

① "关联史"（connected history）的最佳作品仍然要数 Sanjay Subrahmanyam, "Connected Histories: Notes Towards a Reconfiguration of Early Modern Eurasia," *Modern Asian Studies* 31, No. 4, 1997, pp. 735-762. 关于物质与视觉文化如何助益于处理混血/杂交概念的批评性立场的范例，见: Carolyn Dean and Dana Leibsohn, "Hybridity and its Discontents: Considering Visual Culture in Colonial Spanish America," *Colonial Latin American Review* 12, No. 1, 2003, pp. 5-35. 更广泛的方法论反思见: Susanna Burghartz, Lucas Burkart, and Christine Göttler, "Introduction: 'Sites of Mediation' in Early Modern Europe and Beyond. A Working Perspective," in *Sites of Mediation: Connected Histories of Places, Processes, and Objects in Europe and Beyond*, 1450-1650, ed. Susanna Burghartz, Lucas Burkart, and Christine Göttler, Boston and Leiden: Brill, 2016, pp. 1-20.

② 尤其是"不可比性"的概念，见 Sanjay Subrahmanyam, *Courtly Encounters: Translating Courtliness and Violence in Early Modern Eurasia*, Cambridge, MA: Harvard University Press, 2012, p. 155. 作者同上，"Par-delà l'incommensurabilité: pour une histoire connectée des empires aux temps modernes," *Revue d'Histoire Moderne et Contemporaine* 54, No. 4-bis, 2007, pp. 34-53.

③ 包括法国的"物质生活"（material life），意大利人的"物质文艺复兴"（material renaissance），荷兰人的"富有的窘境"（embarrassment of riches），法国人的"日常生活史"（histoire des choses banales），英美的"消费社会"（consumer society）。Paula Findlen, "Early Modern Things: Objects in Motion, 1500-1800," in *Early Modern Things: Objects and Their Histories*, 1500-1800, ed. Paula Findlen, London: Routledge, 2013, p. 15.

④ 有关这一特殊议题参见 "the Cultural Biography of Objects," *World Archaeology* 31, No. 2, 1999, 尤其是 Laura Peers 的文章, "'Many Tender Ties': The Shifting Context and Meanings of the S. BLACK Bag," pp. 288-302. 早期现代欧洲物质史领域的重要作品见 David Gaimster, Tara Hamling, and Catherine Richardson: *Everyday Objects: Medieval and Early Modern Material Culture*, ed. Catherine Richardson and Tara Hamling, Aldershot: Ashgate, 2010; *The Routledge Handbook of Material Culture in Early Modern Europe*, ed. David Gaimster, Tara Hamling, and Catherine Richardson, Basingstoke: Routledge, 2016; *The Oxford Handbook of History and Material Culture*, ed. Ivan Gaskell and Sarah Anne Carter, Oxford: Oxford University Press, 2020.

⑤ Paula Findlen, "Objects of History: The Past Materialized," *History and Theory* 59, No. 2, 2020, pp. 276-277.

史、设计史和技术史。消费的历史是促成物质转向的最主要领域之一，最终也影响了全球史。自 20 世纪 80 年代以来，历史学家们将其研究扩展到费尔南·布罗代尔（Fernand Braudel）所称的早期现代欧洲的"物质生活"。① 对财产清单、遗嘱、公证档案，以及信件、账目和破产记录的研究说明了物质人工制品在人们生活中的重要性。欧洲的消费史最初是限制在严格的国家边界内或专注于特定的区域，其重要意义在于它讨论了劳工、人的能动性，以及 18 世纪的品位和舒适，或文艺复兴的权力和辉煌等更广泛的议题。②

艺术史学家兼汉学家柯律格（Craig Clunas）于 1999 年发表在《美国历史评论》（*The American Historical Review*）上的文章中观察到"不断重复有关全球商品的'世界'隐喻，却将讨论严格限定于本土化语境的反差"所产生的讽刺意味。③ 柯律格指出，如此只关注欧洲，会忽略更开阔的学术趋势，即关注中国、日本、奥斯曼帝国和美洲等不同地区与（欧洲）现代消费叙述的联系。在柯律格的文章发表二十多年后，人们认识到，消费研究已经不受地域的限制。伦敦维多利亚和阿尔伯特博物馆收藏的这块漂亮的印花棉布（图 1）就是一个例子。这件生产时间可以追溯到 1700 年用丝线刺绣的棉布，在几十年前由于其引人注目的装饰性，曾作为一张床帘挂在英格兰南部苏塞克斯郡阿什伯纳姆广场（Ashburnham Place）的乡村别墅里（现在已经被拆毁）。如今，同样的纺织品更多地被视为 17 世纪晚期在英国和欧洲其他地方流行的亚洲商品类型中的一个例子。贝弗利·勒米尔（Beverly Lemire）和约翰·斯泰尔斯（John Styles）认为诸如印花棉布（chintzes）、白布（calicoes）和其他印花或刺绣纺织品的生产过程、年

---

① *Writing Material Culture History*, ed. Anne Gerritsen and Giorgio Riello, London：Bloomsbury, 2nd ed. 2021, 尤其是导言部分，1—18 页。

② 例如：John E. Crowley, *The Invention of Comfort：Sensibilities and Design in Early Modern Britain and Early America*, Baltimore：Johns Hopkins University Press, 2001；*The Material Renaissance*, ed. Michelle O' Malley and Evelyn Welch, Manchester：Manchester University Press, 2007；John Styles, *The Dress of the People：Everyday Fashion in Eighteenth-Century England*, London and New Haven：Yale University Press, 2007；and Jan de Vries, *The Industrious Revolution：Consumer Behavior and the Household Economy*, 1650 *to the Present*, New York：Cambridge University Press, 2008.

③ Craig Clunas, "Modernity Global and Local：Consumption and the Rise of the West," *The American Historical Review* 104, No. 5, 1999, p. 1502. 他特别评论了 *Consumption and the World of Goods*, ed. John Brewer and Roy Porter, London：Routledge, 1993.

代和机制等问题是欧洲前现代消费者的国内和时尚文化的一部分。① 他们用人工制品来分析消费模式时，强调了欧洲消费者是如何享用从亚洲和美洲进口的各种商品。这一学术研究得到了同样重要的定量研究的补充。例如，安妮·麦坎茨（Anne McCants）在对荷兰孤儿的财产清单的分析中指出，中国和日本的瓷器和印度印花布不仅为社会精英所拥有，中产阶级和更普通的荷兰工匠同样可以拥有。②

图 1　棉线与丝线刺绣的壁挂

（英国苏塞克斯郡阿什伯纳姆府一套壁挂中的一件，生产于古吉拉特邦，约 1700 年，199 厘米×178 厘米）

资料来源：伦敦维多利亚和阿尔伯特博物馆，IS. 155-1953。

---

① Beverly Lemire, *Fashion's Favourite*: *The Cotton Trade and the Consumer in Britain*, 1660-1800, Oxford：Oxford University Press, 1991, 作者同上, *Cotton*, Oxford：Berg, 2003；Giorgio Riello, *Cotton*: *The Fabric that Made the Modern World*, Cambridge：Cambridge University Press, 2013；Liza Oliver, *Art*, *Trade and Imperialism in Early Modern French India*, Amsterdam：Amsterdam University Press, 2019.

② Anne McCants, "Porcelain for the Poor: The Material Culture of Tea and Coffee Consumption in Eighteenth-century Amsterdam," in *Early Modern Things*, pp. 316-341；作者同上, "Becoming Consumers: Asiatic Goods in Migrant and Native-born Middling Households in Eighteenth-century Amsterdam," in *Goods from the East*: *Trading Eurasia*, 1600-1800, ed. Maxine Berg, Felicia Gottmann, Hanna Hodacs, and Chris Nierstrasz, Basingstoke：Palgrave, 2015, pp. 197-215.

同样的床帘,如今不再被视为亚洲商品消费而是作为"全球商品"贸易的例子来看待,即欧洲的东印度公司将其从印度西北部贸易至英国。①我在自己关于棉织品的研究中指出了这样一个事实:在17、18世纪,由欧洲东印度公司进口到欧洲的所有商品中,有一半以上是丝绸和棉纺织品。②大部分进口的东西都没有这些挂帘漂亮。然而,现代早期跨越各大洲的物质贸易,不仅对消费模式产生了实质性影响,而且对交换和生产也产生了实质性影响,它启发了仿制,并促进了技术变革。③物质商品让世界上从前没发生联系或不直接接触的地区之间建立了联系并形成共生关系。④纺织品的例子表明,联系不仅仅存在于亚洲制造业强国(中国和印度)与欧洲之间,这种联系还延伸到东南亚和大西洋。⑤

除了纺织品,来自美洲的农产品、食品和药品(可可、咖啡和糖)贸易,通常从欧亚大陆移植过来,通过使用奴隶劳动力重塑成种植园生产,为简·德·弗里斯(Jan de Vries)所指出的前现代世界贸易中的大西洋和亚洲的联系增加了一个重要的维度。⑥贸易史和经济史一直在关注商品问题。⑦

---

① Berg et al. , eds. , *Goods from the East*.

② Giorgio Riello, "The Globalization of Cotton Textiles: Indian Cottons, Europe and the Atlantic World, 1600−1850," in *The Spinning World: A Global History of Cotton Textiles*, 1200−1850, ed. Giorgio Riello and Prasannan Parthasarathi, Oxford: Oxford University Press, 2009, pp. 261−287.

③ Maxine Berg, "In Pursuit of Luxury: Global History and British Consumer Goods in the Eighteenth Century," *Past & Present* 182, 2004, pp. 85−142. 作者同上, "Consumption in Global History in the Early Modern Period," in *Global Economic History*, ed. Tirthankar Roy and Giorgio Riello, London: Bloomsbury, 2018, pp. 118−133.

④ 珍妮特·阿布-卢格霍德提醒我们一系列跨越非洲—欧亚大陆的相互重叠的交换弥补了长途连接不足的问题。Janet Abu-Lughod, *Before European Hegemony: The World System A. D.* 1250−1350, New York: Oxford University Press, 1991.

⑤ John Guy, *Woven Cargoes: Indian Textiles in the East*, London: Thames & Hudson, 1998; Ruth Barnes, *Textiles in Indian Ocean Societies*, London: Routledge, 2004; Rosemary Crill, *The Fabrics of India*, London: V&A, 2015; Robert Du Plessis, *The Material Atlantic: Clothing, Commerce, and Colonization in the Atlantic World*, 1650−1800, Cambridge: Cambridge University Press, 2015; Kazuo Kobayashi, *Indian Cotton Textiles in West Africa: African Agency, Consumer Demand and the Making of the Global Economy*, 1750−1850, London: Palgrave, 2019.

⑥ Jan de Vries, "The Limits of Globalisation in the Early Modern World," *The Economic History Review* 63, No. 3, 2010, pp. 710−733. 又见 Maxine Berg, "Global History and the Transformation of Early Modern Europe," in *History after Hobsbawm: Writing the Past for the Twenty-First Century*, ed. John H. Arnold, Matthew Hilton, and Jan Rüger, Oxford: Oxford University Press, 2017, pp. 140−159.

⑦ 例如由安吉拉·肖藤哈默尔编辑的重要收藏品:Angela Schottenhammer, ed. , *Early Global Interconnectivity across the Indian Ocean World. Vol. I. Commercial Structures and Exchange*, London: Palgrave, 2019.

如果没有将拉丁美洲波托西（Potosí）矿场、欧洲的金融机构，以及印度尤其是中国对贵金属的需求联系起来的白银贸易，像大尺寸印花棉布这样的奢侈品交易就不可能实现。① 原棉、靛蓝和胭脂虫等染料、鳕鱼等食品，以及象牙等珍贵原材料的全球史学术研究已将布罗代尔的"商业之轮"（wheels of commerce）扩展到欧洲和地中海之外。② 侧重于量化一般类别的"贸易商品"的经典经济史方法，如今得到了物质文化倾向的研究的补充，这些研究也从物质的角度思考哪些物品被交易，考虑到诸如质量、品种、生产力，以及存储、销售和零售等问题。

　　从西敏司（Sydney Mintz）到玛希·诺顿（Marcy Norton），囊括了生产、交换和消费的政治和文化维度的学术研究，已经超越了经典的经济叙事。③ 吸食烟草的例子就是如此，如果不考虑它在美洲的文化内涵，它在欧洲、俄罗斯和中国遭到的抵制，以及它最终在世界大部分地区作为新的社会实践的一部分而被接受，烟草作为商品的故事至今还无法讲述。④ 这些著作还表明，历史学家们有了一种新的敏感性，认为对商品的探讨不应局

---

① *Monetary History in Global Perspective*, 1470–1800, ed. Dennis O. Flynn, Arturo Giráldez, and Richard von Glahn, Aldershot：Ashgate Press, 2003；Kris Lane, *Potosí：The Silver City That Changed the World*, Berkeley：University of California Press, 2019.

② 例如：Martha Chaiklin, "Ivory in World History-Early Modern Trade in Context," *History Compass* 8, No. 6, 2010, pp. 530–542；*From Silver to Cocaine：Latin American Commodity Chains and the Building of the World Economy*, 1500–2000, ed. Steven Topik, Carlos Marichal, and Zephyr Frank, Durham, NC：Duke University Press, 2006；Regina Grafe, *Distant Tyranny：Markets, Power and Backwardness in Spain*, Princeton：Princeton University Press, 2012, pp. 52–79；Elena Phipps, "Global Colors：Dyes and the Dye Trade," in *Interwoven Globe：The Worldwide Textile Trade*, 1500–1800, ed. Amelia Peck, London：Thames & Hudson, 2013, pp. 120–135.

③ Sidney Mintz, *Sweetness and Power：The Place of Sugar in Modern History*, New York：Viking, 1985；Marcy Norton, "Tasting Empire：Chocolate and the European Internalization of Mesoamerican Aesthetics," *The American Historical Review* 111, No. 3, 2006, pp. 660–691；作者同上, *Sacred Gifts, Profane Pleasures：A History of Tobacco and Chocolate in the Atlantic World*, Ithaca, NY：Cornell University Press, 2008.

④ Matthew Romaniello, "Through the Filter of Tobacco：The Limits of Global Trade in the Early Modern World," *Comparative Studies in Society and History* 49, No. 4, 2007, pp. 914–937；Norton, *Sacred Gifts*；Carol Benedict, *Golden-Silk Smoke：A History of Tobacco in China*, 1550–2010, Berkeley：University of California Press, 2011；Ina Baghdiantz McCabe, *A History of Global Consumption*, 1500–1800, London：Routledge, 2015, esp. pp. 64–85；Roberto Zaugg, "Le crachoir chinois du roi：merchandises globales, culture de cour et vodun dans les royaumes de Hueda et du Dahomey（XVIIe-XIXe siècles），" *Annales HSS* 73, No. 1, 2018, pp. 119–159；Tricia Starks, *Smoking under the Tsars：A History of Tobacco in Imperial Russia*, Ithaca, NY：Cornell University Press, 2018.

限于欧洲的流通范围。虽然现有的文献仍然强调欧洲在早期现代全球贸易和早期现代全球化进程中的中心地位,但世界其他地区的作用、本地化生产的重要性和多边交换的复杂性为前现代物质全球史带来了更广泛的视角。①

对特殊物品和昂贵奢侈品的研究也推动了超越既定叙事的进程。比起描绘物质商品如何被全球力量(特别是以欧洲动力为主)商品化,最近十年的学术力量更多关注了那些没有进入市场体系,也不一定参与世界经济塑造的物质对象。这在有关欧洲国家之间以及欧洲和非欧洲政权之间交换的许多外交礼物的著作中得到体现。② 这些研究取材于博物馆研究和艺术史交叉领域中现有的大量"全球艺术"文献,这些文献为"跨文化"艺术(平面素描、版画和绘画以及立体雕塑、手工艺品和建筑作品)交流,特别是在欧亚大陆内部以及晚近在欧亚大陆、非洲和美洲之间的交流提供了许多重要的理论和历史分析。③ 关于"奢侈品"的著作也强调了全球物质流动的政治、劳工和环境因素,比如最近关于珍珠和宝石的著作。④

---

① 关于这一点,见 Anne Gerritsen and Giorgio Riello, "Introduction: The Global Lives of Things. Material Culture in the First Global Age," in *The Global Lives of Things*, pp. 1-28.

② Harriet Rudolph, "Entangled Objects and Hybrid Practices? Material Culture as a New Approach to the History of Diplomacy," *European History Yearbook*, issue on "Material Culture in Modern Diplomacy from the 15th to the 20th Century," 17, 2016, pp. 1-28; issue on "Objects in Motion in the Early Modern World," ed. Meredith Martin and Daniela Bleichmar, *Art History* 38, No. 4, 2015; issue on "The Art of Embassy: Objects and Images of Early Modern Diplomacy," ed. Nancy Um and Leah R. Clark, *Journal of Early Modern History* 20, No. 1, 2016; issue on "Diplomacy and Cultural Translation in the Early Modern World," ed. Toby Osborne and Joan-Pau Rubiés, *Journal of Early Modern History* 20, No. 4, 2016; *Global Gifts: The Material Culture of Diplomacy in Early Modern Eurasia*, ed. Zoltán Biedermann, Anne Gerritsen, and Giorgio Riello, New York: Cambridge University Press, 2018, 尤其是导言部分。

③ 例如 *Artistic and Cultural Exchanges between Europe and Asia*, 1400-1900, ed. Michael North, Aldershot: Ashgate, 2010; *Circulations in the Global History of Art*, ed. Thomas Da Costa Kaufmann, Catherine Dossin, and Béatrice Joyeux-Prunel, London: Routledge, 2015; *The Itineraries of Art: Topographies of Artistic Mobility in Europe and Asia*, ed. Karin Gludovatz, Juliane Noth, and Joachim Rees, Pedeborn: Wilhelm Fink Verlag, 2015; Tamara H. Bentley, *Picturing Commerce in and from the East Asian Maritime Circuits*, 1550-1800: *Visual and Material Culture*, 1300-1700, Amsterdam: Amsterdam University Press, 2018; and *Art, Trade, and Cultural Mediation in Asia*, 1600-1950, ed. Raquel A. G. Reyes, London: Palgrave MacMillan, 2019.

④ Sven Dupré, "Trading Luxury Glass, Picturing Collections and Consuming Objects of Knowledge in Early Seventeenth-century Antwerp," *Intellectual History Review* 20, 2010, pp. 53-78; Kris Lane, *Colour of Paradise: The Emerald in the Age of Gunpowder Empires*, New Haven: Yale University Press, 2010; *Luxury in a Global Perspective: Commodities and Practices*, 1600-2000, ed. Karin Hofmeester and Bernd-Stefan Grewe, Cambridge: Cambridge University Press, 2017; Molly A. Warsh, *American Baroque: Pearls and the Nature of Empire*, 1492-1700, Chapel Hill: University of North Carolina Press, 2018; *Gems in the Early Modern World: Materials, Knowledge and Global Trade*, 1450-1800, ed. Michael Bycroft and Sven Dupré, London: Palgrave, 2019.

全球史与物质文化这两个领域相遇的表述不准确，还有另外一个原因。由于全球史已经演变成以地方、国家，以及陆地视角处理的主题和问题，所以"材料"也相应地在移动。例如，科学史的研究采纳了全球史的视角，借助编码文本的方式实现知识的传播，这种传播不仅依赖于人类，还通过物质的"物化"过程（materialized）得以实现。

这包括在中世纪后期欧亚大陆广阔的空间中形成的工艺实践，例如关于汞和硫等材料的知识体系。① 同样，从 15 世纪开始，欧洲从世界各地收集的植物、矿物、动物，以及民族志物品对"生产"新知识起着至关重要的作用。② 人工制品创造了知识体系，挑战了既定的标准结构，并通过收集美丽的、稀有的、神秘的、奇异的自然物（naturalia）和人造物（artificialia），激发视觉、触觉和嗅觉的想象力。③

长期以来，以欧洲为中心的服装与时尚史研究中也可以观察到类似的转变轨迹。西方博物馆保存了一些可以追溯到欧洲中世纪的脆弱的服装和布料残片，对这些藏品的讨论一直限定在西方时尚的唯一性理论与历史解释中。虽然世界上的大部分人（无论是过去还是当下）都穿着某种形式的服装，但学者将时尚与服装区分开来，将非欧洲世界的服装没有变化的特征，用于论证这些地区时间性的与历史性的固定不变。近来新的物质文化

---

① Pamela H. Smith, "Itineraries of Materials and Knowledge in the Early Modern World," in *The Global Lives of Things*, pp. 31–61. 又见 *Entangled Itineraries: Materials, Practices, and Knowledges across Eurasia*, ed. Pamela H. Smith, Pittsburgh: University of Pittsburgh Press, 2019.

② Paula Findlen, *Possessing Nature: Museums, Collecting, and Scientific Culture in Early Modern Italy*, Berkeley: University of California Press, 1994; Anne Goldgar, *Tulipmania: Money, Honor, and Knowledge in the Dutch Golden Age*, Chicago: Chicago University Press, 2007; Daniela Bleichmar, *Visible Empire: Botanical Expeditions and Visual Culture in the Hispanic Enlightenment*, Chicago: Chicago University Press, 2012.

③ *Colonial Botany: Colonial Botany Science, Commerce, and Politics in the Early Modern World*, ed. Londa Schiebinger and Claudia Swan, Philadelphia: University of Pennsylvania Press, 2005; *Making Knowledge in Early Modern Europe: Practices, Objects, and Texts*, 1400–1800, ed. Pamela H. Smith and Benjamin Schmidt, Chicago and London: University of Chicago Press, 2007; *Merchants and Marvels: Commerce, Science, and Art in Early Modern Europe*, ed. Pamela H. Smith and Paula Findlen, London and New York: Routledge, 2002; Harold J. Cook, *Matters of Exchange: Commerce, Medicine, and Science in the Dutch Golden Age*, New Haven: Yale University Press, 2007; Stefan Hanß, Material Encounters: Knotting Cultures in Early Modern Peru and Spain," *The Historical Journal* 62, No. 3, 2019, pp. 1–33; Angelica Groom, *Exotic Animals in the Art and Culture of the Medici Court in Florence*, Leiden and Boston: Brill, 2019; Sarah Easterby-Smith, "Recalcitrant Seeds: Material Culture and the Global History of Science," *Past & Present* 242 Supplement 14, 2019, pp. 215–242.

方法论以及对于非欧洲服装更广泛的关注已经修正这类叙事，显示了时尚在世界范围内的重要性，例如前现代的日本、唐代至清代的中国，以及殖民时期的拉丁美洲。① 这种解释的变化的核心是对（欧洲的）分析类别的普适性的质疑。②

同样，食物的历史也不只是对本地饮食文化感兴趣。而是（即使物质材料的证据短暂）通过特定食物的视角，例如西红柿、马铃薯、大米、菠萝等建构全球分析。③ 这些物质充当了反映更广泛的历史学和历史问题的桥梁，例如有关奴隶制的叙事，通过分析被奴役者穿的衣服或吃的食物④，质疑奴隶身体的从属地位的既定叙述。最后，一种关于物的政治的新兴研究采用了后殖民理论和方法来解决本土性、种族和身份问题，例如对 17 世纪和 18 世纪欧洲人渗透到太平洋和大西洋美洲的研究。⑤

上述简短的回顾并不全面：物质视角揭示了各种各样的主题，其中

① 例如 Michelle Maskiell, "Consuming Kashmir: Shawls and Empires, 1500-2000," *Journal of World History* 13, No. 1, 2000, pp. 27-65. 更宽泛的对欧洲乃至全球时尚、装扮以及服装的思考，见 Ulinka Rublack, *Dressing Up: Cultural Identity in Renaissance Europe*, Oxford: Oxford University Press, 2010; Beverly Lemire, *Global Trade and the Transformation of Consumer Cultures: The Material World Remade, c. 1500-1820*, Cambridge: Cambridge University Press, 2018.

② Robert Ross, *Clothing: A Global History*, Cambridge: Polity, 2007. 又见 Carlo Marco Belfanti, "Was Fashion a European Invention?" *Journal of Global History* 3, No. 3, 2008, pp. 419-443; 我的评论见 Giorgio Riello, "Fashion in the Four Parts of the World: Time, Space and Early Modern Global Change," in *Dressing Global Bodies: The Political Power of Dress in World History*, ed. Beverly Lemire and Giorgio Riello, London: Routledge, 2020, pp. 41-64; *The Cambridge Global History of Fashion*, ed. Christopher Breward, Beverly Lemire, and Giorgio Riello, Cambridge: Cambridge University Press, 2022.

③ Rebecca Earle, *The Body of the Conquistador: Food, Race, and the Colonial Experience in Spanish America, 1492-1700*, Cambridge: Cambridge University Press, 2012; Kaori O'Connor, *Pineapple: A Global History*, London: Reaktion, 2013; *Rice: Global Networks and New Histories*, ed. Francesca Bray, Peter A. Coclanis, Edda L. Fields-Black, and Dagmar Schäfer, Cambridge: Cambridge University Press, 2015; Rebecca Earle, *Potato*, London: Bloomsbury, 2019. 又见 Anne Gerritsen, "From Long-distance Trade to the Global Lives of Things: Writing the History of Early Modern Trade and Material Culture," *Journal of Early Modern History* 20, No. 4, 2016, 特别是第 543—544 页。

④ 有关大米与奴隶的知识，见 Judith A. Carney, *Black Rice: The African Origins of Rice Cultivation in the Americas*, Cambridge, MA: Harvard University Press, 2001. 纺织品的研究见 Sophie White, "Dressing Enslaved Africans in Colonial Louisiana," and Miki Sugiura, "Garments in Circulation: The Economies of Slave Clothing in the Eighteenth-century Dutch Cape Colony," both in *Dressing Global Bodies*, ed. Lemire and Riello, pp. 85-103, 104-130.

⑤ 相关研究的取向可参见 Lemire, *Global Trade and the Transformation of Consumer Cultures*; Ralph Bauer and Marcy Norton, "Introduction. Entangled Trajectories: Indigenous and European Histories," *Colonial Latin American Review* 26, No. 1, 2017, pp. 1-17.

一些主题也由于关注物质文化而被"全球化"。然而，在实践的过程中出现了新的问题。首先是上文提到的"以欧洲为中心"的全球物质文化研究视角。由于大多数现有学术讨论的"全球物"要么流向欧洲，要么来自欧洲，或者至少经过欧洲；想要让人工制品和物质文化方法论有益于全球史，那么这一事实所造成的不平衡就必须得到解决。[①] 这并不奇怪，因为历史学家理解的可能是"去语境化"的物品的文献，它们往往是由欧洲机构和个人在过去几个世纪里以层累的过程制作出来的。有关欧洲东印度公司的丰富文献，详细说明了各种商品和奢侈品贸易的大量档案，以及如图 1 所示的博物馆里的印花布这样保存下来的物品，将物质文化史的注意力集中在欧洲和亚洲之间的海上联系，以及在这个空间联系中交换的人造物品上。[②] 学者需要意识到潜在的假设和分类标准将研究的积累结构化，不知不觉地导致对欧洲在全球连接中处于中心地位的传统观点的强化，这是不幸的，也是错误的，尤其是当我们回顾历史的时候。

近年来，关于全球物质文化的学术研究揭示的第二个问题是某种方法论上的张力，甚至可能是折中主义。现在有一种趋势是，通过一种物品或商品（如棉花、象牙、盐、银、祖母绿等）推动创建全球叙事。然而，这些具体的物品很少会成为反思其所叙述的全球史类型的切入点。从这个意义上说，没有单一的"物质文化"，而是不同物品的多种历史。当何安娜（Anne Gerritsen）与我从阿帕杜莱（Appadurai）的"物的社会生命"转向"物的全球生命"时，我们承认在"全球"的标语下存在着多种情形。与此同时，我们意识到，虽然阿帕杜莱将他所提出的"社会生命"视为一种方法或透镜（例如在商品化过程中），但我们的"全球生命"表达的是一

---

① 重要的特例见 Dana Leibsohn, "Made in China/Made in Mexico," in *At the Crossroads：The Arts of Spanish America and Early Global Trade*, ed. Donna Pierce and Ronald Otsuka, Denver：Denver Art Museum, 2012, pp. 11-40; Meha Priyadarshini, *Chinese Porcelain in Colonial Mexico：The Material Worlds of an Early Modern Trade*, Basingstoke：Palgrave, 2018.

② 在过去的二十余年里，新的学术研究已经将这些叙事"去殖民化"了，尤其是涉及博物馆收藏与展示，见 *Sensible Objects：Colonialism, Museums and Material Culture*, ed. Elizabeth Edwards, Chris Gosden, and Ruth B. Phillips, Oxford：Berg, 2006; *Unpacking the Collection：Networks of Material and Social Agency in the Museum*, ed. Sarah Byrne, Anne Clarke, Rodney Harrison, and Robin Torrence, New York：Springer, 2011; *The Lives of Colonial Object*, ed. Annabel Cooper, Lachy Paterson, and Angela Wanhalla, Otago：University of Otago Press, 2015; and Beverly Lemire, "Indigeneity and Race and the Politics of Museum Collections," in *Writing Material Culture History*, pp. 319-325.

种类似于跨越洲际地理位置的个体的状况。现在需要更多地反思使用物质材料的方法论意义，以及它们的全球生命如何可能成为一种分析和塑造全球史的方式，本文的第二部分还会回到这一点。

最后一个观点与我所说的"全球史的反弹"有关。杰里米·阿德尔曼（Jeremy Adelman）对该领域的自我批判，以及德雷顿（Drayton）和穆塔德尔（Motadel）的指责使我们意识到，全球史和全球物质文化优先考虑世界主义而非地方主义（provincial），优先考虑流动而非静态，并且可能再现全球史学家的自由主义意识形态。① 物质文化属于一种与流动和运动有关的全球史，却忽视了所谓的"小空间"（small spaces）和语境的特殊性，正如约翰-保罗·贾布里勒（John-Paul Ghobrial）所指出的那样，在作品中，"优先考虑全球历史现象的运动，而非对它们在特定语境中的解释"②。这样一来，全球史就变得具有排他性了，特别是对待那些没有迁徙、没有贸易、没有消费世界其他地方生产的商品和奢侈品的人。

本文接下来的部分旨在反思物质方法可以进一步发展为全球史方法论的方式。我挑选了近年来备受全球史学家关注的三个领域。我的第一个问题是人工制品如何帮助我们修正既定的历史叙事，并进一步发展全球史的批判立场。其次，我会在方法论的层面上思考物品如何帮助我们解决全球史中的全球与地方的关系。最后，我想从理论层面设想一下在现在所谓的"全球微观"史中，人工制品和商品可以扮演什么角色。

二 物质和（元）叙述的修正

物质文化已经作为一种历史话题和方法论工具在使用。我们既可以考虑物品在历史中所扮演的角色（在地方、国家或全球范围内），也可以通过物品来批判、修改或重新语境化已建立的叙事。人工制品提出开放性问题的能力是其自身的属性之一，这一点不应该被低估。这里我想探讨的是

---

① Jeremy Adelman, "What is Global History Now?": https://aeon.co/essays/is-global-history-still-possible-or-has-it-had-its-moment [last accessed April 10, 2020] and Richard Drayton and David Motadel, "Discussion: The Future of Global History," *Journal of Global History* 13, No. 1, 2018, pp. 1-21.

② John-Paul A. Ghobrial, "Introduction: Seeing the World like a Microhistorian," *Past & Present* 242, Special issue 14, 2019, p. 8.

物质文化如何修改历史叙事，从阿尔弗雷德·克罗斯比（Alfred Crosby）的"哥伦布交换"（Columbian exchange），到新外交史（New History of Diplomacy），再到彭慕兰（Kenneth Pomeranz）的"大分流"（Great Divergence）。

　　所谓的"哥伦布交换"是20世纪70年代初形成的一个概念。[①] 历史学家阿尔弗雷德·克罗斯比认为，欧洲人来到美洲并非重大的政治或经济转折点，真正的转折是由于植物、动物和疾病在各大洲之间的转移，导致环境和生物结构发生深刻调整。学生们会看到一张地图，地图上标明了从美国向欧洲转移的西红柿和土豆，以及从欧洲到美国的香蕉、洋葱、牲畜和一系列疾病。哥伦布交换最终扩大到涵盖技术、人口和思想。让我们以一架收藏于芝加哥艺术学院的珍品屏风为例：它创作于1625—1675年，屏风的制作、金色背景、风格图案和材料使它成为一件独特的日本手工艺品（图2）。这架屏风的生产并非用于出口（就像葡萄牙商人购买的所谓"南蛮"屏风），而是供国内的武士、贵族和富商消费。然而，对于我们来说，这一"本土"的人工制品是一个有用的工具，它不仅反映了艺术家的选择、赞助人的审美和材料偏好，而且反映了更广泛的哥伦布交换的性质。屏风上描绘了两种植物：一种是日本本土的鸡冠花（cockscombs），另一种是葡萄牙人在1543年到达日本后带来的玉米。这位艺术家热衷于扩展他的植物稿本，包括新的和外来的主题，在这个例子中是像玉米这样一种来自美洲的作物。

　　这件工艺品聚焦于欧洲以外的"哥伦布交换"过程，见证了玉米传播到东亚的方式，这是克罗斯比在他最初的构想中没有考虑到的方面。到屏风生产的时候，玉米可能在日本已经种植了半个世纪。就像在中国和欧洲一样，玉米改变了日本的农业景观。然而，艺术家将土产和进口的花木结合在一起，外来的卷穗玉米慵懒地弯垂在本地鲜红的鸡冠花的植株旁，这告诉我们新作物的意义超越了其种植历史和开发营养的历史：它们如何影响社会，如何呈现新的文化特征。这件屏风（除物品本身的精美外）是从新的地理位置出发，以克罗斯比最初设想的更少的实用属性的角度，对哥

---

① Alfred W. Crosby, *Columbian Exchange: Biological and Cultural Consequences of* 1492, Westport, CO: Greenwood Press, 1972.

图2 日本"玉米和鸡冠花"六联屏风

（17世纪中叶，水墨、颜料和金箔，170厘米×357厘米）

资料来源：芝加哥艺术博物馆，凯特·S.白金汉基金会，1959.599。

伦布交换的重新思考。

物质文化方法深刻地重塑了外交史等已经建立的领域。几十年前，外交史主要被高级政治、规则决策和由协约与战争所引发的影响所主导。"新外交史"的兴起至少带来了两方面新的关注：首先，重视外交中的文化实践，例如前现代时期大使的严格礼仪，这不只是高等原则或政治理念的简单体现，而是外交本身的组成部分。其次，以外交职业化为基础的传统叙事——例如欧洲政权设立常驻大使馆——变得站不住脚。资料显示了前现代时期来自亚洲、非洲和美洲的众多王国和帝国之间的外交文化极为繁复。①

物质文化被用于审视远距离外交和地方协商策略：在统治者与统治者的关系中，精美的礼物必不可少，这已经成为历史学家解读跨文化交往中未言说的假设、不同外交态度与策略的工具。外交礼物同样可以帮助我们修正对欧洲特权所达成的一般共识。动物正是这类话题，在前现代时期政权与政权的交往中，动物是最常见的礼物之一。研究中世纪的历史学家熟悉一头叫作阿布-阿巴斯（Abul-Abbas）的亚洲象，它由阿巴斯哈里发哈伦-拉希德（Harun al-Rashid，同时代的资料称为"波斯人的国王"）于

---

① *Global Gifts*, ed. Biedermann, Gerritsen, and Riello, esp. introduction.

802 年以"礼物"的名义赠予查理曼大帝（Charlemagne）。这头大象并不仅仅是礼物，也是来自基督教皇帝的请求。① 异域动物具有政治意义，它们把具有类似特权的统治者联系在一起。佛罗伦萨的统治者洛伦佐·德·美第奇（Lorenzo de Medici）也有相似的经历。1487 年，洛伦佐收到了埃及的卡特巴苏丹（Qā'itbāy，1416—1496 年）赠送的长颈鹿。赠送这一动物是寄希望于诱使佛罗伦萨与埃及一起对抗奥斯曼帝国。② 洛伦佐意识到了这件礼物的稀有价值，大概也知道此前的欧洲只在 1261 年收到过一只长颈鹿作为礼物。这也解释了为什么这只长颈鹿在佛罗伦萨游街，随后出现在几幅壁画上。然而，如果聚焦长颈鹿我们会发现，尽管这种动物在欧洲稀有，但并不像洛伦佐和他的佛罗伦萨臣民所认为的那样独特。几个世纪以来，埃及的统治者一直将长颈鹿作为外交礼物。苏丹安·纳西尔·穆罕默德（an-Nasir Muhammad，1299—1341 年在位）曾分别向安纳托利亚的马尔丁的阿图基德（Artukid）统治者和摩洛哥的苏丹赠送过长颈鹿。1404 年，埃及的马穆鲁克苏丹阿拉-纳西尔·法拉杰（al-Nasir Faraj，1399—1412 年在位）赠送了一只长颈鹿给当时居住在伊朗西北部城市霍伊（Khoy）城的帖木儿汗（1370—1405 年在位），我们从西班牙使者克拉维约（Ruy Gonzalez de Clavijo）笔调缤纷的描述中获悉："这种动物的身体像马一样大，但脖子非常长。它的前腿比后腿长得多，蹄子像牛一样分成两半。"③

克拉维约的记述激发了欧洲人对这一地区的想象。八十年后，这一神秘动物才到达佛罗伦萨。长颈鹿提醒我们，在北非和中亚的泛外交圈子里，意大利充其量只是边缘国家。欧洲并不总是这些历史进程的最前沿，可能还落后于中国明朝以及奥斯曼帝国、莫卧儿帝国和萨法维王朝等新兴

---

① Giuseppe Albertoni, *L'elefante di Carlo Magno*, Bologna：Il Mulino，2020.

② Doris Behrens-Abouseif, *Practicing Diplomacy in the Mamluk Sultanate：Gifts and Material Culture in the Medieval Islamic World*, London：I. B. Tauris，2016，p. 114. See also Angelica Groom, *Exotic Animals in the Art and Culture of the Medici Court in Florence*, Leiden and Boston：Brill，2019. 有关全球物质文化更广泛的作品 Lia Markey, *Imagining the Americas in Medici Florence*, Pennsylvania, PA：Penn State University Press，2016.

③ *Embassy to Tamerlane*：1403-1406, by Clavijo, London：Routledge，2004，p. 80. See also Barry Hoberma, "A Giraffe for Tamerlane," *Saudi Aramco* 31, No. 6，1980，pp. 12-17. 中文译本翻译为麒麟："麒麟之形体，颇类乎马，但颈部比马头长，前腿及两蹄，较后两只为大。蹄趾分开，前腿长约丈六，头及身长亦有丈六，但头部奇小，与鹳鸟之头可相比拟。"参见［土耳其］奥玛·李查译，《克拉维约东使记》，杨兆钧译，商务印书馆 1985 年版，第 84 页。（——译者注）

伊斯兰帝国。① 帖木儿汗的礼物也提醒我们，物质文化的方法需要文字和视觉材料的补充，尤其是对于留存时间不长的物品而言，比如活体动物。像克拉维约这样的文学作品记录必须与视觉见证相结合，例如由帖木儿王朝的王子易卜拉欣苏丹（Ibrahim Sultan）委托制作的《帖木儿回忆录》（*Zafarnama*）中记述其祖父帖木儿功绩的精美抄本插图（图3）。

图3 埃及苏丹纳西尔·法拉吉·伊本·巴尔库克的大使向帖木儿（1370—1405）呈献贡品

（包括一只长颈鹿，沙拉夫·丁·阿里·亚兹迪的《帖木儿回忆录》抄本，设拉子，伊朗，1436年，水彩、泥金和水墨，24.2厘米×17.8厘米）

资料来源：伍斯特博物馆，杰罗姆·惠洛克基金会，1935.26。

---

① 一个著名的例子是1415年郑和将一只长颈鹿从东非的麻林国（Melinda，今肯尼亚马林迪市——译者注）带回北京的宫廷，见 Samuel M. Wilson, "The Emperor's Giraffe," *Natural History* 101, No. 12, 1992, pp. 22-26; Id., *The Emperor's Giraffe*: *And Other Stories of Cultures in Contact*, London: Perseus, 2000; Erik Ringmar, "Audience for a Giraffe: European Expansionism and the Quest for the Exotic," *Journal of World History* 17, No. 4, 2006, pp. 353-373.

21 世纪初，经济史是最早受到新的全球关注影响的历史领域之一。它的社会科学方法论、国际化的重要性和比较主义方法论使它成为"走向全球"的合适选择。有趣的是，19 世纪和 20 世纪，全球史方法没有被国际经济的分析所接受，却主导了经典的工业革命辩论。彭慕兰在《大分流：欧洲、中国及现代世界经济的发展》一书中提出了一种新的"元叙事"（metanarrative），他将欧洲西北部的工业化与长江三角洲的经济发展道路进行了比较。彭慕兰的生态学的、基于资源的和宏观视角的方法，聚焦于因素和条件而非过程。它采用了一种符合经典经济学理论的静态比较框架，如有必要，则不考虑个别局部的轨迹、特定产品的故事或特定个人的行动。①

全球史学家并没有像通常所说的那样努力克服宽泛或元理论。相反，他们所面对的主要障碍是如何将大大小小的、具体的和一般的解释捆绑在一起。彭慕兰的双重比较法此后被不断补充和更精细地运用；大多数的全球经济史都知道如何区分树木和森林，以及"排除"什么（借用威廉·麦克尼尔的说法），结果是以大局为重而牺牲细节。我认为，这种做法对更精细地使用已有方法，或在更普遍的情况中就挑战和修正老生常谈的目标而言，简直是捡了芝麻丢了西瓜。

物质文化能够帮助解决这一问题吗？有两个问题显而易见：首先，全球叙述试图囊括整个陆地和时间，但"物"往往在时间和空间上被"打断"。以这个 18 世纪中期在法国制作、用作鼻烟盒的漆盒（图 4）为例。它那闪着光泽的朱漆是由一种叫作马丁漆（vernis Martin）的技术制作而成，这是一种模仿东方漆的材料，由巴黎的马丁兄弟改进而成，兄弟二人于 1733 年获得由法王路易十五（Louis XV of France）授予的皇家特权。②从表面上看，这件物品与全球史和大分流没有关系。装饰艺术的研究者对马丁兄弟生产的产品进行了分类和研究，并将很多获得国际赞誉的作品归功于他们。这些学者指出，马丁漆和其他相似类型的欧洲涂漆是依照 17 世纪以来从日本（及中国和印度）传入欧洲的工艺品仿制而成。欧洲人反复

---

① Kenneth Pomeranz, *The Great Divergence: Europe, China, and the Making of the Modern World Economy*, Princeton: Princeton University Press, 2000.

② Anne Forray-Carlier and Monika Kopplin, *Les secrets de la laque française: Le vernis Martin*, Paris: Les Arts Décoratifs, 2014.

图4　漆盒

（法国制造，1740—1770 年，马丁漆（模仿东方漆）制作，饰以镀金金属铰链）

资料来源：维多利亚和阿尔伯特博物馆，威廉姆斯·赫恩捐赠，W.44&A-1923。

尝试重现漆的光泽效果，通过加入高温的油和树脂（copal），以及添加威尼斯松节油，最终创造了一种清漆。

历史学家马克辛·伯格（Maxine Berg）指出了亚洲奢侈品在欧洲的重要性。这些物品不仅包括漆器，也包括棉纺织品和丝绸纺织品，以及瓷器，这些欧洲仿制的瓷器在 17 世纪末和 18 世纪成为亚洲商品的替代品。[1] 约翰·斯泰尔斯（John Styles）同样证明了模仿、跨媒材的转换以及适应欧洲品位的商品如何成为英国许多制造业技术变革的主要力量。[2] 贝弗利·勒迈尔（Beverly Lemire）在棉织品方面的研究表示这可能意味着新的生产工艺的创造，以及对掌握原初亚洲技术的尝试。[3] 通过纳入人工制品，有关大分流和欧洲工业化的叙述被修正，显示出欧洲技术革新（甚至科学革命）与全球商品贸易之间的联系。虽然大分流的元叙事仍然没有动摇，但物质文化方法已经提供了大量的证据，来说明引领欧洲走上与东亚不同

---

[1]　Berg, "In Pursuit of Luxury"；作者同上，"From Imitation to Invention: Creating Commodities in Eighteenth-century Britain," *Economic History Review* 55, No. 1, 2002, pp. 1-30.

[2]　John Styles, "Product Innovation in Early Modern London," *Past & Present* 168, 2000, pp. 124-169.

[3]　Beverly Lemire and Giorgio Riello, "East & West: Textiles and Fashion in Early Modern Europe," *Journal of Social History* 41, No. 4, 2008, pp. 887-916. See also Giorgio Riello, "Asian Knowledge and the Development of Calico Printing in Europe in the Seventeenth and Eighteenth Centuries," *Journal of Global History* 5, No. 1, 2010, pp. 1-30.

的技术、创新乃至最终的经济道路的机制。它们还将制造业、贸易和消费联系起来，并表明关注世界各地的联系作为一种叙述全球变化的角度，与比较主义的方法一样重要。

这三个例子说明了物质文化有助于提供修正和扩展已有的历史解释的可能方式，也提醒我们注意物质文化史领域在与全球史的交叉的局限性。首先，我们必须注意到贸易史和物质文化史之间的脱节。不可否认，交易的物品和物质文化之间存在重叠，但二者并不重合：许多在现代早期世界进行交易的商品并没有以物质文化的方法被充分考虑。这一点在大宗商品交易中尤为明显，因为大宗商品的重要贸易流动的物证罕存至今。相反，物质文化史对"运动"的理解更为广泛，不仅包括贸易和交换，还包括赠送、使用、跨文化挪用、再阐释等问题。我们还必须承认潜在的（和明显的）偏见，例如，物质文化的研究集中在人工制品、艺术品和奢侈品上，而忽略了原材料、资源和中间产品，如染料、铜、媒染剂等，以及其他用于制成手工制品的材料。①

全球史研究中运用物质文化方法面临的第二个问题是分期问题。博物馆和文化机构的人工制品的收藏是数十年，有时长达几个世纪积累而成的，这些藏品所展示的历史是经过拣选并且经常受到特定规范限制的。② 时间上越是接近当下，材料就越丰富、全面和具有代表性。关注人工制品，尤其是关注那些因精美、珍贵或具有文化价值而被长期保存下来的物品代表了一种挑战：它们是早期现代欧洲的统治者、探险家、商人和学者以及亚洲许多地区的王公收藏的"异域"物品。③ 即便生产于 16 世纪以

① George B. Souza, "Convergence before Divergence: Global Maritime Economic History and Material Culture," *International Journal of Maritime History* 17, No. 1, 2005, pp. 17-27. 另一个有趣的例外见 Veronika Hyden-Hanscho, "Beaver Hats, Drugs and Sugar Consumption in Vienna around 1700: France as an Intermediary for Atlantic Products," in *Cultural Exchange and Consumption Patterns in the Age of Enlightenment: Europe and the Atlantic World*, ed. Veronika Hyden-Hanscho, Renate Pieper, and Werner Stangl, Bochum: Dieter Winkler Verlag, 2013, pp. 153-168.

② 对历史和博物馆研究中的物质文化方法论的批评见 Laurel Thatcher Ulrich Ivan Gaskell, Sara Schechner, and Sarah Anne Carter, *Tangible Things: Making History Through Things*, New York: Oxford University Press, 2015.

③ *Collecting across Cultures: Material Exchanges in the Early Modern Atlantic World*, ed. Daniela Bleichman and Peter C. Mancall, Philadelphia: University of Pennsylvania Press, 2011; *Curious Encounters Voyaging, Collecting, and Making Knowledge in the Long Eighteenth Century*, ed. Adriana Craciun and Mary Terrall, Toronto: University of Toronto Press, 2019.

前，它们经常被看作早期现代收藏实践的一部分。它们的物质史说明了更为复杂的编年叙事。以遍布全球的博物馆和私人收藏的明代青花瓷为例，虽然它们常常被用于说明前现代时期的全球交流，但它们也暗含着考量 14 世纪及其后伊朗与中国之间的制作工艺和审美品味的交流的潜力。①

瓷器的例子还提醒我们第三个问题：人们更多地关注远距离交流，而非跨文化区域或者区域之间的交流。销往欧洲的中国瓷器被认为比销往东南亚或者南亚的同类瓷器更具有现代世界的代表性。同样，相较于销往东非或者中亚的印度棉纺织品，销往欧洲和美洲的同类印度棉织物在全球叙事中获得更多的关注。② 人们会说，物质文化研究到目前为止还无法脱离已建立的空间叙事，即认为前现代的海洋交易特权（例如众所周知的欧洲东印度公司）优于陆地商贸交换，从东到西的空间叙事优于从南到北的垂直叙事。③ 本文无法为这一问题提供解决方案，但在下一个部分，我们将探讨全球史学家如何使用物质文化的方法来重新思考全球空间问题。

三　各种全球空间

丹尼尔·斯迈尔（Daniel Lord Smail）和安德鲁·施略克（Andrew Shryock）对深度历史（deep history）的挑衅宣言向我们告诫了物的危险，他们说："想想大约 4 万年前来自欧洲的一颗蚌壳珍珠，这颗珍珠被收集起来，钻孔，与其他珠子串成项链，就像今天的人一样出于某些原因佩戴在身上：展示一件精美的物品；享受收藏之乐；传达地位、品位和时

① Robert Finlay, "The Pilgrim Art: The Culture of Porcelain in World History," *Journal of World History* 9, No. 2, 1998, pp. 141–187. See also Zhao Bing, "Global Trade and Swahili Cosmopolitan Material Culture: Chinese-Style Ceramic Shards from Sanje ya Kati and Songo Mnara (Kilwa, Tanzania)," *Journal of World History* 23, No. 1, 2012, pp. 41–85.

② 留存下来的销往东非和中亚的印度棉纺织品物证有限。见 Pedro Machado, *Ocean of Trade: South Asian Merchants, Africa and the Indian Ocean, c.* 1750–1850, Cambridge: Cambridge University Press, 2014; and Scott C. Levi, *The Indian Diaspora in Central Asia and its Trade, 1550–1900*, Leiden and Boston: Brill, 2002.

③ 对这一话题的回应见：Jagjeet Lally, *India and the Silk Roads: The History of a Trading World*, London: Hurst & Company, 2021, 尤其是第五章"物质文化"。

尚信息；宣示归属；通过赠予或交易使物品增值以强化权力。"① 斯迈尔和施略克提醒我们，要警惕对物"怪异的熟悉"（"eerie familiarity" of things），这样也许有助于理解考古学家的解释，但可能是创造了一个更多基于我们的假设而非事实的故事。快进到 39500 年后，我们由物来推论全球联系的历史时，一个相似的问题摆在面前。历史学家与考古学家不同：历史学家很少发掘出他们的物质证据；相反，他们在历史叙事中运用物证的方式可能会让考古学家迷惑不解。考古学家通过证据来构建理论（正如斯迈尔和施略克所声称的那样，有时可能会对他们的研究对象产生太多设想），而历史学家经常使用其他领域，尤其是文献所构建的物证来论证理论和假设。正如我在其他地方指出的，对于全球史学家来说，问题不在于物质文化是否可以提供全球联系的证据。② 物质文化的真正价值在于，它以一种在文献资料中并不必然明显的方式，以及通过某个特定时代的人们甚至不认识或不理解的概念，来表达我们对过去的空间理解。物品、手工制品、奢侈品和商品都不是联系的外在系统的体现；他们创造了自己的全球空间，因此，借用布鲁诺·拉图尔（Bruno Latour）的术语，他们是"行动者"（actants）。③ 因此，接下来我将聚焦于物品帮助我们理解全球空间的四种不同的方式上。④

卜正民（Timothy Brook）的《维米尔的帽子：17 世纪和全球化世界的黎明》（*Vermeer's Hat：The Seventeenth Century and the Dawn of the Global World*）是一本通俗易懂、引人入胜的著作。它取材于维米尔的一幅画作，展示了这位 17 世纪的绘画大师所选择的道具如何反映荷兰当时的国

① Daniel Lord Smail and Andrew Shryock, "History and the 'Pre'," *The American Historical Review* 118, No. 3, 2013, pp. 711-712.

② Giorgio Riello, "Global Things：Europe's Early Modern Material Transformation," in *The Routledge Handbook of Material Culture*, ed. Gaimster, Hamling, and Richardson, pp. 29-45.

③ Bruno Latour, *Reassembling the Social：An Introduction to Actor-Network-Theory*, Oxford and New York：Oxford University Press, 2005.

④ 对不同类型的联系与物质文化的更广泛的方法论分析，见 Riello, "Global Things," Glenn Adamson and Giorgio Riello, "Global Objects：Contention and Entanglement," in *Writing the History of the Global*, ed. Maxine Berg, Oxford：Oxford University Press and The British Academy, 2013, pp. 177-193; and Giorgio Riello, "Objects in Motion：Mobility, Connectivity and the Imaginary in Early Modern Global Things," in *Encounters at Sea：Paper, Objects and Sentiments in Motion Across the Mediterranean*, exhibition catalogue by Giovanni Tarantino, Giorgio Riello, and José María Pérez Fernández, Florence：Bandecchi & Vivaldi, 2020, pp. 31-40.

际化世界。① 我们可以看到来自北美的海狸皮毛、中国的瓷器和丝绸、印度洋的珍珠和欧洲的世界地图。这里的全球通过单一的"国际化空间"来展现：一个房间或者一组荷兰的城市空间。17 世纪足不出户的旅行家可以通过荷兰东印度公司（VOC）和西印度公司（GWC）把世界纳入他们的家中。他们对物品的来源、文化价值甚至功能的理解可能与生产这些物品的人有很大的不同。这也是一个非常本地化的全球空间：代尔夫特（Delft）的场景表明，移动和连接是服务于地方的。然而，即使是维米尔所代表的这样一个有限的空间，也有着广阔的视域。早期现代的欧洲人热衷于以摆满奇珍异宝的柜子表达他们的世界主义，奇珍柜里仍保留着来自亚洲和美洲的物品；越来越多的由东印度公司进口的瓷器、纺织品和家具填充了他们"多元文化"的室内空间。我们不禁要问，这种自诩的世界主义究竟是欧洲独有的，抑或是其他地区也会发生类似现象，比如长期存在的中亚丝绸之路沿线的印度、中国，以及其他地区？

维米尔画作中的每一件工艺品和商品都有自己的故事。科比托夫称之为物的文化传记（cultural biography of things）。② 追踪人工制品的物理运动（类似于追踪旅行者的运动）有一个好处，那就是人们认为地理范围不是预先确定的。这个由罕见的塞舌尔坚果制成的漂亮盒子（图 5a）就是个例子，塞舌尔坚果是一种名为塞舌尔巨子棕（*Lodoicea seychellarum*）的棕榈树果实，也叫作"海椰子"（coco de mer）。欧洲的珍奇屋（kunstkammer）里可以看到这类工艺品，因为在 16 世纪末和 17 世纪，它们被作为稀罕玩意收集起来。通过增加功能性和装饰性的部分，将一件自然物品加工成工艺品是很常见的行为。这件物品的空间流通在它自身的结构上是可见的：一件欧洲收藏的物品，在果阿（Goa）添配了中央银饰带，这样的自然物品便被转化为人工制品，并由富有的欧洲收藏家收罗而来。盒子的四足是在 18 世纪的欧洲加上的。由于它的稀有，17

---

① Timothy Brook, *Vermeer's Hat: The Seventeenth Century and the Dawn of the Global World*, London: Profile, 2009.

② Igor Kopytoff, "The Cultural Biography of Things: Commodification as Process," in *The Social Life of Things: Commodities in Cultural Perspective*, ed. Arjun Appadurai, Cambridge: Cambridge University Press, 1986, pp. 64–94. 这篇文章的中文版参见由本文译者翻译的：［美］伊戈尔·科比托夫：《物的文化传记：商品化作为过程》，载于《跨文化美术史年鉴3：古史的形象》，山东美术出版社 2022 年版，第 399—420 页。（译者注）

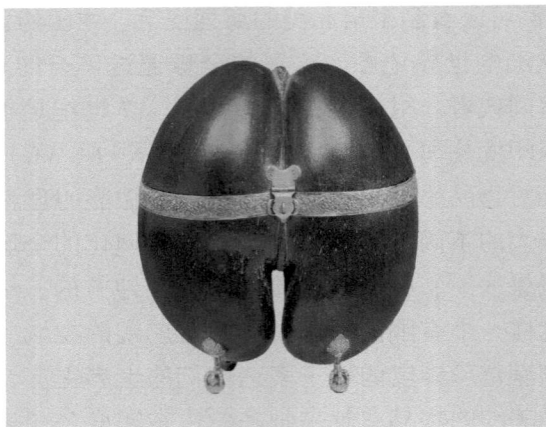

图 5a　塞舌尔坚果盒

（银质底座，果阿，17、18 世纪在欧洲添加四足底座）

资料来源：葡萄牙波尔图塔沃拉·塞奎拉·平托收藏。

世纪，欧洲人认为，这种坚果是长在水下而不是树上，就像塞舌尔群岛上的两个岛屿一样。① 用托马斯·尼古拉斯（Thomas Nicholas）的术语来说，这是一种早期形式的 "纠缠物品"（entangled object），一种在空间中移动并经过很长时间形成的人工物品，表明了早期现代世界的连结性和空间性，并且在时间上是灵活和增量的。② 这件工艺品让人们接触到鲜为人知的塞舌尔群岛，印度果阿繁荣的葡萄牙港口，以及欧洲的宫廷世界，这些空间经常被认为是封闭的。这件物品的行动路线并非单向。海椰子在波斯也被苏菲派用作乞讨钵（kashkul）。虽然苏菲派抵制大多数

---

① 16 世纪晚期，意大利商人和旅行家弗朗切斯科·卡勒第讲述了他在果阿看到的所谓的 "马尔代夫椰子"："这在其他地方是找不到的。它们生长在岛屿的海洋深处，从那里被抛向岸边，然后被人发现。它们的形状是两个坚果连在一起，比黑椰子长两倍，但是更结实。" Francesco Carletti, *My Voyage Around the World*, trans. Herbert Weinstock, London：Methuen, 1965, p. 225.

② Nicholas Thomas, *Entangled Objects：Exchange, Material Culture, and Colonialism in the Pacific*, Cambridge, MA：Harvard University Press, 1991. 对著名的莫里诺壶（Molino Ewer）的研究采用了相似方法，见：Marta Ajmar-Wollheim and Luca Molà, "The Global Renaissance：Cross-cultural Objects in the Early Modern Period," in *Global Design History*, ed. Glenn Adamson, Giorgio Riello, and Sarah Teasley, New York：Routledge, 2011, pp. 11-24.

物质实体，但乞讨钵是僧侣随身携带的极少数物品之一（图 5b）。① 和欧洲一样，这些功能性的碗在波斯随后也被用来凸显它们的价值。

图 5b　乞讨钵

（1130 年/1717—1718 年，出土于波斯）

资料来源：纽约大都会艺术博物馆。

　　两个不同的世界地理位置出现的同一类型的稀有工艺品，让我们对自然界商品化过程的特殊性、贸易、价值归属以及工艺品的宗教和文化功能有了深刻的认识。它还颠覆了既有的连通性概念，过去这些概念强调欧洲在塑造全球进程中发挥的作用。但近来的一些研究用人工制品来考察全球和地方之间的关系。奢侈品和商品的全球贸易重塑了印度和中国等国家的地方经济。整个印度的村庄为国际市场生产布料就是如此。何安娜研究了中国江西省景德镇的空间，这座城市一千年以来一直在为

---

　　①　一只空的乞讨钵代表自我的虚空，这是一个苦行僧在用神圣的知识滋养自己之前所需要的，https：//www. metmuseum. org/art/collection/search/445960？ &searchField＝All&sortBy＝Relevance&ft＝coco+de+mer&offset＝0 &rpp＝20&amp；pos＝3.

全球市场生产青花瓷和其他类型的瓷器。① 尽管景德镇位于广州港以北近1000 公里处，但得益于其龙窑技术，这个地处内陆的"瓷器之城"早在欧洲公司到来之前就已成为全球手工艺品生产的中心。

　　前现代世界的贸易史强调了瓷器和纺织品及其在世界范围内流通的重要性。然而，需要在以下两个方面对它们加以限定：首先是叙述交换的地理位置；其次是使用的实际物证。关于后一点，很明显，即使不是博物馆收藏的精美藏品，这些手工艺品也很重要。但历史学家对瓷片或纺织品碎片的关注并不像对博物馆级别的文物那样多。在世界各地出土的器皿和杯子的碎片对于全球史分析非常有用。考古调查修正了我们对现代早期远离欧洲的区域贸易和物质联系的看法。美国弗吉尼亚州詹姆斯敦（Jamestown）的考古发掘出土了万历时期（1572—1620 年）的薄釉瓷杯。这些瓷杯只是从该遗址中出土的 15 万件物品，包括硬币、装饰品、家具、陶器和食物残渣在内的一小部分。然而，遗留下来的十几个中国瓷杯表明，在 1607—1610 年，中国工艺品是詹姆斯敦的材料构成的一部分。② 尽管没有确切的证据，但在詹姆斯敦发现的中国瓷杯可能与在圣盖博·尤恩克（San Gabriel del Yunque）即今天的新墨西哥州出土的类似瓷片有关，此地在 17 世纪早期曾是新西班牙的极北定居点。③ 这些遗存物品帮助我们重新构建物质交换的历史，并唤起了我们对太平洋的关注，尤其是 16 世纪 70 年代开通的马尼拉（Manila）至阿卡普尔科（Acapulco）航线，当时有成千上万件瓷器通过这条航线抵达墨西哥。近年的著作显示了美洲的西班牙帝国与中国和日本之间的深远联系。④ 圣盖

　　① Anne Gerritsen, *The City of Blue and White*: *Chinese Porcelain and the Early Modern World*, Cambridge: Cambridge University Press, 2020. See also the special issue on "Global China: Material Culture and Connections in World History," ed. Anne Gerritsen and Stephen McDowall, *Journal of World History* 23, No. 1, 2012.

　　② Giorgio Riello, "Things that Shape History: Material Culture and Historical Narratives," in *History and Material Culture*, ed. Karen Harvey, London: Routledge, 2009, p. 34.

　　③ Donna Pierce, "Popular and Prevalent: Asian Trade Goods in Northern New Spain, 1590 – 1850," *Colonial Latin American Review* 25, No. 1, 2016, p. 78.

　　④ *Asia & Spanish America: Trans-Pacific and Cultural Exchange*, 1500 – 1800, ed. Donna Pierce and Ronald Otsuka, Denver: Denver Art Museum, 2009; 作者同上, *At the Crossroads: The Arts of Spanish America and Early Global Trade*, 1492 – 1850, Denver: Denver Art Museum, 2012; *Global Goods and the Spanish Empire*, 1492 – 1824, ed. Bethany Aram and Bartolomé Yun-Casalilla, Basingstoke: Palgrave Macmillan, 2014; Priyadarshini, *Chinese Porcelain*; José Luis Gasch-Tomás, *The Atlantic World and the Manila Galleons: Circulation, Market, and Consumption of Asian Goods in the Spanish Empire*, 1565 – 1650, Leiden: Brill, 2019.

博和詹姆斯敦的碎片提醒我们关注中国物品的"可接触性"（accessibility）和"渗透性"（penetration）的重要性，即使是在崛起的西班牙帝国和英国殖民地的偏远地区。

人工制品还可以修正我们对距离的理解，不仅是地理距离，还有文化距离。① 物质文化研究探索"物品"的多语义价值：弥合或加强文化差距，创造陌生感和熟悉感，凝视他者文化，通常是通过口头或书面方式来了解前现代世界中未知的文化。全球史学家越来越多地被要求反思当时的人们是如何看待这些全球现象的，他们是如何感知、理解，乃至常常误解他们周围的世界的。② 物质文化曾经是知识史学家和思想史学家的领域，现在它提供了一种反思的方式，不仅通过概念、模型和思想，而且通过物质来构建全球。这块生产于1690—1730年前后的长方形的瓷砖面板现收藏于阿姆斯特丹的荷兰国立博物馆，其上展示了中国的景观（图6）。

坐在莲座上的观音，置身于一轮黄色的太阳之中。关于印刷史和设计史的学术研究已经表明，中国版画在17世纪的荷兰共和国就有流通，它们有可能成为这样的陶器装饰的来源。下面还描绘了一些局部场景。瓷板上的黑色人物显然是南美洲人，根据服装和羽毛装饰判断他们是典型的亚马孙人。这些人物是依据阿诺尔德斯·蒙塔努斯（Arnoldus Montanus）于1671年对美洲的描述而绘制的。③ 这里的亚洲和美洲母题融合在一起。该物品显示了一种文本和图像的转换，以及从图像到人工制品的行为。这也是一种创造性行为，建构出了非真实的各种空间，反映出同时代人感知和分类的方式。这位代尔夫特的艺术家决定将人物的颜色弄得更深，这可能与一个事实有关，即长期以来人们一直认为瓷器是由白

① Anne Gerritsen and Giorgio Riello, "Spaces of Global Interactions: The Material Landscapes of Global History," in *Writing Material Culture History*, ed. Gerritsen and Riello, pp. 123–142.

② Ayesha Ramachandran, *The Worldmakers: Global Imagining in Early Modern Europe*, Chicago: Chicago University Press, 2015.

③ Arnoldus Montanus, *De Nieuwe en Onbekende Weereld: of beschryving van Americaen en't Zuid-Land*, Amsterdam: Jacob Meurs, 1671, p. 158 and p. 440. 该文影写本见：https://www.s4ulanguages.com/marcgrave-montanus.html.

图6　带有中国风景的瓷板，代尔夫特的无名工匠

（约 1700 年，陶瓷，高 171.3 厘米、宽 79.9 厘米、厚 4.5 厘米）

资料来源：荷兰国立博物馆，J. F. Loudon 继承人捐赠，BK-NM-12400-443。

色的母贝（cowrie shell）制成的，而白色母贝是与非洲有关的自然物品。[①]
无论如何解释，这件物品的价值在于它能够表明，联接的概念远非单一，

---

① *Asia in Amsterdam: The Culture of Luxury in the Golden Age*, ed. Karina H. Corrigan, Jan van Campen, and Femke Diercks, with Janet C. Blyberg, Amsterdam: Rijksmuseum, 2015, cat. nr. 93. 感谢皮博迪·埃塞克斯博物馆（Peabody Essex Museum）的 Karina Corrigan 和她的同事为我分析这件重要工艺品提供的帮助。有关这件工艺品可以参考：Benjamin Schmidt, "Inventing Exoticism: The Project of Dutch Geography and the Marketing of the World, circa 1700," in *Merchants and Marvels*, ed. Smith and Findlen, p. 354.

并且当今和现代早期一样呈现不同的形式。

物质具有一种神奇的力量：它们讲述故事，揭示未知的方面，并引导我们提出一些开放性问题来挑战简单的学科、主题和时间的划分。然而，值得关注的是，大宗商品、奢侈品和人工制品也可以再现我们可能称之为"辉格党对全球史的解释"的既定范围。虽然通常可以避免陷入增加联系的目的论的严重危险，但当我们考虑所涉及的联接类型时，情况就不再如此。大多数情况下，物品引导我们突出积极和丰富的联系，比如外交、贸易、文化交流和炫耀性消费的联系，而不是联系带来的消极后果：压迫、胁迫和毁灭，而这些正是现代帝国叙事、资本主义崛起和环境开发的特征。为了重建这些叙事，历史学家需要以违背常理的方式来解读物品，并将它们与视觉和书面文字的来源结合起来。奴隶制的历史就是如此，其物质遗产在其解释中仍然是有限和复杂的。"黑人的命也是命"（The Black Lives Matter）运动凸显了这样的矛盾：献给奴隶贩子、种植园主和那些支持奴隶制或从奴隶制中获利的人的雕像和公共纪念碑数量众多，而与被奴役的奴隶们有关的、与他们所经历和遭受的苦难相关的文物却很少。殖民主义的物质遗产同样具有争议性，尤其是对西方博物馆来说，它们必须承认是暴力行为使文物成为它们的收藏，例如许多英国博物馆中的贝宁青铜器（Benin bronzes）。这些有争议的文物的归还请求经常被置若罔闻。① 这样的历史提醒我们，殖民者与被殖民者之间、侵略者与被侵略者之间、西方帝国与世界其他地区之间存在着不平等的交换。

使用物质材料方法来分析分离（disconnection）同样复杂。由于世界在地方性和全球性两个层面上被重新塑造，许多地区要么未受全球力量和进程的影响，要么近期被排除在外。例如，当我们强调跨越大洋（大西洋、印度洋和太平洋）的水平（横向）联系，而忽略垂直（纵向）联系（例如亚洲南部和中亚大草原之间）时，也就意味着"欧洲扩张"（European expansion）的旧范式仍然影响着我们。虽然物质文化可能确实是恢复早期现代世界中鲜为人知的空间联系的一种方式，但对中亚丝绸之路等可能被

---

① Dan Hicks, *The Brutish Museums：The Benin Bronzes, Colonial Violence and Cultural Restitution*, London：Pluto, 2020. 有关博物馆及其收藏的殖民遗产，参见 Alice Procter, *The Whole Picture：The Colonial Story of the Art in Our Museums and Why We Need to Talk About It*, London：Cassell, 2021.

"切断"（至少与欧洲的联系）的区域就难以获得同样的成效。①

四　物的全球微观史

物质文化作为书写全球史的工具，能够帮助我们更细致入微地理解空间/方位（space/place），以及地方与全球之间的关系。然而对目前所谓的"全球微观史"的关注说明了全球史的方法论，以及人和机构在叙述全球变化中的作用重新变得重要起来。② 受意大利微观史学家工作的启发，全球史学家热衷于使用微观史的方法来发掘微观和宏观方面的潜力。这项正在进行的工作表明，全球微观史可能有许多变化与类型，就像 20 世纪七八十年代的微观史一样。③

较早的一代全球微观史关注的是跨越地理和文化边界的个体的生命历程。相较于鸟瞰视角的历史，像里奥·安福利卡努斯（Leo Africanus）或伊丽莎白·马什（Elizabeth Marsh）这样的不受重视的个体的跨文化经历提供了一种更个人化、更易操作，最重要的是，以更亲密的方式来解读宏大的全球叙事。④ 这种方法显示出恢复人的能动性，提供了更复杂的叙述，并在全球变化中强化身份的优势。⑤ 然而，这种由人到物看似简单的方法转换却并不像人们想象的那么容易。至少有三种（实际上可能有更多）方式来构想"物的全球微观史"。第一种是保持对人类行动者的关注，并将"物质材料"（material）作为描述他们全球观的方式。我们能否重建一个

---

① 参见莱利对印度和中亚之间连通道路中断的分析：Lally, *India and the Silk Roads*, ch. 5.

② Francesca Trivellato, "Is There a Future to Italian Microhistory in the Age of Global History?" *California Italian Studies* 2, No. 1, 2011.

③ "Micro-analyse et histoire globale," ed. Romain Bertrand and Guillaume Calafat, issue of *Annales HSS* 73, No. 1 2018; "Global History and Microhistory," ed. John-Paul Ghobrial, special issue of *Past & Present* 242, supplement 14, 2019.

④ Natalie Zemon Davis, *Trickster Travels: A Sixteenth-Century Muslim between Worlds*, New York: Hill and Wang, 2006; Linda Colley, *The Ordeal of Elizabeth Marsh: A Woman in World History*, London: Harper Press, 2007. 又见 Miles Ogborn, *Global Lives: Britain and the World*, 1550-1800, Cambridge: Cambridge University Press, 2008.

⑤ 参见近年的研究：John-Paul A. Ghobrial, "The Secret Life of Elias of Babylon and the Uses of Global Microhistory," *Past & Present* 222, 2014, pp. 51-94; Dominic Sachsenmaier, *Global Entanglements of a Man Who Never Traveled: A Seventeenth-century Chinese Christian and His Conflicted Worlds*, New York: Columbia University Press, 2018.

（全球）人的物质世界？① 最近的一场展览及图录，和一部专著中的两个例子能够分别说明这种方法。首先是对玛格利塔·凡·瓦里克（Margrieta Van Varick）人生经历的重新叙述，瓦里克出生在荷兰，但她一生的大部分时间都生活在荷兰殖民地，先是在马六甲，后来在弗拉特布什（现在的布鲁克林）。由于瓦里克的物品没有被保存下来，因此她的物品清单被用来重建她的物质世界和她所生活的世界。② 与重建家庭或专业空间以及人们物质财产的传统方法不同，这份清单用于诠释全球联系，并通过主观体验来强调跨越三大洲的世界主义空间的意义。③ 伊丽莎白·兰伯恩（Elizabeth Lambourn）在她的《亚伯拉罕的行李：中世纪印度洋世界中物品的社会生活》（*Abraham's Luggage*：*A Social Life of Things in the Medieval Ocean World*）一书中也采用了类似的方法。这项研究重建了 12 世纪商人亚伯拉罕·本·伊吉翁（Abraham ben Yijū）的贸易货物和个人财产，他的商业活动和生活跨越了地中海、红海和西印度洋。④ 我把这种方法称为"自我物"（ego-things），因为物质的人工制品被用作重建全球生活的痕迹，并处理一系列的主题，尤其是宗教、家庭和性别。⑤ 这里的物品被用来填补因资料来源的缺失而产生的空白，就像人类学方法论被运用于微观史那样。

正如罗曼·伯特兰（Romain Bertrand）和纪尧姆·卡拉法特（Guillaume Calafat）对全球微观史的分析中所指出的，去追踪那些"历史学家不熟悉、鲜有记录，也很少像公众史学中被大张旗鼓地提及的话题"

① 对人类群体共有的全球物质文化研究更少。一个精彩的案例是：Beverly Lemire，"'Men of the World'：British Mariners, Consumer Practice, and Material Culture in an Era of Global Trade, c. 1660－1800," *Journal of British Studies* 54, No. 2, 2015, pp. 288－319.

② Deborah Krohn, Peter N. Miller, and Marybeth De Filippis, *Dutch New York*，*between East and West*：*The World of Margrieta Van Varick*, New York：Bard Graduate Center and the New York Historical Society, 2009.

③ 遗嘱清单的使用及其对物质文化研究的重要性，见 On the Use of Probate Inventories and their Importance for the Study of Material Culture, see：Giorgio Riello, "'Things Seen and Unseen'：The Material Culture of Early Modern Inventories and their Representation of Domestic Interiors," in *Early Modern Things*, ed. Findlen, pp. 125－150.

④ Elizabeth Lambourn, *Abraham's Luggage*：*A Social Life of Things in the Medieval Indian Ocean World*, Cambridge：Cambridge University Press, 2018.

⑤ *Gender and Material Culture in Britain since* 1600, ed. Hannah Greig, Jane Hamlett, and L. Hannan, London：Palgrave Macmillan, 2015；Merry Wiesner-Hanks, "Early Modern Gender and the Global Turn," in *Mapping Gendered Routes and Spaces in the Early Modern World*, ed. Merry Wiesner-Hanks, Burlington：Ashgate, 2015, pp. 55－74.

的行动者。① 人们可以追随他们的想法，把材料物品作为解决"文献记载少"问题的工具，或者在历史研究中提供横向思维的工具。我把这些称为"情境物"（situational things），因为这些材料被调动起来，提供了一种超越了特定的人的对历史事件和场合的新视角。例如，正如玛格特·芬恩（Margot Finn）和艾玛·罗斯柴尔德（Emma Rothschild）所研究的那样，在 18 世纪生活在英国、北美和印度的皇室家族的相互联系的生活中，物品被视为构成家族关系的积极因素。② 这些研究使用"物的组合"（assemblages of things）来反思日常生活中的距离、记忆、情感与损失等问题，这些研究对象不仅宣传帝国及其意识形态，而且不得不跨越地理和文化距离，克服构建家庭和情感的困难。③ 不同于将帝国视为一个反对殖民者和被殖民者、核心和外围的单一的政治和经济的项目，我们可以从这些材料的不同尺度来分析全球史中的友谊、家庭纽带和日常生活，并为跨越时间和空间的比较工作开启新的可能性。④ 英国殖民者和东印度公司的仆人视角的例子，为我们在全球分析框架下思考情感史提出了有效问题。如今有关地方和国家层面的情感与物质文化，移民和离散社区的物质与情感纠缠方面有大量的文献。⑤ 然而，

---

① Romain Bertrand and Guillaume Calafat，"La microhistoire globale：affaire（s）à suivre，" *Annales HSS* 73，No. 1，2018，p. 14.

② Margot Finn，"Anglo-Indian Lives in the Later Eighteenth Century，" *Journal for Eighteenth-Century Studies* 33，No. 1，2010，pp. 49－65；*The East India Company at Home*，1757－1857，ed. Margot Finn and Kate Smith，London：ULC Press，2018；以及 Emma Rothchilds，*The Inner Life of Empires：An Eighteenth-Century History*，Princeton：Princeton University Press，2011. 又见 Elizabeth Kuebler-Wolf，"'Born in America，in Europe Bred，in Africa Travell'd and in Asia Wed'：Elihu Yale，Material Culture，and Actor Networks from the Seventeenth Century to the Twenty-first，" *Journal of Global History* 11，No. 2，2016，pp. 320－343.

③ 有关物的组合理论，参考：Ethan W. Lasser，"Review of *The Power of Objects in Eighteenth-century British America*，by Jennifer Van Horn，" *Art Bulletin* 101，No. 2，2019，p. 143.

④ 例如斯坦利学术研究中的主角恒野（Tsuneno），由于她的服装而无法找到工作，这是她同时代的欧洲人人尽皆知的情况。Amy Stanley，"Maidservants' Tales：Narrating Domestic and Global History in Eurasia，1600－1900，" *The American Historical Review* 121，No. 2，2016，pp. 437－460；以及同作者 *Stranger in the Shogun's City：A Japanese Woman and Her World*，New York：Scribner，2020.

⑤ 例如 *Moving Subjects*，*Moving Objects：Transnationalism*，*Cultural Production and Emotions*，ed. Maruška Svašek，New York and Oxford：Bergham Books，2012. 更广泛的方法论探讨，见：Ulinka Rublack，"Fluxes：The Early Modern Body and the Emotions，" *History Workshop Journal* 53，No. 1，2002，pp. 1－16；"AHR Conversation：The Historical Study of Emotions，" *The American Historical Review* 117，No. 5，2012，pp. 1487－1531；Kim Siebenhüner，"Things that Matter. Zur Geschichte der materiellen Kultur in der Frühneuzeitforschung，" *Zeitschrift für Historische Forschung* 42，No. 3，2015，pp. 373－409；*Feeling Things：Objects and Emotions through History*，ed. Stephanie Downes，Sally Holloway，and Sarah Randles，Edinburgh：Edinburgh University Press，2018.

我所定义的前现代时期的全球“情感调色板”（emotional palette）的复兴却面临缺乏合适的材料和书面文字来源的问题。

虽然人仍然是全球微观史学家关注的核心，但艺术史学和博物馆学专家非常擅长让物品作为历史主题来构建“他者—叙事”（it-narratives）。[①]相反，历史学家大多追随伊戈尔·比托夫（Igor Kopytoff）的“物的文化传记”，尽管这种方法仍然倾向于通过纺织品（棉花和丝绸）、木材、银，以及珊瑚、大黄等通用品类进行书写。[②]此外，人的传记与物的传记之间的相似性可能会产生误导，历史不能简化为个人的传记，因此物质文化不应该沦为物的传记。相较于物品的传记，我更喜欢用“复写”（palimpsest）这一术语，这个词在过去指的是手抄本上的后期写作叠加在被抹除的早期文本上。物是复写（之物），因为它们的物质性不断被重塑、修改，甚至被删除。当“生命”在既非线性也非人类的动态和时间性中展开时，它们也有了复写本。正是物的善变本质使历史学家对此兴趣盎然。例如，它们可以避免“当时的历史参与者很少能够意识到这些相同（全球）网络的规模和扩展”[③]的问题。物可以捕捉到被当时的人所误解或没有明确表达的动力。由于它们在时间上的重新语境化（re-contextualization），物质人工制品也有助于重新思考特定事件、人物和叙述的文化重要性。[④]通过人工制品，布罗代尔的“物质生活”理论得以和全球史的主题与方法产生共鸣。有别于住所、私有财产和个人实践，“全球物质生命”能够反映物质性、人的能动性和全球变化过程的纠缠（entanglement）。[⑤]

[①] 尽管关于“物的能动性”的争议很多，但对历史学家而言，人类与无生命的人工制品之间存在着本质差异。这也包括对“动物史”和动物能动性更具成效的讨论，以及对人类世和人类与自然的划分的诸多讨论。有关“物质文化”的范围见 Leora Auslander, "Beyond Words," *The American Historical Review* 110, No. 4, 2006, pp. 1015-1044; 以及 Dana Leibsohn, "Broken Saints, House Cats, Other Historical Matter," in *Writing Material Culture History*, ed. Gerritsen and Riello, pp. 20-27.

[②] Kopytoff, "Cultural Biography of Things." 相关评论见 Anne Gerritsen and Giorgio Riello, "Introduction," in *Writing Material Culture History*, ed. Gerritsen and Riello, pp. 10-11.

[③] Eugenio Menegon, "Telescope and Microscope: A Micro-historical Approach to Global China in the Eighteenth Century," *Modern Asian Studies* 54, No. 4, 2020, p. 1320.

[④] 正如斯特凡·汉斯（Stefan Hanß）对跨越四个多世纪对圣克里斯特·勒·勒庞（Sant Crist Le Lepant）所做的出色分析：Stefan Hanß, "Objects that Made History: A Material Microhistory of the Sant Crist Le Lepant, Barcelona, 1571-2017," *Forum Kritische Archäologie* 7, 2018, pp. 18-46.

[⑤] 例如 Ulinka Rublack, "Befeathering The European: The Matter of Feathers in the Material Renaissance," *American Historical Review* 126, No. 1, 2021, pp. 19-53.

　　船舶的例子就是如此。船只对于全球海上航线以及货物、人员和信息的运输来说至关重要。从前现代时期到 20 世纪以前，除了区分不同船只类型和技术解决方案的技术史，对船舶的研究仍然很少。作为"移动的缩影"（moving microcosms），船只在几个月的时间内（有时甚至几年）穿越海洋，将来自世界各地的人和货物汇聚一堂。根据估算，船只的大部分部件在 36 个月内都必须更换，因此船只的物质性不断被重塑。这些"大海的复写本"（palimpsests of the sea）是阶段性的起义和叛乱、传染病暴发、语言学习（只要长途航海有助于习得语言专业知识）和像奴隶在贸易船只中的悲惨境遇等上演的舞台。通常被视为全球化工具的船只，不仅仅是洲际运输的交通工具，它们本质上也是前现代时期全球体验的一部分，它们塑造了人们对空间、地点和联系的看法。① 在今天最引人入胜的研究项目中，考古学家、历史学家、博物馆策展人、测量员、保护人员和档案管理员一道研究现有船只遗存，如斯德哥尔摩著名的瓦萨号（Vasa，建于 1626—1628 年），现存于英国朴次茅斯的 16 世纪的玛丽·罗斯号（Mary Rose）和位于得克萨斯州维多利亚的拉·贝勒号（La Belle，建于 1684 年）。虽然这些都不是贸易船只，但海洋考古发现了让人震惊的船舶残骸和货物。② 荷兰东印度公司（VOC）航船巴塔维亚号（Batavia）就是这种情况，它于 1629 年在西澳大利亚海岸沉没，致使三百名幸存者当中发生了动乱和屠杀。③

　　对沉船的研究提醒我们一个事实，即全球物质文化的许多研究超出了历史学领域。考古学提供了极其重要的发现。④ 例如，对世界陶瓷贸易的研究就有赖于从上述北美考古到海洋考古学的惊人发现。目前在新加坡亚

---

① *Oceanic Histories*, ed. David Armitage, Alison Bashford, and Sujit Sivasundaram, Cambridge：Cambridge University Press, 2017, pp. 9-13.

② 据估计，在 300 年的活动中，英国东印度公司有 200—220 艘船、荷兰东印度公司有 246 艘船在世界各地失事。R. Larn, "Shipwrecks of the Honourable East India Company around the World," *International Journal of Nautical Archaeology* 19, No. 1, 1990, p. 13. 又见 D. H. Keith, and T. L. Carrell, "Going, Going, Gone：Underwater Cultural Resources in Decline," in *International Handbook of Historical Archaeology*, ed. David Gaimster and Teresita Majewski, New York：Springer, 2009, pp. 105-139.

③ 由于沉船残骸位于潜水可达的区域，因此 20 世纪 90 年代建造了该船的复制品。从沉船打捞上来的物品陈列于西澳大利亚博物馆。关于动乱与屠杀，见 Mike Dash, *Batavia's Graveyard*, London：Weidenfeld & Nicolson, 2002.

④ 例如 *Historical Archaeology in South Africa：Material Culture of the Dutch East India Company at the Cape*, ed. Carmel Schrire, Walnut Creek, CA：Left Coast Press, 2014.

洲文明博物馆（Museum of Asian Civilizations）展出的 9 世纪唐代沉船就是如此，该沉船中发现了上千件陶瓷、黄金和白银。① 同样重要的是，由爱斯梅拉达号（Esmeralda）和佩德罗号（São Pedro）组成的瓦斯科·达伽马（Vasco da Gama）第二次前往印度的船队，两艘船于 1503 年在阿曼海岸附近失事。② 相比之下，最近在中国的陆上考古活动正在改变我们对纺织技术和工具的理解，乃至改写了编年记述的世界技术史。此类发现还包括文献：如构成所谓开罗藏经库（Genizah）的 11—12 世纪的文献残片，对这批超过 25 万份遗书的保护、转录和释读成为过去的一个多世纪里最大的项目之一。③

此类大型项目需要多种技能——包括小语种和古文字的训练——这些技能只能通过团队合作的方式获得。在全球史中寻求合作性研究已被视为乌托邦式的老生常谈。然而，许多物质文化研究的跨学科性质和任务的规模意味着越来越多的项目将围绕协作被组织起来。这些形式包括众包研究（crowd sourcing research）、实验性教学、自愿参与，以及与博物馆再陈列和展览相关的专题项目。④ 永久性画廊的开放促使人们重新思考博物馆的藏品，以及它们在重新叙述全球变化、贸易、经济和文化交流中的再语境化。例如，英国牛津阿什莫尔博物馆（Ashmolean Museum）重新布展的"亚洲十字路口"（Asian Crossroad）和"东西方交汇"（East Meets West）的专题展厅（orientation galleries）在更广阔的全球图景中重塑了区域性收藏。⑤ 博物馆也可以作为再阐释既定历史叙事的催化剂：例如，与威尼斯或佛罗伦萨不同，意大利北部城市米兰的历史大多以地区和国家的方式进

---

① 关于这些发现的综述，见 https：//www. acm. org. sg/galleries. 这也是海洋商业考古中极具争议的打捞行动的一部分。

② Tânia Manuel Casimiro, "Material Culture from the Al Hallaniyah Island Early 16th-century Portuguese Indiaman Wreck-site," *International Journal of Nautical Archaeology* 47, No. 1, 2018, pp. 182–202.

③ Cambridge Digital Library-Cairo Genizah：https：//cudl. lib. cam. ac. uk/collections/ genizah/1；Jewish Virtual Library-Cairo Genizah：https：//www. jewishvirtuallibrary. org/the-cairo-genizah. 兰伯恩基于开罗藏经库遗书重构了 12 世纪的商人亚伯拉罕·本·伊吉翁的物质世界。

④ 例如：De todas as partes do Mundo：O património do 5. _ duque de Bragança, D. Teodósio I, e-d. Jessica Hallett and Nuno Senos, Lisbon：Tinta-da-China, 2018. 这个例子是第五任布拉干萨公爵（fifth Duke of Bragança）清单的研究项目成果；"The Making and Knowing Project," coordinated by Pamela H. Smith at Columbia University：https：//www. makingandknowing. org/；以及 Margot Finn and Kate Smith's "The East India Company at Home"：https：//blogs. ucl. ac. uk/eicah/.

⑤ Ashmolean Museum, Oxford：https：//www. ashmolean. org/first-floor.

行叙述。米兰文化博物馆（MUDEC）最近发起的一个占地 8000 平方英尺的常设展览项目开幕，展示了这座城市自关键时间节点 1500 年以来作为西班牙帝国的殖民和反殖民城市，以及如今作为一个多民族的大都市所扮演的角色。[①] 一些著名的展览曾反哺新的研究，既影响了历史学家对全球史的概念化的认识，又影响了全球叙事在更广泛的公众之间的看法。[②]

结 论

物质文化为全球史既带来挑战又提供机遇。通过反思过去十余年间的一些重要的出版物、项目和博物馆议题，本文考察了全球史上所谓的"物质转向"呈现的面貌，也讨论了物质文化对于重新定义全球史所起的两方面的作用。首先，物质转向提供了重新思考全球史领域定义空间的方式，尤其是前现代世界特有的连结性（connectivity）。我根据全球空间的类型提出了四种不同方式："世界性"（cosmopolitan）、"距离"（of distance）、"地方与全球"（local vs global），以及在物质纠缠中的"移动"（moving）。其次，由于全球史考虑了个体能动性和在全球叙事中发挥作用的方式，"微小物品"既可以挑战既定叙事，也可以提供从微观到宏观的不同分析尺度。因此，全球史中的"物质转向"不仅能够带来新的主题，还能成为解释全球现象的新视角与新棱镜。

[乔吉奥·列略（Giorgio Riello），意大利欧洲大学研究所早期现代全球史讲席教授，英国华威大学全球史教授；石榴，浙江大学艺术与考古学院博士后；石尚，首都师范大学历史学院博士生]

---

① MUDEC, Milan: https://www.mudec.it/ita/.

② 例如：A. Jackson and Amin Jaffer, *Encounters: The Meeting of Asia and Europe*, 1500-1800, London: V&A Publications, 2004; D. J. Roxburgh, *Turks: A Journey of a Thousand Years*, 600-1600, London: Royal Academy of Arts, 2005; *Interwoven Globe: The Worldwide Textile Trade*, 1500-1800, ed. Amelia Peck, London: Thames & Hudson, 2013; James Bennett and Russell Kelty, *Treasure Ships: Art in the Age of Spices*, Adelaide: Art Gallery of South Australia, 2014. 数十年前，最成功的倡议之一是由 Neil McGregor's 组织的 BBC 栏目《一百件文物中的世界史》（The History of the World in 100 Objects）。Neil MacGregor, *A History of the World in 100 Objects*, London: Allen Lane, 2010. 又见 Elizabeth Lambourn, "A History of the World in 100 Objects," *Journal of Global History* 6, No. 3, 2011, pp. 529-533.

从"衰落论"到"转型论"：奥斯曼帝国史研究的范式转换

陈 功 訾 涛

摘要 本文讨论的对象是英文学界对"古典时期"和"最长的世纪"之间奥斯曼帝国史的研究范式。自 20 世纪 60 年代以来，主流的奥斯曼帝国史研究范式从"衰落论"变为"转型论"。伯纳德·刘易斯于 1961 年推出的《现代土耳其的兴起》认为，奥斯曼帝国在"古典时期"后经历了政治、经济、文化各方面的衰落。"衰落论"影响巨大，在很长一段时间里是理解这段历史的主流范式。随着专门史的发展，主流观点发生了变化，历史学家开始将奥斯曼帝国在这段时期里的变化视为"转型"而非"衰落"。"转型论"的代表作品是巴齐·特兹詹于 2010 年推出的《奥斯曼第二帝国》。目前，"转型论"已经取代"衰落论"，成为奥斯曼帝国史的主流研究范式。

关键词 奥斯曼帝国 衰落 转型 比较研究 史学史

2011 年，当《甄嬛传》在中国热播之时，亚洲大陆另一端的土耳其也在上映一部几乎全民追更的宫斗剧《壮丽世纪》（*Muhteşem Yüzyıl*）。这部剧围绕奥斯曼帝国苏丹苏莱曼一世（Süleyman Ⅰ，即苏莱曼大帝，1520—1566 年在位）与妻子许蕾姆（Hürrem，原名罗克塞拉娜，Roxelana）的故事展开，重点讲述出身于乌克兰女奴的许蕾姆在奥斯曼帝国的后宫里一路打拼为皇后的经历。这部电视剧不止在土耳其，在阿拉伯地区和欧洲国家也引发了不小的关注。《壮丽世纪》的成功不仅标志着土耳其影视工业的进步，更象征着土耳其公共史学界的一大转向：原本奥斯曼帝国史在土耳其的历史叙述里是被忽略甚至被否定的部分，如果土耳其需要讲述奥斯曼帝国史，那大多只是将奥斯曼帝国的灭亡作为穆斯塔法·凯末尔（Mustafa Kemal）领导的土耳其革命的背景进行介绍。然而，在土耳其长期存在为奥斯曼帝国"翻案"的暗流，特别是 2003 年塔伊普·埃尔多安（Tayyip Erdoğan）上台后，埃尔多安政权日益把奥斯曼帝国视为土耳其历史上的辉煌时期，土耳其人开始重新关注和建构奥斯曼帝国的历史，《壮丽世纪》成功的背后就是土耳其公共领域的"奥斯曼热"。

　　两种叙事所强调的时期不同，凯末尔主义政权的传统叙事强调的是晚期奥斯曼帝国的虚弱和帝国在欧洲列强面前蒙受的屈辱，而埃尔多安政权的新叙事强调的是奥斯曼帝国强盛期的征服和建设成就。二者之间的分歧凸显出奥斯曼帝国史的一大特点：帝国在不同时期经历的巨大变化。1453 年征服君士坦丁堡到 1566 年苏莱曼一世去世的时段被称为帝国的"古典时期"，也就是埃尔多安政权强调的黄金时代。奥斯曼帝国在这一时期的领土横跨亚、欧、非三大洲，帝国的军队攻下了贝尔格莱德、罗德岛等地，还一度围攻维也纳，成为欧洲的心腹大患。同一时期，帝国还接纳了从伊比利亚半岛被驱逐的犹太人，成为包容开放的典范。然而到了 19 世纪，奥斯曼帝国成为"欧洲病夫"，帝国的军队在战场上多次战败，领土不断缩小，普世包容的意识形态在民族主义的冲击下显得不堪一击。以 1789 年塞里姆三世（Selim Ⅲ）上台为标志，奥斯曼帝国开启了一系列现代化改革。从塞里姆三世上台到 1923 年奥斯曼帝国灭亡的一百多年被称为奥斯曼帝国"最长的世纪"，在凯末尔政权的叙事里，土耳其共和国的一大合法性来源就是这一时期奥斯曼帝国的失败和屈辱。[①] 然而奥斯曼帝国在"古典时期"到"最长的世纪"之间，也就是 16 世纪中期到 18 世纪末的历史，在两种叙事中都被相对忽略了。事实上，虽然这一段时期并不是土耳其官方叙事中的重点，但是奥斯曼帝国在"古典时期"和"最长的世纪"之间所经历的变化曾是奥斯曼史学界，特别是欧美的奥斯曼史学界最

---

　　① 有关现代土耳其共和国中这两种对奥斯曼帝国的不同叙事，可参考 Ryan Gingeras, *The Last Days of the Ottoman Empire*, London：Penguin Books, 2022, pp. 15—18；昝涛：《从奥斯曼帝国到"新奥斯曼主义"：历史记忆与现实政治》，《北大区域国别研究》第 3 辑，江苏人民出版社 2021 年版，第 178—197 页；赵馨宇：《帝国历史与民族记忆：征服伊斯坦布尔纪念仪式的变迁》，昝涛主编：《奥斯曼—土耳其研究》第 3 辑，"百年土耳其"，江苏人民出版社 2024 年版，第 79—107 页。

重视的问题之一。

欧美奥斯曼史学界重视这一问题有其现实因素：奥斯曼帝国的历史和欧洲的历史始终紧密结合在一起，奥斯曼帝国和欧洲之间虽然也有合作（例如奥斯曼帝国和法国的同盟），但更多是斗争。奥斯曼帝国是基督教欧洲建构自身身份时最重要的"他者"，在长期的斗争中，双方的力量对比呈现此消彼长的趋势：奥斯曼帝国崛起的标志是 1453 年攻陷君士坦丁堡，帝国实力达到顶峰的标志是 1529 年围攻维也纳，而帝国衰落后，如何处理奥斯曼帝国的领土又构成了 19 世纪欧洲最重要的外交问题之一——"东方问题"。因此，欧美学者更愿意从奥斯曼帝国和欧洲的对比入手，探究奥斯曼帝国变化背后的本质。自 1961 年伯纳德·刘易斯（Bernard Lewis）出版《现代土耳其的兴起》以来，欧美学者出版了大量研究"古典时期"到"最长的世纪"之间的奥斯曼帝国史的作品，分析这一时段内奥斯曼帝国经历的众多变化，并试图分析变化背后的本质，而许多土耳其学者也用英文发表研究成果，对欧美学界提出的命题进行回应。

以往关于"衰落论"的研究多聚焦于宏观层面，关注其总体趋势和历史意义，但在文献史的梳理方面存在不足。许多研究未能深入挖掘"衰落论"在不同历史时期的学术脉络，学者观点的传承、批判与演变，以及文献之间的相互影响。宏观视角虽有助于把握"衰落论"的整体轮廓，却难以呈现其微观细节和学术传承的全貌。因此，本文旨在弥补这一缺陷，通过对与奥斯曼帝国"衰落论"相关的重要文献的详细梳理和研究，勾勒出英语学术界主流研究范式从"衰落论"向"转型论"转变的过程，以推动相关领域史学研究的进一步深化。①

---

① 本文受到唐纳德·夸特（Donald Quatert）文章的影响和启发，其文章也是英语学界较早对"衰落论"这一问题进行综述的文献。Donald Quataert, "Ottoman History Writing and Changing Attitudes Towards the Notion of 'Decline'," *History Compass*, Vol. 1, No. 1, 2023, pp. 1-9；该文中文译文见《奥斯曼帝国历史书写中的"衰落论"及其转变》，张楠译，载昝涛主编：《奥斯曼—土耳其研究——学术史的回顾与展望》，江苏人民出版社 2022 年版，第 105—114 页。在中文学界，初步介绍和讨论奥斯曼帝国"衰落论"及其问题的文章见昝涛的《奥斯曼—土耳其的发现：历史与叙事》（北京大学出版社 2022 年版）第 22—39 页。在中文学界，总结和概括伯纳德·刘易斯的奥斯曼帝国"衰落论"的文章是吴奇俊、昝涛的《伯纳德·刘易斯的奥斯曼—土耳其史观》（《北大史学》第 22 辑，2022 年，第 278—300 页）。以上研究对"衰落论"的讨论更多偏向于宏观，缺少对文献史的系统梳理，这正是本文力图弥补的方面。

一　伯纳德·刘易斯与"衰落论"的形成

刘易斯《现代土耳其的兴起》一书的主要内容其实是"最长的世纪"里奥斯曼帝国的改革，然而该书导论部分关于改革背景的介绍奠定了解释奥斯曼帝国史的最经典范式——"衰落论"。刘易斯认为，政治①、社会经济、思想文化三个方面的变化共同导致了奥斯曼帝国在"古典时期"后衰落下去。政治方面，从建国者奥斯曼一世到苏莱曼一世的十位君主都是有能之人，然而在这之后的君主却是软弱无能的统治者。与此同时，奥斯曼帝国的国家机器不再高效，政府官员也不再清廉，因此，奥斯曼帝国的中央政府丧失了对各个行省的控制。军事方面，奥斯曼帝国的军队开始落后于欧洲军队。社会经济方面，奥斯曼帝国在征服之后关闭了边境，这刺激了欧洲发现新大陆，最终的结果是奥斯曼帝国的国际贸易量大大减少。贸易量的下滑，加上美洲大陆金银带来的"价格革命"，二者共同使得奥斯曼帝国的农村社会遭到了沉重的打击，支撑农村社会的封建骑士（sipahi）阶层衰落，取而代之的是包税人阶层。这不仅影响了帝国的军事实力，也降低了政府对农村的掌控力。在思想文化方面，刘易斯认为，"伊斯兰世界"和"基督教世界"之间存在一道"铁幕"，奥斯曼帝国的知识分子无法跟上铁幕另一边的思想潮流。政治、社会经济和思想文化的问题结合在一起，导致奥斯曼帝国在"古典时期"后风光不再。塞里姆三世和马哈穆德二世（Mahmud Ⅱ）在18世纪末和19世纪初掀起的改革带来了新的变化，"现代土耳其"就是以他们的改革为基础而诞生的。②

刘易斯的"衰落论"有三个突出的特点：第一，刘易斯是第一位使用奥斯曼帝国政府原始档案的欧美学者，但他在论证奥斯曼帝国的衰落时，所依赖的大部分文献不是政府档案，而是吕特菲帕夏（Lütfi Paşa）、奥马尔·塔里布（Ömer Talib）、科楚贝伊（Koçu Bey）、侯赛因·赫扎尔芬（Huseyin Hezarfen）等16—18世纪奥斯曼作家的记述；第二，刘易斯相信

---

① 刘易斯使用的原词是 government，但是笔者认为，根据语境，这个词更多指代的是包括政府、皇室、军队和其他机构在内的"政治"，而不仅仅是大维齐尔领导的文官部门。

② Berbard Lewis, *The Emergence of Modern Turkey*, Oxford：Oxford University Press, 1968, pp. 1-39.

奥斯曼帝国的衰落体现在各个方面：帝国的政治、军事、经济和文化都出现了问题；第三，刘易斯认为存在一种"古典伊斯兰文明"，奥斯曼帝国衰落的根源是这一古典文明的内在特质，特别是古典伊斯兰文明对欧洲事物不屑一顾，导致奥斯曼帝国无法跟上欧洲的新进展。

刘易斯在《现代土耳其的兴起》里建构的"奥斯曼帝国衰落论"产生了巨大的影响。在奥斯曼帝国史研究界，"衰落论"成为最经典的解释奥斯曼帝国历史进程的理论，一些有名的土耳其学者也接受了这一理论。例如，土耳其世俗化问题研究的开山鼻祖之一尼亚奇·贝尔克什（Niyazi Berkeş）在 1964 年出版的名著《土耳其世俗主义的发展》中也认为，奥斯曼帝国在"古典时期"之后经历了军事力量的衰退、经济的落后和政治体系的崩解。和刘易斯一样，贝尔克什也认为，伊斯兰教使得奥斯曼帝国对西方缺乏兴趣，这导致了奥斯曼帝国的衰落。[①] 而在奥斯曼研究之外，刘易斯的理论也被其他领域的学者所接受，例如年鉴学派大师布罗代尔在 1978 年初版的《15 至 18 世纪的物质文明、经济和资本主义》第三卷中也认为，新航路的开辟打击了中东经济（尽管他认为奥斯曼帝国最终衰落的时间是 19 世纪）。[②] 可以说，刘易斯的"衰落论"在相当一段时间里是奥斯曼帝国史学界的主流研究范式。

不过，刘易斯过于依赖 16—18 世纪奥斯曼作家的作品。刘易斯并没有对这些作家的作品进行批判性分析，他认为，这些作品就是可靠的一手资料。但是后来的历史学家开始质疑这些奥斯曼作家的作品是否真实地反映了奥斯曼帝国的状况，这一质疑不仅指向这些作家，也指向了依赖这些作家的作品写成的《现代土耳其的兴起》。罗德斯·墨菲（Rhoads Murphey）对康奈尔·弗莱彻（Cornell Fleischer）的批判就告诉我们，一些奥斯曼作家作品的可靠性值得怀疑。

弗莱彻在 1986 年面世的《奥斯曼帝国的官僚和知识分子：历史学家穆斯塔法·阿里（1541—1600）》一书中将历史学家穆斯塔法·阿里的作品视为对 16 世纪后半叶奥斯曼帝国状况的真实反映。弗莱彻追随了刘易斯的"衰落论"。他认为，在长期战争和货币贬值的打击下，奥斯曼帝国衰落

---

① Niyazi Berkeş, *The Development of Secularism in Turkey*, London: Hurst & Co. , 1998, pp. 8-22.

② Fernand Braudel, *Civilization and Capitalism*: 15 - 18*th Century*, Vol 3: *The Perspective of the World*, trans. Sian Reynolds, London: Collins, 1984, pp. 467-484.

了。传统的奥斯曼行政法体系（kanun）无法适应新的状况，这导致像穆斯塔法·阿里这样受传统教育出身的官僚找不到用武之地。① 然而墨菲对该书进行了猛烈批判，他指出，伊斯兰教的史学传统相信历史是由兴衰的循环构成的，任何一种政治秩序都会迎来自身的灭亡。在伊斯兰史学传统之外，还有一种奥斯曼史学传统，这种史学传统总是批判历代君主（除在位君主之外）。并且，在穆斯塔法·阿里生活的年代，伊斯兰历即将迎来自己的第一个千年（即1591—1592年），当时的穆斯林担忧在千年到来之时会有灾难发生。两种史学传统的影响和穆斯林对千年的焦虑结合起来，再加上穆斯塔法·阿里等作家在官场上不得志，导致了这些作家夸大了奥斯曼帝国当时遇到的问题。例如，穆斯塔法·阿里将穆拉德三世（Murad Ⅲ）统治下的奥斯曼帝国描述成一个充满问题的国家，然而墨菲认为这段时期的奥斯曼帝国仍然欣欣向荣。② 墨菲的书评揭露出一个重要的事实：16—18世纪奥斯曼作家的作品并不一定是可靠的一手资料，因此依赖这些资料的《现代土耳其的兴起》对这段时期的分析存疑。

奥斯曼史大家杰马尔·卡法达尔（Cemal Kafadar）补充了墨菲的观点。他指出，伊斯兰史学传统中存在一种认为只有先知穆罕默德时期才是黄金时代的书写倾向，卡法达尔将其称为"萨拉菲脉络"（selefi strand）。受到这种脉络的影响，奥斯曼作家有批判现实的倾向，哪怕奥斯曼帝国在苏莱曼一世统治下达到鼎盛，当时仍然有作家批评苏莱曼一世的统治。③ 墨菲和卡法达尔证明了，奥斯曼作家笔下帝国的"衰落"更多是他们进行思想建构的产物，而不是对客观事实的描述。这样一来，刘易斯"衰落论"的史料基础就被推翻了。不过，历史学家对刘易斯的修正不止如此，专门史研究的发展进一步展现了一个比"衰落"更加复杂的历史图景。

---

① Cornell H. Fleischer, *Bureaucrat and Intellectual in the Ottoman Empire: The Historian Mustafa Ali* (1541-1600), Princeton: Princeton University Press, 1986, pp. 98, 225-226.

② Rhoads Murphey, "Mustafa Ali and the Politics of Cultural Disorder," *Journal of Middle Eastern Studies*, Vol. 21 No. 2, May 1989, pp. 243-255.

③ Cemal Kafadar, "The Myth of the Golden Age: Ottoman Historical Consciousness in the Post-Süleymanic Era," in *Süleyman the Second and His Time*, ed. Halil İnalcık and Cemal Kafadar, Istanbul: I-sis Press, 1993, pp. 37-48.

二 超越"衰落论"：刘易斯之后的专门史研究

在刘易斯写作《现代土耳其的兴起》时，奥斯曼帝国史还是较新的研究领域，很少有历史学家对奥斯曼政治史、经济史和思想史中的某个具体问题进行细致的专门研究。在缺乏专业研究，特别是以档案为基础的历史学研究的情况下，刘易斯在研究奥斯曼作家的作品后就对奥斯曼帝国在"古典时期"后的走向进行了综合性的判断，认为奥斯曼帝国衰落了，这在当时是可以理解的，但这也是学术不发达的表现。在刘易斯之后，有更多历史学家对奥斯曼帝国史的某个领域进行更细致的专门史研究，并且他们也试图从不同的视角分析奥斯曼帝国内发生的现象，他们的研究揭示出奥斯曼帝国的历史进程远远比刘易斯所描述的衰落要复杂得多。因此，一些学者提出，"古典时期"之后奥斯曼帝国经历的不是衰落，而是转型。

（一）经济史研究：世界体系与经济制度

刘易斯认为，内部和外部因素同时导致了奥斯曼帝国的经济在"古典时期"之后落后于欧洲，内部因素是伊斯兰教对欧洲事物和技术的鄙夷，外部因素是新航路的开辟和新大陆的发现等。他对16—18世纪奥斯曼经济的观察得到了一些学者的认同。奥斯曼经济史和社会史研究的开创者之一奥马尔·吕特菲·巴尔坎（Ömer Lütfi Barkan）同意外部因素导致了奥斯曼经济的衰弱这一观点。通过对价格目录（narh）和去世军人遗产登记表（tereke defterleri）的研究，巴尔坎指出，新大陆金银流入导致的"价格革命"影响了奥斯曼帝国的财政体系，政府无力供养军队，这进一步导致了奥斯曼帝国军事实力的衰落。[①] 莱依拉·埃尔德尔（Leila Erder）和苏莱亚·法洛奇（Suraiya Faroqhi）在研究了科贾埃利（Kocaeli）和卡拉希萨尔（Karahisar）的税收登记记录（tahrir）之后，认为16世纪末期的安纳托利

---

① Ömer Lufti Barkan, "The Price Revolution of the Sixteenth Century: A Turning Point in the Economic History of the Near East," trans. Justin McCarthy, *International Journal of Middle East Studies*, Vol. 6 No. 1, Jan., 1975, pp. 3-28.

亚确实经历了人口衰退。① 这些学者的经济史研究佐证了刘易斯的看法。

不过，自 20 世纪 80 年代以来，其他学者对"古典时期"之后奥斯曼帝国的经济走向提出了不同的观点。中东经济史大师罗杰·欧文（Roger Owen）在 1981 年出版的名著《世界经济中的中东，1800—1914》中提出了一个重要问题：奥斯曼帝国的经济是一个整体吗？欧文认为，奥斯曼帝国和西欧的经济力量对比确实经历了一个倒反的过程，但是占据优势的西欧对奥斯曼帝国各个地区的经济影响是不一样的。"古典时期"后的奥斯曼帝国经历了一个经济"地方化"的过程。确实有一些地区受到了西欧的冲击，但是这无法证明奥斯曼帝国经济的各个方面都衰落了。② 根据欧文的观点，为了解答奥斯曼帝国的经济是否衰落，历史学家必须开展地方经济史研究。

奥斯曼地方经济研究的代表作是胡利·伊斯兰奥卢-伊楠（Huri İslamoğlu-İnan）主编的论文集《奥斯曼帝国与世界经济》，该书回应了欧文提出的命题。它明显受到了伊曼纽尔·沃勒斯坦（Immanuel Wallerstein）的"世界体系理论"的影响。虽然沃勒斯坦不是专业的奥斯曼史学家，但是他的理论为历史学家提供了重要的视角。在 1979 年的《奥斯曼帝国与资本主义世界体系》一文中，沃勒斯坦区分了两个概念——"世界帝国"（world-empire）和"世界经济"（world-economy），世界帝国是一个拥有支配性（overarching）政治结构的单一社会经济体，在世界帝国中，资本积累没有被最大化；而世界经济是一个包括不同政治结构的单一政治经济体，在世界经济中，资本积累是决定社会行为的因素。奥斯曼帝国是世界帝国，而现代资本主义经济是世界经济。16 世纪之前，世界经济被纳入世界帝国中，但是 16 世纪之后，像奥斯曼帝国这样的世界帝国开始被纳入世界经济体系中。他希望历史学家能够研究奥斯曼帝国在现代资本主义经济体系中被"边缘化"的具体进程。③

① Leila Erder and Suraiya Faroqhi, "Population Rise and Fall in Anatolia 1550-1620," *Middle Eastern Studies*, Vol. 15, No. 3, Oct., 1979, pp. 322-345.

② Roger Owen, *The Middle East in the World Economy* 1800-1914, London and New York: I. B. Tauris, 2009, pp. 1-23.

③ Immanuel Wallerstein, "The Ottoman Empire and the Capitalist World-Economy: Some Questions for Research", *Review* (*Fernand Braudel Center*), Vol. 2, No. 3, Winter, 1979, pp. 389-398.

在《奥斯曼帝国与世界经济》中，虽然作者们没有直接使用沃勒斯坦提出的"世界帝国"和"世界经济"的概念，但是，他们确实接受了沃勒斯坦的世界体系理论。此外，他们更多关注奥斯曼帝国经济中的某一个方面，而不是研究整体的经济状况，这也回应了欧文的命题。伊斯兰奥卢－伊楠在该论文集的导论部分指出，奥斯曼经济在世界体系中被边缘化的主要表征包括农村经济的停滞、手工业的去工业化、国家控制生产和消费以及占据剩余产品的能力的下降。[①] 论文集中最引人注目的是穆拉德·齐扎克查（Murat Çizakça）和北美奥斯曼历史研究的奠基者之一哈利勒·伊纳尔哲克（Halil İnalcık）的两篇文章的对比。齐扎克查研究了布尔萨（Bursa）的地方经济史，他指出，布尔萨曾经是奥斯曼帝国的丝织工业中心之一，但是随着生丝价格的上涨和进口羊毛织品价格的下降，布尔萨的丝织工业遭到重创。[②] 然而伊纳尔哲克的研究则展现出不同的图景，他发现，尽管来自英国的进口棉织品带来了竞争，但奥斯曼本土的棉织品到 19 世纪时仍然控制着本土市场。[③] 两篇文章的对比证明了，"古典时期"之后，奥斯曼帝国和欧洲在经济上的力量对比可能发生了逆转，但是不同地区、不同行业的情况不同，棉织品行业等产业仍然保持着竞争力。因此，刘易斯的"衰落论"有过度简化的问题，欧洲经济的优势和奥斯曼帝国的一些行业受到的冲击不足以证明奥斯曼经济的各方面都衰落了。

经济史学家还开辟了一条研究奥斯曼经济史的新路径：经济制度史研究。通过研究"古典时期"和"最长的世纪"之间奥斯曼帝国经济制度的变迁，经济史学家进一步发现了"衰落论"的片面之处。例如，在 1996 年问世的《收入增长与合法性：奥斯曼帝国的征税和财政管理，1560—1660》一书中，琳达·达令（Linda Darling）通过对财政档案的研究，指出奥斯曼帝国的衰落只是一个迷思（myth）。刘易斯认为，包税制度导致了奥斯曼帝国政府对地方控制力的下降。但是达令认为，包税制度的兴起

① Huri İslamoğlu-İnan, "Introduction: 'Oriental Despotism' in World-System Perspective," in *The Ottoman Empire and World-Economy*, ed. Huri İslamoğlu-İnan, Cambridge: Cambridge University Press, 1987, pp. 1-24.

② Murat Çizakça, "Price History and Bursa Silk Industry: A Study in Ottoman Industrial Decline, 1550-1650," in *The Ottoman Empire and World-Economy*, pp. 247-261.

③ Halil Inalcik, "When and How British Cotton Goods Invaded the Levant Markets," in *The Ottoman Empire and World-Economy*, pp. 374-383.

是奥斯曼帝国稳固的标志。税收是帝国的一种工具，而包税制度并不是奥斯曼帝国的问题，而是解决问题的手段。①

　　研究奥斯曼经济制度的另一部经典之作是谢夫凯特·帕慕克（Şevket Pamuk）于 2004 年发表的论文《制度变革与奥斯曼帝国的长寿，1500—1800》。帕慕克将奥斯曼帝国和莫卧儿帝国以及萨法维帝国进行比较，三个帝国都在 16 世纪实现了版图扩张和经济繁荣，也都在 17 世纪遭遇了严重的内部政争。莫卧儿帝国和萨法维帝国都在 18 世纪解体，但是奥斯曼帝国却实现了中兴。帕慕克认为，包税制使奥斯曼帝国能够在危机中获得更多财政收入，包税制度兴起的背后是奥斯曼帝国在经济制度建设方面的灵活性，这种灵活性是奥斯曼帝国能存在超过六个世纪的重要原因。② 根据刘易斯的"衰落论"，包税制度是奥斯曼帝国衰落的体现，但在帕慕克看来，包税制度反而拯救了奥斯曼帝国。这一观点是帕慕克对"衰落论"的重要修正。

　　总的来说，经济史学家同意在"古典时期"和"最长的世纪"之间，新航路的开辟、新大陆的发现、"价格革命"和欧洲廉价商品的涌入给奥斯曼经济带来了冲击。经济史学家们同意这些变化导致了包税制度的兴起和部分工业部门的衰退，这也是刘易斯的观点，但是他们对这些现象的解释和刘易斯不同，例如达令和帕慕克都不认为包税制度是奥斯曼帝国经济衰落的表现，反而是奥斯曼帝国得以存续的原因之一。此外，他们也不认为伊斯兰教是奥斯曼帝国经济衰退的原因。可以说，经济史学家和刘易斯注意到了某些共同的现象，他们的分歧主要在于对现象的分析而不是对现象的描述。

（二）思想史研究："狂热主义"的迷思

　　上文提到，刘易斯认为，存在一种"古典伊斯兰文明"，这种文明的一些特性，例如对欧洲事物的敌视和对技术的轻视，导致了奥斯曼帝国的衰落。刘易斯并不是宗教史或是思想史专家，关于思想史的部分是《现代

---

　　① Linda T. Darling, *Revenue-Raising and Legitimacy: Tax Collection and Finance Administration in the Ottoman Empire 1560-1660*, Leiden: Brill, 1996, pp. 1-16.

　　② Şevket Pamuk, "Institutional Change and the Longevity of the Ottoman Empire, 1500-1800", *The Journal of Interdisciplinary History*, Vol. 35, No. 2, Autumn, 2004, pp. 225-247.

土耳其的兴起》一书中着墨较少的部分，但是，刘易斯对伊斯兰教的看法却是他的研究里影响最深的部分。在其他作品里，刘易斯多次把现代中东遇到的问题归咎于伊斯兰教，这也使他成了萨义德《东方学》中的重点批判对象。[①] 伊纳尔哲克对伊斯兰教的看法和刘易斯的看法有类似之处，他在1973年出版的经典作品《奥斯曼帝国的古典时期，1300—1600》中认为，奥斯曼帝国内部总是有思想开放的、温和的乌莱玛（ulema）和狂热派教士的竞争。16世纪以来发生的一系列事件，例如1577年伊斯坦布尔天文台被毁，1716年"禁书令"等，标志着"狂热主义的胜利"。"狂热主义的胜利"导致奥斯曼帝国无法从欧洲的科学发展中获益，使得奥斯曼帝国最终落后于欧洲。[②] 刘易斯和伊纳尔哲克两位历史学大家都认为，宗教是奥斯曼帝国衰落的重要原因。

这种观念影响深远，但是近年来受到了新一代学者的挑战。其中最重要的作品是哈立德·阿尔-鲁阿伊黑布（Khaled El-Rouayheb）于2015年出版的长篇思想史著作《17世纪伊斯兰教思想史：奥斯曼帝国和马格里布的学术潮流》。阿尔-鲁阿伊黑布的学术创新点主要体现在他大量使用了奥斯曼学者用阿拉伯语书写的宗教文书，而之前的学者往往只研究用奥斯曼土耳其语书写的文书。事实上，由于阿拉伯语在伊斯兰文化中的重要地位，非阿拉伯学者也用阿拉伯语写下过许多重要的作品，例如数学史上的里程碑作品《代数学》就是波斯人花拉子米用阿拉伯语写成的，但是奥斯曼时期的阿拉伯语作品长期以来被学者忽视。阿尔-鲁阿伊黑布揭示了所谓"狂热主义的胜利"只是迷思，例如，1577年伊斯坦布尔天文台被毁是因为天文台没能通过观测天象预测出对波斯战争的结果，而不是"狂热主义者"的活动。[③] 此外，阿尔-鲁阿伊黑布对伊斯兰教的思想史谱系进行了详细的探究。他指出，库尔德、阿塞拜疆和波斯学者中有重视哲学和理性科

① 例如，萨义德称刘易斯对阿拉伯语"革命"一词的词源解析"充满傲慢与恶意"，作为中东史权威的刘易斯"如此热衷旨在揭露、削弱和质疑阿拉伯和伊斯兰的计划，以至于甚至不愿意过多地考虑自己作为一个学者和历史学家的身份"，见［美］爱德华·W.萨义德《东方学》，王宇根译，生活·读书·新知三联书店2007年版，第404—413页。

② Halil İnalçık , *The Ottoman Empire: The Classical Age, 1300-1600*, London: Weidenfeld & Nicolson, 1973, pp. 179-185.

③ Khaled El-Rouayheb, *Islamic Intellectual History in the Seventeenth Century: Scholarly Currents in the Ottoman Empire and the Maghreb*, Cambridge: Cambridge University Press, 2015, pp. 18-19.

学的传统，他们中的一些人在 15、16 世纪移居到奥斯曼帝国，受到他们的影响，对哲学和理性科学的重视在奥斯曼帝国的思想文化界一直延续下去。奥斯曼帝国的学术在"古典时期"后仍然在进步，主流学者重视"考证"（tahqiq）和"辩证"（adab al-bahth），他们并不是刘易斯和伊纳尔哲克笔下的"狂热主义者"，奥斯曼帝国的思想文化也没有在"古典时期"后衰落。①

　　除了对奥斯曼时期阿拉伯语文献的发掘，阿尔-鲁阿伊黑布的研究还指出了"衰落论"的一个重大问题：刘易斯认为，西方是思想进步的唯一来源，奥斯曼思想界和欧洲思想界缺乏联系，因此奥斯曼帝国的思想界无法吸取欧洲思想进步的成果，从而衰落了。但是，阿尔-鲁阿伊黑布认为，"东方"（即奥斯曼帝国以东的地区）也可以是思想进步的来源，在奥斯曼帝国的历史上，创新精神的来源是伊朗学者而不是欧洲思想界。阿尔-鲁阿伊黑布的研究驳斥了"衰落论"中将奥斯曼帝国的思想停滞归咎于伊斯兰教的观点，并且为未来的奥斯曼思想史研究指明了一条新的道路：通过探索奥斯曼帝国和伊斯兰世界其他地区的思想联系，从跨国史和全球史的角度重新审视奥斯曼思想史的道路。从这个意义上说，阿尔-鲁阿伊黑布的研究产生了远远大于修正"衰落论"的意义。

（三）政治史研究：奥斯曼帝国的政治转型

　　刘易斯指出，奥斯曼帝国在"古典时期"之后出现了军事体制变革和地方势力崛起的现象。在他之后研究奥斯曼政治史的学者并没有推翻他的判断，而是对这些现象进行了新的解释。在这些历史学家看来，这些变化的背后并不是奥斯曼帝国的"衰落"，而是"转型"。

　　这类新解释的代表是于里法特·阿里·阿布-阿尔-哈吉（Rifa'at 'Ali Abou-El-Haj）的《现代国家的形成：16—18 世纪的奥斯曼帝国》。该书主书名已经说明了阿布-阿尔-哈吉的观点：奥斯曼帝国在"古典时期"之后并没有衰弱，而是经历了转型。他认为，包税制度的兴起和封建骑士阶层的消亡导致了奥斯曼帝国的转型。奥斯曼帝国各个阶层间的壁垒逐渐被打

---

　　① Khaled El-Rouayheb, *Islamic Intellectual History in the Seventeenth Century: Scholarly Currents in the Ottoman Empire and the Maghreb*, pp. 60–96.

破，社会出现了更多的流动性。到 17 世纪中期，新的"市民寡头集团"掌控了权力。阿布-阿尔-哈吉认为，"古典时期"之后的奥斯曼帝国仍然充满活力，这种活力在 19 世纪的坦齐马特改革达到巅峰。①

阿布-阿尔-哈吉的论点遭到了反驳，例如杰马尔·卡法达尔（Cemal Kafadar）在 1997 年发表的论文《奥斯曼衰落问题》中指出，奥斯曼帝国的社会流动性在"古典时期"之后下降了，各个民族之间的边界变得越发明显，政治精英和生产者之间也形成了壁垒。同一时期，欧洲发展出了民意代表机构，但奥斯曼帝国并没有这样的机构，因此奥斯曼帝国最终无法和欧洲竞争。② 但是，阿布-阿尔-哈吉所强调的"转型"在史学界引发了共鸣。后来的学者试图用新的研究路径来论证奥斯曼帝国的"转型"。第一条路径是微观研究。上文已提及，刘易斯之后的经济史学家开始对奥斯曼经济中的某一个产业或某一个地区的经济进行研究，而不强求进行总体性的奥斯曼经济史研究。政治史的新途径与之类似，学者开始试图对奥斯曼帝国的某一个群体的政治史进行研究。这方面的一个代表人物是克里斯汀·菲利乌（Christine Philliou）。菲利乌关注的对象是伊斯坦布尔的法纳尔（Phanar）希腊人。她指出，法纳尔希腊人在 17 世纪后崛起，他们世代垄断多瑙河流域公国的统治者职位。他们和苏丹建立了一种事实上的契约关系，同时也和其他高层官员保持紧密的联系。他们的发展史和 17 世纪后奥斯曼帝国各个行省里崛起的穆斯林精英"阿扬"（ayan）阶层的历程有相似之处。通过对法纳尔希腊人的案例研究，菲利乌认为，奥斯曼帝国在"古典时期"后经历了政治转型，这是各个群体共同参与的事业。③

在微观研究之外，另一条路径是用政治科学的方法对奥斯曼帝国的政治史进行理论分析。这条路径的代表作品是卡伦·巴基（Karen Barkey）的著作《区别的帝国：比较视角下的奥斯曼》（以下简称《区别的帝国》）。和大部分研究奥斯曼帝国史的学者不同，巴基并不是历史学家，而是政治学家。她没有阅读原始文献的能力，她的贡献在于用政治学的理

---

① Rifa'at 'Ali Abou-El-Haj, *Formation of the Modern State: The Ottoman Empire, Sixteenth to Eighteenth Centuries*, Syracuse: Syracuse University Press, 2005.

② Cemal Kafadar, "The Question of Ottoman Decline," *Harvard Middle Eastern and Islamic Review*, Vol. 4, No. 1-2, 1997-1998, pp. 30-75.

③ Christine Philliou, "Communities on the Verge: Unraveling the Phanariot Ascendency in Ottoman Governance," *Comparative Studies in Society and History*, Vol. 51, No. 1, Jan., 2009, pp. 151-181.

论进行分析。刘易斯的关注点在于"古典时期"后奥斯曼帝国为什么在和欧洲的竞争中不再占据上风，而巴基的关注点在于为什么奥斯曼帝国在落入下风后仍然可以生存到 1923 年。巴基认为，奥斯曼帝国能存在超过六个世纪的原因在于奥斯曼帝国具有灵活性，实现了自我转型。她首先从政治学的视角定义了"帝国"：帝国是一项各个群体"协商而成的事业"（ne-gotiated enterprise），帝国应该"和边缘地区合作，以维持服从、纳贡和军事合作方面的混合体，并保证政治上的凝聚力和持久性"。帝国的边缘和中心形成了"子轮辐结构"（sub-and-stroke structure），即各个边缘和中心联系，但是边缘之间不互相联系的结构。根据这一理论，巴基重新书写了奥斯曼帝国的历史。巴基认为，随着贸易额的扩大和包税制度的崛起，地方的新精英集团崛起，他们之间互相联系，这冲击了奥斯曼帝国的子轮辐结构。地方上的变化导致了新的政治组织的出现，这并不是衰落的表现，而是奥斯曼帝国的灵活性和现实主义的表现。政治上的变革最终造就了特殊的"奥斯曼现代化"（可惜巴基没有深入解释）。[①]《区别的帝国》一书最大的贡献就是把政治学中关于"帝国"的理论引入奥斯曼帝国史研究中，从而论证了奥斯曼帝国经历的是"转型"而不是"衰落"。

总的来说，刘易斯之后的奥斯曼政治史研究的突破点并不是发现新事实，而是寻找新的解释。后来的历史学家和刘易斯注意到了相同的现象，例如地方精英的崛起，但是，刘易斯将这些现象视为奥斯曼帝国衰落的表现，而后来的历史学家将这些现象视为奥斯曼帝国灵活性的体现，以及奥斯曼帝国向现代国家转型的一部分。从方法论来看，对某一个具体群体的研究，以及与社会科学的结合，是奥斯曼政治史在方法论上的两大新发展。在学者的努力下，学术界对奥斯曼政治发展历程的理解大大深入了。

三　取代"衰落论"的尝试：巴齐·特兹詹的 "第二帝国"转型论

上文提到，刘易斯之后的学者已经从经济史、思想史、政治史等方面

[①]　Karen Barkey, *Empire of Difference: The Ottomans in Comparative Perspective*, Cambridge: Cambridge University Press, 2008, pp. x, 194.

修正了"衰落论"。但刘易斯的"衰落论"是涉及奥斯曼帝国各方面的综合性理论，因此，对"衰落论"的最终批驳也必须是综合性的，伊斯兰奥卢-伊楠呼吁学者重新进行奥斯曼帝国的"总体史"（total history）研究。她认为历史学家应该在社会经济变化的框架下分析奥斯曼帝国的政治和意识形态。①

　　实现这一点的是巴齐·特兹詹（Baki Tezcan）于2010年出版的《奥斯曼第二帝国：早期近代的政治和社会转型》（以下简称《奥斯曼第二帝国》）一书。奥斯曼环境史研究的领军人物阿兰·米哈伊尔（Alan Mikhail）在书评中称该书提供了"衰落论"之外的"第一个理解1580—1826年的奥斯曼帝国史的连贯性的、整体性的框架"②。特兹詹认为，奥斯曼帝国从15世纪开始经历了经济转型，一个"奥斯曼经济区"出现了。以封建经济为基础的行政法体系逐步过时，宗教法官（kadi）获得了更大的话语权。他们创建了新的机构，重组了奥斯曼帝国的法律体系。于是，奥斯曼帝国成为一个拥有"一个市场，一种经济，一种法律"的国家（这也是该书第一章的标题）。随着经济和法律的变化，奥斯曼社会的流动性也上升了，越来越多普通的穆斯林进入了精英阶层。近卫军（Janissary）不仅是一支军队，也成为拥有自身政治和商业利益的组织，还是表达不满的平台，这导致了17世纪近卫军频繁反叛。特兹詹认为，"古典时期"之后奥斯曼帝国的政治斗争的本质是两派政治精英的斗争，一派是"绝对主义派"（absolutist），这一派主张不受限制的君主权力；而另一派是"宪政派"（constitutionalist），这一派相信法律至上。两派的斗争导致奥斯曼政治上的两个重大变化，一个变化是兄弟仇杀制度的废除，"古典时期"的奥斯曼帝国存在制度化的兄弟仇杀，新登基的苏丹会下令处死自己的兄弟，但这一传统在17世纪初艾哈迈德一世（Ahmed Ⅰ）登基后被中止；另一个变化是奥斯曼二世被废，他试图改革近卫军，结果在近卫军的反叛中被杀，成为奥斯曼历史上唯一一位被反叛者处死的苏丹。在一系列的斗争后，宪政派取得了最终的胜利，胜利的标志是1703年试图重建苏丹权威的穆斯塔法二世（Mustafa Ⅱ）被迫退位。最终，奥斯曼帝国从"古典时期"

---

　　①　İslamoğlu-İnan，"Introduction，"*The Ottoman Empire and World-Economy*，23.

　　②　Alan Mikhail，"Review，"*The Journal of Interdisciplinary History*，Vol. 42，No. 3，Winter 2012，pp. 494.

的父权制帝国转变为一个由有限政府执政的帝国，后者即所谓的"奥斯曼第二帝国"，也就是该书的标题。特兹詹认为帝国在"古典时期"之后的转型是一种"原初民主化"（proto-democratization），同一时期，英格兰和法国也出现了类似的现象。

　　显然，特兹詹和刘易斯的观点有天壤之别，刘易斯认为，奥斯曼帝国在"古典时期"之后走向衰落，和欧洲的距离越拉越大，最终灭亡，他的奥斯曼史观是线性的。而特兹詹则积极评价奥斯曼帝国在"古典时期"之后的变化，认为这是民主化转型的一部分，奥斯曼帝国的历史和欧洲的历史平行发展。"衰落论"将苏莱曼一世去世，"古典时期"结束的时间点视为奥斯曼帝国的转折点，而特兹詹认为，奥斯曼帝国的转折点要晚得多，转型后的"第二帝国"和奥斯曼帝国最终的灭亡没有什么直接关系。① 可以说，自刘易斯出版《现代土耳其的兴起》以来，特兹詹的《奥斯曼第二帝国》是最详细、最全面地解释"古典时期"和"最长的世纪"之间的奥斯曼历史进程的作品。特兹詹得出了和刘易斯完全不同的结论，在他这里，"转型论"彻底取代了"衰落论"，成为解释奥斯曼帝国一系列变化的理论。

　　《奥斯曼第二帝国》的出版可以说是一石激起千层浪。该书最大的问题是，特兹詹的历史学研究能否支撑该书的结论？特兹詹只有在分析奥斯曼二世被推翻的部分里使用了大量原始档案（因为这是他在普林斯顿大学近东系的博士论文题目），在该书其他部分，几乎完全依赖二手文献。特别是，其"转型论"的出发点是奥斯曼帝国的经济转型，但他没有进行经济史的考察，这影响了结论的可靠性。并且，特兹詹试图描绘出从苏莱曼一世去世到坦齐马特之间接近两个世纪的历史画卷，但该书所详细分析的现象几乎都是在 17 世纪的现象，特别是艾哈迈德一世继位（1603 年）到奥斯曼二世被推翻（1622 年）近二十年的时间段里产生的现象。对这么短时间现象的观察是否可以支撑作者对两个世纪间奥斯曼历史进程的判断？一些学者提出了质疑，例如阿里尔·萨尔兹曼（Ariel Salzmann）就在书评

① Baki Tezcan, *The Second Ottoman Empire: Political and Social Transformation in the Early Modern World*, New York: Cambridge University Press, 2010.

中认为特兹詹的研究几近"简化"了奥斯曼帝国历史。[①]

《奥斯曼第二帝国》的研究视角也遭到了其他学者的质疑。特兹詹将奥斯曼帝国史和英国史以及法国史进行对比，强调相似性，他所使用的"绝对主义派"和"宪政派"这两个术语就来自欧美的英国史研究。但是特兹詹的研究方法可行吗？简·海瑟薇（Jane Hathaway）认为，奥斯曼帝国的政治文化应该是多元的，特兹詹强行套用英国史的概念，把原本多元的政治光谱划分为截然对立的"绝对主义派"和"宪政派"。[②] 罗德斯·墨菲也认为，特兹詹的划分过于理想化，"古典时期"之后奥斯曼帝国的政治斗争绝不仅仅是两派的斗争。[③] 此外，特兹詹忽略了一些重要的变化。哈萨维指出，"古典时期"后的奥斯曼帝国在特兹詹所强调的精英阶层分裂、近卫军转型之外，还经历了维齐尔和帕夏权力的扩张，出身于高加索的"东方人"和出身于巴尔干和安纳托利亚的"西方人"之间的斗争，内廷和外朝的矛盾等一系列变化，这些在特兹詹的书中都没有得到足够的重视。[④] 萨尔兹曼也指出，特兹詹在分析奥斯曼经济转型时，忽视了农业部门。[⑤] 更为重要的是，奥斯曼帝国在"古典时期"后的变化是否能称得上"转型"？毕竟变化是历史发展中的常态，如果所有的变化都相当于转型，那么所有的国家随时都处在转型之中。研究"古典时期"的历史学家希德·埃姆雷（Side Emre）就指出，"古典时期"的奥斯曼帝国也处在变化中，特兹詹所强调的变化往往在"古典时期"已经开始。[⑥] 总的来说，不少学者质疑特兹詹的结论是否有坚实的历史学研究基础。

这些批判的背后是奥斯曼帝国史研究的发展：当刘易斯在20世纪50年代写作《现代土耳其的兴起》时，奥斯曼帝国史还在起步阶段，因此刘易斯通过分析奥斯曼作家留下的文献就能够对奥斯曼帝国的发展进程作出总体性判断，但到了21世纪，学术界已经出现了许多专门史著作，为了系

① Ariel Salzmann, "Review", *Journal of the Economic and Social History of the Orient*, Vol. 54, No. 2, 2011, p. 290.

② Jane Hathaway, "Review," *Journal of World History*, Vol. 23, No. 1, Mar., 2012, p. 180.

③ Rhoads Murphey, "Review," *Bulletin of the School of Oriental and African Studies*, *University of London*, Vol. 74, No. 3, 2011, p. 483.

④ Hathaway, "Review," p. 180.

⑤ Salzmann, "Review," p. 290.

⑥ Side Emre, "Review," *The Sixteenth Century Journal*, Vol. 43, No. 1, Spring 2012, p. 202.

统性推翻刘易斯的"衰落论"，提出新的整体性的判断，特兹詹就必须参考政治、经济、思想史等各个领域的新作品，研究的难度大大上升。不过，《奥斯曼第二帝国》虽然有一些问题，但确实给学者带来了启发。在该书出版之后，其他学者也开始通过将奥斯曼帝国和欧洲进行比较研究的方法探究"古典时代"后奥斯曼帝国的政治转型。这些研究里最有影响力的是 2016 年问世的《帝国合伙人：革命年代奥斯曼秩序的危机》。作者阿里·雅伊哲奥卢（Ali Yaycıoğlu）认为，奥斯曼帝国在 18 世纪末遭遇的政治动荡是当时全球性政治秩序崩溃的一部分。也就是说，1789 年开始的法国大革命，和 1807 年塞里姆三世被推翻后奥斯曼帝国的政治动荡，是同一个潮流在不同地区的产物。1808 年，马哈穆德二世和地方显贵的代表签订《同盟誓约》（Deed of Alliance），地方显贵宣誓忠于苏丹，苏丹则承诺保证地方显贵的权利，特别是苏丹未经法律手段不得处死地方显贵或没收他们的财产。雅伊哲奥卢认为《同盟誓约》是限制苏丹权力的尝试，是帝国转型进程中的里程碑。和特兹詹类似，雅伊哲奥卢认为，"古典时期"后地方势力的崛起不是奥斯曼帝国衰落的表现，而是帝国转型的一部分，地方显贵的崛起导致了限制苏丹权力的尝试，这反而给之后奥斯曼帝国的现代化带来了积极的影响。[1]《帝国合伙人》一书以翔实的档案研究为基础，研究了之前相对少有学者涉及的 18 世纪末的奥斯曼历史，这填补了奥斯曼史研究的一大空白，也为"转型论"添上了重要的一笔。

结　论

伯纳德·刘易斯的《现代土耳其的兴起》奠定了解释"古典时期"和"最长的世纪"之间的奥斯曼帝国历史最经典的研究范式——"衰落论"。刘易斯认为奥斯曼帝国在政治、经济和思想文化方面都衰落了，这导致了奥斯曼帝国最终无法和欧洲竞争。他的观察，以及他对奥斯曼帝国衰落原因的分析，在当时也得到了其他一些学者的认可。不过在这之后，奥斯曼

---

[1] Ali Yaycıoğlu, *Partners of the Empire: The Crisis of the Ottoman Order in the Age of Revolutions*, Stanford: Stanford University Press, 2016. 中译本译名为《帝国的伙伴：革命年代奥斯曼帝国的秩序危机》。关于该书，也可参考陈功《认识奥斯曼帝国的另一种可能——评〈帝国合伙人：革命年代中奥斯曼秩序的危机〉》，《文汇报》2018 年 10 月 26 日。

史研究界出现了四个主要进展，这些进展挑战了刘易斯的"衰落论"范式：第一，历史学家开始更多地依赖政府档案进行研究，而不是像刘易斯那样依靠奥斯曼作家的作品，对奥斯曼作家的批判性研究证明了刘易斯的史料来源存在问题；第二，历史学家开始注意到"古典时期"之后的奥斯曼帝国在思想文化方面仍然取得了进展，并且不再像刘易斯那样把奥斯曼帝国最终的落后归咎于伊斯兰教；第三，历史学家，特别是经济史学家，开始探究奥斯曼帝国的不同群体、不同产业、不同地区在"古典时期"之后经历的变化，展现了比"衰落"更加多元的图景；第四，历史学家用不同的视角看待奥斯曼帝国的新现象，像巴齐·特兹詹这样的学者将奥斯曼帝国的历史进程和欧洲的历史进程进行比较，从全球史的角度描述奥斯曼帝国的转型。后代历史学家并没有反驳刘易斯观察到的一些现象，例如包税制度的兴起和地方显贵的崛起，但是他们用不同的视角解释了这些现象，用"转型论"取代了"衰落论"。

那么，未来的发展方向在哪里？笔者认为，从选题上说，奥斯曼帝国的土地制度可能是学术发展的新方向。刘易斯已经注意到了封建骑兵阶层的衰落和包税制度的崛起给奥斯曼帝国带来的巨大影响，后来的历史学家尽管不同意包税制度是帝国衰落的原因，但也承认包税制度的崛起是奥斯曼经济史转型的里程碑。然而到目前为止，还没有学者对"古典时期"和"最长的世纪"之间的时期里的包税制度进行足够深入的研究。原因在于，包税制度和奥斯曼帝国的土地制度紧密相关，传统的土地分封制衰落后，为了保证税收，奥斯曼帝国政府开始承包税收，这导致了包税制度的兴起，垄断包税区的地方显贵也随之崛起。因此，研究包税制度的前提是研究奥斯曼帝国的土地制度。然而到目前为止，奥斯曼帝国的土地制度还是一个相对少有人研究的课题。未来的历史学家可以从奥斯曼帝国的土地制度出发，研究包税制度的兴起，探究"古典时期"之后奥斯曼帝国的农业经济和地方政治的变化，从而更好地理解奥斯曼帝国的转型。

而从研究视角来看，未来的研究应该继续运用全球视野下的比较研究方法，之前的研究只注意到奥斯曼帝国和欧洲的比较，这不可避免地使这些研究带上了或深或浅的欧洲中心主义色彩，也就是自觉或不自觉地以欧洲历史为标准评判奥斯曼帝国的历史，前述巴齐·特兹詹的研究其实就有这个特点。笔者认为，之后的研究应该注意奥斯曼帝国和其他国家，比如和同时代中国的比较。事实上早在 2003 年，著名的奥斯曼经济史专家唐纳德·夸特（Donald Quataert）就指出，历史学家应该把奥斯曼帝国和东亚、东南亚、南亚的国家进行比较，特别要参考彭慕兰（Kenneth Pomeranz）的"大分流"理论。[1] 到目前为止，学术界还没有太多将奥斯曼帝国和中国等非西方国家进行比较的成果。[2] 晚期奥斯曼帝国和晚清中国有许多类似之处，二者分别被称为"欧洲病夫"和"东亚病夫"。[3] 那么在"病症"相似的情况下，两个国家是否有类似的经历和可比之处？笔者无法下结论，但可以确定的是，更多的历史学家将关注这一问题。而在学术研究之外，了解 16—18 世纪的奥斯曼帝国史，也有助于研究者加深对"古典时期"和"最长的世纪"这两个土耳其官方叙事中重点强调的历史时期的理解，从而破除官方叙事可能产生的负面影响，进而更全面地看待奥斯曼帝国的历史及其遗产。

（陈功，普林斯顿大学近东研究系博士候选人；昝涛，北京大学历史学系教授）

---

[1]　Kenneth Pomeranz, *The Great Divergence：China，Europe，and the Making of the Modern World Economy*，Princeton：Princeton University Press，2002，pp. 7-8.

[2]　参见牛贯杰主编《新史学》第 16 辑，《前近代清朝与奥斯曼帝国的比较研究》，大象出版社 2016 年版。

[3]　有国内学者注意到了清末民初中国的思想和文化精英对清王朝和奥斯曼帝国命运相似性（"同病相怜"）的关切。参考昝涛《中国和土耳其之间的精神联系：历史与想象》，载《新思路学刊》2017 年第 1 期；刘新越：《他者的运用与滥用——清末民国思想界对土耳其革命评价的演变》，载昝涛主编：《北大区域国别研究》2024 年第 9 辑，第 128—139 页；陈鹏：《认识他者与反观自我：近代中国人的奥斯曼帝国观》，社会科学文献出版社 2023 年版。在此基础上，有学者开始使用奥斯曼土耳其语材料，探究奥斯曼帝国的青年土耳其党革命者对中国革命的看法，指出奥斯曼革命者对中国革命，以及中国革命者对奥斯曼革命的看法之间的相似性，以及二者的互相关切，参考 Chen Gong, "Revolutionaries on Revolutionaries：How Chinese Xinhai Revolutionaries and Young Turks Viewed Each Other," *Middle Eastern Studies*，Vol. 59，No. 6，2023，pp. 903-915.

Research Articles

专题研究

全球视野下"民主主义"
概念的历史考察*

邢　科

摘要　"民主主义"一词在亚洲东部地区广泛使用，但在西欧主要语言中只有"民主"而没有"民主主义"。19 世纪，"民主"词义扩展，逐渐从政治形式演变成社会原则，这为"民主主义"概念的生成创造了条件。在马克思主义领域，该词沿着"社会民主—民主革命—民主主义"的脉络生成。在非马克思主义领域，日本于 19 世纪80 年代出现了"民主々義"，但该词对汉语"民主主义"概念的产生影响有限。19 世纪末到 20 世纪前期，词义扩展的"民主"影响到中国，并在"主义化"过程中形成了由十余个近义词组成的概念系。"民主主义"各种近义词的出现，反映出不同派别围绕中国发展道路所进行的思想角力。在这场角力中，马克思主义占据了有利位置，为理论的进一步发展创造了一片沃土。当列宁所使用的"民主主义"如种子般植入这片沃土后，"新民主主义"应运而生。"新民主主义"是在全球性文化互动中生成的具有中国特色的概念，这个概念产生了广泛的国际影响。

关键词　概念史　民主主义　新民主主义　马克思主义

在 20 世纪的社会变革中，"民主主义"一词在中国、日本、朝鲜、韩

* 本文为国家社会科学基金重大历史问题研究专项重大招标项目"新民主主义革命史"（LSYZD21012）的阶段性成果。

国等国家被广泛使用，并形成了"新民主主义"这一重要的马克思主义标识性概念。值得注意的是，在常用的英语词典中，只有以名词、动词、形容词等形式存在的"民主"，而没有一个以"民主"为词根，以"-ism"为尾缀的"民主主义"。① 汉语"民主主义"对应的是"Democracy"及其形容词形式。② 同样，在常用词典中，法语、西班牙语、德语里也只有不同形态的"民主"，而没有以"-isme""-ismo""-ismus"结尾的"民主主义"。③ 网络词典中，德语有"Demokratismus"一词，但其带有贬义色彩，意为"表面形式的、过分的民主化"。④ 总之，在西欧主要语言中，"民主主义"一词或不存在，或很少使用，或含义与汉语的"民主主义"大相径庭。

学界已从概念史角度对"民主"和"主义"进行了研究，但对"民主主义"的研究还较为薄弱。⑤ 本文拟对"民主"如何演变为"民主主义"，全球文化互动大背景下"民主主义"概念在 20 世纪前期中国社会的变迁中所起的作用等问题，进行初步探讨。

---

① *Cambridge Advanced Learner's Dictionary*, Cambridge University Press, 2008, p. 372；英国柯林斯公司编：《柯林斯高阶英汉双解词典》，姚乃强等审译，商务印书馆 2008 年版，第 416 页。

② 例如，"新民主主义革命"的英文是"new-democratic revolution"，Xi Jinping, *Speech at a Ceremony Marking the Centenary of the Communist Party of China*, Beijing：Central Compilation and Translation Press, 2021, p. 4.

③ 参阅薛建成等编译《拉鲁斯法汉双解词典》，外语教学与研究出版社 2001 年版，第 542—543 页；孙义桢主编《新时代西汉大词典》，商务印书馆 2008 年版，第 687 页；[德] 迪特·格茨、[德] 汉斯·威尔曼《朗氏德语词典》，上海译文出版社 2012 年版，第 106—107 页。

④ 德语助手在线词典，https：//www.godic.net/dicts/cn/Demokratismus。

⑤ 关于"民主"的概念，闾小波在《近代中国民主观念之生成与流变：一项观念史的考察》（江苏人民出版社 2012 年版）中系统梳理了"民主"在中国的产生和发展；狭间直树的《对中国近代"民主"与"共和"观念的考察》（《辛亥革命与 20 世纪的中国——纪念辛亥革命九十周年国际学术讨论会论文集》下册）围绕"民主""共和"两个概念分析了中日间的语词交流；王绍光在《民主思潮的最大推力：中国共产党人与"民主"概念的生成》（《中央社会主义学院学报》2024 年第 2 期）中强调，正是由于共产党人的大力推动，"民主"这个概念才最终在中国落地。关于"主义"的概念，陈力卫在《"主义"概念在中国的流行及其泛化》（《学术月刊》2012 年第 9 期）中分析了"主义"如何从欧洲经日本传入中国。关于"民主主义"，刘付忱的《批判杜威教育思想中的"民主主义"概念》（《河北师范学院学报》1956 年第 1 期）主要批判了资产阶级的教育观，对"民主主义"概念本身讨论并不多。这篇文章使用的"民主主义"主要来自杜威《民主主义与教育》一书，该书名为"Democracy and Education"，现在又译为《民主与教育》。

一 走出概念史研究的"日本中心"

日本在近代中国获取新概念的过程中发挥了重要作用。有学者认为，大约直到 1919 年，即五四运动那一年，中国人对欧洲各社会主义流派的了解，包括对马克思、恩格斯创立的社会主义学说的了解几乎全部来自日语。① 也有学者认为，日语的近代新词先是通过中国的西学新书和英华字典由中国流到日本，后来则主要是由日本流向中国。② 因此，在探究"民主主义"一词的源流时，韩国学者直接提出，要以日本为中心进行研究。明白了日本"民主主义"一词如何成为"Democracy"的译词并得以普及，也就能够明白东亚其他国家为何也将"Democracy"翻译为"民主主义"了。③

"Democracy"一词被介绍到日本后，最初是以片假名形式出现的。19 世纪 60 年代，"Democracy"被译为汉字，但对应的并非"民主"，而是"共和"。④ 1870 年，西周⑤在《百学连环》中，将"Democracy"翻译为"民主の治"，将该词与"民主"直接联系起来。⑥ 1881 年，肥塚竜将托克维尔的《论美国的民主》翻译成日文，取名《自由原论》，其中将"the doctrine of the sovereignty of the people"翻译为"民主々義"。⑦ 尽管从 19 世纪 80 年代就出现了这个词，但其使用得并不算多。日本学者野口忠彦统计

① ［德］李博：《汉语中的马克思主义术语的起源与作用：从词汇—概念角度看日本和中国对马克思主义的接受》，赵倩、王草、葛平竹译，中国社会科学出版社 2003 年版，第 79 页。
② 陈力卫：《东往东来：近代中日之间的语词概念》，社会科学文献出版社 2019 年版，第 10 页。
③ 송경호, 김현：「근대적 기본개념으로서 '민주주의(民主主義)'의 개념사：19-20 세기일본에서의 번역어 성립과 사용의 일반화 과정을 중심으로」，『한국정치학회보』，2021 년 55 집 2 호.
④ 例如，在 1867 年出版的英日词典中，"Democracy"被翻译为"共和政治"。参阅『改正增補英和對譯袖珍辭書』，慶應三年江戶再版，第 101 页。
⑤ 西周（にし あまね，1829—1897），1853 年学习荷兰语。1857 年任幕府官学教官，研究西方哲学。1862 年留学荷兰。1866 年回国后任开成所教授，译著《万国公法》等。1868 年任宫内省侍读，为天皇讲述西学。1870 年发表《百学连环》，被称为"明治初期哲学界的纪念碑"。1873 年参加明六社，发表《知说》，为"日本第一篇近代文学论文"。1877 年参加成立东京学士会院。他被称为"把西方哲学介绍到日本的先驱者"。参阅日本人物辞典编纂委员会编《日本人物辞典》，商务印书馆 1988 年版，第 1237 页。
⑥ 陈力卫：《东往东来：近代中日之间的语词概念》，第 322 页。
⑦ トークヴィル：『自由原論』第 2 卷，肥塚竜重訳，東京：玉山堂 1887 年版，第 1 页。

了 1874—2011 年间，报纸（主要是《朝日新闻》和《读卖新闻》），以及
"CiNii" 和 "NDL-OPAC" 上收录的书籍、杂志中使用 "民主主义" "民主
々義" "デモクラシー" 的数量。结果发现，从明治七年到明治四十五年
（1874—1912）的 38 年间，这个概念只使用 73 次。大正时期（1912—
1926），这个概念约使用 41 次。昭和前 19 年（1926—1944），约使用 171
次。在野口忠彦统计的 137 年间，"民主主义" 共出现 60313 次。其中前
70 年，即 1874—1944 年，该词只出现了 285 次，仅占 0.47%。① 第二次世
界大战后，"民主主义" 才成为热门词汇。② 而在中国，仅据 "民国图书数
据库" 的 "全文检索" 统计，"民主主义" 以及与之相关的概念（如新民
主主义、旧民主主义、社会民主主义等）共出现 9129 次。

　　从含义上看，日文的 "民主主义" 被定义为，"人民在拥有权力的同
时，能够自行行使权力的政治形态。与权力属于单独个人的君主政治或权
力属于少数群体的贵族政治有所不同。狭义上的 '民主主义' 指法国大革
命以后，以私有财产制为前提，从法律层面确立了个人自由与万人平等的
政治原理。在现代，'民主主义' 不再只是关于政治原理或政治形态的词
汇，也成了关于社会集团活动方式以及人们生活态度的词汇"③。汉语中的
"民主主义" 是指 "资产阶级民主革命的指导思想。17—18 世纪法国资产
阶级启蒙思想家孟德斯鸠、卢梭等提出。以私有财产神圣不可侵犯为基
础，提出 '天赋人权' '主权在民' '法律面前人人平等' 等反封建等级
特权和君主专制制的纲领。如法国资产阶级在革命时期提出 '自由、平
等、博爱' 的口号，美国南北战争中林肯提出 '民有、民治、民享' 的主
张。1917 年俄国十月革命胜利后，毛泽东提出的新民主主义是殖民地半殖
民地国家无产阶级领导民主革命的理论"④。不难发现，日语中的 "民主主

---

　　① 野口忠彦：「訳語『民主主義』使用の一般化」，『政治・経済・法律研究』Vol. 16，
No. 1，第 17—20 頁。

　　② "民主主义" 广泛使用有以下几点原因：第一，"democracy" 逐渐被固定翻译为 "民主"，
含义更加清晰；第二，"民主主义" 一词进入日本官方文件，如日方将《波茨坦公告》中 "demo-
cratic tendencies" 翻译为 "民主主义的倾向"，从而推动了概念的传播；第三，战后美国在日本进
行的民主改革，使 "民主主义" 频繁出现在报刊中。

　　③ 『日本国語大辞典』第十二巻，小学館 2001 年版，第 879 頁；又见 "日本国語大辞典"，
https://japanknowledge.com/lib/display/? lid = 2002040e45296Ey2U2XU。

　　④ 辞海编辑委员会：《辞海》（第七版，缩印本），上海辞书出版社 2022 年版，第 1567 页。

义"基本来自"Democracy",主要指一种区别于君主政治和贵族政治的政治原理、政治形态,并于现代成为一种生活态度。汉语中的"民主主义"则是一个马克思主义的概念,是民主革命的指导思想。

从中日间的概念交流看,梁启超于1901年在《清议报》中使用了"民主主义"一词。① 考虑到《清议报》在日本编辑,该词确有源自日语的可能。但由于鲜明的政治立场,《清议报》无法在国内公开发行,最多时海内外共有24县38个发售与代售处。② 且中国内地的代售处基本位于清廷管不到的使馆区和租界内。② 有学者梳理了1903—1920年间中文报刊中使用的各种"主义",其中"民主主义"出现在1917年。③ 笔者检索了大成老旧刊全文数据库、全国报刊索引、中国历史文献总库的近代报纸数据库和民国图书数据库等,"民主主义"于1912年已见诸报端。④ 这说明,即便"民主主义"一词来自日语,其在清末十年也没有被普遍使用,影响有限。

总而言之,无论是从使用频率、词语含义还是具体应用来看,今天汉语中的"民主主义"并非像其他词汇那样,沿着"欧洲—日本—中国"的路径发展而来,而是有着更深刻的历史和社会背景。

二 "民主主义"在欧洲

"民主"最初是一个政治领域的概念,该词来自古希腊语δημοκρατία,δημos意为"民众",κρατία意为"作主"。亚里士多德将政体分为君主政体、贵族政体和共和政体。其中共和政体是"以群众为统治者而能照顾到全邦人民公益"⑤。但柏拉图并不欣赏民主制度。他视民主完全是对价值、对正派和对明断(good judegment)的疯狂摧毁,视其为愚人、恶人的统治,而且潜在地总是凶残之人的统治,认为它对在共同体的范围内同他人一起生活这样

---

① 梁启超:《卢梭学案》,《清议报》1901年第99册。
② 张朋园:《梁启超与清季革命》,吉林出版集团有限责任公司2007年版,第188—189页。
③ 陈力卫:《"主义"概念在中国的流行及其泛化》,《学术月刊》2012年第9期。
④ 《罗斯福与塔虎脱》,《亚细亚日报》1912年6月13日第6版。
⑤ [古希腊]亚里士多德:《政治学》,吴寿彭译,商务印书馆1965年版,第133页。

一种好生活给了当头一棒。① 近代以来，洛克、孟德斯鸠、卢梭等思想家在古希腊民主观念的基础上阐述了各自的民主主张。总体上看，关于"民主"的理解大致分为三类：一是字面上的定义，把民主定义为"人民的统治"；二是程序上的定义，把民主定义为选民通过选票、竞争选举等手段获取权力的行为；三是条件依附上的定义，把民主与法治、公平、正义、自由等范畴联系起来，形成较为泛化的"复合型民主"概念。②

从"民主"向"民主主义"的转变发生在 19 世纪。在剧烈的社会变革中，"Democracy"的词意发生了变化。作为与君主制或贵族制相对应的概念，"民主"的使用次数有所减少，该词逐渐扩展到宪法政治领域以外。"Democracy"在人们的理解中逐渐成为一种能够在社会或精神层面上实现的原理、倾向或运动。于是"Democratic Principle"之类的词汇广为流行，之后又逐渐为"Democracy"所代替。也就是说，"Democracy"不再只作为一种政府形态或政治体制，而成为一种构成人类社会的原则。③ 正如杜威所说："民主并不只是一种政治形态，主要乃是一种共同生活的模式，一种协同沟通的经验。"④

"Democracy"词意的扩展为"民主主义"的生成创造了基本条件。马克思主义者的探索为这一概念的产生作出了重要贡献。马克思从《莱茵报》时期就开始关注民主问题，随后在《黑格尔法哲学批判》《德意志意识形态》《共产党宣言》等著作中不断丰富和发展其民主理论。这一阶段，马克思对资本主义民主的批判，以及对"真正的民主制"⑤ 的追求，主要集中在政治领域。1848—1852 年是欧洲革命经历高潮又退潮的时期，马克思在这一时期将民主问题明确纳入社会革命的框架中。⑥ 大致在同一时期，激进民主派在争取民主的斗争中，把政治改革与社会改革结合起来，形成了"社会民主"（Social Democracy）的概念。"社会民主"派对自由放任的资本主义和垄断的

① ［英］约翰·邓恩：《让人民自由：民主的历史》，尹钛译，新星出版社 2010 年版，第 39 页。
② 张婷婷：《马克思民主理论研究》，中国社会科学出版社 2024 年版，第 34—35 页。
③ 송경호, 김현：「근대적 기본개념으로서 '민주주의(民主主義)'의 개념사：19-20 세기일본에서의 번역어 성립과 사용의 일반화 과정을 중심으로」，『한국정치학회보』, 2021 년 55 집 2 호.
④ ［美］约翰·杜威：《民主与教育》，薛绚译，译林出版社 2014 年版，第 78 页。
⑤ 《马克思恩格斯全集》第 3 卷，人民出版社 2002 年版，第 41 页。
⑥ 张婷婷：《马克思民主理论研究》，第 115 页。

资本主义持否定态度，强调不仅要解决政治问题，而且要将重点放在对社会问题的解决上，提出按社会主义原则改造资本主义社会。①

在概念产生初期，"社会民主"与马克思主义有相一致的一面。恩格斯在《共产主义原理》中指出："民主主义的社会主义者……直到争得民主制度和实行由民主制度产生的社会主义措施为止，这个阶级在许多方面都和无产阶级有共同的利益。"② 有学者认为，第二国际时期的"社会民主"可以说是科学社会主义的同义语。③

但"社会民主"与马克思主义也存在着明显的分歧。社会民主主义者比较庞杂，除共产主义者之外，还有资产阶级和小资产阶级的民主派等。后者的斗争手段主要是社会改革，其目的也不是实现共产主义。正如马克思所说："社会民主派的特殊性质表现在，它要求把民主共和制度作为手段并不是为了消灭两极——资本和雇佣劳动，而是为了缓和资本和雇佣劳动之间的对抗并使之变得协调起来。无论它提出什么办法来达到这个目标，无论目标本身涂上的革命颜色是淡是浓，其内容始终是一样的：以民主主义的方法来改造社会，但是这种改造始终不超出小资产阶级的范围。"④ 上述分歧是难以调和的。马克思、恩格斯在批判"社会民主"的基础上，明确提出进行革命。"民主派小资产者只不过希望实现了上述要求便赶快结束革命，而我们的利益和我们的任务却是要不间断地进行革命，直到把一切大大小小的有产阶级的统治全都消灭，直到无产阶级夺得国家政权。"⑤ 第二国际后期，社会民主阵营发生分裂。以列宁为代表的左派开始旗帜鲜明地主张共产主义，并建立了共产党。

列宁最终放弃了"社会民主"，并在阐述"民主革命"的时候，明确使用了带有"主义"尾缀的"民主主义"一词。在出版于 1905 年的《社会民主党在民主革命中的两个策略》中，"民主主义"的名词（демократизм）和形容词（демократический）及其变格出现了 50 余次。列宁在书中使用资

---

① 仲佰、庞金友："社会民主主义"词条，中国大百科全书第三版网络版，https://www.zgbk.com/ecph/words? SiteID = 1&ID = 156520&Type = bkzyb&SubID = 101951。

② 《马克思恩格斯全集》第 4 卷，人民出版社 1958 年版，第 373 页。

③ 殷叙彝：《"民主社会主义"和"社会民主主义"概念的渊源和演变》，《中国特色社会主义研究》2007 年第 5 期。

④ 《马克思恩格斯全集》第 11 卷，人民出版社 1995 年版，第 162 页。

⑤ 《马克思恩格斯全集》第 10 卷，人民出版社 1998 年版，第 389 页。

产阶级民主主义（буржуазно-демократическом）、无产阶级民主主义（пролетарский демократизм）、一般民主主义（общедемократическом）等概念①阐述下列观点：民主革命是资产阶级革命；民主主义是一个不同于社会主义的阶段；资产阶级不能实行彻底的民主主义；无产阶级具有民主主义意识，是彻底的民主主义者，应成为民主主义革命的领导者；农民具有民主主义革命性，应成为无产阶级的同盟者；实行民主主义专政等。这些观点为"民主主义"在中国的发展，特别是新民主主义论的产生奠定了基础。

三 "民主主义"在中国

古代汉语中已有"民主"一词，如"天惟时求民主，乃大降显休命于成汤""仆为民主，当以法率下"等，其含义为"民之主宰者"，与今天所说的"民主"相去甚远。现代意义上"民主"传入中国始于18世纪。在马礼逊于1822年出版的《华英字典》中，"Democracy is improper; since it is improper to be without a leader，既不可无人统率亦不可多人乱管"②。鸦片战争后，《海国图志》《海国四说》等著作对西方的民主制度进行了描述。19世纪60年代出版的《万国公法》使用了"民主"一词。洋务运动时期，王韬、郭嵩焘等有旅欧经历的知识分子主要从君民关系的角度理解民主。③ 直到这个阶段，中国对"民主"的理解还是集中在政治领域。

19世纪末的维新运动是"民主主义"产生的关键期。一方面，维新派知识分子承袭了前一个阶段，将西方的民主附会到中国传统文化中。如梁启超将"民之所好好之，民之所恶恶之""国人皆曰贤，然后察之；国人皆曰不可，然后察之；国人皆曰可杀，然后杀之"等传统观念与西方的议

---

① В.И.ЛЕНИН. ЛВЕ ТАКТИКИ СОЦИАЛ-ДЕМОКРАТИИ В ДЕМОКРАТИЧЕСКОЙ РЕВОЛЮЦИИ. ИЗДАТЕЛЬСТВО ЛИТЕРАТУРЫ НА ИНОСТРАННЫХ ЯЗЫКАХ ПЕКИН. 1974. Л. 3, 44,40.

② R. Morrison, *Dictionary of the Chinese Language*, Part Ⅲ, London：Black, Parbury, and Allen, 1822, p.113.

③ 闾小波：《近代中国民主观念之生成与流变：一项观念史的考察》，江苏人民出版社2011年版，第22页。

会制联系起来。① 另一方面，他们也明确使用了西方意义的"民主"。如谭嗣同强调，"孔之初立教也，黜古学，改今制，废君统，倡民主，变不平等为平等"，"孟故畅宣民主之理，以竟孔之志"。② 这里的"民主"显然不再是"民之主宰者"的意思。

维新运动不仅是一场自上而下的政治变革，而且是一场自下而上的社会运动。严复将民智、民力、民德视为强国之本，"三者又以民智为最急也"，"民智者，富强之原。此悬诸日月不刊之论也"。③ 梁启超将"民智"与"民权"联系起来。"今之策中国者，必曰兴民权。……权者生于智者也，有一分之智，即有一分之权；有六七分之智，即有六七分之权；有十分之智，即有十分之权。"④ 维新派在湖南办南学会、时务学堂、《湘学报》，其中"《湘学报》实巨声宏，既足以智其民矣，而立论处处注射民权"⑤。从《湘学报》的宣传和维新派的行动看，他们所说的"民权"既包括了政治意义上的"民主"，即改变"上权太重，民权尽失"⑥ 的状况，也包括各种社会权利。

尽管维新运动以失败告终，但"民权"的观念被广泛接受。1905 年，孙中山提出包括"民权主义"在内的"三民主义"。"三民主义"的英文是"Three Principles of the People（Nationalism, Democracy, the People's Livelihood）"⑦。"民权主义"成为具有中国特色的"民主主义"。"民主"在中国的"主义化"迈出重要一步。但此时的民权主义还是侧重于政治方面。因此，当辛亥革命推翻君主制实行共和后，孙中山宣布"今日满清退位、中华民国成立，民族、民权两主义俱达到"⑧。

民国初年，除"民权主义"外，"民主主义"中国还出现了为数众多的近义词。"民治主义"是其中比较有代表性的一个。1913 年，中国

① 梁启超：《古议院考》，《时务报》1896 年第 10 册。
② 谭嗣同：《仁学》，《谭嗣同集》下册，浙江古籍出版社 2018 年版，第 358—359 页。
③ 严复：《原强》，《严复全集》第 7 卷，福建教育出版社 2014 年版，第 22、34 页。
④ 梁启超：《论湖南应办之事》，《湘报》1898 年第 26 号。
⑤ 谭嗣同：《与徐砚甫书》，《谭嗣同集》上册，第 216 页。
⑥ 谭嗣同：《与唐绂丞书》，《谭嗣同集》上册，第 190 页。
⑦ 吴光华主编：《汉英大词典》，上海译文出版社 2009 年版，第 1398 页。
⑧ 孙中山：《在南京同盟会会员饯别会的演说》，《孙中山全集》第 2 卷，中华书局 1981 年版，第 319 页。

媒体在报道日本时言道："良以日本之民治主义，己叩万几之地、枢要之门，而骎骎欲入矣。所虑者，此民治主义为执拗的、为激烈的、为无经验的。"① 1917 年，中国学者辨析了"民治主义"的概念："民治主义一语译自西语（德谟括拉寺），（德谟）言民，（括拉寺）言治。……欧美今日通用此语，则不限于政治。凡于产业社会乃至教堂、学校等，皆得称德谟括拉寺。盖晚近以来，欧美凡百社会之组织，莫不神话于民治之精神。精确诠之，德谟括拉寺者，宽指社会平权之状态。"② 与孙中山使用的"民权主义"相比，"民治主义"明显受到了词义扩展的"民主"的影响。1919 年，杜威访华，其学生胡适将"Democracy"译为"民治"或"民治主义"。杜威强调，"民治主义"不单指政治，而是包括政治的民治主义、民权的民治主义、社会的民治主义、生计的民治主义。③ 这个论述与中国学者的认识产生了共鸣，"民治主义"也随着"杜威热"而被广泛接受。总的来看，民国时期的"民治主义"基本上是外延扩大的"Democracy"。

　　"民本主义"是一个源自日本的概念。如上文所述，"民主"的基本含义是人民做主，也就是"主权在民"。但在 1889 年公布的《大日本帝国宪法》中，第一条便规定"大日本帝国，由万世一系之天皇统治"，随后又规定"天皇神圣不可侵犯""天皇为国家元首，总揽统治权"等，④ 也就是明确了"主权在君"。在"脱亚入欧"的大背景下，日本不可避免地需要接受西方的民主观念，于是知识界希望通过中国传统的"民本"思想来调和上述矛盾。"民本主义"在明治时期的代表人物是北一辉，大正时期的代表人物是吉野作造，但两人的"民本主义"并不相同。后者提倡议会制和普选制，并一度引领了日本的民主化，而前者则排斥西方式民主，并最终走向法西斯主义。⑤ 1917 年，已经在日本成为热门词汇的"民本主义"传入中国，并很快成为"Democracy"的译名之一。李大钊认识到了

---

① 《日本在世界之地位》，《亚细亚日报》1913 年 7 月 3 日第 6 版。
② 《揭櫫民治主义之由来》，《益世报》1917 年 9 月 16 日第 2 版。
③ ［美］杜威：《美国之民治的发展》，《每周评论》1919 年第 26 号。
④ 『大日本帝国宪法』，出版事项不明，第 1 页。
⑤ 关于"民本主义"在日本的产生和发展，详见赵晓靓《近代日本国家构想中的"民本主义"》《南开学报》（哲学社会科学版）2022 年第 1 期；赵晓靓、龙蕾《近代日本的政治转型与东亚文化传统——以吉野作造的"民本主义"建构为例》，《世界历史评论》2020 年第 2 期。

该词在日本出现的原因，"民本主义，是日本人的译语，因为他们的国体还是君主，所以译为'民本'，以避'民主'这个名词，免得与他们的国体相抵触"①。陈独秀亦指出，"民本主义，乃日本人用以影射民主主义者也。其或运用西文 Democracy 而未敢公言民主者，回避其政府之干涉耳"，"夫西洋之民主主义（Democracy）乃以人民为主体，林肯所谓由民（by people）而非为民（for people）者，是也"，"以古时之民本主义为现代之民主主义，是所谓蒙马以虎皮耳，换汤不换药耳"。② 在遭到中国学者辨析与批判后，"民本主义"与"Democracy"日渐疏离，逐渐回归儒家政治学说。③

在"民主"的"主义化"过程中，马克思主义者自然不会缺席。李大钊在其思想发展早期，阐述了"唯民主义"④。这个概念首先由张东荪提出，"所谓惟民主义，乃为人民以自身之能力运用其政治耳"⑤。李大钊等接受了这个概念，并主张重视民众的作用，主张通过代议制来行使政治权利、反抗专制。"唯民主义乃立宪之本，英雄主义乃专制之原"，"顾此适宜之政治，究为何种政治乎？则惟民主义为其精神、代议制度为其形质之政治"。⑥ 这里的"唯民主义"主要延续了辛亥革命的反封建传统。

真正具有马克思主义色彩的概念是"平民主义"。李大钊认为，"Democracy"这个字最不容易翻译，"若将他译为'平民政治'，则只能表明政治，而不能表明政治以外的生活各方面。似不如译为'平民主义'，较妥帖些"⑦。"平民主义"有几点值得注意。一是聚焦劳动者。"平民"从"自由、平等之人"转变为生活在社会下层的"布衣百姓"，从指称所有人转变为专指下层贫民。⑧ 二是李大钊希望通过"平民主义"实现"解放"，

---

① 李大钊：《平民主义》，《李大钊全集》第 4 卷，人民出版社 2013 年版，第 141 页。

② 陈独秀：《再质问〈东方杂志〉记者》，《新青年》第 6 卷第 2 号。

③ "民本主义"概念传入中国及其在中国的发展，详见闾小波《"民本主义"之输入与意涵之回归》，《学海》2018 年第 5 期 。

④ 又作"惟民主义"，除引用原文外，本文将统一使用"唯民主义"。

⑤ 东荪：《行政与政治》，《甲寅》1915 年第 1 卷第 6 期。

⑥ 守常：《民彝与政治》，《民彝》1916 年创刊号。

⑦ 李大钊：《由平民政治到工人政治》，《晨报副镌》1921 年 12 月 15 日。

⑧ 胡金木：《启蒙与教育：中国教育现代化进程中的启蒙问题研究》，教育科学出版社 2015 年版，第 107 页。

"我们要求 Democracy，不是单求一没有君主的国体就算了事，必要把那受屈枉的个性，都解放了……直到世界大同，才算贯彻了 Democracy 的真义"①，"人民对于国家要求解放，地方对于中央要求解放，殖民地对于本国要求解放，弱小民族对于强大民族要求解放，农夫对于地主要求解放，工人对于资本家要求解放，妇女对于男子要求解放，子弟对于亲长要求解放。这些解放的运动，都是平民主义化的运动"②。显然，这里面就包括用马克思主义化的民主理论来实现反帝反封建、反对资本主义制度，从而建立一个理想社会的愿望。"平民主义"影响广泛，毛泽东在《湘江评论》的"创刊宣言"中也使用了该词。

1918 年 11 月，李大钊发表《庶民的胜利》。1919 年 1 月，与李大钊关系密切、日后以最早翻译《资本论》而闻名的陈启修发表《庶民主义之研究》。他认为，狭义的"庶民主义"是政治学家的主张，包含以民福为本、主权在人民、由人民自己行使政权；广义的"庶民主义"除上述含义外，还包括国际上的民族自决；最广义的"庶民主义"指尊重世上各个人之人格，使各个人能本其完全之人格，行有益人类之活动，以增进世界之文化。③ 陈启修阐述的"庶民主义"并无多少马克思主义色彩，但时人却将"庶民主义"和"社会主义"并列在一起加以颂扬。④ 1919 年 5 月，谭鸣谦（谭平山）撰文指出，民主包括政治、经济、精神、社会四个方面。他将经济的"民主"与《资本论》联系起来，将社会的"民主"与《共产党宣言》联系起来。⑤ 上述情况反映出五四运动前后，随着马克思主义的广泛传播，民主思潮在逐渐向革命思想靠近。

20 世纪的前 20 年，一方面是"民主"在中国被普遍接受，其含义扩展到各个领域，成为"一绝大的潮流遍于社会生活的种种方面：政治、社会、产业、教育、美术、文学、风俗，乃至衣服、装饰等等，没有不著他的颜色的"⑥，从而具备了向"主义"转变的条件；另一方面，"主义"进

① 李大钊：《〈国体与青年〉跋》，《李大钊全集》第 2 卷，人民出版社 2013 年版，第 372 页。
② 李大钊：《平民主义》，《李大钊全集》第 4 卷，人民出版社 2013 年版，第 147—148 页。
③ 陈启修：《庶民主义之研究》，《北京大学月刊》1919 年第 1 卷第 1 期。
④ 圣陶：《吾人近今的觉悟》，《时事新报·时评》1919 年 5 月 15 日。
⑤ 谭鸣谦：《"德谟克拉西"之四面观》，《新潮》1919 年第 1 卷第 5 号。
⑥ 李大钊：《平民主义》，《李大钊全集》第 4 卷，第 140 页。

入了膨胀期,大量"主义"纷至沓来。两股潮流叠加在一起,使"民主"在"主义化"过程中,不是产生了一个概念,而是产生了由十余个概念组成的概念系。① 其中包括源自维新和革命活动并构成国民党指导思想的"民权主义";更贴近欧美"民主"本义、指向共和制度的"民治主义";带有日本特色、为君主立宪制服务的"民本主义";以及体现马克思主义、将中国带向苏维埃革命之路的"平民主义",等等。欧美的、日本的、苏联的,共和制、立宪制、社会主义制度,国民党、共产党,民国初年影响中国发展的各种力量都在阐述各自的"民主主义",各派的思想发生着激烈碰撞。在这一过程中,"民主"的分量越来越轻、"主义"的分量越来越重,反封建的意味越来越淡、"应建设一个什么样国家"的色彩越来越浓。换句话说,对"民主主义"概念的阐发,演变为一场思想角力,各方都试图使民众接受自己的民主原则,并将中国引向自己希望的发展道路上去。对"民主主义"概念的建构成为中国应该走何种道路之争的缩影。

结　语

19 世纪,"Democracy"词义的扩展,为"民主主义"一词的产生创造了基本条件。随着西方文化的全球扩张,"民主""共和""革命""进化"等概念传入东亚。不同国家依据不同国情又对这些概念进行了取舍。中国从第一次鸦片战争后的"开眼看世界",到第二次鸦片战争后的"洋务运动",都是自上而下地推动变革。19 世纪末的维新运动既有自上而下的政治改革,又有自下而上的社会改革。此后,从辛亥革命到新文化运动,再到中国共产党领导的革命,都是以自下而上的方式推

---

① 陈启修在《庶民主义之研究》中将以"Democracy"为基本含义的"主义"概括为 8 种:民众主义或众民主义、民权主义、民本主义、民主主义、平民主义、唯民主义、民治主义、庶民主义。除上述 8 种之外,笔者发现的同义语还包括:1907 年商务书馆出版的《英华新字典》将"Democracy"翻译为"共和党主义";1914 年郁德基增订的《增广英华新字典》将"Democracy"翻译为"民党主义";1917 年张东荪在《贤人政治》一文中提出"庸众主义",相对应的概念是"贤能主义";1918 年李大钊在《Pan...ism 之失败与 Democracy 之胜利》一文中使用了"平权主义";1919 年陈启修在《庶民主义之研究》中又将"平民主义"表述为"简易主义"。这些词汇使用较少,但也属于"民主主义"的概念体系。

动社会发展。自下而上的变革离不开民众的参与。因此，维新运动之后，从民智、民权、民主，到民主主义、新民主主义，"民"始终是中国发展进步的关键词。而日本则不同，从明治维新开始，社会发展主要是自上而下的，民众参与度不及中国。所以尽管"民主主义"一词较早地出现在日本，但在 1945 年之前使用频率并不算高。第二次世界大战后，"民主主义"得到广泛使用。但在美国主导的改革中，这个词的含义基本上是词语扩展的"Democracy"。

　　汉语中的"民主主义"则有两个来源。19 世纪末到 20 世纪初，词义扩展的"民主"开始影响中国，在其"主义化"的过程中，形成了代表不同政治方向和思想流派的概念系。尽管有学者发现"平民主义"带有庞杂性、肤浅性的特征，其中也带有一些空想的成分。① 但笔者倾向于认为，这一概念的价值不在于创造出一种完善的理论——事实上建党前后也不具备进行理论创新的条件——而在于发出理论正声，在同其他思想的角力中拉近了"民主"与马克思主义的距离，使革命力量在"民主"话语权的争夺中占据了有利位置，为理论的进一步发展创造了一片沃土。中国共产党成立后，列宁所使用的"民主主义"如种子般植入这片沃土，并在十余年的时间里长成了"新民主主义"这棵理论的参天大树。从这个角度讲，新民主主义论既是中国革命发展的重要理论成果，也是民主思想全球传播及其马克思主义化的产物。

　　新民主主义论的思想源流是全球性的，其影响也必然跨越国家的界线。《新民主主义论》发表后被译成多种文字，产生了广泛的国际影响。1941 年，胡志明领导的越南独立同盟成立，并发表宣言和纲领，提出反对帝国主义，争取完全独立，建立新民主主义越南民主共和国。1946年，长期在中国进行革命活动、在延安生活并列席中共七大的金科奉组建朝鲜新民主主义党（简称新民党），该党成为朝鲜劳动党的前身之一。② 1948 年，朝鲜民主主义人民共和国（조선민주주의인민공화국）宣

① 参阅朱志敏《李大钊的平民主义思想与时代思潮》，《北京师范大学学报》1989 年第 6 期。

② 俞良早等：《东方社会主义行进中：共产党执政与党的建设》，中共中央党校出版社 2006 年版，第 129 页。

告成立，明确将 "民主主义" 写入国家名称，并沿用至今。1956 年完成社会主义改造后，"新民主主义" 在中国逐渐成为一个历史名词。但在受中国影响的国家，"民主主义" 是一个正在使用的概念，仍具有继续发展的条件。

（邢科，中国社会科学院近代史研究所副研究员，中国历史研究院近代以来中国历史学知识体系研究中心副研究员）

18 世纪英国中间阶层的"舒适"观念与在地化加糖饮茶

陈志坚　周　南

摘要　17 世纪中期，茶叶作为中国文化象征传入英国，至 18 世纪末已风靡全英，形成了独特的英国茶文化。其间，英国人的饮茶方式由"清饮"转变为加糖加奶的"浓饮"，这一转变反映了不同阶层对饮茶行为的文化建构差异。社会上层将不加糖的"清饮"与"出身""新奇""狂热""奢侈"等文化标签相结合，使其成为一种身份象征，而中间阶层的加糖饮茶行为则源于其对"舒适"观念的追求。"舒适"观念并非凭空而生，而是根植于启蒙哲学、健康文学和福音派运动所塑造的特定社会文化语境。本文的研究表明，饮茶行为背后存在着复杂、多元的文化建构，且其中所蕴含的文化属性并非一成不变，而是随着社会变迁不断演变。

关键词　18 世纪　英国　饮茶加糖　身份　舒适

茶的传播在欧洲文献中可追溯到威尼斯作家拉姆西奥（Giambattista Ramusio）于 1559 年出版的《航海旅行记》（*Navigatione et Viaggi*）。① 英国人对茶的最早接触源于荷兰人林斯霍滕的《旅行杂谈》，该书在 1598 年被翻译成英文于伦敦出版，成为英国人了解茶的重要文献。② 尽管英国早在

---

① Laura C. Martin, *Tea: The Drink that Changed the World*, Vermont: Tuttle Publishing, 2007, p. 116; Beverly Rorem, *Passion for Tea: Its History, Its Future, Its Health Benefits*, Bloomington: Author House, 2008, p. 49.

② Iohn Huighen van Linschoten, *His Discours of Voyages into ye Easte [and] West Indies*, Printed at London by Iohn Wolfe, 1598, p. 46.

17 世纪初便成立了东印度公司,但由于荷兰东印度公司的垄断与阻碍,英国在很长一段时间内未能直接与东方进行茶叶贸易,所获得的茶基本源自荷兰。1657 年,伦敦商人托马斯·加威(Thomas Garway)开先河,在其咖啡馆中销售茶饮,从而引入了这一新兴饮品。次年,加威首次在《政治周报》(Mercurius Politicus)上发布了茶叶广告,标志着茶饮在英国市场的初步探索。① 1660 年,时任英国皇家海军部秘书的塞缪尔·佩皮斯(Samuel Pepys)首次记录了他品尝茶的经历,表明饮茶正在成为上层社交场合的重要元素。② 1662 年,葡萄牙公主凯瑟琳·布雷甘扎(Catherine of Braganza)嫁给英王查理二世,她带来的嫁妆之一就是一箱茶叶,这位喜欢饮茶的王后进一步推动了茶文化在英国的传播。③ 至 1689 年,东印度公司首次从厦门运回茶叶,标志着英国与中国建立了直接的茶叶贸易关系,从而为茶在英国的普及奠定了基础。进入 18 世纪后,茶的进口量与消费量稳步增长,饮茶逐渐成为英国社会的重要组成部分。④

早期的茶叶传播研究通常被置于中西交通史的框架内,侧重于传播的时间、路径和过程。20 世纪六七十年代兴起的全球史为物种传播研究提供了新的视角。例如,本特利(Jerry H. Bentley)强调从"跨文化互动"的视角考察粮食作物、经济作物、家畜、动物,乃至微生物和疾病病原体在全球范围内的流动与传播。⑤ 进入 21 世纪后,受新文化人类学影响,跨文化互动研究的重点从共时性转向历时性。例如,刘新成指出,对跨文化互动的考察,要侧重研究"不同人群相遇之后"发生了什么,注重挖掘"文

① Agnes Repplier, *To Think of Tea*, London: Jonathan Cape, 1933, p. 13; Jane Pettigrew, *A Social History of Tea*, London: National Trust, 2001, p. 9.

② Jane Pettigrew, *A Social History of Tea*, p. 8.

③ Helen Saberi, *Tea: A Global History*, London: Reaktion Books, 2010, p. 93; Agnes Strickland, Elisabeth Strickland, *Lives of the Queens of England, from the Norman Conquest*, vol. 10, Printed only for subscribers by G. Barrie & Son, 1902, p. 205; C. Anne Wilson, *Food & Drink in Britain: From the Stone Age to the 19th Century*, Chicago: Academy Chicago Publishers, 1973, p. 413; William Harrison Ukers, *All about Tea*, vol. 1, New York: The Tea and Coffee Trade Journal Company, 1935, p. 43.

④ [美]马士:《东印度公司对华贸易编年史:1635—1834》第一、二卷,区宗华译,林树惠校,中山大学出版社 1991 年版,第 10、29—30 页;刘鉴唐、张力:《中英关系系年要录:公元 13 世纪—1760 年》第 1 卷,四川省社会科学院出版社 1989 年版,第 739—742 页。

⑤ 刘文明主著:《全球史概论》,北京大学出版社 2021 年版,第 164 页。

化影响的相互性与双向性"。① 夏继果关注到全球史研究中的"空间转向"，强调要"认识到历史空间的开放性和变动性……在一个更高的层次上实现空间的历史化，把共时性的空间结构还原成历时性的历史过程，进而推动对历时性变化的重新思考"②。刘文明则重点关注跨文化互动中的互相认知问题，侧重考察作为认知主体的"自我"对于认知客体"他者"的理解、想象与构建。两种不同文化相遇时，在特定情境下会形成一种特定的"文化相遇，这种文化是在双方互动中形成的，包括在互动情景中新形成的观念、价值观和行为规范"③。总之，这些理论为茶叶传播的研究提供了全新的进路。

　　具体到茶与蔗糖这两种全球性商品，尽管已有大量研究，但对加糖饮茶习惯的成因及其文化内涵的探讨仍显不足。部分学者在研究茶或糖与当地文化互动时偶尔提及这一问题，但缺乏专门和深入的分析。因此，现有结论往往偏于单一，甚至带有推测成分。例如，有学者尝试从经济视角分析加糖饮茶的成因，将价格、收入、成本等统计数据视为需求背后的原始驱动力。④ 诚然，类似数据虽然确实可解释这一时期茶和糖消费的增加，但并无法有效解释为何会饮用加糖的茶。还有学者从人类嗜甜的天性出发来解读这一现象，认为英国人对甜食的偏好自然会导致他们将糖添加到茶和咖啡中。这一解释虽然能部分解释加糖饮茶的现象，却未能说明特定时期特定人群对糖的需求，尤其是考虑到茶最初传入英国时上层社会普遍选择不加糖饮茶这一事实。⑤ 此外，另有学者从心理层面分析，认为加糖饮茶是因为砂糖和茶均为奢侈品，两者结合消费能够彰显身份与地位，强化奢华感。然而，

---

① 刘新成：《互动：全球史观的核心理念》，《全球史评论》第二辑，中国社会科学出版社2009年版，第4页。

② 夏继果：《全球史对历史空间的重构》，《光明日报》（世界史理论版），2021年11月29日第14版。

③ 刘文明主著：《全球史概论》，第191、194页。

④ Mary Douglas and Baron Isherwood, *The World of Goods*: *Towards an Anthropology of Consumption*, New York: Routledge, 1979, pp. 48, 52–53; Woodruff D. Smith, "Complications of the Commonplace: Tea, Sugar, and Imperialism," *The Journal of Interdisciplinary History*, Vol. 23, No. 2 (Autumn, 1992), p. 260.

⑤ ［美］西敏司：《甜与权力：糖在近代历史上的地位》，王超、朱健刚译，商务印书馆2010年版，第113—114页；［日］川村惠美子：《英国人为什么在茶中加糖和牛奶?》，巨涛译，《农业考古》2011年第2期。

将加糖饮茶视为两种奢侈品的结合，可能存在时空错位的问题。尽管茶在 17 世纪末和 18 世纪初被认为是奢侈品，但此时砂糖因进口激增而价格大幅下跌，已被广大中间阶层所接受，因此并不能再被视为奢侈品。[①]

尽管相关研究数量有限，但对加糖饮茶习惯的考察意义重大。在 18 世纪初，英国饮茶的方式出现了显著变革，也即从上流社会的不加糖饮茶转变为中间阶层的加糖饮茶，这一过程的两个阶段均须进一步探讨。与此同时，这一时期内，英国社会对这两种商品的热情似有减退，尤其是在贵族阶层中，对饮茶的兴趣降低。此外，因食糖过量带来的健康问题引发了对砂糖消费的批评，使砂糖消费逐渐走向低谷。加糖饮茶的兴起则改变了这种局面，促进了英国茶与砂糖进口量的激增，使两者成为贸易的支柱。随着加糖饮茶习惯的传播，最终形成了 18 世纪末英国的国民饮料，并催生出丰富的饮茶仪式和茶文化。因此，基于这一背景，本文旨在考察近代早期英国上流社会与中间阶层饮茶方式差异的根源，并着重探讨中间阶层加糖饮茶习惯的成因及其背后的文化内涵。

一 从"清饮"到"浓饮"：英国饮茶方式之流变

凯瑟琳王后将饮茶习惯引入英国宫廷，引发了上流社会的饮茶风潮，使饮茶成为 17 世纪宫廷贵族的时尚。然而，关于王室饮茶的具体方式和仪式，史料记载相对匮乏。现有资料显示，王室的饮茶方式与中国原产地的饮茶方式较为接近：凯瑟琳王后使用"顶针大小"（thimble-sized）的无柄中国式茶杯，以及中国的紫砂壶，直接用开水冲泡茶叶，并不添加糖或牛奶。[②] 虽然

---

① Woodruff D. Smith, *Consumption and the Making of Respectability*, *1600-1800*, New York: Routledge, 2002, p.124；[日] 川北稔：《砂糖的世界史》，郑渠译，百花文艺出版社 2007 年版，第 82 页。

② William Harrison Ukers, *All about Tea*, *vol. 2*, New York: The Tea and Coffee Trade Journal Company, 1935, p.402; Bennett Alan Weinberg, Bonnie K. Bealer, *The World of Caffeine*: *The Science and Culture of the World's Most Popular Drug*, New York and London: Routledge, 2004, pp.161-162; James F. Hancock, *Plantation Crops*, *Plunder and Power*: *Evolution and Exploitation*, New York: Taylor & Francis, 2017, p.108; Tom Standage, *A History of the World in Six Glasses*, London: Atlantic Books, 2007, p.189; Elizabeth Abbott, *Sugar*: *A Bittersweet History*, London: Penguin Books, 2008, p.50; C. Anne Wilson, *Food & Drink in Britain*: *From the Stone Age to the 19th Century*, p.413; Gertrude Z. Thomas, *Richer Than Spices*, New York: Alfred A. Knopf, 1965, pp.97, 108, 110; Jane Pettigrew, *A Social History of Tea*, p.31; Helen Simpson, *London Ritz Book of Afternoon Tea*, Harper Collins, 1986, p.12.

有说法称其所用茶叶为绿茶，但鉴于茶叶早期传入英国时种类辨识度不高，以至于所有的茶被统称为"茶"（Thea），这一说法仍须进一步考证。[1]

　　光荣革命后，玛丽二世继承王位，并延续了对东方饮茶方式的喜爱，继续使用中式茶具，例如宜兴紫砂壶和景德镇产的小型无柄茶杯及茶碟。玛丽还经常在宫中举办中国式茶会，并以中式风格装饰宫殿，大量使用青花瓷屏风、漆器、壁纸、纺织品及中式家具等元素，营造浓厚的东方氛围。[2] 笛福（Daniel Defoe）和伊夫林（John Evelyn）等人的作品中都反映了玛丽二世对东方元素，特别是青花瓷的偏好，以及由此引发的社会对东方瓷器的追捧。前者指出，"正是玛丽的青花瓷嗜好引燃了整个英国社会对东方瓷器的热情"，后者则称玛丽的青花瓷藏品"数量巨大且品种丰富"。[3] 此后，安妮女王也延续了饮茶的宫廷风尚。诗人蒲伯（Pope）有云："伟大的安妮女王，统治着三个国家，有时开会议政，有时只喝喝茶。"[4] 安妮同样青睐东方的饮茶方式，喜欢以"小且无柄东方瓷杯"饮茶，使用中国进口的"圆形茶桌"。[5] 这一时期，安妮也对饮茶方式做了少许调整，例如，安妮首倡早餐茶的风尚，摈弃以啤酒和冷餐肉为代表的旧

① William Milburn, *Oriental Commerce*, *vol. 2*, London: Published by Black Parry & Co. , 1813, p. 533.

② Wong Kuo Sieu, "Chinese Influence on English Decorative Art in the Eighteen Century," *The Chinese Social and Political Science Review*, vol. 13, 1929, p. 410; Rose M. Bradley, *The English Housewife in the Seventeenth & Eighteenth Centuries*, London: Edward Arnold, 1912, pp. 185-187; Erling Hoh, Victor H. Mair, *The True History of Tea*, London: Thames & Hudson, 2009, p. 173; Gerald W. R. Ward, ed. , *The Grove Encyclopedia of Materials and Techniques in Art*, New York: Oxford University Press, 2008, p. 38; Ms Julia Skelly, ed. , *The Uses of Excess in Visual and Material Culture*, 1600-2010, Ashgate Publishing, Ltd. , 2014, pp. 47-48; Elinor Gordon, *Chinese Export Porcelain: An Historical Survey*, New York: Main Street Universe Books, 1977, p. 77.

③ Rose M. Bradley, *The English Housewife in the Seventeenth & Eighteenth Centuries*, pp. 186-187; Jane Pettigrew, *A Social History of Tea*, p. 23; Moira Vincentelli, *Women and Ceramics: Gendered Vessels*, Manchester: Manchester University Press, 2000, p. 112; Susan Broomhall, Jacqueline Van Gent, *Dynastic Colonialism: Gender, Materiality and the Early Modern House of Orange-Nassau*, London and New York: Routledge, 2016, p. 229.

④ Agnes Strickland, *Lives of the Queens of England: From the Norman Conquest*, vol. 12, London: Henry Colburn Publisher, 1848, p. 118; 周宁编注：《鸦片帝国》, 学苑出版社 2004 年版, 第 10 页。

⑤ James Mew, John Ashton, *Drinks of the World*, vol. 1, London: Leadenhall Press, 1892, p. 262; Joseph Marryat, *A History of Pottery and Porcelain: Medieval and Modern*, London: John Murray, 1857, p. 234; Bennett Alan Weinberg, Bonnie K. Bealer, *The World of Caffeine: The Science and Culture of the World's Most Popular Drug*, p. 162; Gertrude Z. Thomas, *Richer Than Spices*, p. 106.

式早餐,以茶配合吐司、黄油作为早餐,并相应地用较大的英式银质茶壶取代中式紫砂壶。①如此看来,英国王室的早期饮茶习惯明显带有模仿中国饮茶方式的倾向,强调原汁原味的饮用体验,并不随意加入糖和牛奶。

此时,一些早期的咖啡馆即已开始供应茶饮,商家声称其泡制方法参考了东方商旅的经验。然而,由于当时茶叶需求量有限且难以预测,店家往往提前冲泡好茶汤,储存在小桶中并置于炉上保温,待顾客点单后再供应。这种做法与当时的茶叶税收政策密切相关。② 1660 年,英国政府颁布法令,规定每加仑茶汤需缴纳 8 便士税款,税务官员每日清晨查验并记录商家已制备茶汤的数量后,方可开始售卖。③ 这种税收制度严重损害了茶叶的风味,提前冲泡并长时间保温的茶汤,其色香味早已大打折扣,难以保证新鲜度。直到 1689 年,税收政策才得以调整,改为对干茶叶征税,每磅 5 先令。④ 因此,咖啡馆中的饮茶方式实属在高昂的茶叶价格和沉重的税收压力下的无奈妥协,其饮茶方式并不具有普遍性。

17 世纪后期,受王室饮茶风尚的影响,已有不少贵族开始在家中饮茶,这首先得益于咖啡馆在售卖茶饮的同时也出售茶叶。例如,加威在其1660 年的茶叶广告中就声称,"以 16—60 先令每磅的价格出售茶叶"⑤。除咖啡馆之外,药剂师和药材经销商也参与了茶叶的销售。例如,贝德福德公爵家消费的部分茶叶即购自一位药材商。⑥ 贵族家庭账簿中关于茶叶及茶具购买记录的记载,进一步佐证了这一现象。例如,贝德福德公爵分别于 1685 年、1687 年花费 10 英镑和 15 英镑购买茶叶。⑦

贵族家庭的饮茶方式主要分为两种:佐餐饮茶和专设茶室饮茶。至 17

---

① Diana Saltoon, *Tea and Ceremony*: *Experiencing Tranquility*, Read How You Want, 2008, pp. 53-54; Kit Boey Chow, Ione Kramer, *All the Tea in China*, San Francisco: China Books and Periodicals, INC, 1990, p. 21; William Harrison Ukers, *All about Tea*, *vol.* 2, p. 403; Erling Hoh, Victor H. Mair, *The True History of Tea*, p. 174.

② Jane Pettigrew, *A Social History of Tea*, p. 18.

③ Jane Pettigrew, *A Social History of Tea*, pp. 18-19.

④ William J. Ashworth, *Customs and Excise*: *Trade*, *Production*, *and Consumption in England*, 1640-1845, Oxford: Oxford University Press, 2003, p. 231.

⑤ Thomas Garway, *An Exact Description of the Growth*, *Quality and Vertues of the Leaf Tea*, 1660; Jane Pettigrew, *A Social History of Tea*, p. 19.

⑥ Jane Pettigrew, *A Social History of Tea*, p. 25.

⑦ Jane Pettigrew, *A Social History of Tea*, pp. 24-25.

世纪末，佐餐饮茶已在上层贵族中蔚然成风，茶成为早餐和晚餐的常见饮品，晚餐后的饮茶也成为招待宾客的重要环节。例如，掌玺大臣吉尔福德（Lord Chancellor Guilford）常在餐后以茶招待来访的贵族和乡绅。① 而茶室饮茶则更多地与女性联系在一起，这可能与男性在早期饮茶场合中的主导地位有关。例如，餐后茶通常是男性主人与宾客讨论政务的场合，女性一般不参与。再者，当时的咖啡馆也多为男性聚会场所，其环境通常烟雾弥漫、拥挤不堪、赌博盛行等，并不适宜女性参与。② 因此，女性通常在家中专设茶室，与友人聚会饮茶。这些茶室通常较为隐蔽，靠近卧房，甚至设在女主人的卧榻之中。茶与茶具或锁在柜子里，或藏于衣柜中，概因茶与茶具在当时异常稀有且价格昂贵，每位女主人均视若珍宝，恐有闪失。③

　　无论何种饮茶方式，17 世纪后期，英国贵族饮茶习惯均有别于咖啡馆，他们不仅效仿宫廷，更遵循中国原产地的冲泡方法，以现场冲泡和原产地茶具来彰显饮茶的高贵休闲属性及异国情调。例如，克拉伦敦伯爵在其日记中提道："库普莱特神父（Le Pere Couplet）与我共进晚餐……之后，我们饮了茶，他说这茶与他在中国饮的一样。"④ 茶室饮茶的流程亦可佐证：佣人备好茶具和热水；女主人从中式茶罐中取茶叶置入紫砂壶；冲泡后，将茶汤倒入无柄中国式茶碗招待客人，每个茶碗配有浅碟。据传该浅碟系由一位中国将军之女发明，个中原因是她无法将烫手的茶碗端给父亲，遂让制瓷工人设计了一个小小的碟子以放置茶碗。⑤ 由此可见，英国贵族的饮茶方式与明代以来的中国饮茶方式如出一辙：以茶壶冲泡散茶，茶汤倒入小巧的茶杯饮用。⑥

---

　　① Roger North, *The Lives of the Right Hon. Francis North, Baron Guilford, Lord Keeper of the Great Seal*, London: Henry Colburn, 1826, pp. 89, 253.

　　② Edward Smith, *Foreign Visitors in England: And what They Have Thought of Us*, London: Elliot Stock, 1889, p. 178; Steven C. A. Pincus, 1688: *The First Modern Revolution*, New Haven & London: Yale University Press, 2014, pp. 76-77; George Latimer Apperson, *The Social History of Smoking*, New York: G. P. Putnam's Sons, 1916, p. 91.

　　③ Bennett Alan Weinberg, Bonnie K. Bealer, *The World of Caffeine: The Science and Culture of the World's Most Popular Drug*, pp. 161-162.

　　④ Henry Hyde, *The Correspondence of Henry Hyde, Earl of Clarendon*, edited by Samuel Weller Singer, London: Henry Colburm, 1828, vol. 1, p. 83, vol. 2, p. 162; Jane Pettigrew, *A Social History of Tea*, p. 29.

　　⑤ Jane Pettigrew, *A Social History of Tea*, p. 31.

　　⑥ Jane Pettigrew, *A Social History of Tea*, pp. 23-24.

　　当时英国人使用的茶具通常作为压舱物随茶叶进口，当时尚未有定制茶具的操作，东印度公司主要选购现成的中国产品。宜兴紫砂茶具最早传入，大约在 17 世纪 60 年代，随后是带有花鸟虫鱼等中国风格图案的施釉宫廷瓷。另有大量史料记载了英国贵族购买和使用中国茶具的情况，例如，贝德福德公爵的女儿玛格丽特于 1685 年购置了一套茶具，并于 1689 年和 1690 年分别购入茶盘和茶壶；17 世纪末，公爵夫人罗德岱尔的哈姆宅的茶室中有一把康熙年间的德化瓷茶壶；18 世纪初，约翰·鲍彻（John Bourchier）的贝宁布罗大宅（Beningbrough Hall）拥有三把康熙年间的青花瓷茶壶。① 这些都进一步佐证了英国贵族在饮茶时效仿中国式饮茶的习惯。

　　在王室和贵族之外，大众对饮茶方法知之甚少。虽然他们偶尔能够通过各种途径获得茶叶，却缺乏正确的饮用知识，只能依靠道听途说进行尝试。梅森（Simon Mason）记述了一对姐妹因不谙茶叶饮用方式而闹出的笑话：乡下妹妹馈赠姐姐肥鹅，姐姐回赠半磅茶叶，然而妹妹却将其与咸肉一同烹煮两小时，并加入黄油和醋调味。② 骚塞（Robert Southey）亦记载了他一位朋友的曾祖母"食茶"的趣闻。在一次茶话会上，这位老人用首次在本瑞思（Penrith in Cumberland）出现的茶叶招待来宾。她把茶叶放在炊壶中烹煮，然后就着黄油和盐吃下去，还纳闷其中到底有什么诱人的风味。③ 此外，据记载，威斯敏斯特公学（Westminster School）的学生甚至将茶渣涂抹在面包上食用，以改善其贫乏的伙食。④ 这些轶事表明，在茶叶早期传播阶段，大众对茶的饮用方式缺乏了解，其消费行为与上流社会的饮茶习惯存在显著差异。

　　18 世纪初，英国饮茶方式发生显著转变，由清淡的"清饮"演变为加入砂糖和牛奶的"浓饮"。这一转变的端倪可追溯至 17 世纪末。例如，1680 年，法国作家塞维涅夫人（Madame de Sevigne）在其书信中记载了塞伯利埃尔夫人（Madame de la Sabliere）以牛奶调饮茶的习惯，"喝茶总要

---

　　① Jane Pettigrew, *A Social History of Tea*, pp. 22-23, 24-25, 30-31.

　　② Simon Mason, *The Good and Bad Effects of Tea Consider'd*, London: Printed for M. Cooper, 1745, pp. 25-26.

　　③ Robert Southey, *Southey's Common-place Book*, *vol.* 4, London: Longman, 1851, p. 402; Jane Pettigrew, *A Social History of Tea*, p. 56; Agnes Repplier, *To Think of Tea*, p. 16;［英］E. V. 卢卡斯：《卢卡斯散文选》，倪庆饩译，百花文艺出版社 2012 年版，第 80 页。

　　④ Agnes Repplier, *To Think of Tea*, p. 16.

加上牛奶，诚如她前几天告诉我的，这是她独特的品茶方法"，这可能是欧洲最早关于牛奶与茶共饮的记录。① 1672 年，赫尔伯特男爵（Baron Herbert）的仆人在伦敦获悉了泡制好茶的正确方法——"加入适量的糖，使茶汤最大限度地愉悦味蕾"②。1693 年，玛格丽特·罗素（Lady Margaret Russell）购置的茶具中包含一个锡制糖碗。此外，1689 年，一位贵族妇女（Rachel, Lady Russell）在信中提及了一种专用于饮茶的奶壶，"我见到一种专为饮茶准备的奶壶，非常喜欢……"③ 这些史料表明，在 18 世纪初"浓饮"盛行之前，砂糖和牛奶已被逐渐用于调制茶饮，预示着饮茶方式的转变。

18 世纪以来，加糖和牛奶的"浓饮"在英国逐渐流行开来，至该世纪中期，饮茶加糖和牛奶已成为英国饮茶文化的固定组成部分。18 世纪初，英国的饮茶用具中出现了专门放糖的器具，如糖盒（sugar box）和糖碟（sugar dishes）。1702—1704 年，利恩勋爵的继承人爱德华在牛津大学学习期间曾购买大量茶具，其中，1702 年的记录中就包括一个价值 1 先令的糖盒。④ 此时，英国东印度公司从中国、日本订购的茶具中已包含糖碟，且数量巨大。例如，1710 年，英国东印度公司递送给代理商的发货清单中就包括"3000 只糖碟"。《旁观者》（The Spectator）杂志于 1711 年 5 月 19 日刊文论述商业给英国带来的益处，其中提到，商业使得"来自中国的茶叶与西印度群岛的蔗糖相结合"。1725 年，都柏林的一首诗作描述了一位贵妇在光顾数家茶室时，均点了加糖和奶油的茶。⑤ 邓肯·坎贝尔（Duncan Campbell）于 1735 年创作的《茶诗》（A Poem upon Tea）中提到，"以曼妙之手沏泡，并以糖调味"的茶令人心驰神往。⑥ 18 世纪最初几十年，在理

① Laura C. Martin, *Tea: The Drink that Changed the World*, Vermont: Tuttle Publishing, 2007, p. 118; Dorothea Johnson, *Tea and Etiquette*, Capital Books, 2002, p. 73.

② William James Smith, National Library of Wales, ed., *Herbert Correspondence: The Sixteenth and Seventeenth Century Letters of the Herberts of Chirbury, Powis Castle and Dolguog, Formerly at Powis Castle in Montgomeryshire*, Cardiff: University of Wales Press, 1963, pp. 204-205.

③ Jane Pettigrew, *A Social History of Tea*, pp. 24, 33.

④ Jon Stobart, *Sugar and Spice: Grocers and Groceries in Provincial England, 1650-1830*, Oxford: Oxford University Press, p. 248.

⑤ Jane Pettigrew, *A Social History of Tea*, p. 67.

⑥ Duncan Campbell, *A Poem upon Tea. Wherein its Antiquity, its Several Virtues and Influences are Set Forth; Also, the Objections against Tea, Answered*, London: Printe and sold by Mrs. Dodd, 1735, p. 17.

查德·柯林斯（Richard Collins）、亚瑟·戴维斯（Arthur Devis）、约瑟夫·凡·阿肯（Joseph Van Aken）、尼古拉斯·韦尔科里（Nicolaes Verkolje）、威廉·荷加斯（William Hogarth）、查尔斯·菲利普斯（Charles Philips）、加文·汉密尔顿（Gawen Hamilton）等创作的以英国贵族家庭饮茶为主题的画作中，糖碗（sugar bowl）、糖夹（sugar tongs）是茶具中的基本配备。① 与此同时，加糖饮茶的普及也引发了关于"是否应该加糖饮茶"的广泛讨论，托马斯·布伦特（Sir Thomas Pope Blount）、约翰·奥维顿（John Ovington）、托马斯·肖特（Thomas Short）和西蒙·梅森（Simon Mason）等医生和学者都参与了这场辩论，间接地证实了当时加糖饮茶的普遍性。②

至 18 世纪中期，加糖饮茶已成为英国社会普遍的习惯。著名文人约翰逊博士的饮茶习惯亦佐证了这一点，据记载，他偏好浓茶，并使用少量牛奶和方糖来中和茶叶中鞣酸的刺激性。其诗作中也体现了对加糖茶的喜好："亲爱的兰妮，请听着我的意见，不要皱眉，你泡茶的时候不要如此仓促，否则我会倒掉它，同时不要忘记加入奶油和糖……"③不仅如此，加糖茶也普及到了大学和寄宿学校。例如，北安普顿学院（Northampton Academy）的规章制度中明确规定学生可在导师会客室饮茶，但需自备茶叶和砂糖。④ 1766 年，一位学生在其家书中也表达了饮用加糖茶的愿望，并

---

① Markman Ellis, Richard Coulton, Matthew Mauger, *Empire of Tea: The Asian Leaf that Conquered the World*, London: Reaktion Books, 2015, pp. 33, 89, 138, 142, 143, 146; Silvia Malaguzzi, *Food and Feasting in Art*, Los Angeles: The J. Paul Getty Museum, 2008, p. 308; Geoffrey W. Beard, *The Compleat Gentleman*, *Five Centuries of Aristocratic Life*, Rizzoli, New York, 1992, p. 128; Katharine Baetjer, ed., *European Paintings in the Metropolitan Museum of Art by Artists Born Before* 1865: *A Summary Catalogue*, New York: Metropolitan Museum of Art, 1995, p. 184.

② Sir Thomas Pope Blount, *A Natural History: Containing Many not Common Observations Extracted out of the Best Modern Writers*, London: Printed for R. Bentley, 1693, pp. 101-102; John Ovington, *An Essay upon the Nature and Qualities of Tea*, *London: Printed by and for R. Roberts*, 1699, p. 38; Thomas Short, *A Dissertation upon Tea: Explaining Its Nature and Properties*, *By Many New Experiments*, *and Demonstrating from Philosophical Principles*, *the Various Effects it has on Different Constitutions*, London: Printed by W. Bowyer, for F. Gyles, 1730, pp. 15-16, 38; Simon Mason, *The Good and Bad Effects of Tea Consider'd*, pp. 27-29.

③ Anthony Burgess, *The Book of Tea*, Paris: Flammarion, 2005, p. 9; Jane Pettigrew, *A Social History of Tea*, p. 57.

④ Christopher Hibbert, *The English: A Social History*, 1066-1945, London: Paladin Books, 1988, p. 462.

将其与融入群体联系起来，"我真心希望父亲能允许我在下午饮用加糖的茶，如果不能的话，我真的没有办法与其他孩子打成一片"①。这表明，18世纪中期，加糖饮茶已成为英国社会的一种普遍现象。

不难发现，自17世纪中期至18世纪中后期，英国的饮茶方式经历了从中国式的"清饮"到英国式的加糖加奶"浓饮"的转变。这一转变标志着英国饮茶文化摆脱了原产地模式的束缚，迈出了本土化的关键一步，为日后"早餐茶""高茶""下午茶"等英式饮茶习俗的形成奠定了基础，这是因为加糖加奶是这些英式饮茶活动的核心特征。实际上，英国人对中英饮茶方式的差异并非不知情。1722年，一部论述茶与咖啡饮用方法的著作中便指出，东方人通常不向茶中加糖。② 1795年，马戛尔尼使团随员安德森在其回忆录中也提到了中国人饮茶从不加糖。③ 乔治·朵德（George Todd）在其《伦敦的食物》（*The Food of London*）中更指出，中国人会将往茶中加糖和牛奶的英国人视为野蛮人，并认为赤道地区的咖啡饮用者也会对这种做法感到诧异。④ 那么，促使英国人背离中国传统饮茶方式，选择在茶中添加糖的因素究竟是什么呢？

二　炫耀、身份与新奇性：茶叶初传时期英国"清饮"原因分析

如上所述，至18世纪前期，英国饮茶习惯已从中国式的"清饮"转变为加糖加奶的"浓饮"。然而，这一转变背后的原因仍须进一步探究。要理解这一现象，必须结合近代早期英国的特定历史文化语境，并借鉴文化人类学关于文化象征意义变迁的理论，从而在动态的社会文化背景下，

---

① Jane Pettigrew, *A Social History of Tea*, p. 67.

② Anonymous, *Of the Use of Tobacco, Tea, Coffee, Chocolate, and Drams*, London: Printed by H. Parker, 1722, p. 11.

③ Aeneas Anderson, *A Narrative of the British Embassy to China in the Years* 1792, 1793, *and* 1794; *Containing the Various Circumstances of the Embassy, with Accounts of Customs and Manners of the Chinese and A Description of the Country, Towns, Cities*, London: J. Debrett, 1795, p. 74.

④ George Dodd, *The Food of London: A Sketch of the Chief Varieties, Sources of Supply, Probable Quantities, Modes of Arrival, Processes of Manufacture, Suspected Adulteration, and Machinery of Distribution, of the Food for A Community of Two Millions and A Half*, London: Longman, 1856, p. 411；[美] 西敏司：《甜与权力：糖在近代历史上的地位》，第236页，注释第85；周宁编注：《鸦片帝国》，第11页。

深入分析饮茶方式转变背后的文化属性变化。值得注意的是,不仅加糖加奶的"浓饮"需要解释,不加糖的"清饮"本身也蕴含着值得探究的文化内涵。

在茶叶传入英国初期,由于进口量稀少且价格高昂,只有王室及与其密切相关的精英阶层才能享用这一新奇的舶来品。这一时期的茶叶消费主要属于身份消费(status consumption)的范畴,其社会意义远大于商品本身的实用价值,成为精英阶层彰显身份地位的重要工具。同时,饮茶方式也成为精英阶层自我身份定位的方式,不仅体现了其出身、地位和权力,还充分展现了其优雅与时尚。

这种身份消费的特点主要体现在以下四个方面。

首先,它强调消费者的高贵出身。早期的茶叶消费者主要来自王室、大贵族和政商精英阶层,他们拥有显赫的家世和雄厚的经济实力。从阶层分布来看,这三个群体基本上源自贵族阶层,具有天然的出身优势,他们不仅拥有广袤地产,还身袭爵位,荣耀无比。早期的饮茶消费还属于炫耀性消费(conspicuous consumption)。根据凡勃伦的论述,炫耀性消费源自分层的、竞争的社会性质,此类消费者不仅拥有巨额财富,还要通过特殊消费的方式,如购买价格昂贵的奢侈品,让其他社会成员知道这一事实,旨在向潜在的竞争者宣战,整个消费过程无疑是一场具有意识的自我表演。[①] 另外,这些精英阶层的财富多为继承所得,其消费行为并不受经济因素的直接驱动,工作更多的是为了维护其社会地位。他们的生活方式也刻意遵循上流社会的规范,以维持和强化其社会等级,这体现了布迪厄所指出的社会"区隔"现象。由此,这一群体大多刻意在住宅、衣着、言谈、举止、饮食等方面保持着上流社会特有的生活与行为方式。例如,住宅不一定宜居,衣着不一定舒适,饮食不一定合胃口,但一定要符合上流社会惯常的标准。[②] 佩皮斯是研究早期英国上流社会身份认同的理想案例。在其日记中,佩皮斯生动地向读者展现了其对身份认同的追求。作为一名努力跻身上流社会的政治精英,他格外注重衣着打扮,并以佩剑作为身份的象征。然而,在一次精英聚会活动中,佩皮斯却因为一个小小的失误而

---

① Jon Stobart, *Sugar and Spice: Grocers and Groceries in Provincial England, 1650-1830*, p. 216; Woodruff D. Smith, *Consumption and the Making of Respectability, 1600-1800*, pp. 31-33.

② Woodruff D. Smith, *Consumption and the Making of Respectability, 1600-1800*, p. 25.

差点铸成大错。1662 年，佩皮斯前往伦敦塔参加活动，临门方知需脱剑入场，却因未穿斗篷而陷入尴尬境地，因为按照上流社会礼仪，脱剑时必须穿斗篷以遮掩未佩带武器的事实。窘困难当的佩皮斯只好躲在墙角，直到返家的仆人替他取来了斗篷。①

其次，身份消费强调商品的新奇性。源自遥远国度的茶叶、咖啡和烟草等刺激性商品，往往兼具神秘性和新奇性，最易于引发消费者对异域文化的想象与建构。这种文化想象通常包含三个层次：其一，茶叶带来的直观味觉刺激能够产生愉悦的快感，并可能进一步激发原始的感官欲望；其二，异域商品往往能引发"个人愿景实现"或"假想式异域体验"的想象。例如，欧洲人虽然无望成为东方君主，但可以通过穿戴东方服饰，饮用东方饮料来体验东方君主的感受；其三，消费"人有我无"的异域商品，可能会导致消费者弱化自身文化认同，并强化对异域商品功效的想象。例如，认为原产地居民拥有比自身更多的快乐或能够从事本社会中的禁忌行为，这在一定程度上体现了对自身文化的一种背离与否定。②

再次，身份消费往往伴随狂热特征，容易导致非理性行为。在英国早期饮茶案例中，这种狂热性主要体现在两个方面：其一，早期对茶叶进行描述的广告商、学者、政治家以及医生和牧师等，都在缺乏科学证据的情况下夸大了茶叶的药用功效。例如，茶商托马斯·加威（Thomas Garway）在其 1660 年的宣传单《关于茶叶生长、质量和功效的准确描述》中，便列举了十四项茶叶的益处，诸如"轻身醒脑、疏肝明目、强肾利尿、温胃健脾、清热消肿、清肺利胆、养心静神"等，并声称这些说法源自八位曾到访东方的商人及旅行家。③ 约翰·张伯伦（John Chamberlayne）在 1682 年也宣称茶叶具有多种药效，并引用耶稣会士亚历山大·德·罗德斯（Alexander de Rhodes）在东方的经历作为佐证，"饮茶后可通宵不眠，翌日仍精力充沛。在茶的帮助下，他曾六晚不眠"④。1685 年，张伯伦还将杜福尔（Philippe Sylvestre Dufour）和莱德斯马（Antonio Colmenero de Ledesma）

①　Woodruff D. Smith, *Consumption and the Making of Respectability*, *1600-1800*, pp. 34-35.

②　Woodruff D. Smith, *Consumption and the Making of Respectability*, *1600-1800*, pp. 75-77.

③　Thomas Garway, *An Exact Description of the Growth*, *Quality and Vertues of the Leaf TEA*, 1660.

④　John Chamberlayne, *The Natural History of Coffee, Thee, Chocolate, Tobacco: In Four Several Sections*, London: Printed for Christopher Wilkinson, 1682, pp. 10-11.

的著作编译成英文版《咖啡、茶、巧克力的制作妙方与其特性》（*The Manner of Making Coffee，Tea and Chocolate With their Vertues*）一书，强调了茶叶具有 "除积食，助消化，还能解酒防醉" 的功效。①托马斯·波韦（Thomas Povey）在 1686 年也列举了二十项茶叶的益处。② 一位来自基督堂医院的医生在 1690 年的宣传页中，更是将茶叶与多种疾病的治疗联系起来。他指出，"在英国气候下经过相关实验后，我们发现，茶是一种干性，并具收敛特质的饮料。可治疗头痛、眼痛、结石、炎症、呼吸困难、心力交瘁、肠胃疼痛等疾病"③。约翰·奥维顿（John Ovington）牧师在 1699 年的论文《论茶的特性与品质》中，也强调了茶叶对泌尿系统和消化系统的益处。④ 这些例子都表明，早期对茶叶功效的宣传带有明显的夸大成分。其二，尽管原产地饮茶方式中茶叶的苦味难以避免，但早期的饮茶者，尤其是宫廷文人，却在文学作品中对其赞誉有加，甚至将其视为神物。例如，宫廷诗人埃德蒙·沃勒（Edmund Waller）在 1663 年为王后凯瑟琳创作的诗歌中，便盛赞茶叶为 "仙草"，并将其与爱神和日神的美德与荣耀相提并论。这些现象都反映了早期茶叶消费的狂热性，以及身份认同与文化想象的交织：

> 爱神的美德，日神的荣耀
>
> 比不上她与她带来的仙草
>
> 人中王后草中茶
>
> 均来自那个勇敢的国家
>
> 他们发现太阳升起的美丽地方
>
> 那里物产丰富，四方敬仰
>
> 那里的香茶可以激发艺术想象

---

① Philippe Sylvestre Dufour, *The Manner of Making Coffee，Tea and Chocolate With their Vertues，Newly Done out of French and Spanish by John Chamberlayn*, London：Printed for William Crook, p. 40.

② ［英］艾瑞丝·麦克法兰、艾伦·麦克法兰：《绿色黄金》，杨淑玲、沈桂凤译，汕头大学出版社 2006 年版，第 84—85 页。

③ Samuel Price, *The Virtues of Coffee，Chocolette，and Thee or Tea：Experimentally Known in This Our Climate*, London：S. N., 1690.

④ John Ovington, *An Essay upon the Nature and Qualities of Tea*, London：Printed by and for R. Roberts, 1699, pp. 20-27.

　　　　可以使你神清气爽

　　　　可以使心灵的殿堂宁静安详①

　　最后，身份消费的目标通常是奢侈品，而这种消费本身就具有内在矛盾性——时尚与罪恶并存。在近代早期的英国，时尚渗透到生活的方方面面，从服饰、建筑到装饰、饮食和行为方式，都体现着特定的时尚风格。时尚成为上层精英的游戏，不仅因为其高昂的成本，更因为时尚信息往往掌握在上流社会手中，普通民众难以触及。② 即使偶然获得时尚商品，他们也未必懂得如何消费，正如前文所述的乡下姐妹的故事所例证的那样。关于奢侈品消费的道德争议由来已久。18 世纪以前，受基督教财富观，特别是清教徒节俭理念的影响，奢侈消费常被视为过度浪费，是一种对社会资源的滥用，因此带有道德上的罪恶感。③ 随着茶叶在英国的传播，反对之声也随之出现，主要原因在于其高昂的价格。批评者将茶叶归类为奢侈品，认为其消费有悖于节俭的社会道德，并会阻碍经济发展。1700 年以前，由于进口量有限，茶叶价格居高不下，无疑是一种奢侈品。因此，上流阶层的饮茶行为可以被解读为"强势信息输出"。对于中下层来说，这是一种赤裸裸的炫耀，这种消费不仅会进一步推动社会阶级之间更精细的分层，还会加剧各阶层之间的竞争。④ 根据齐美尔（Simmel）的理论，身份消费会通过涓滴效应影响中下层，后者通过模仿来回应上层社会的炫耀性消费，而上层社会则会不断创造新的区分标准以保持其优势地位，从而导致阶层间的竞争日益激烈。⑤

　　逐一分析了早期饮茶所具有的出身、新奇、狂热、奢侈等内涵之后，早期饮茶者所坚持的按照原产地方式"清饮"的习惯或许就不那么难理解了。饮茶方式的选择并非简单的决策，而是伴随着诸多复杂的文化内涵，如阶层、想象、商业、医疗、道德等。早期饮茶者通过消费来构建自我意识，而消费行为反过来又塑造并强化了他们的行为模式。表面上，他们只

---

　　① 周宁编注：《鸦片帝国》，第 6 页；Mr. Fenton, ed., *The Works of Edmund Waller, Esq., in Verse and Prose*, Glasgow: Printed by Robert and Andrew Foulis, 1752, p. 140.

　　② Woodruff D. Smith, *Consumption and the Making of Respectability, 1600-1800*, p. 44.

　　③ Woodruff D. Smith, *Consumption and the Making of Respectability, 1600-1800*, pp. 64-65.

　　④ Jon Stobart, *Sugar and Spice: Grocers and Groceries in Provincial England, 1650-1830*, p. 215.

　　⑤ Jon Stobart, *Sugar and Spice: Grocers and Groceries in Provincial England, 1650-1830*, p. 219.

是消费昂贵、精致和新奇的物品，但实质上，他们正以一种隐蔽的方式进行着自我建构。然而，这些文化属性并非一成不变，正如后文将要论述的那样，它们会随着社会语境的变迁而不断调整。

三 品位、道德与舒适性：18 世纪 英国饮茶加糖原因分析

18 世纪初，随着英国茶叶进口渠道的稳定和进口量的增长，茶叶价格逐渐下降，进入中间阶层的消费范围。此时，饮茶行为不再与出身直接挂钩，其新奇性也逐渐消退。然而，茶叶消费的"奢侈"属性却被中间阶层所继承，并被赋予了新的内涵。虽然中间阶层同样热衷于饮茶，但他们在对茶叶的认知、饮茶方式和饮茶仪式上，展现出理性、审慎和节制的态度，逐渐形成了以"舒适"为核心的独特茶文化。这一转变体现了中间阶层对消费行为的重新诠释，以及对自身文化认同的构建。

英国饮茶习惯的转变可分为三个阶段：

第一，打破了饮茶与出身的关联。18 世纪初期，英国中间阶层并非一个单一、均质的群体，其定义需结合收入、职业和价值观等多重因素考量。这一群体通常拥有 500—10000 英镑的资产，职业涵盖商人、乡绅、店主以及政府职员、律师、医生等知识型职业，并普遍具备节制、自律、勤奋和诚信等品质，追求优雅与品位，注重休闲与娱乐，并有能力消费相对高价的时尚商品。① 茶叶价格的下降以及商业繁荣所带来的财富积累，使得中间阶层具备了消费茶叶的经济实力。在这一背景下，茶叶消费不再与家庭出身直接关联，饮茶也成为中间阶层会客室中的最常见的待客方式。

第二，茶叶消费的新奇性逐渐消退，身份消费带来的狂热性也逐渐被克服。随着茶叶进入千千万万中间阶层的家庭，茶叶及饮茶行为逐渐被祛魅，其神秘性和新奇性逐渐减弱，相关的文化想象也随之淡化。然而，这一属性并未完全消失，而是转化为中间阶层对健康的关注和对品位的追求。茶叶也逐渐回归其作为健康饮品的本质属性。② 中间阶层开始理性地

---

① H. R. French, "The Search for the 'Middle Sort of People' in England, 1600-1800," *The Historical Journal*, Vol. 43, No. 1 (Mar., 2000), pp. 280-282, 284, 288.

② Woodruff D. Smith, *Consumption and the Making of Respectability, 1600-1800*, pp. 130-136.

认识茶叶的功效，不再盲目相信夸大的广告宣传或文学作品中的溢美之词，而是积极寻求专业的知识。他们深入研究茶叶的种类、特性和冲泡方法，并培养出对茶叶的品鉴能力，在此基础上，理性、审慎的态度取代了早期的狂热。

中间阶层对茶叶功效的认知，不再依赖片面的宣传或文学渲染，而是转向对客观事实与科学实验结果的重视。他们摒弃了夸大宣传和恶意中伤，致力于对茶叶进行客观、全面的了解，关注茶树种植、茶叶种类以及饮茶的时间、节奏、频率和配比等细节，展现出其独立判断能力和严谨的科学态度。例如，1702 年，塔特（Nahum Tate）的《关于茶叶优良特性及其健康饮用方法》一书，汇集了当时欧洲名医对茶叶的论述，并强调了茶叶的挥发性芳香油、微苦的滋味以及其对胃部和神经的益处。[1] 1704 年，托马斯·柯蒂斯（Thomas Curteis）的《论保持与恢复健康》一书更为理性地总结了茶叶的益处，包括温胃、醒脑、增强记忆力、促进消化等。[2] 1722 年的《饮料使用指南》则建议，根据时间和场合选择不同类型的茶叶，并强调适量饮用的重要性。柯蒂斯强调，早餐时用武夷茶配面包与黄油最佳，而绿茶则适合在非就餐时间饮用。两种茶都具有芳香气质和利尿特性，适量饮用有助于抗结石、尿砂和痛风。同时，作者还告诫读者，勿饮浓茶，勿饮过烫的茶，一次三四杯即可。[3] 1730 年，托马斯·肖特（Thomas Short）的《茶论》则在承认社会上存在争议的同时，基于大量文献和实验结果，谨慎地探讨了不同茶叶的特性及其功效，并指出不同体质的人群应根据自身情况选择合适的茶叶和饮用方式。肖特强调，绿茶对血稠者有很好的疗效，但对于消瘦者来说，武夷茶有滋养的功效。但作者也指出，如果使用不当，茶在某些场合会产生负面作用。如神经敏感者、肺部积痰者、肝胆脾脏有功能性障碍者不适宜饮武夷茶，胃肠不适者、体质羸弱者、康复期患者、高强度体力劳动

---

[1]　Nahum Tate, *A Poem upon Tea*: *With A Discourse on Its Sov'rain Virtues*; *and Directions in the Use of it for Health. Collected from Treatises of Eminent Physicians upon That Subject*, London: Printed for J. Nutt, 1702, pp. 39−41.

[2]　Thomas Curteis, *Essays on the Preservation & Recovery of Health*, London: Printed and Sold by Richard Wilkin, 1704, pp. 100−101.

[3]　Anonymous, *Of the Use of Tobacco, Tea, Coffee, Chocolate, and Drams*, p. 11.

者不适宜饮绿茶。① 1772 年，约翰·科克利·莱特森（John Coakley Lettsom）的《茶树的自然史》（*The Natural History of the Tea-Tree*）则在总结前人研究的基础上，侧重利用科学实验的方式，更深入地探讨了茶叶的特性与功效。作者以谨慎的态度进行了一系列实验以验证茶的功效：比较浸泡在普通水中与茶水中的牛肉的保质时间；将铁盐注入普通水和茶水以验证茶是否具有收敛、止血性能；将绿茶茶水蒸馏液和蒸馏后的余液注射到青蛙腹腔以观察青蛙的反应。实验结果证明茶具有防腐、收敛、止血的特性，绿茶茶水蒸馏液中所含的香气会对青蛙神经、机体产生一定的麻痹作用，但蒸馏后的余液对青蛙没有明显影响。② 这些著作的出现，反映了中间阶层对茶叶及茶饮的理性认知，以及对科学知识的尊重。

第三，也是最为关键的一点，中间阶层继承并改造了上流社会的茶叶奢侈文化属性，通过将茶叶与砂糖共同消费，创造了加糖饮茶这一新的饮用方式。这一转变不仅使茶和砂糖摆脱了奢侈品消费中固有的过度和浪费的负面形象，更赋予了加糖饮茶全新的文化内涵——"舒适"。"舒适"这一观念是中间阶层富有想象力的创造，反映了他们精心构建的认知框架，并准确地体现了其独特的"物质"观。在此框架下，饮茶所带来的感官享受不再被视为道德问题，过量摄入砂糖所造成的健康隐患也得到了某种程度的合理化解释。然而，"舒适"观念并非凭空产生，而是根植于近代早期特定的社会文化背景。它是一个多维度且复杂的文化概念，融合了中间阶层的"适度享受"的理念、健康观察者倡导的均衡与中庸观念，以及福音派运动所强调的自律与节制。因此，"舒适"的内涵超越了单纯的个人享受，成为当时社会文化交织下的一种重要价值观念。

其一，中间阶层的"适度享受"理念对饮茶的奢侈文化属性进行了重要的改造。如前所述，饮茶因其新奇性与奢侈性，易导致对物质欲望

---

① Thomas Short, *A Dissertation upon Tea: Explaining Its Nature and Properties, By Many New Experiments, and Demonstrating from Philosophical Principles, the Various Effects it has on Different Constitutions*, London: Printed by W. Bowyer, for F. Gyles, 1730, pp. 20–22, 32–35, 42–63, 63–65.

② John Coakley Lettsom, *The Natural History of the Tea-Tree, with Observations on the Medical Qualities of Tea, and Effects of Tea-drinking*, London: Printed for Edward and Charles Dilly, 1772, pp. 37–38, 39–41, 42–43, 47–48, 52–54.

和感官刺激的过度强调。然而，随着工业革命的推进，18 世纪中叶，英国中间阶层迅速崛起，居民收入水平显著提升，使得这一阶层能够享受先前难以企及的物质和文化生活。与此同时，受到启蒙哲学中理性观念的影响，适度享受的理念应运而生，反映了在相对富裕的环境中中间阶层对财富合理消费的意识。在这一背景下，适度享受被视为一种理性选择，强调了感官体验的重要性，同时又避免了过度奢华和浪费。中间阶层认为，适度享受与单纯的肉欲和快乐并不完全相同。前者被理解为一种感受和体验的能力，而非物质层面的简单体现。同时，适度享受也是一种认知框架，在这一框架内，许多限制条件已被预设。因此，纯粹的物质欲望和感官体验在道德上被视为可接受的，因为该框架本身已经包含了对感官享受及其刺激的"警惕"与"限制"。① 此外，适度享受在一定程度上彰显了中间阶层的身份认同。与上层社会相比，他们选择追求品质与品位，而非奢华。在推动这一理念的过程中，中间阶层塑造了一种符合自身价值观的文化认同，通过对精致但不过度消费方式的追求来展现个人品位。作为中间阶层模范人物的本杰明·富兰克林在《富兰克林自传》《道德信条》《穷查理的年鉴》等多部著作中均倡导适度享受的理念，在富兰克林看来，舒适也与节制密切相关。他提倡适度的消费与节制的生活方式，认为过度的奢华与享乐会削弱个人的身心健康，阻碍理智与道德的发展。他的这种观点强调了生活中平衡的重要性，追求内外兼修的舒适状态。②

　　因此，追求快乐与享受成为一种无罪恶感的可行选择。以消费自美洲的烟草为例，尽管其同样是奢侈品，但中间阶层坐在壁炉旁，抽烟并与亲友交谈，这种场景体现了适度享受。因为在中间阶层的认知框架下，此类消费本身包含了对消费支出的主动限制，使得快乐不再被视为奢侈消费那般不道德。此外，物质环境（如壁炉、家、亲友和香烟）赋予了烟草消费

① Woodruff D. Smith, *Consumption and the Making of Respectability*, *1600-1800*, p. 83.

② Benjamin Franklin, *The Works of the Late Dr. Benjamin Franklin: Consisting of His Life Written by Himself*, London: Printed for G. G. J. and J. Robinson, 1793, pp. 207-212; Benjamin Franklin, *Chess*, London: Printed for G. G. J. and J. Robinson, 1787, p. 24; Benjamin Franklin, *Poor Richard: The Almanacks for the Years* 1733-1758, New York: Paddington Press, 1976, pp. 163, 235, 254, 256, 261, 176, 280; John E. Crowley, "The Sensibility of Comfort," *The American Historical Review*, Vol. 104, No. 3 (Jun., 1999), pp. 769-770.

更为深远的意义，这种意义或是真挚的友谊、家的温暖与向心性，抑或是理智与情感的平衡。在服饰消费方面，"适度享受"的理念则意味着，人们不必为了外观的华丽而忍受不必要的束缚，而是能够选择宽松的衣物，适应其日常需要。① 同样地，具体到饮茶消费，"适度享受"则意味着，人们不再像上流阶层早期饮茶那样，会为了凸显自己的时尚与派头而让自己忍受茶的苦味，不再让自己的胃跟着一起受苦。由此，加糖饮茶自然成了舒适文化框架的一部分。

其二，健康观察者所倡导的均衡与中庸观念也对饮茶方式产生了深刻影响。这一观念的提出与蔗糖过量消费的现状密切相关。蔗糖早在 12 世纪就传入欧洲，长期以来被视为昂贵的奢侈品，主要作为药品、香料、装饰品，以及甜味剂和防腐剂，供上流阶层享用。17 世纪中期，蔗糖产量迅速增长，导致其价格大幅下降，进而在 17 世纪末 18 世纪初出现了消费的激增。尽管此时蔗糖仍然被视为奢侈品，但其消费已变得相对普遍，因此不再完全作为身份的象征。然而，这并不意味着蔗糖消费没有问题，反而暴露出过量消费的极端情况。至 17 世纪后半期，中间阶层已经开始在日常饮食中消费大量的糖。过量的蔗糖消费带来了诸多问题，如肥胖、蛀牙、糖尿病等。正是在蔗糖消费猛增的 17 世纪末与 18 世纪初，批评的声音随之而来，这些批评主要源于医生撰写的健康饮食书籍。1683 年，史蒂文·布兰卡特（Steven Blankaart）在一本经典饮食书籍中谈到，尽管蔗糖非常流行，但人们对其效用仍存在不确定性，尤其是可能对人体产生毒副作用。此外，蔗糖作为奢侈品的身份使得大量消费常伴有道德上的罪恶感，并显现出个人自控力的缺乏。② 类似的，18 世纪初，健康文学作家托马斯·特莱恩（Thomas Tryon）多次警告过量消费糖的危害，他指出，过多摄入加糖食物和饮料对健康极为有害，并会对健康产生多种负面影响。这是因为，过甜的食物和饮料不仅会使血液变稠，阻碍其自由循环，还会使血液具有水样黏液性质，并使体液变得极度酸涩，尤其是当脂肪和甜味混合在一起时，因为它们在大多数情况下会立即导致腐败，从而根据每个人的体

---

① Woodruff D. Smith, *Consumption and the Making of Respectability*, *1600-1800*, p. 84.
② Woodruff D. Smith, *Consumption and the Making of Respectability*, *1600-1800*, pp. 125-126.

质和肤色产生各种疾病。①

这些健康文学不仅批评过量食糖，也努力将维护个人健康与道德美德联系起来，鼓励人们通过饮食的平衡与节制来保持健康，限制不健康食品的摄入，并保持体内液体的平衡，以抵消不健康食物的影响。特莱恩认为，拥有足够自制力以这种方式保护身体的人，自然能够通过节制和平衡来维持其道德地位。为了解决食糖过量的问题，布兰卡特依据荷兰著名"茶医"科内利斯·邦特科（Cornelis Bontekoe）的建议，鼓励读者饮用咖啡和大量茶，以实现体液平衡。他主张不应将食物与糖混合，而是应当利用茶和咖啡等苦味饮品来抵消甜味食品的潜在危害。同样，特莱恩也提倡使用草药饮剂，认为草药的苦味能够抵消糖的甜味，实现口味的平衡。通过这种方式，如果在冲泡过程中适度加入糖，便能将其总摄入量控制在一个相对中庸的水平，从而降低对糖的总体需求。② 在这一过程中，体液平衡被视为身体健康的标志，同时也展现了个人的自制力，证明其具有良好的德行。尽管特莱恩没有明确指明所用的草药，但在他推荐的饮品清单中，茶、糖和一片柠檬的饮料赫然在列。值得注意的是，布兰卡特与特莱恩的写作时间及其健康书籍的出版日期与加糖饮茶的流行时期恰有重叠，进一步证实了这两者之间的联系。③

其三，福音派运动（Evangelical Movement）提出的自律与节制的主张也是舒适概念的重要思想来源之一。福音派运动起源于 17 世纪的清教徒革命，并在 18 世纪逐渐发展壮大，强调个人与上帝之间的直接关系，同时主

---

① Thomas Tryon, *Tryon's Letters, Domestick and Foreign: To Several Persons of Quality: Occasionally Distributed in Subjects, Viz., Philosophical, Theological, and Moral*, London: Printed for Geo. Conyers, at the Ring, and Eliz Harris, at the Harrow; Both in Little Britain, 1700, pp. 183–187; Woodruff D. Smith, "From Coffee House to Parlour: The Consumption of Coffee, Tea and Sugar in Northwestern Europe in the Seventeenth and Eighteenth Centuries, " in Jordan Goodman, Paul E. Lovejoy and Andrew Sherratt, eds., *Consuming Habits: Drugs in History and Anthropology*, New York: Routledge, 1995, pp. 153–154.

② Woodruff D. Smith, "From Coffee House to Parlour: The Consumption of Coffee, Tea and Sugar in Northwestern Europe in the Seventeenth and Eighteenth Centuries, " p. 154.

③ Thomas Tryon, *A New Art of Brewing Beer, Ale, and Other Sorts of Liquors, So as to Render them More Healthful to the Body, and Agreeable to Nature, and to Keep them Longer from Souring, with Less Trouble and Charge Then Generally Practised, Which will be A Means to Prevent Those Torturing Distempers of the Stone, Gravel, Gout and Dropsie*, London: Printed for Tho. Salisbury at the Sign of the Temple Near Temple-Bar in Fleetstreet, 1690, pp. 79–86; Woodruff D. Smith, *Consumption and the Making of Respectability 1600–1800*, p. 127.

张信徒在信仰生活中应体现道德自律与节制。这一核心价值观要求信徒在日常生活中践行基督教教义，以此作为获得真正舒适与内心平静的途径。由此，基于其道德导向的自律观为舒适的概念提供了思想基础。在福音派的影响下，个人的身体健康和道德生活密切相关。信徒们被鼓励通过节制饮食和避免奢侈，来保持健康的身体和明晰的理智。健康被视为一种道德责任，适度和自律的生活方式不仅能提升舒适感，还能使个人更好地服务于社会和信仰。基于上述理念，福音派运动反对过度的物质享受，强调适度消费的重要性。饮食、娱乐和购物等方面的节制，成为追求精神舒适和社会责任的具体表现。这种节制理念使得消费行为不再是单纯的物质追求，而是体现在对自身及他人生活品质的尊重与照顾。

在这一框架下，舒适的体验被视为平衡与内心宁静的结果。因此，福音派运动广泛传播的节制饮食观念影响了人们对食物的选择，促使人们追求健康且遵循道德取向的饮食。与酒精饮料，以及含有较多糖和脂肪的食物相比，茶饮被视为健康、温和的饮品，更具节制的道德性质。此外，福音派运动还认为，具有节制道德性质的食物可以有效改造那些被视为浪费的、罪恶的和堕落的食物。例如，茶不仅可以用于治疗酗酒，还可以平衡砂糖的负面作用。约翰·卫斯理（John Wesley）作为卫斯理公会的创始人，早年曾因为茶的奢侈性而谴责这种饮料，但是到了 1761 年，他却委托著名的陶艺家乔赛亚·韦奇伍德（Josiah Wedgwood）为他制作了一个 1 加仑容量的大茶壶。① 在他的影响之下，其他卫斯理公会成员也爱上了喝茶。知名的福音派诗人威廉·柯珀（William Cowper）所写的诗《任务》（*The Task*，1785）是最为人熟知的茶叶颂歌，它使茶叶具有节制特性的观点得以不朽，这首诗最初是这样写的："几杯茶，带来欢乐但不醉人。"柯珀的诗句引申出无数版本，成为有关茶、家庭和消费道德物品所具有力量的福音思想的缩影。②

由此可见，中间阶层在广泛吸收启蒙哲学、健康文学及福音派运动理念的基础上，成功构建了"舒适"这一观念，并通过其中蕴含的"节制"

① Erika Rappaport, *A Thirst for Empire: How Tea Shaped the Modern World*, Princeton and Oxford: Princeton University Press, 2017, p. 61; Ralph M. Spoor, *Illustrated Hand-book to City Road Chapel, Burying Ground, and Wesley's House*, London: Wesleyan Conference Office, 1881, p. 64.

② Erika Rappaport, *A Thirst for Empire: How Tea Shaped the Modern World*, pp. 61–62.

"自律""平衡"与"中庸"等重要因素，形成了加糖饮茶的独特方式。在这一饮茶方式中，过量食糖的不利影响能够通过茶的节制特性得以平衡，从而使消费者既能享受甜味，又不必承受因过量食糖而产生的"罪恶感"。与此同时，茶作为奢侈品所带来的道德负担和其苦味也被糖所中和。由此，加糖饮茶不仅帮助茶和糖摆脱了罪恶的泥淖，且成为中间阶层节制、自律与平衡美德的象征。不仅如此，这一消费方式还彰显了近代早期中间阶层对生活品质的追求，同时也反映了他们在道德与享受之间寻找平衡的智慧。

结　语

综上所述，本文基于全球史视角，运用跨文化互动理论框架，探讨了17世纪中期至18世纪末英国饮茶方式的演变，并揭示了其背后复杂的文化建构机制。研究发现，英国上层社会最初的"清饮"习惯，带有鲜明的身份象征意味，与"出身""新奇""狂热""奢侈"等文化属性紧密相连，体现了其通过消费行为维护社会等级和文化优越性的策略。然而，随着茶叶价格下降和中间阶层崛起，饮茶的文化内涵发生了根本性转变。中间阶层在吸收启蒙哲学、健康文学和福音派伦理等多重文化影响的基础上，创造性地将"舒适"定义为一种新型的、符合自身价值观的饮茶体验，并通过加糖饮茶的方式，赋予了这种饮用方式以舒适、节制与平衡的文化内涵，实现了对茶叶消费的"祛魅"和"去罪恶化"。这一转变并非简单的消费习惯改变，而是社会文化变迁的直接反映，体现了中间阶层在追求个人幸福与社会责任之间的平衡。未来的研究可以进一步探讨不同社会阶层对茶叶消费的文化解读及其在更广泛的社会和经济变革中的作用。

（陈志坚，首都师范大学历史学院教授；周南，首都师范大学历史学院博士研究生）

古希腊知识精英对"东方"的认知与想象

——以埃斯库罗斯为中心的考察*

邵申申

摘要 公元前5世纪的希波战争,深刻影响了希腊与东方的关系,也深刻影响了古典时代希腊知识精英对以波斯为代表的"东方"的认知。埃斯库罗斯就是这一时期希腊知识精英的重要代表。他是一位同"东方蛮族"战斗过的战士,也是一位继承先人"事业"的诗人。他以东方或东方人物为主题的悲剧,反映了希腊人对"东方"的认知,也带有一定的想象成分。本文以埃斯库罗斯的具体作品为例,结合时代背景,勾勒出"东方形象"在古典时代的演变,分析埃斯库罗斯对"东方"的建构,尝试阐述埃斯库罗斯笔下的"东方"对后世的影响。

关键词 埃斯库罗斯 希腊悲剧 东方 《乞援人》《波斯人》

古希腊文明与东方文明之间的关系问题是近几十年来学术界重点关注的问题。在古风时代,希腊与东方的关系主要体现在希腊文明在城邦兴起和殖民运动过程中向先进的东方文明学习。古典时代,希腊知识精英对"东方"(ἀνατολή,主要指波斯帝国、埃及、美索不达米亚、小亚细亚以及更远的印度等地区)的认知与想象,是一个复杂且充满张力的文化现象。这种认知既受到实际接触(如战争、贸易、殖民)的影响,也受到希腊自身文化身份建构的驱动,体现为一种"他者化"与"借鉴"并存的矛

* 本文为国家社科基金重大项目"古典时代环地中海地区文明的互鉴与交流研究"(24&ZD301)阶段性成果。

盾态度。作为"悲剧之父"，埃斯库罗斯的作品无论是在古典时期希腊还是后世西方都有相当的代表性与影响力。《波斯人》等作品被西方智识传统视为东西方二元对立话语体系的具体体现。埃斯库罗斯现存的七部戏剧与残篇中，有两部都是以"东方人"为背景的，所有的主要角色都是"东方人"，且对后世"东方"概念的形成有重要影响。本文从这两部具体作品入手，探索埃斯库罗斯悲剧文本产生的历史背景和意图，分析埃斯库罗斯对"东方"的建构，尝试阐述埃斯库罗斯笔下的"东方"对后世的影响。

一　《乞援人》中的"东方形象"

《乞援人》被认为属于埃斯库罗斯的早期作品，是他传世的七部作品的第一部，三联剧的第一部，其他两部据称是《埃及人》和《达那奥斯的女儿们》，另外还有一部与之相关的萨提洛斯剧是《阿米墨涅》，均已佚失。学术界关于《乞援人》的上演时间有较多争议，目前学界认为其演出时间为公元前 490 年前后。[①]

《乞援人》中包含大量东方元素。"乞援人"本身来自埃及，埃斯库罗斯本人对埃及有非常浓厚的兴趣，"在他的《被缚的普罗米修斯》和《乞援人》两出悲剧中，表明他对尼罗河畔的国家有一些准确但又有限的认识"[②]。《乞援人》描述的"东方地区"主要是埃及，具体所述地理和地区范围还包括尼罗河口、叙利亚、伊奥尼亚、西顿、利比亚、塞浦路斯、印度、埃塞俄比亚、卡波诺斯、孟菲斯、亚细亚大地、弗律基亚、特拉斯、吕底亚、基利基亚、潘费吕亚、腓尼基等；"东方人"主要为埃及人，包括达那奥斯及其五十个女儿、埃古普托斯五十个儿子的信使、埃帕福斯，其余包括印度女子、阿玛宗女子、密西亚人等。[③]

《乞援人》主要讲述的是为了躲避埃古普托斯的五十个儿子的罪恶企

---

① 也有学者认为是公元前 461 年前后，相关争议详见下文。

② László Kákosy, *Egypt in Ancient Greek and Roman Thought*, in Civilizations of the Ancient Near East, ed. by Jack M. Sasson, New York: Scribner, 1995, p. 4.

③ Aeschylus, *The Suppliant Maidens*, line 1050–1051, with an English translation by Herbert Weir Smyth, The Loeb Classical Library, Cambridge, M. A. Harvard University Press, First published 1926, Reprinted 1999–2006.

图，达那奥斯和他的五十个女儿逃出埃及（东方的象征），来到阿尔戈斯（希腊的象征）乞求援助，最终获得庇护的故事。故事开头，由东方来的五十位姑娘组成的歌队讲述家族的历史与希腊的渊源，并讲述她们所受的苦难。作为希腊城邦的国王，佩拉斯戈斯同情这些"同一祖先"的姑娘，但坚持与民众商讨。民众投票表决后同意了姑娘们的请求，然后以坚决的爱国主义回绝了埃及追逼信使的恐吓诉求，最后计划让她们居住下来，与阿尔戈斯的人民共同生活。但我们不能将其简单理解为这是个歌颂希腊城邦，讽刺东方王室的故事。

作者首先表述的是伊俄家族命中注定的血亲厄难，东方未能受到命运和神灵的庇佑。这既可理解为对东方的偏见，也能理解为作者对受苦的东方人的同情。因为古希腊悲剧讲的常常是英雄同命运的抗争，这部戏里的英雄为阿尔戈斯王，他和他的城邦为正义而牺牲。少女合唱队谈到女子的本分时，称为婚姻和做母亲，显然并非讽刺东方人，因为这并非东方的专属，同时也是古希腊的秩序与传统。"婚嫁是女人难以逃脱的命运，有如往日的女子。"① 这也是该剧设置的矛盾诱因之一。

当阿尔戈斯王见到这些异邦人时，便开始从装束、语言、外貌和见闻来表述当时对"蛮族"（βάρβαρος）的固有观念，其思路大致如下：非希腊城邦装束——非希腊即外邦——外邦则多是蛮族，如吃生肉的阿玛宗女子。即卡特里奇所谓"希腊人的观念世界是一个两分的世界，男性公民占主导地位的城邦世界是由一系列自我与他者的对立而界定的"②。诗作第234—236行与第277—288行生动形象地表述出了此时已在古希腊城邦中形成的蛮夷偏见与想象。③

诗人同情这个源自同一祖先的民族，但同一个祖先的正义之神在民主的雅典城邦而不在东方富丽的专制王宫内，眼前的埃及人也并非想象中的蛮族形象。④ 人类常把自己的想象掺入对外部世界、外部族群的认知当中，这个认知又常是经过语言文字等形式过滤的，因此几乎不可避免地伴随着主观认知和想象成分。在诗人的想象中，埃及的专制与希腊民主政治形成

---

① See Aeschylus, *The Suppliant Maidens*, line 1050–1051, pp. 102–103.
② Paul Catledge, *The Greeks: A Portrait of Self and Others*, 1997, p. 47.
③ See Aeschylus, *The Suppliant Maidens*, line 234–236, 277–288, pp. 24–29.
④ Aeschylus, *The Suppliant Maidens*, line 2–5, 68–79, 117–123, pp. 4–13.

了鲜明的对比。例如，当五十个埃及少女组成的歌队求阿尔戈斯王庇护时，国王是这样说的："若城邦陷于危难，那就该让人民共商解救的对策。我不会给出任何承诺，在与全体城邦公民协商之前"，"我已说过，我虽为主宰，但绝不会在没有人民的应允下，做出决定；以免遭遇损失时，人民怨怼我说，'帮助了外邦人，损害了自己城邦'"。① 作为对比，歌队代表是这样回复的："你就代表了城邦，你就代表了人民，你是不受约束的王。你掌管着国家社稷，以个人的意志，掌握全部权力、履行全部职责；但小心瘟灾诅咒。"② 几个来回的对话对比处理强调：在阿尔戈斯城邦内，公民的决议重于国王，而城邦的兴亡责任由全体公民负责。

当公民大会决议庇护这些可怜的埃及女子时，作者借埃及人达那奥斯之口热烈地赞颂了公民大会的表决，反衬希腊城邦的民主、正义和自我牺牲精神。③ 此刻阿尔戈斯王代表着整个城邦，象征着这出悲剧的主人翁，成为来自东方避难者的保护人。在与埃及信使的对话中，诗人进一步嘲讽埃及习俗，赞颂希腊自由勇敢："这个城邦的公民已通过决议，绝不服从于压力，交出这些妇女。这体现民众的意志，坚定不移。虽没有刻在石板上，也没有记录在书卷中，但你可以听见自由发出的声音：请滚离此地！""生长在这里的男人绝不是什么沉迷于喝大麦饮料之辈……没有比公民更高的威信。"④

这里明显表露出诗人对东方君主专权的态度，以及对埃及风俗的讥讽。究其原因仍是此时希腊城邦民主制发展强大，希腊的公民对过去仍现存的一些制度，特别是僭主制的专权蛮横感到深恶痛绝。这里还表明的另一个想象就是，古希腊人热衷男子的阳刚之美，就常会把鄙夷的东方形象类比为女人的模样，认为他们缺乏男子气概。

但是笔锋一转，诗人在表述具体东方环境时，仍是不遗余力地描述其富足和丰厚。"（伊娥）匆匆跑过亚细亚大地，跃过牧放羊群的弗律基亚，经过密细亚人透特拉斯的城市，吕底亚的条条峡谷，越过基利基亚和潘费吕亚的座座山脊，穿过条条湍湍流淌的河流，富饶繁茂的土地和阿弗洛狄

---

① Aeschylus, *The Suppliant Maidens*, line 365-369, 397-401, pp. 40-45.

② Aeschylus, *The Suppliant Maidens*, line 370-375, pp. 40-41.

③ Aeschylus, *The Suppliant Maidens*, line 605-611, pp. 64-65.

④ Aeschylus, *The Suppliant Maidens*, line 942-947, 953-965, pp. 94-97.

特的生产小麦的原野","那哺育牛群的河水，能使躯体血脉充盈，人种繁衍，孕育生命的活力"。①

由此可见，诗人此处对东方具体的富庶环境是向往的，对东方人的态度是复杂的，而对东方的文化、风俗和制度则带着鄙夷和高傲的立场。对代表埃古普托斯儿子们的传令官则斥责他们不信奉古希腊的神明，诅咒他们葬身在东方的风浪大海里。"他们不怕三叉戟，不敬畏神明……他们蛮横狂妄，如卑劣的恶犬，心灵陷入疯狂，毫不在意神明。"② 但阿尔戈斯王面对那些过分发怒的乞援女人却又显得文质彬彬："放肆，你们想干什么？为何在这片土地上狂蛮，侮辱佩拉司戈斯人？或者你们以为来到了女人国度？蛮族人，竟敢侮辱希腊人，语言未经大脑，丧失了理智。"③ 诗人用不同视角的口吻表明了自己的态度。"现在让我们走吧，赞颂幸福的神明与人间城邦，他们居住在古老的艾拉西诺斯河旁。女仆们，请继续歌唱，颂扬佩拉戈斯人的伟大城邦，不再为尼罗河河口唱颂歌。"④ 诗歌结尾处的片段，达那奥斯女儿们开始为希腊城邦歌唱，也反映出了作者的真实目的。

关于该联剧中存在大量东方元素的原因，马丁·伯纳尔指出，它映射了希腊曾被殖民的问题。"人们很少意识到这部剧和三联剧的现代研究充满了政治影响。在上映时间上，德国浪漫实证主义者和后来的学者都坚信，这是埃斯库罗斯最早的一部剧，甚至是任何剧作家留存的最早的一部。这一日期的定位还被视作现代古典学术的试金石。"⑤ 但随着 1952 年的一部纸草文献出土，似乎表明此剧曾在公元前 464/前 463 年赢得一个奖项，古典学者艾伦·加维（Alan Garvie）通过对该剧的格律、词汇和戏剧结构的研究，驳斥了既往对于该剧"不成熟"的说辞。⑥ 对该剧时间的前

---

① Aeschylus, *The Suppliant Maidens*, line 548-555, 855-857, pp. 58-61, 84-85.

② Aeschylus, *The Suppliant Maidens*, line 755-759, pp. 76-77.

③ Aeschylus, *The Suppliant Maidens*, line 911-915, pp. 88-91.

④ Aeschylus, *The Suppliant Maidens*, line 1018-1025, pp. 100-101.

⑤ "学者们至今将《乞援人》看作是埃斯库罗斯留存下来的最早作品；如果我们现在将它（的时间）置后，那将使所有的研究文学尝试都徒劳无功。"参见 Martin Bernal, *Black Athena-The Afroasiatic Roots of Classical Civilization*, p. 89.

⑥ Garvie（1969，pp. 29-140），see Martin Bernal, *Black Athena-The Afroasiatic Roots of Classical Civilization*, p. 89.

置最可能的原因是："该剧处理的主题可以理解为暗示了埃及人在伯罗奔尼撒半岛殖民过，而这对处于巅峰的最伟大的希腊剧作家有些不合时宜。"① 从戏剧作品本身的角度出发，歌队的作用在悲剧中是逐渐弱化的，突出演员角色是戏剧进化的趋势，而《乞援人》中歌队便是故事的乞助者，既是故事的主角又是故事构成的最重要因素。因此，笔者也赞同《乞援人》为更早上映时间的结论，即公元前 490 年前后。在当时古希腊城邦迅速发展，城邦爱国主义情绪高涨的历史因素下，埃斯库罗斯与其他古希腊作家仍坚定地认可古希腊一系列神话的埃及成分，的确可以令我们肯定希腊文明中的东方元素，例如在诗作的第 212—213 行："达那奥斯：现在再向宙斯的圣鸟雄鹰祈求。歌队长：我们祈求太阳神光的护佑。"② 这里对太阳阿蒙神（Amon）和拉神（Ra）的反应，以及文中对宙斯对死者的审判都极富暗示性。马丁·伯纳尔用了大量《乞援人》中的词汇来进一步论述自己的观点："同样没有疑问的是，避难者抵达（避难处），被当地人热情地接待，然后神秘地成为统治者，这对希腊民族主义来说比征服更令人满意。这肯定有助于缓解古老传统和民族自豪感之间的紧张关系。"③ 事实上，埃斯库罗斯的确对埃及文化有相当程度的了解，这在其他的悲剧中也有不少体现。在《被缚的普罗米修斯》中，伊俄被放逐到埃及，对埃及和亚细亚的描述都具有一定的史料价值。《波斯人》中大流士还魂归来，也令人很容易联想到古埃及人对死者的认知。埃及人称灵体为"卡"（Kā），灵体并不完全等于灵魂"巴"（Bā），而是身体的副本。④ 这里大流士的灵魂在《波斯人》中就派上了用场，他和妻子一起讲述神理，斥责薛西斯。

在《乞援人》中，埃斯库罗斯对埃及人的"模仿"（μίμησις），⑤ 所体现的是古希腊人对埃及形象的认知与建构。值得注意的是，埃及并非严格

---

① Martin Bernal, *Black Athena-The Afroasiatic Roots of Classical Civilization*, p. 89.

② Aeschylus, *The Suppliant Maidens*, line 212–213, pp. 20–21.

③ Martin Bernal, *Black Athena-The Afroasiatic Roots of Classical Civilization*, p. 97.

④ Erwin Panofsky, *Tomb Sculpture*, *Four Lectures on Its Changing Aspects from Ancient Egypt to Bernini*, Harry N. Abrams, Inc, New York, 1964, pp. 13–14.

⑤ 关于悲剧的"模仿"理论可参见亚里士多德的《诗学》，亚里士多德认为"悲剧是对一个严肃、完整、有一定长度的行动的模仿"，悲剧与史诗同为严肃文学，并且在功能效率上"悲剧优于史诗"。Aristotle, *Poetics* 1449b24 – 28, trans. Stephen Halliwell, Loeb Classical Library 199, Cambridge, MA: Harvard University Press, 1995, p. 47.

意义上的东方，但在埃斯库罗斯笔下被认为是与其他东方一样的形象。《乞援人》中出现的"东方"，如埃及、亚细亚是具体的而非抽象的，如"东方人"常是强调他们的族群出身而非文化选择，但当出现"蛮族"一词时，则往往是文化方面的。埃斯库罗斯的"蛮族"意指那些不尊重神灵、行为野蛮、制度风俗落后、不懂民主文明的，生活在别处的"他者"族群。

研究埃斯库罗斯的作品，需考虑作者当时的时代背景，思考庄严肃穆悲情背后的想象与偏见。马克思将古希腊悲剧放在社会历史的角度分析认为，历史的悲剧在于新旧制度的变革中，旧制度对于自身合理性的认定与维护时就是悲剧发生的时刻。① 此时古希腊民主制仍在发展，不可避免会面对很多传统因素的阻碍，诗人厌恶传统贵族或"东方式"的僭主统治，选择站在民主制的一方，试图阐释传统并赋予其新的城邦意义，来鼓励和唤起大众对民主秩序建立的热情。

埃斯库罗斯对具体的"东方"并未有太多偏见，甚至像他的前辈荷马一样对诸多文化与环境感到狂热，对抽象的"东方"则是矛盾而复杂的，而对自己的母邦雅典则是无比热爱与推崇。这也体现在一些剧本语言上，如"力量"（κράτος）一词，常在两种相反的意义中摇摆，它时而是指合法的权威与控制权，时而又用来表示与法律公正对立的暴力野蛮力量。② 萨特（Jean-Paul Sartre）将这类希腊悲剧的社会渊源归于人们对价值和权力体系的维护。"对于希腊人来说，感情从来不是情绪的简单冲动，永远是对一种权力的维护。"③ 这显示了当时希腊人对埃及的认识，并且"埃斯库罗斯对埃及国家的同情甚至高于对埃及文化和埃及人，因为埃斯库罗斯自己相信古希腊人相比埃及人是更古老，而埃及的文化和文明则是通过伊俄的后代和阿尔戈斯的人建立起来的"④。

无论是把《乞援人》的上映时间置后，还是传统地认为这是诗人早期的作品，诗人对城邦正义与民主政治的探索精神是无可争议的。这种倾向

---

① 《马克思恩格斯全集》第 1 卷，人民出版社 2012 年版，第 408 页。
② ［法］让-皮埃尔·韦尔南、皮埃尔·维达尔-纳凯：《古希腊神话与悲剧》，张苗、杨淑岚译，华东师范大学出版社 2016 年版，第 11 页。
③ ［法］萨特：《制造神话的人》，载《外国现代剧作家论剧作》，中国社会科学出版社 1982 年版，第 137 页。
④ László Kákosy, Egypt in Ancient Greek and Roman Thought, p. 4.

在《波斯人》中也有体现。整体而言，《乞援人》中的"东方形象"虽有偏见却是温和的，但对非希腊式的制度和习俗进行了抨击，借此对比表现古希腊民主制度的优势。在《波斯人》等其他作品中，可以进一步揭示时代背景和悲剧作品之间的相互关系。

二　《波斯人》中的"东方形象"

《波斯人》是一部典型的现实主义悲剧，该作是独立的剧作，上演于约公元前 472 年，它以波斯为视角讲述了萨拉米斯海战结束后波斯宫内的众生相。一方面，东方的帝国波斯作为战争失败方的悲号是为悲剧；另一方面，对于希腊人来说，希波战争本身正是一出伟大的悲剧，因为悲剧就是展现人类最深重的苦难和最高的业绩。《波斯人》给当时希腊的观剧者带来的反思和精神振奋势必加倍，因为它也是歌颂希腊人勇气的赞歌。①以敌人视角展现战争创伤，既服务于雅典的民主宣传，亦暗含对普遍人性的同情，这种张力正是希腊东方观的缩影。

《波斯人》被视为研究东方人与蛮族观的典型作品，相关问题也是国际古典学界长期关注的焦点。探讨《波斯人》常会涉及埃斯库罗斯本人的经历，他曾在马拉松战场上直面波斯人的箭雨和骑兵，目睹了波斯海军的溃败，见证了雅典的"成长"，目睹了雅典从一个在希腊世界无足轻重的城邦发展成为生机勃勃的民主强国。恩格斯曾评价说，埃斯库罗斯是一位"有着强烈倾向的诗人"；喜剧诗人阿里斯托芬也在喜剧《蛙》中强调并指出了埃斯库罗斯在《波斯人》中的爱国主义思想，说他的作品富有教育意义。②即便如此，作者在他的剧中依旧表达了不少对东方世界的同情或者说是客观的描述。他认为，东方既是蛮族人独裁统治的帝国，也拥有与希腊人共通的品质和情感。

相较《乞援人》，《波斯人》有更多关于东方和蛮族人的表述，体现了

---

① Aeschylus, I, *The Persians*, line 249-255, with an English translation by Herbert Weir Smyth, The Loeb Classical Library, Cambridge, M. A. Harvard University Press, First published 1926, Reprinted 1999-2006, pp. 130-131.

② See Aristophanes, *Frogs*, The Acharnians, Leob Classical Library, Cambridge: Harvard University Press, 2004.

作者笔下的东方形象演变。按照施密特的政治理论来说，族群的自我意识其实源自对方的敌意，敌意发展会造成战争，政治关系也不仅是竞争关系，也是一种生存关系。① 正是"他者"的存在，希腊人才定义了"自我"。也因为希腊与波斯两者之间的竞争和矛盾最终爆发了战争，于是波斯人便"名正言顺"地成了希腊的"他者"。

波斯人同埃及人有一处很大的不同，古埃及人常被古希腊人认为是和他们拥有同一的神话和祖先，但最终统治亚细亚和北非的波斯人却是他们心中地地道道的"蛮族"。因为希腊人知道他们对手的历史，也知道他们在居鲁士带领下战胜米底人之前，是被统治的众多野蛮落后部落，如务农的潘提亚莱欧伊人、戴鲁希埃欧伊人、盖尔玛尼欧伊人，游牧的达欧伊人、玛尔多伊人、多罗庇科伊人等。希腊人还认为波斯人"不供养神像，不修建神殿，不设立祭坛……只在最高的山峰上去向神奉献牺牲……在奉献牺牲时也不点火、不灌墓、不吹笛、不用花彩、不供麦饼"②。这些显然不容于遵奉神灵和信奉宗教的古希腊人或是埃及人。

希波战争的胜利对希腊的影响非常深刻和深远。因为在战争开始时，波斯帝国十分强大，希腊似乎注定失败，但是最终希腊人以少胜多，以弱胜强。巨大的胜利极大鼓舞了希腊人的士气，危险、恐惧和苦闷激励了人们的精神，也助长了希腊人的族群信心，滋生了对波斯人的鄙夷。

在第一场的末尾，王宫内恐慌不安的氛围烘托足够时，报信人姗姗来迟，同时在这里出现的两个词"城邦""蛮族"（之后多次出现）其实表明了作者模仿波斯报信者的口吻，因为显然波斯报信人不会自称是个说外族语言的人。能想象扮演波斯报信人的演员操着一口希腊语悲惨地说道："我们蛮族全军覆灭了！"这对观剧的希腊人民来说，他们不会觉得突兀，也更能产生共鸣和理解。埃斯库罗斯生活的那个时代，凭着希望和努力，希腊人创造了传说中英雄的事业，这也是悲剧诞生的时刻，因为悲剧是痛苦和欢乐结合的神秘混合体。③ 波斯军队明显优于希腊军队却遭惨败的原

---

① 参见〔德〕卡尔·施米特《政治的概念》，刘宗坤、朱雁冰等译，上海人民出版社2018年版。

② 〔古希腊〕希罗多德：《历史》上册，王以铸译，商务印书馆1959年版，第68—69页。

③ See Edith Hamilton, *The Greek Way*, W. W. Norton & Company, 1958, p. 214.

因，诗人在第 337—347 行作了解释。① 诗人是一位狂热的宗教信奉者，他相信波斯方面违抗了神的旨意，是神明帮助希腊人取得了胜利。当然，作者也是突出希腊"人"的作用，让波斯报信人喊出了希腊人民军队的勇敢、机敏和对他们为自由、为城邦而战斗的精神的赞颂。② 作为对比，蛮族组成的军队则如乌合之众，呈现一盘散沙之状。"我们波斯的语言与声音混杂……所有的船舰都纷乱地划桨逃窜，只要蛮族船舰上尚有人幸存，都成为希腊人金枪下的鱼群，被不断地捕获、刺穿、砍杀……"③

这几处诗句也表明诗人不仅是战争的参与者，而且对历史的关键时刻有着非常敏锐的洞察力。甚至很多时候，在对希波战争的一些细节表述上，埃斯库罗斯的描述比希罗多德的记载更具有价值。在战舰数据方面，埃斯库罗斯与希罗多德所称大体相吻合。④ 不过，诗句中也不乏诗人对这个东方帝国的想象和虚构部分，使剧作更加恢宏震撼，比如具体说到他们的对手国王薛西斯时，出场就说："他眼睛射出如毒蛇般蓝灰色光焰，统率着一队队的陆军与海军，驾驶疾驰的叙利亚式车銮，统领着那些善于使用强弓利矢的勇士。"⑤ 败走希腊之后又描述他被失败击倒，被泪水淹没，被神灵诅咒，"大难临头，仓皇失措地撕破了这身王袍"⑥ 等失格的丑态。显然这两幕都经过作者的加工和想象，来烘托戏剧效果。根据史料记载，薛西斯归国时，仍留三十万精锐与希腊对抗，他在部下护送下回来，"率领着他的军队从陆路返回亚细亚"，⑦ 虽然不如出征时神气，但仍保持着东方帝王的风范。

诗人也常在诗中暗讽东方皇帝的奢侈与荒淫无道。如在阿托萨和歌队的对话中说："我儿若是取胜，会受人敬仰；若是失败，也无须担责；平安回来后，他将一如既往，统治臣民。"⑧ 这和《乞援人》中希腊城邦的那个热爱城邦、保护城邦利益、重视城邦意见的阿尔戈斯王对比鲜明。在诗

---

① See Aeschylus, *The Persians*, line 337-347, pp. 138-139.
② Aeschylus, *The Persians*, line 348-349, 392-392, 401-405, pp. 138-146.
③ Aeschylus, *The Persians*, line 406-426, pp. 144-147.
④ 参见［古希腊］希罗多德《历史》下册，第 375—378 页。
⑤ Aeschylus, *The Persians*, line 81-86, pp. 116-117.
⑥ Aeschylus, *The Persians*, line 1030, pp. 198-199.
⑦ ［古希腊］希罗多德：《历史》下册，第 608 页。
⑧ Aeschylus, *The Persians*, line 211-214, pp. 124-125.

人的作品《阿伽门农》中，阿伽门农王回国受到妻子的"别致"欢迎，如在地上铺上毯子等，阿伽门农斥责妻子说"不要用妇女的方式娇宠我，不要像对待蛮族王国的礼仪服务我，匍匐在地，张大嘴对我欢呼。不要用地毯铺路，惹人嫉妒，只有神明才配得如此敬意"①。可后来阿伽门农享受了这套礼仪之后，他也走向了自己的末日。

诗中有很多细节表达了诗人对东方的想象。比如，古代波斯人曾建立了比较完善的驿站制度，专门修筑了官方大道，制定了传递信息的规则。希罗多德对此也有记述："在全程当中要走多少天，在道上便设置多少人和多少马，每隔一天的路程便设置一匹马和一个人……第一名骑手把命令交给第二名，第二名交给第三名，这样这个命令依次从一个人传给另一个人，就仿佛是希腊人在崇祀海帕伊斯托斯时举行的火炬接力赛跑一样。"②因此波斯信使传递消息是一个接一个、依次轮换的，在战场上交战的信使不太可能是在波斯王宫报信的使者。但在剧中报告波斯战败的报信人是这样说的，"你们已经听到了全军覆没的消息，而我，却出乎意料地侥幸生还……我也曾深陷战场，而非道听途说，波斯人啊，我可以清晰地向你们诉说这场灾难"③。这里不但说明了波斯制度被希腊人想象，同时也说明了他们想象的源头是自己，如我们熟知的马拉松战役中那位奔跑报告胜利信息的古希腊士兵的故事。第一场报灾结尾的片段似乎更能说明作者以希腊的视角代东方民族来讲话：

> 全亚细亚的人民啊，不再受波斯的统治，不再受胁迫交纳贡，也不会再敬畏地向国王匍匐于地，因为波斯的王权已然崩塌。人们的舌头不会再受到羁绊，人们可以自由的言论，因为暴力的枷锁，已然解除。④

这里可以说，作者的立场和视角已经完全"暴露"给观众了，这显然

---

① Aeschylus, Ⅱ, *Agamemnon*, line 918-922, with an English translation by Herbert Weir Smyth, The Loeb Classical Library, Cambridge, M. A. Harvard University Press, First published 1926, Reprinted 1999-2006, pp, 76-77.

② ［古希腊］希罗多德：《历史》下册，第598—599页。

③ Aeschylus, *The Persians*, line 260-267, pp. 132-133.

④ Aeschylus, *The Persians*, line 584-594, pp. 156-157.

不是波斯歌队能够歌唱的内容，而且也不符合史实。"事实上，这场战争很难说得上是整个希腊民族为了维护民族独立与自由的战争，更说不上是希腊民族保卫西方文明免受东方专制统治的战争。"① 在波斯大军兵临城下时，大部分希腊城邦就接受了波斯的要求，放弃为希腊抵抗。战后，波斯帝国方面并未因此次战争失利就失去了统治力，这次战争失利似乎是帝国一方的边境事件。所谓希波战争的巨大影响在于希波战争改变了世界格局，从此世界便分为了东方和西方——也似乎越来越显得是西方现代学者在东西划分的思维框架下来理解希腊历史时，强化夸大了这种对立，"据此强调希腊人的东方主义不免赋予古人过多的现代色彩"②。

东方政治、军事的特点也是希腊人建构自我形象对立面的重要方面。在政治上，希腊人与波斯人有显著不同，他们不是某个专制君王统治下的臣民和奴隶，他们的头上没有首领和统帅；相反，他们是统帅的统帅，是国家的真正主人，正是他们毁灭了波斯国王大流士指挥的军队，所以戏剧中的对白隐含着希腊人在政治方面优越于波斯人的潜台词。在军事上，战胜波斯的雅典重装步兵虽然没有装备弓箭之类的远距离打击武器，但敢于运用一种短兵相接的肉搏战术，波斯人难以与之匹敌。③ 在希腊人与波斯人这种政治制度、军事装备、勇敢精神的对比中，波斯人的形象被定格为东方的蛮族形象。在经济上，希腊人崇尚适度、节俭，把避免铺张浪费看作一种美德。这就把希腊人强调的政治自由、财政服务于城邦、适度与自制相对照。这既是古代希腊人蛮夷观的体现，也时常成为后来学者作为东西方文化观念敌对的溯源。

但是，对埃斯库罗斯这个伟大的爱国诗人来说，这是一次生存战争激发的民族意识和爱国情怀的表现。事实上，多处证据表明诗人对波斯和东方的复杂情感。戏剧开场部分描绘波斯护卫时，诗人多次表述他们的美德，只是暗示讽刺波斯王出征是非正义的、违抗神意的。④ 通过对长老们组成的歌队对于战争和国王怨言的表达刻画，为故事结局埋下伏笔，"提起国王与大军的回归，我们心里涌动着一种强烈的不安。军队带走全部亚

① 黄洋、晏绍祥：《希腊史研究入门》，北京大学出版社 2009 年版，第 36 页。
② 晏绍祥：《波斯帝国的"专制"与"集权"》，《古代文明》2014 年第 3 期。
③ Aeschylus, *The Persians*, line 237-245, pp. 128-131.
④ Aeschylus, *The Persians*, line 2-3, pp. 110-111.

细亚的男儿，心中还怨怼那年轻的国王"①。埃斯库罗斯在东方士兵形象的塑造上不惜笔墨呈现他们的英武与雄壮，多处用到"勇敢""忠诚""伟大"等词汇，在战场上薛西斯的将士们与希腊人一样英勇作战，为国捐躯，没有一个人临阵脱逃。②

战争结束后，诗人又花了大量的篇幅描述了波斯战后的惨状和东方民族痛失亲人的悲情。③埃斯库罗斯亲历的希波战争，对波斯人在战场上的表现与得失有着直观真实的认识，很难想象这种描写中没有作者的悲痛与同情。对希腊人而言就算是战争的胜利方，看到剧里再现战后惨状时，恐怕更多是对战争本身的反思。"波斯大地的花朵，那些精壮的勇士，就这样踏上征途。整个亚细亚大地都为之叹息，亲人们掰着手指度日，思念着家人而心中发颤。"④剧里最后把波斯人的失败归结为神意，以波斯先王大流士的口吻表述了希腊人的命运观，抒发了尽快结束战争的愿望。此时的波斯人已不再是一个单纯意义上的敌人和他者，他们与希腊人一样具有人类的共性。

虽然不少学者认为埃斯库罗斯是借波斯的失败，反衬希腊的伟大胜利。但《波斯人》里也描绘出一个领土广大、资源丰富、人口众多的强大东方帝国。根据埃斯库罗斯的悲剧写作及相关悲剧创作历程，《波斯人》也在表述对战争苦难的同情、对民主自由制度的歌颂主题。席勒从悲剧的接受原理分析，认为戏剧的同情与感动根植于人类情感的普遍性和必然性，"只要是人，看到大流士惨遭厄运，都会感动流泪"⑤。相关片段也证实了诗人借"东方"来表达对希腊的现实诉求，只是这个"东方"表现为埃斯库罗斯自身的复杂观念和对东方的双重认识。它的双重性表现为：一是具体的实体，包括肥沃的土地、奔腾的河流、险峻的山峰、遍地的黄金、鬼怪的物种……为希腊人所向往；二是想象的建构，包括说着非希腊语的东方蛮族、与希腊迥然有别的文化、政治制度、生

---

① Aeschylus, *The Persians*, line 7-13, pp. 110-111.
② Aeschylus, *The Persians*, line 16-58, pp. 110-115.
③ Aeschylus, *The Persians*, line 1040-1045, pp. 200-201.
④ Aeschylus, *The Persians*, line 58-64, pp. 114-115.
⑤ ［德］席勒：《论悲剧艺术》，《古典文艺理论译丛》（6），人民文学出版社 1962 年版，第 96 页。

活方式、价值观的他者。这里作者又是矛盾的，一方面为固有观念的鄙夷抵制，另一方面了解到真实的波斯人又有很多希腊的共性。在具体强调到哪一方面时，作者往往也显得矛盾和纠结。观剧者与后世研究者所得到的体验与结论则往往受限于自己的主观意识和时代环境，这也体现了悲剧作为一种被欣赏艺术的可塑性。

波斯人曾是一个落后的游牧民族，他们征服了文化上更为先进的两河流域和埃及文明，从建立帝国之时便和希腊城邦结下矛盾，一直到帝国灭亡才真正消除。因此，波斯人被希腊人视作典型的"他者"和"蛮族"，戏剧《波斯人》正是迎合了这种民众心理，反映了当时的城邦政治倾向，同时也正是《波斯人》的轰动影响，丰富发展了希腊已经形成的"蛮族观"。① 即便如此，戏剧在诗人这里也是更多地作为一种表达政治理想的手段，借此来表达对雅典公民的劝诫、城邦政治的教化，抒发诗人的爱国情怀。事实上，波斯人吸收总结了西亚北非的古代文明，并创造出自己独特的文化，是世界文明史上的宝贵财富，在当时也对周边民族的文化发展起到了积极的作用。

在古希腊文化精英笔下，无论是埃斯库罗斯笔下的波斯士兵，还是希罗多德笔下的大流士，或是色诺芬笔下的居鲁士，都存在着不少正面的形象。② 在剧中被抨击最为激烈的衰落腐朽的波斯中央专制制度方面，也有待探讨。波斯帝国中央与地方权力构成实际上比较复杂，某种意义上，相较于必须参与政事与服从严苛法律的希腊人来说，③ 波斯人在躲避他们国

---

① Edith Hall, *Inventing the Barbarian: Greek Self-Definition through Tragedy*, p. 57.

② "遗憾的是，波斯人自己缺乏对他们的制度和历史的系统叙述，我们关于波斯帝国历史的资料，大多来自希腊人的记载，而且局限于帝国西部行省，不可避免地带有希腊人的偏见。不过，希腊人中有些人到过波斯（如色诺芬和希罗多德），有些人则在波斯生活过相当时间（如宫廷御医克泰西亚斯），有些则源自希腊人与波斯人的直接交往（如希罗多德的有关记载）。在缺乏波斯语资料的情况下，这些史料也能够部分说明问题。"引自晏绍祥《波斯帝国的"专制"与"集权"》，第9、22—23页。

③ 以下两例可体现希腊城邦对公民强大的约束力：希罗多德曾借戴玛拉托斯之口说："他们（即希腊人）虽然是自由的，但是他们并不是在任何事情上都自由的。他们受着法律的统治，他们对法律的畏惧，甚于你的臣民对你的畏惧"，参见［古希腊］希罗多德《历史》下册，第505页；修昔底德曾记载伯里克利公元前431年在阵亡将士葬礼上的演讲，"一个不关心政治的人，我们不说他是一个注重自己事务的人，而说他根本没有事务"，参见［古希腊］修昔底德《伯罗奔尼撒战争史》第2卷，谢德风译，商务印书馆1985年版，第132页。

家方面甚至显得"更自由"。① 那么悲剧《波斯人》为什么会被称为对东方人"蛮夷化"的典型作品和开端呢？

斯金纳（Quentin Skinner）在阐释其历史"语境主义"的观点时，解释到理解文本的意图需考虑到三个方面的因素：一是文本所关注的政治和社会问题；二是文本作者诉诸的思想资源；三是文本在那个时代所占据的位置，产生的影响，或者说是"对那个时代的政治做出了何种介入（intervention）"②。或许我们还应阐发这些经典文本在后世产生的影响和后世政治对经典文本的影响或介入。

本文认为，"东方主义"在一定时期总契合着西方时代发展下新的诉求。在伯罗奔尼撒战争后，希腊城邦内部矛盾重重，公民中的小农和手工业者纷纷破产，公民兵基础遭到破坏；城邦经济基础与奴隶制经济发展矛盾不可调和，贫民与贵族矛盾日益尖锐，并爆发多次起义，埃斯库罗斯笔下的那个公民内部团结的民主强国已经不再存在。波斯这个"老对手"对希腊城邦之间内战频现的局面"功不可没"，此时的奴隶主们面对危机四伏的局面又自身无能为力，只能依靠其他的专权力量，把矛盾转向东方的方法来解决自身的统治危机。部分志在恢复城邦荣光的戏剧家、演说家、政治家们也得出类似结论，支持马其顿东征，如演说家伊索克拉底所言，"我们要把战争引向亚细亚，将财富带回希腊"，③《波斯人》此时又往往会被拉出来成为"始作俑者"。

罗念生曾谈到埃斯库罗斯逝世后他的声名在后世就逐渐衰落了起来，这大概也和他之后的两位出色继任者有很大的关系。在后世，到了19世纪，他的作品经过校勘，才又开始受到重视，产生了较大影响。④ 此时的资本主义世界发展与雅典城邦的壮大有着不少相似性，不得不说埃斯库罗斯悲剧中的"东方"在后世再次充当了某些具有政治意味的工具。黄洋也曾通过对古希腊人蛮族观研究的梳理得出这样的观点："东方主义的思想

① ［英］迈克尔·曼：《社会权力的来源》第1卷，刘北成、李少军译，上海人民出版社2002年版，第335页。

② 参见［英］昆廷·斯金纳《国家与自由——斯金纳访华讲演录》导言"历史语境主义的生动阐述"，李强、张新刚主编，北京大学出版社2018年版。

③ Isocrates, *To Philip* 12. 154, trans. George Norlin, *Isocrates*, Loeb Classical Library 209, Cambridge, MA: Harvard University Press, 1928, p. 265.

④ 参见罗念生《罗念生全集》第2卷，上海人民出版社2016年版，第19页。

和话语在西方之所以经久不衰，乃是因为它根深蒂固，有着悠久的传统。"①

无论是基于埃及想象的题材《乞援人》还是基于反映希波战争的现实题材《波斯人》，对"东方"形象和想象的表述还很难完全称得上贬义，和今天的"东方""东方主义"也难说有太多共性。因为古典时期雅典的发展壮大和希波双方的冲突，致使希腊人对这一东方民族的敌意和偏见逐渐扩大，将此时的东方与长期以来正在形成的"蛮族观"重叠了起来，"助长"了希腊族群观念的形成。

结语：作为文化建构的东方

埃斯库罗斯对东方的想象并非孤立的文化现象，而是古典时代希腊知识精英话语体系在文学领域的典型投射。希罗多德在"蛮族志"（λόγοι βαρβαρικοί）书写中既将埃及归为东方"他者"，又承认其作为"最古老的文明"的智慧传统;② 希波克拉底则秉持气候决定论，认为炎热导致亚洲人体液失衡，将其"软弱"（μαλακία）归因于环境。③ 这些论述与埃斯库罗斯悲剧中"专制—自由"的二元叙事共谋，一同构建了希腊的意识形态话语。公元前 4 世纪，亚里士多德在《政治学》中对此进行体系化总结，明确提出"亚洲人因灵魂缺失理性（λόγος）而适合为奴"，④ 为马其顿的东方扩张提供了理论支持。埃斯库罗斯的独特性在于将哲学话语转化为公民集体的文化记忆。通过《波斯人》中阿托萨的悲叹与《乞援人》中阿尔戈斯王的民主修辞等，将"自由—专制""希腊—蛮族"等对立范畴植入雅典公民意识。这种文化编码的影响力持续至希腊化时期：当塞琉

---

① 黄洋：《古代希腊罗马文明的"东方"想象》，《历史研究》2006 年第 1 期。

② Herodotus, *Histories*, Book Ⅱ. 35–36（on Egyptian otherness）and 2.4（on Egyptian wisdom），trans. A. D. Godley, Loeb Classical Library 117, Cambridge, MA：Harvard University Press, 1920, pp. 312–313, 290–291.

③ Hippocrates, *Airs*, *Waters*, *Places* 16, trans. W. H. S. Jones, Loeb Classical Library 147（Cambridge, MA：Harvard University Press, 1923），p. 115. 该文本是否出自希波克拉底本人存在争议，此处从简，参见 G. E. R. Lloyd, *Hippocratic Questions*, Cambridge University Press, 1978, pp. 15–16.

④ Aristotle, *Politics* 1252b5–9, trans. H. Rackham, Loeb Classical Library 264, Cambridge, MA：Harvard University Press, 1932, p. 21.

古王朝需要论证其对西亚的统治合法性时，埃斯库罗斯的文本被重塑为"文明教化野蛮"的典范。① 亚历山大大帝随身携带《伊利亚特》的同时，亦将《波斯人》作为意识形态工具，证明其东征的"文化使命"。②

　　古希腊悲剧对希腊公民的影响力是毫无疑问的，悲剧剧场是公民聚集，实现公民教育与知识传播的重要场合。埃斯库罗斯的悲剧模仿了古希腊城邦的生活，也塑造了雅典城邦的精神，影响了城邦公民的认知。诗人最关注的仍是雅典国家的发展和政治的民主问题，《乞援人》与《波斯人》的资源多是古代神话和诗人对现实"东方"的了解，其目的在当时也是为鼓舞人民作战和建设有秩序、民主的城邦。事实上，诗人对埃及与波斯的诸多文化方面也颇为欣赏，在神话和英雄传说方面常与"东方"攀亲附缘。但现实中无论是对东方的主观理解，还是在战争中的直接对立，都促使了后世蛮族观的发展。无论如何，希波战争和悲剧《波斯人》都成为已有研究"蛮族发明"的源头。③ 传统认知的影响与惯性是巨大的，埃斯库罗斯悲剧中对蛮族的描述一定程度上塑造并影响了后来的"东方"概念。

　　"东方"一词在不同历史时期一直被赋予不同的地理与文化内涵。④ 本文重点论述的"东方"主要是西方所谓的"近东"，是埃及与波斯这两个具体或建构的他者形象，是希腊人站在自身立场上对东方的观察与想象。埃斯库罗斯笔下的"东方"与现代意义上的"东方"存在着区别和联系。无论是在古代当事人的观念当中，还是在现代学术研究领域，希腊人和蛮族人的概念都并非那么清晰，且常被后人运用，构成了一对"不断被修改的画像"。⑤ 对古希腊人来说，最初"蛮族"也并未全含贬义，"东方"亦然，"东方"拓展了"蛮族"、"东方观"演变于"蛮族观"。古希腊并没有真正形成今天意义上的"东方"概念，其对"东方"的认知与想象，本

---

① W. W. Tarn, *The Greeks in Bactria and India*, 3rd ed., Cambridge: Cambridge University Press, 1951, p. 79.

② A. B. Bosworth, *Conquest and Empire*: *The Reign of Alexander the Great*, Cambridge: Cambridge University Press, 1988, p. 104.

③ Edith Hall, *Inventing the Barbarian*: *Greek Self-Definition through Tragedy*, pp. 54–62；Paul Cartledge, *The Greeks*: *A Portrait of Self and Others*, Oxford: Oxford University Press, pp. 38–41.

④ 东西方的二分法可参见李永斌《"东方"与"西方"二分法的历史渊源》，《光明日报》2017 年 2 月 27 日。

⑤ 徐晓旭：《希腊人和蛮族人：一对不断被修改的画像》，《历史研究》2014 年第 6 期。

质上是自我身份建构的一部分：既需要将东方作为对立面以确认自身的"文明优越性"（尤其在希波战争后），又无法否认东方文明在知识、技术和宗教上的内在影响；而被后世学者冠以"东方主义"的开始，更像是西方学者对古代蛮夷观的借用和发展。不同历史时期的西方对外政策才是助长今天意义上"西方"与"东方"对立的直接诱因。

（邵申申，云南大学历史与档案学院博士生）

名实之间："萨克森人"身份的外部建构与自我认同[*]

张友杰

摘要 公元 2 世纪以来，"萨克森人"的外部建构与自我认知在历史发展中不断演变。外部建构下的"萨克森人"最初指代的群体并不明确，但在交往互动中逐步修正，并影响着萨克森人的实际情况和自我认知。萨克森战争的冲击和加洛林王朝的征服与整合，令"萨克森人"的外部建构和自我认知达成统一，但萨克森人也逐渐与其他蛮族群体融合形成新的群体，最终"萨克森人"只剩下一个文化概念。"萨克森人"内外认知既受到社会发展和交流互动的影响，二者也相互影响，共同推动着名实关系的演变。这一过程不仅反映了个体与社会、外部与内部之间相互作用的复杂性，也为理解历史身份认同的发展提供了新的角度，为认识人类认知和社会演变的本质提供了深刻的启示。

关键词 萨克森人 身份认同 名实关系 外部建构 自我认同

"萨克森人"（Saxons）① 是日耳曼人的一支，民族大迁徙时期兴起的众多蛮族之一。2 世纪，托勒密（Ptolemy）的《地理志》中首次出现"萨

---

* 本文系教育部人文社会科学重点研究基地重大项目"地中海裂变后西方（欧洲）文明的形成研究"（项目编号：20JJD770004）阶段性成果。

① 本文论及的萨克森人专指欧洲大陆这支，5 世纪初一部分萨克森人跨海登陆不列颠逐渐与盎格鲁人形成了盎格鲁-撒克逊人，他们自离开欧洲大陆之后与留下来的萨克森人的发展历程完全不同，因此本文并不涉及这一部分。萨克森人与撒克逊人英文均为"Saxon"，在中文中常将移居不列颠的称为"撒克逊人"，欧洲大陆的称为"萨克森人"，以示区分。

克森人"，一直到加洛林初期，古代和中世纪，众多作家笔下亦不乏萨克森人的踪迹；8 世纪中后期，查理曼为征服萨克森人进行了三十余年的战争；之后奥托一世（Otto Ⅰ，936—973 年在位）开创的奥托王朝（919—1024）也被叫作萨克森王朝；往后，萨克森选侯国（1356—1806）是神圣罗马帝国的重要组成部分，再到之后的萨克森王国（1806—1918），"萨克森人"贯穿了古代晚期以来的整部欧洲史，并在其中扮演着重要角色。今天德国的萨克森州、下萨克森州、萨克森–安哈尔特州和北莱茵–威斯特法伦州、石勒苏益格–荷尔施泰因州都与萨克森人有一些相关，约占德国领土的三分之一。

这种表述实际上预设了一个特定的历史对象，默认"萨克森人"作为一个明确定义的历史客体活动在欧洲历史中。但若仔细翻阅历史文献可以发现，在托勒密之前，"萨克森人"记载十分模糊，难以追寻其起源；古代晚期到中世纪早期，关于"萨克森人"的记载虽然建构了一个统一的部族形象，然而这些记载常常将不同族源的个体纳入这一名称之下。荷兰学者罗伯特·弗莱尔曼（Robert Flierman）认为，萨克森人并不是一个群体的自我声明而是一种外部建构，他更强调萨克森人身份认同的建构性和开放性，以及外部建构对群体自我认知的影响和塑造。① 美国学者艾瑞克·舒勒（Eric Shuler）则指出，被查理曼征服后，萨克森精英中的一部分继续保持着作为一个独特部族的自豪感，他们接受了加洛林家族的统治，但没有成为"法兰克人"（Franks），也不接受非加洛林家族的支配。② 萨克森王朝之后，因为各部族之间的融合逐渐淡化了"萨克森人"的存在，直至最后，"萨克森"成了一个地理指称、一个文化概念。外部认知中的"萨克森人"概念（即"名"）与实际上的萨克森人（即"实"）之间的关系一直处在动态演变之中，这一过程在一定程度上可以视作日耳曼蛮族演化历程的缩影，是日耳曼民族形成与发展的一部分。③ 故此，笔者

① Robert Flierman, *Saxon Identities AD* 150 - 900, London & New York: Bloomsbury Academic, 2017.

② Eric Shuler, "The Saxons within Carolingian Christendom: Postconquest Identity in the Translationes of Vitus, Pusinna and Liborius," *Journal of Medieval History*, 2010, Vol. 36, No. 1, pp. 39-54.

③ 这个"日耳曼"并非广义上的日耳曼，广义上的日耳曼人往往指古日耳曼人，包括日耳曼人各支系，几乎整个欧洲都具有日耳曼血统；狭义上的日耳曼人是指以神圣罗马帝国为核心所形成的"日耳曼民族"，也被叫作德意志民族，其他如法国人被称为法兰西民族，已经与狭义上的日耳曼民族区分开来。参见刘新利《基督教与德意志民族》，商务印书馆 2000 年版，第 2—8 页。

希望基于当前研究成果,通过考察萨克森人的"名"与"实"的关系演变,探讨群体内外之间复杂的相互作用对萨克森人身份认同的影响,进而理解日耳曼蛮族的发展与融合,冀有俾于加深对欧洲民族关系和欧洲历史的认知。

一 名与实的错位:初期的外部建构与
尚未萌发的自我认同

2 世纪,托勒密笔下的"萨克森人"居住在从易北河到日德兰半岛的"颈部"之间,以及易北河口处的三座岛屿上,与卡乌基人(Chauci)、西古隆人(Sigulonen)为邻。① 尽管托勒密的描述相对简单,仅限于勾勒"萨克森人"生活的地理范围,但在这简单的描述背后,托勒密明确了某一个群体便是"萨克森人",他们占据一定的地理空间,根据其社会特征足以与相邻的卡乌基人、西古隆人区分开来。

在托勒密之后一百余年里,外部世界的"萨克森人"的记录一直未能更新,直到 315 年,《维罗纳列表》(Verona List)列出了 53 个"在皇帝统治下兴起的蛮族",萨克森人名列其中。② 356 年,叛教者尤利安(Julian the Apostate,361—363 年在位)为君士坦提乌斯二世(Constantius Ⅱ,337—361 年在位)起草的演说词中,提到篡位者马格嫩提乌斯(Magnentius,约 303—353)在统治高卢期间因与法兰克人和萨克森人的"亲属关系"而得到他们的支持,并称法兰克人和萨克森人是"生活在莱茵河对岸和西部海岸的最热爱战争的民族(ἐθνῶν)"③。此后,萨克森人与法兰克

---

① Ptolemy, *Geography*, 2. 10. 见 Edward Luther Stevenson, trans. and ed., *Claudius Ptolemy the Geography*, New York: Dover Publications, 1991, pp. 63–65.

② 《维罗纳列表》是戴克里先和君士坦丁一世时代制作的罗马醒神和蛮族的名单。T. D. Barnes, "The Unity of the Verona List," *Zeitschrift für Papyrologie und Epigraphik*, 1975, No. 16, pp. 275–278.

③ Julian, *Orations*, in *The Works of the Emperor Julian*, *Vol.* 1, ed. by T. E. Page, trans. by W. C. Wright, New York: Macmillan, 1918, pp. 89–91; J. F. Drinkwater, "The Revolt and the Ethnic Origin of the Usurper Magnentius (350 – 353) and the Rebellion of Vetranio," *Chiron* 30, 2000, pp. 138–145.

人时常相伴在罗马人的记录中作为边境袭掠者出现,① 但萨克森人袭击点范围广且不确定，他们行动自由，"随风而走"。② 马提亚斯·施普林格（Matthias Springer）认为，这表明"萨克森人"这一部族名称可以用于非部族意义上，古代晚期，作家不仅使用"萨克森人"来指代一个民族，而且还将其作为一个笼统的术语来泛指所有种族不明的沿海掠夺者（Raubscharen）。③ 罗马人甚至在不列颠的东南沿海和对岸的高卢部分地区修建一套沿海防御体系，称为"撒克逊海岸"（Saxon Shore），被认为是为防御萨克森人/撒克逊人的袭击而建。④

4 世纪末，罗马诗人克劳迪乌斯·克劳迪阿努斯（Claudius Claudianus，约 370—404）再次区分了萨克森人与法兰克人，并将能否抵御蛮族作为评判君主的重要标准。⑤ 米兰的安布罗斯（Ambrose of Milan，约 339—397）认为，法兰克人和萨克森人是神复仇的工具，是上帝派来毁灭"一个不虔诚的人"的。⑥ 他在写给狄奥多西一世（Theodosius Ⅰ，379—395 年在位）的信中提到，马格努斯·马克西穆斯（Magnus Maximus，383—388 年在位）在罗马一座犹太教堂被毁后向犹太人施以援手，因此立即在多处受到法兰克人和萨克森人的袭击。⑦ 马赛的萨尔维安（Salvian of Marseilles,？—

① Ian Wood, "The Channel from the 4th to the 7th Centuries AD," in *Maritime Celts*, *Frisians and Saxons. Papers Presented to a Conference at Oxford in November* 1988, ed. by S. McGrail, London: Council for British Archaeology, 1990, pp. 93-99.

② Ammianus, *Res Gestae*, 28. 2. 12, in *Ammianus Marcellinus Vol.* 3, trans. by John C. Rolfe, Cambridge: Harverd University Press, 1986, pp. 128 - 129; Claudian, *De consulatu Stilichonis*, MGH Auct. ant. 10, ed. by T. Birt, Berlin: Weidmann, 1892, pp. 250-251; Sidonius, *Epistulae*, 8. 6. 14, in *The Letters of Sidonius*, *vols.* 2, trans. by O. M. Dalton, Oxford: Clarendon, 1915, p. 149.

③ Matthias Springer, *Die Sachsen*, Stuttgart: Kohlhammer, 2004, p. 46; Robert Flierman, *Saxon Identities*, pp. 28-30.

④ 参见赵阳《罗马不列颠时期"撒克逊海岸"刍议》，《史学集刊》2020 年第 4 期。萨克森人与撒克逊人英文均为"Saxon"，在中文中常将移居不列颠的称为"撒克逊人"，欧洲大陆的称为"萨克森人"，以示区分。

⑤ H. L. Levy, *Claudian's In Rufinum: An Exegetical commentary*, Cleveland: The Press of Case Western Reserve University, 1971, pp. 125-142; F. Garambois-Vasquez, *Les invectives de Claudien: une poétique de la violence*, Brussels: Latomus, 2007, pp. 223-249; Claudian, *Panegyricus de quarto consulatu Honorii Augusti*, MGH Auct. act. 10, ed. by T. Birt, Berlin: Weidmann, 1892, p. 151, line 24-40；另参见 Robert Flierman, *Saxon Identities*, pp. 36-40.

⑥ Robert Flierman, *Saxon Identities*, p. 38.

⑦ Ambrose, *Epistulae*, in *CSEL*82. 3, ed. by M. Zelzer, Vienna: Hoelder-Pichler-Tempsky, 1982, No. 74, p. 69.

475）借蛮族来哀叹罗马帝国的衰亡，批判罗马人的罪恶，"那些知道上帝律法而忽视它的人，比那些因缺乏知识而未能遵守它的人更有罪"，① "哥特人（Goths）奸诈而不贞洁，阿兰人（Alans）贞洁而不奸诈，法兰克人狡诈但热情好客，萨克森人残忍野蛮但贞洁可敬"，② "上帝允许蛮族获胜，因为他认为他们比罗马人更虔诚，罪孽更少"③。他们出于各自的目的，塑造了"萨克森人"不同的形象。

古代作家甚至还将外貌特征作为区分萨克森人的标准，希多尼乌斯·阿波黎纳里斯（Sidonius Apollinaris，430—约490）道：

> 在那里（波尔多），我们看到蓝眼睛的萨克森人，习惯了大海并畏惧陆地，剃刀不再像通常一样停留在头部边缘，而是将发际线向后推，贴着皮肤剃干净，使头看起来更小了，脸看起来更长。④

然而，外貌并不是一个绝对的区分标准。《法兰克王室年代记》（Annales regni Francorum）中记载，在萨克森战争时期，一群萨克森人混入一个觅食返回的法兰克人队伍，进入其营地，趁法兰克人入睡后将其屠杀，这意味着从外表而言，萨克森人与法兰克人并没有显著的区别。⑤ 希多尼乌斯描述的萨克森人属于尤里克（Euric，466—484 年在位）宫廷中的一个特定的战士群体，这个群体剃掉他们头皮前面的头发并不意味着所有在 5 世纪被称为萨克森人的人都会这样做。⑥ 所以，古代作家笔下的萨克森人未必就是萨克森人，名实之间因为信息差错存在严重错位。

---

① Salvian, *De gubernatione Dei*, in *On the Government of God*, trans. by E. M. Sanford, New York: Columbia University Press 1930, p. 189.

② *On the Government of God*, p. 209.

③ D. Lambert, "The Barbarians in Salvian's De Gubernatione Dei," in *Ethnicity and Culture in Late Antiquity*, ed. by S. Mitchell & G. Greatrex, London: Duckworth, 2000, pp. 103-116; M. Maas, "Ethnicity, Orthodoxy and Community in Salvian of Marseilles," in *Fifth-Century Gaul: A Crisis of Identity*? ed. by J. F. Drinkwater & H. Elton, Cambridge: Cambridge University Press, 1992, pp. 275-284.

④ Sidonius, *Epistulae* 8.9.5, in *The Letters of Sidonius*, *vols.* 2, trans. by O. M. Dalton, Oxford: Clarendon, 1915, pp. 155-156.

⑤ *Carolingian Chronicles: Royal Frankish Annals and Nithard's Histories*, translated and annotaed by Bernard Walter Scholz & Barbara Roger, Michigan: The University of Michigan Press, 1970, p. 51.

⑥ Robert Flierman, *Saxon Identities*, p. 45.

　　进入墨洛温王朝后，萨克森人在外部建构中仍旧作为外部的入侵者存在，维南提乌斯·弗图纳图斯（Venantius Fortunatus，？—610）将其与图林根人（Thuringians）、丹麦人（Danes）并列，并将萨克森人居住的区域称为"萨克森尼亚"（Saxonia），大致位于奥斯特拉西亚（Austrasia）东北部。① 他在献给南特主教菲利克斯（Felix，518—584）的诗中也赞美了菲利克斯对该地区萨克森人的"拯救"。② 奥斯特拉西亚东北部和南特分别位于西欧北部和西部，两者间空间跨度极大，但他们都被定义为"萨克森人"。同样，格雷戈里（Gregory）所描绘的萨克森人也出现在高卢的海岸、法兰克王国的东部和意大利半岛，③ 在卢瓦尔地区（Loire）建立了定居点，④ 并在《法兰克人史》中两次提到贝叶一带（Bayeux）的萨克森人。⑤ 他们时而是法兰克人的臣民，时而是盟友，时而又是敌人，与布列吞人（Breton）存在发型与衣着的区分。⑥ 盖·哈尔萨尔（Guy Halsall）认为，尽管这些雇佣兵群体被称为"萨克森人"，但实际上可能来自不同部族，在古代晚期，不同背景的士兵（雇佣兵）被覆盖在其首领或雇主的部族身份下一起行动并不罕见，他们可以自行主张自己的部族身份。⑦

　　《弗莱德加编年史》（*Chronicle of Fredegar*）中，古代萨克森人属于日耳曼尼亚的众多部族之一，曾帮助法兰克人对抗罗马人，直到 7 世纪，萨

---

　　① M. Reydellet, *Venance Fortunat: Poèmes*, Vol. 2, Paris: Les Belles Lettres, 1998, p. 96, n. 33–34.

　　② M. Roberts, *The Humblest Sparrow: The Poetry of Venantius Fortunatus*, Ann Arbor: University of Michigan Press, 2009, p. 158; W. Lammers, "Die Stammesbildung bei den Sachsen. Eine Forschungsbilanz," *Westfälische Forschungen*, Vol. 10, 1957, pp. 36–38; Robert Flierman, *Saxon Identities*, p. 63.

　　③ ［法兰克］都尔教会主教格雷戈里：《法兰克人史》，［英］O. M. 道尔顿 英译，寿纪瑜、戚国淦译，商务印书馆 2018 年版，第 165、193—194、232 页；Matthias Springer, *Die Sachsen*, pp. 100–111.

　　④ A. C. Murray, *From Roman to Merovingian Gaul: A Reader*, Peterborough: Broadview Press, 1999, p. 35.

　　⑤ 即今法国北部城市巴约。

　　⑥ Robert Flierman, *Saxon Identities*, pp. 66–67, 73; G. Halsall, *Warfare and Society in the Barbarian West*, London: Routledge, 2003, pp. 111–112; K. R. DeVries, "Medieval Mercenaries. Methodology, Definitions, and Problems," in *Mercenaries and Paid Men: The Mercenary Identity in the Middle Ages*, ed. by J. France, Leiden: Brill, 2008, pp. 43–60;［法兰克］格雷戈里：《法兰克人史》，第 155、160—165、251、528 页。

　　⑦ K. R. DeVries, "Medieval Mercenaries," pp. 48–50; Guy Halsall, *Barbarian Migrations and the Roman West*, 376–568, Cambridge: Cambridge University Press, 2007, pp. 106–109.

克森人仍然属于莱茵河以外的部族，他们在那里充当法兰克人的朝贡者、士兵或盟友。① 该文献同样将萨克森人视作一个整体，如其中记录萨克森使节代表“所有萨克森人”向达戈伯特一世（Dagobert Ⅰ，法兰克国王，628/629—633/634 年在位）宣誓效忠，默认他们可以统一进行政治活动，② 但这些“萨克森人”分散且距离遥远，包括莱茵河对岸、阿基坦（Aquitaine）、加斯科尼（Gascony）和高卢西南部等地。③

虽然没有这一时期来自萨克森人自身的文本，但就外部书写的呈现来看，被罗马人定义为萨克森人的海上掠夺者其实拥有不同的种族背景，萨克森人的定居点和活动区域广泛而分散，包括易北河口地区（德国北部、日德兰半岛以南）、巴约（法国西北部，近英吉利海峡）、南特（法国西部）、卢瓦尔地区（法国中西部），穿过兰河（德国中部西侧）、莱茵河对岸、阿基坦、加斯科尼等，东西和南北都几乎跨越了大半个西欧，在中世纪早期的交通和物质条件下，很难得出这些不同区域的萨克森人是一个整体的结论。

从古罗马到法兰克王国墨洛温王朝时期，关于“萨克森人”的认知主要受到外部建构的塑造。外部作者通过文学作品、历史记载，以及政治宣传，形塑“萨克森人”的野蛮入侵者、海盗威胁、神圣复仇的工具、异教徒和半高尚的野蛮人等形象，将其视作不同于“我者”的野蛮但又是一个整体的“他者”。这种描绘往往缺乏对其文化和社会结构的深入理解，这导致了萨克森人形象的片面和夸大呈现。罗马人在与周边蛮族的争斗中，通过强调萨克森人的异类性来建构他者，以凸显自身的团结和正统性，这种建构往往将萨克森人置于边缘地带，强化了他们作为边缘群体的形象。法兰克人虽然加深了对萨克森人的了解，又赋予其臣民、盟友、朝贡者等身份，但总体上基本沿袭古希腊罗马将“萨克森人”视为一个整体的认知。所有这些关于萨克森人的描述都预设或默认了“萨克森人”是一个独

① 陈文海译注：《弗莱德加编年史（第 4 卷及续编）》，人民出版社 2017 年版，第 137、155 页。

② 陈文海译注：《弗莱德加编年史（第 4 卷及续编）》，第 155 页。

③ 陈文海译注：《弗莱德加编年史（第 4 卷及续编）》，第 120、137 页；H. Ebling, Prosopographie der Amtsträger des Merowingerreiches. Von Chlothar Ⅱ. （613）bis Karl Martell （741），Munich：Fink, 1974, p. 42；E. Ewig, Volkstum und Volksbewusstsein im Frankenreich des 7. Jahrhunderts, 2nd ed., Darmstadt：Wissenschaftliche Buchgesellschaft, 1969, p. 13, n. 37.

特的、确定的蛮族群体，甚至赋予了其固定的生活空间或统一的、区别于其他群体的外貌特征。但实际上萨克森人并不能与其他所有蛮族严格区分，至少萨克森人与法兰克人并没有显著的区别。因此，外部构建的萨克森人有时会涵盖其他蛮族群体，而在谈论其他蛮族群体时，也可能覆盖萨克森人。在名与实的错位中，"萨克森人"被赋予了模糊的地理标志，缺乏明确的社会、文化或政治特征，虽然他们的身份认知尚未得到明确的表现，但就萨克森人的历史状况考察而言，很难说萨克森人有明确的群体身份认同。

二 名与实的弥合：萨克森战争的冲击与集体身份认同的萌发

8世纪，加洛林家族兴起，萨克森人仍作为外部敌人出现在法兰克人的历史书写中。《法兰克王室年代记》记载，743年和744年矮子丕平（Pepin the Short，751—768年在位）及其兄弟两次进军萨克森地区。[1] 这里用"萨克森地区"（Saxonia）来指代萨克森人生活的空间，并在此后频繁使用。与维南提乌斯的"萨克森尼亚"相比，虽然二者在拉丁文和英文实质上是同一个词，但"萨克森地区"带有更强烈的地理指称意味，其所指涉的空间较之相对更为固定。9世纪之后，"萨克森地区"业已成为带有明确范围的地理区域的地名，西方学界在翻译时也不再使用"Saxonia"，而是另外专门采用"Saxony"一词。[2]

被查理曼征服前，萨克森人始终没有常设的君主或军事首领，唯一具有全面影响力的政治设置是马克洛（Mrklo）大会。马克洛大会是萨克森人每年一次的集会，由每个部落首领带领固定数量的代表聚集在威悉河畔的马克洛，决定战争还是和平，如果发动战争，会通过大会选举军事首领。[3] 但军事首领只能在战时发挥作用，战争结束则恢复原样，[4] 马克洛大会无

① *Carolingian Chronicles*, pp. 38-39.

② James Westfall Thompson, "The Early History of the Saxons as a Field for the Study of German Social Origins," *American Journal of Sociology*, Vol. 31, No. 5, 1926, p. 602.

③ *Vita Lebuini antiqua*, c. 4, MGH SS 30：2, ed. by A. Hofmeister, Leipzig：W. Hiersemann, 1934, p. 793.

④ ［英］比德：《英吉利教会史》，陈维振、周清民译，商务印书馆1991年版，第326页。

法干涉各部落的内政。① 相比于之前，此时的"萨克森人"当然更值得被视作一个整体，他们在民族大迁徙的过程中，通过征服其他部落或与其他部落结盟的方式实现族群规模的扩大，② 族群成分十分复杂。其内部缺乏紧密的血缘联系，仅仅依靠一些原始的制度建设结合在一起，从而导致萨克森部族内部相对松散，缺乏足够的凝聚力。这一点在查理曼对萨克森的征服过程中表现得非常明显。尽管他们有共同的马克洛大会，文化习俗也在逐渐趋同，共同点越来越多，但就早期萨克森社会的表现而言，更多只是一个"部落联盟"，与外部认知中的作为一个同质群体的"萨克森人"仍然相去甚远，萨克森人自身也完全没有作为"萨克森人"的自我认知，并未形成集体身份认同。然而，自罗马时期到墨洛温时期，外部建构起来的萨克森一体的印象已经深入人心。

加洛林的文字记载沿袭既往传统，始终将萨克森人作为一个整体，基本使用"萨克森人"这一整体概念称呼他们。③ 虽然《法兰克王室年代记》记述战争具体细节时，也会提到萨克森人的部落名称，④ 但多在表现其投降归顺的话语中，大多情况下仍将其归入一体的"萨克森人"之下。785 年，多次煽动和组织"叛乱"的威杜金德（Widukind）接受洗礼并宣誓效忠后，《法兰克王室年代记》便在 785 年词条记下"至此，整个萨克森部族全部降服"⑤。可后期萨克森人仍在叛乱，直到 804 年才彻底结束，实际上作乱的并非已经降服的部落，然而法兰克人固执地将其视为一体，称其"不忠"。⑥

萨克森战争持续了三十三年，断断续续进行了数十次战役，萨克森人

---

① Eric J. Goldberg, "Popular Revolt, Dynastic Politics, and Aristocratic Factionalism in the Early Middle Ages: The Saxon Stellinga Reconsidered," *Speculum*, 1995, Vol. 70, No. 3, pp. 472–473.

② Fridrich Laux, "Die Sachsen. Nachbarn und Gegenspieler der Franken," in *Die Franken*, *Wegbereiter Europas*, Vol. 1. ed. by Reiss-Museum Mannheim, Mainz: Philipp von Zzbern, 1996, p. 331. 转引自 Matthias Springer, "Location in Space and Time," in *The Continental Saxons from the Migration Period to Tenth Century: An Ethnographic Perspective*, eds. by Dennis H. Green & Frank Siegmund, Woodbridge: the Boydell Press, 2003, p. 11.

③ ［法兰克］艾因哈德、圣高尔修道院僧侣：《查理大帝传》，［英］A. J. 格兰特英译，戚国淦译，商务印书馆 2018 年版，第 12—14 页；

④ *Carolingian Chronicles*, pp. 51, 53, 58, 62, 76, 78.

⑤ *Carolingian Chronicles*, pp. 62–63.

⑥ 张友杰、王晋新：《8—10 世纪萨克森战争叙事的两种取向析论》，《古代文明》2023 年第 3 期。

一直面临着来自法兰克人的巨大压力，为了应对压力，萨克森人自觉或不自觉地进行了小范围的联合。比如，萨克森贵族威杜金德在777—785年间多次组织和煽动"叛乱"，在他的串联下，多个萨克森部落参与了"叛乱"，这在一定程度上推动了萨克森部落之间的融合。[①]战争带来的集体性的威胁使萨克森人不得不强调实际的集体行动和实质性的合作，这种实际的合作经验加深了个体和小群体之间的联系。另外，战争不仅是一场对外抵抗的过程，更是萨克森人个体和部落间共同经历的体现，这一过程不仅使他们在战争中更加团结，还为整个历史时期的身份认同奠定了坚实的基础。

萨克森战争成了一个重要的历史节点，不仅影响了萨克森人的社会结构，还促使萨克森人在面临外部的军事压力和自身内部力量的不足时开始反思自身身份和地位，开始意识到自己是一个不同于"法兰克人"、有着独特历史和文化的群体。在其寻求自我保护的过程中，面临法兰克人这一外部的"他者"，萨克森人的"我者"意识逐渐萌发，作为"我者"的萨克森人开始自发地走向团结和融合，开始逐渐萌生集体身份认同。这种自我认同的萌发导致萨克森人更加积极地参与塑造自己的身份，不再仅仅存在于外部的建构中。随着时间的推移，这种内在的认同感开始逐步弥合名与实之间的错位。萨克森战争所带来的身份认同的塑造以及萨克森人自我认同的萌发，使萨克森人从一个零散破碎缺乏群体身份认同的群体向一个自我认知逐渐清晰的社群转变。而这一过程，正是使得萨克森人的自我认知与萨克森社会的真实状况逐步与外部认知趋于一致，在自我认知逐渐与外部建构的交互作用下，名与实之间的错位逐渐弥合。

三　名与实的同一：加洛林统治下
"萨克森人"的"诞生"

当查理曼决定彻底征服萨克森时，相应的各种整合手段就开始推动，目的不仅仅是简单地让萨克森人不再袭扰边境，更要让其接受法兰克的文化、基督教信仰和法兰克的统治模式，将萨克森完全改造成加洛林世界的

---

① *Carolingian Chronicles*, pp. 56-63.

一部分。查理曼首先对萨克森的宗教整合与军事征服的步伐紧紧相随，在战争期间派遣或征召传教士前往萨克森地区传教，在占领地修建教堂。①其次，设置主教区，将教会体系植入萨克森地区。查理曼统治时期，总共在萨克森地区设置了六个主教区，大部分位于威悉河流域，包括帕德博恩（Paderborn）、不来梅（Bremen）、凡尔登（Verden）、明登（Minden）、明斯特（Münster）和奥斯纳布吕克（Osnabrück），②虔诚者路易后来又设置哈尔贝施塔特（Halberstadt）和希尔德斯海姆（Hildesheim）两个主教区。最后是颁布法令，以法律形式禁止萨克森人的异教信仰，推行基督教。

萨克森人在萨克森战争背景下逐步皈依基督教，由此容易产生萨克森人被迫接受基督教和教会体系的误解。事实上，最初基督教确实是查理曼强加给萨克森人的，但萨克森地区的教会体系并非强加的结果。起初是法兰克人在萨克森人地区修建了一些教堂，但在战争结束后，法兰克人在萨克森地区的教会体系建设并未起到绝对的主导作用，萨克森人自身的投入也是非常重要的一部分。③尤其是 9 世纪，在萨克森人仍保有大量原始异教信仰的遗存的情况下，一批萨克森贵族为了加强与加洛林帝国中央的关系，纷纷开始在领地内修建教堂、修道院，让家族子弟成为教士、修士，从其他地区迎请圣徒遗髑回来供奉，通过一系列手段推动并最终实现了萨克森人的基督教化。④这一过程中，基督教元素渗透到他们的日常生活、文化传承和社会组织中，形成了一种新的内部认同基础。

萨克森战争前，萨克森社会尚处于较为初级的状态，随着加洛林统治

---

① 见 Bernard S. Bachrach, *Charlemagne's Early Campaigns*, pp. 453–454.

② Klaus Hasselmann, "Die Bistumsgründungen in Sachsen unter Karl dem Großen, mit einem Ausblick auf spätere Bistumsgründungen und einem Excurs zur Übernahme der christlichen Zeitrechnung im frühmittelalterlichen Sachsen," *Archiv für Diplomatik*, Vol. 30, No. 1, 1984, pp. 1–23; Klaus Hasselmann, "Die Gründung der sächsischen Bistümer 799: Sachsens Anschluß an das fränkische Reich," *Archiv für Diplomatik*, Vol. 34, no. JG, 1988, pp. 1–2. 转引自 Ingrid Rembold, *Conquest and Christianization: Saxony and the Carolingian World*, 772–888, Cambridge: Cambridge University Press, 2018, p. 144.

③ Ingrid Rembold, *Conquest and Christianization*, pp. 186–187.

④ Hedwig Röckelein, *Reliquientranslationen nach Sachsen im 9. Jahrhundert: über Kommunikation, Mobilität und Öffentlichkeit im Frühmittelalter*, Stuttgart: Jan Thorbecke Verlag, 2002. pp. 96–108; Klemens Honselmann, "Die Annahme des Christentums durch die Sachsen im Lichte sächsischer Quellen des 9. Jahrhunderts," *Westfälische Zeitschrift*, Vol. 108, 1958, pp. 201–220; Carole Cusack, "Pagan Saxon Resistance to Charlemagne's Mission: 'Indigenous' Religion and 'World' Religion in the Early Middle Ages," *Pomegranate: The International Journal of Pagan Studies*, Vol. 13, No. 1, 2012, pp. 33–51.

在萨克森地区的扩展，萨克森社会的政治经济模式逐渐法兰克化，发生了巨大的转变。780 年前后，查理曼颁布了第一部针对萨克森地区的《萨克森地区条令》（*Capitulatio de partibus Saxoniae*），明文取缔了萨克森人的马克洛大会，其中某些条款规定了伯爵和领主的权利和义务。① 而"领主"（*dominus*，lord）是典型的法兰克封建关系中的概念，萨克森社会中虽然也有自由人、半自由人和奴隶的存在，但除奴隶外，其他二者与贵族之间的地位差距并不悬殊，也不存在领主—附庸关系。查理曼通过立法明确了向萨克森地区移植法兰克式封建依附关系的合法性，开始了萨克森社会政治经济结构的改造。"伯爵"的出现也代表查理曼在 780 年前后已经开始往被征服的萨克森地区分封伯爵，无论是将法兰克贵族分封至萨克森，还是将投降的萨克森贵族封为伯爵，这都表明查理曼已经在萨克森地区推行加洛林式统治，将法兰克的政治体系向萨克森地区移植，萨克森原有的社会体系被瓦解。② 新的社会制度和组织形式使得萨克森人更多地参与到王朝的政治和军事体系中，统一王朝的一体化统治使得萨克森人与其他群体更为一致，这对他们形成一个更为统一和集体的身份产生了积极影响。政治整合也使得萨克森人原有的政治经济结构被破坏，并按法兰克的模式重构，完全法兰克化，原来的生活形式已经被取代，不再有存在的空间，原有的部落、部族层面的身份认同的基础被瓦解。

　　另外，被征服后，萨克森地区完全成为加洛林帝国的一部分，基督教

---

　　① *Capitulatio de partibus Saxoniae*, MGH LL 1, ed. by Georg Pertz, Hannover：Hahn, 1835, c. 12, p. 49, c. 13, p. 49, c. 31, p. 50, c. 34, p. 50.

　　② 20 世纪 60、70 年代东德的历史学家约阿希姆·赫尔曼（Joachim Herrmann）和埃克哈德·穆勒-梅尔滕斯（Eckhard Muller-Mertens）将之描述为萨克森的"封建化进程"（Feudalisierungsprozeß），他们在马克思主义层面上使用这一术语，表示通过强制劳动制度（Frondienst）把自由人"压迫"成依附民，这一制度形成了贵族地主制和封建国家（Feudalstaat）的基础；阿德里安·费弗尔斯特（Adriaan Verhulst）、乔治·德勒格（George Droege）、维尔纳·罗森纳（Werner Rösener）则强调了萨克森人地主制度的多样性和不断变化的特点。萨克森人原来的模式大致是一种"税收土地制度"（Abgabengrundherrschaft），租种了贵族土地的弗里林和拉兹以货币或实物——主要是实物——的形式向地主缴纳地租，通常不需要为地主服劳役，贵族的土地主要由奴隶耕种，而法兰克式封建土地制度下，租种者需要为地主服劳役，具有较强的依附性。法兰克式封建关系逐渐取代了萨克森人原来的社会关系模式。George Droege, "Fränkische Siedlung in Westfalen," *Frühmittelalterliche Studien* 4, 1970, pp. 281-282；Werner Rösener, "Zur Struktur und Entwicklung der Grundherrschaft in Sachsen in karolingischer und ottonischer Zeit," in *Le grand domaine aux époques mérovingienne et carolingienne*, ed. by Adriaan Verhulst, Gent：Centre Belge d'Histoire Rurale, 1985, pp. 203-206；Eric J. Goldberg, "The Saxon Stellinga reconsidered," p. 479.

化迅速推进, 物质文化水平也迅速提升, 并出现萨克森人自身的历史叙事, 这使得从 "萨克森人" 的角度对 "名实关系" 进行考察有了基础。萨克森叙事中都使用了一个一体的萨克森形象, 一致地弱化征服叙事而强调皈依, 并凸显萨克森人自身在基督教化中所起的积极作用, 将萨克森战争作为萨克森人的集体记忆, 不再关注战争之中和之前萨克森人四分五裂的状况。① 比如,《萨克森史诗》(*Poeta Saxo*) 在处理萨克森战争时将其作为萨克森人的集体记忆, 而不是分散的地方记忆的集合,② 它形容萨克森人四分五裂, 就像一具没有大脑四肢独立活动的身躯,③ 虽然并未否认萨克森人四分五裂的实情, 但即便四分五裂也仍是一个躯体上的不同部分, 本质上是一体的。

战争期间查理曼对萨克森的政策、颁行的法令是直接影响萨克森人的重要材料, 这些材料始终在强调萨克森人这一概念, 后期内部叙事中也沿用这一概念, 不断强化, 影响并改造着萨克森人的集体记忆。同时, 现实条件决定萨克森人的叙事话语只能出自萨克森上层贵族, 他们归降后在各方面得到优待, 仍能作为加洛林君主臣属统治萨克森, 并接受法兰克和基督教的教育。因此, 在他们的叙事中从不避讳查理曼对萨克森的征服, 只是巧妙地将皈依置于征服之上, 甚至在各方面强调查理曼对萨克人的族群整合, 为查理曼歌功颂德, 以此来彰显萨克森人在帝国体系内的独特性与优越性。④ 在萨克森人的叙事中, 萨克森人本身就是一个整体, 不再提及部落划分。在加洛林帝国体系之下, "萨克森人" 成为客观存在, 亦为萨克森人以及外界主观认可, 即 "萨克森人" 成为全体萨克森人在社会交往以及自我与外界认知中最基本的身份标识。

萨克森自身建构的历史通过流传扩散塑造着越来越多的人对萨克森历史的认知, 从而塑造着萨克森人的身份认同。萨克森人身份认同由部落扩大到部族, 形成统一的部族身份认同, 与萨克森战争密切相关, 在其中起作用的并非战争本身, 而是战争带来的政治和宗教整合对萨克森社会的重

---

① 参见 Eric Shuler, "The Saxons within Carolingian Christendom," pp. 39-54; Robert Flierman, *Saxon Identities*, pp. 119-162.

② 参见 Robert Flierman, *Saxon Identities*, pp. 154-160.

③ *Poeta Saxo*, ed. by Pavlvs de Winterfeld, MGH Poetae 4: 1, Berlin: Weidmannos, 1899, p. 8.

④ 张友杰、王晋新:《8—10世纪萨克森战争叙事的两种取向析论》,《古代文明》2023年第3期。

构，以及萨克森人基于萨克森战争这一历史事件建构的统一的萨克森部族的历史对后来的萨克森人认知的塑造。这种内部认同的变革使得萨克森人更加积极地融入加洛林统治下的整体身份认同体系中，在加洛林帝国体系下，萨克森人作为其中的一个群体，其基本的身份标识就是"萨克森人"，当外部建构与萨克森人的自我认知实现重合，外部建构所呈现的萨克森人形象与内部认同逐渐契合，政治体制的变迁、文化的交融，以及基督教的普及共同促成了这一身份认同的同一性，名实同一的"萨克森人"也真正诞生了。

四 名存而实"亡"："萨克森人"概念的淡化

部族身份的多样性与大一统王朝统治之间的张力对王权存在威胁，加洛林君主为了巩固统治自觉地推动部族间的融合。

首先，加洛林王朝将原本的萨克森部落首领敕封为伯爵，利用归顺的萨克森贵族统治萨克森。775 年降服的萨克森奥斯特法伦（Ostfalon）首领赫西（Hessi），他的长女吉斯拉（Gisla）嫁给了一位萨克森伯爵安万（Unwan）；吉斯拉的儿子伯恩哈德（Bernhard）后来也获得了伯爵爵位；萨克森贵族艾克伯特（Ecbert）被查理曼封为伯爵，封地在莱茵河和威悉河之间，艾克伯特家族后来控制着柯维修道院（Corvey Monastery）。[1] "忠于加洛林王朝的萨克森贵族有望维持甚至扩大他们的土地和影响力，他们被任命为萨克森的伯爵，并在自己的领土上享有广泛的权利。那些继续反抗的人则相反，会冒着失去他们的财产的风险，眼看着这些财产被重新分配给他们更愿意合作的同胞。"[2]

其次，加强与萨克森贵族通婚，加速萨克森上层与加洛林贵族合流。墨洛温时期，法兰克人已经开始与萨克森人通婚，加洛林时期进一步扩大了萨克森贵族与法兰克贵族之间的通婚，贵族之间错综的姻亲关系也深刻

---

[1] Vitae Liutbirgae, in Anchoress and Abbess in Ninth-century Saxony: the Lives of Liutbirga of Wendhausen and Hathumoda of Gandersheim, trans. by Frederick S. Paxton, Washington: The Catholic University of America Press, 2009, pp. 83-84. 另参见 Robert Flierman, *Saxon Identities*, p. 149; *Vita Sanctae Idae*, MGH SS 2, ed. by Georg Pertz, Hannover: Hahn, 1829, p. 571; Eric J. Goldberg, "The Saxon Stellinga Reconsidered," p. 488.

[2] Robert Flierman, *Saxon Identities*, pp. 124-125.

地影响着他们的政治取向。日耳曼路易（Louis the German，东法兰克国王，843—876年在位）的王后赫玛（Hemma）的母亲是萨克森人，她与柯维修道院住持瓦林（Warin）的祖母是姐妹，这一姻亲关系，为日耳曼路易在840—843年的内战中取得萨克森贵族的支持有着重要作用。① 相比于之前，萨克森贵族其实拥有了更高的地位，他们很容易地接受了加洛林王朝的统治，甚至积极配合加洛林王朝对萨克森的政策，这使得萨克森人对法兰克政治、经济、文化等各方面自上而下、积极主动地接受，相互之间的交往与融合相对比较顺畅。

此外，《法兰克王室年代记》中记录了772年、775年、778年、779年、785年和794年萨克森人向查理曼献人质。② 之后萨克森贵族向加洛林君主效忠也会将子嗣送往君主身边作为质子，③ 质子会分配给主教、修道院监管或直接跟随在君主身边，④ 接受基督教教育，在后期可能会回到萨克森，继承家族或成为教士、主教等。《圣利波里遗骸迁徙记》（Translatio Sancti Liborii）记载一位名为豪斯玛尔（Hauthumar）的萨克森人，他幼年时期作为人质被带到法兰克，安置在维尔茨堡（Würzburg）修道院，之后回到萨克森成为帕德博恩的第一任主教。⑤ 这些人质成长于法兰克，不仅宗教上接受了基督教，在政治、文化等方面也深受法兰克影响，返回萨克森后这种影响贯穿于他们对萨克森地区的统治之中。除了质子，查理曼还曾两次大规模移民萨克森人：797年查理曼将萨克森地区近三分之一的人口迁入法兰克王国内部，⑥ 804年查理曼将上万萨克森人迁入法兰克王国内部。⑦ 这一措施主要针对萨克森人中相对较为顽固的反法兰克部落，通过"驱逐"（deportations）不安分子的方式来实现地区和平。⑧ 另外，加洛林

① Eric J. Goldberg, "The Saxon Stellinga Reconsidered," pp. 484-499.

② Carolingian Chronicles, pp. 49, 51, 53, 55, 58, 62, 74.

③ Rudolf and Meginhard, Translatio Sancti Alexandri, ed. Georg Pertz, MGH SS 2, Hannover: Hahn, 1829, pp. 673-681.

④ Flodoard of Reims, Historia Remensis Ecclesiae, MGH SS 36, ed. by M. Stratmann, Hannover: Hahn, 1998, c. 18, pp. 172-173.

⑤ Translatio Sancti Liborii, MGH SS 4, ed. by Georg Pertz, Hannover: Hahn, 1841, c. 5, p. 151.

⑥ Annales Laurissenses minores, MGH SS 1, ed. by Georg Pertz, Hannover: Hahn, 1826, p. 119.

⑦ Carolingian Chronicles, p. 83; Chronicon Moissiacense, MGH SS 1, ed. by Georg Pertz, Hannover: Hahn, 1826, p. 307;《查理大帝传》，第12页。

⑧ Ingrid Rembold, Conquest and Christianization, p. 60.

君主也会通过将萨克森某地作为封地分封给法兰克贵族，将法兰克人口迁入萨克森地区，破坏萨克森地区潜在的一致性，相互制衡。841 年加洛林诸子内战时期，罗退尔（Lothair，加洛林皇帝，817—855 年在位）和日耳曼路易争夺萨克森地区时，罗退尔的支持者以分封到萨克森地区的法兰克贵族为主，日耳曼路易的支持者则以萨克森本土贵族为主。[①] 萨克森地区与其他地区的人口流动是相互之间文化互动和交融最重要的载体，正是通过频繁、长期并且大规模的人口流动，萨克森人与其他部族之间的联系更为紧密。

部族身份的多样性与"大一统王朝"统治之间的张力对王权存在威胁，加洛林君主为了保障君主权威、巩固统治自觉地推动部族间的融合。在加洛林王朝的统治下，萨克森人逐步实现政治经济的加洛林化和宗教信仰的基督教化，在长时间的过程中，他们共同生活，交往更为密切，与法兰克人以及加洛林统治下的其他部族文化互通，信仰一致，相互通婚。虽然"萨克森人"这一名字在地理上代表了一片领土，在内外认知中都指向一个明确的群体，但在血统上却变得越发难以清晰追溯。在社会发展和文化融合的影响下，包括"萨克森人"在内的加洛林统治体系下的各个部族存在这种趋势：其自身的身份逐渐淡化，渐渐融入周围的文化和社会，凝聚成一个整体，不同群体之间的身份认同逐渐接近。他们不再被视作外部的"他者"，而是加洛林世界的一部分，不再刻意强调其部族身份，而是如同描述法兰克人一般，称为某贵族、某修士等，用帝国统治下的一般身份来进行标识，这在一定程度上影响和塑造了对帝国的身份认同。

但也须强调，对萨克森人而言，即便在加洛林家族统治下，仍一如之前萨克森的部落联盟模式，帝国体系之下的各个部族应当是在查理曼和加洛林家族统治之下平等的联盟关系。基于查理曼与萨克森人达成的"契约"，萨克森人向加洛林家族而非法兰克王国效忠，同时加洛林的君主也有责任维护这一"契约"。如艾瑞克·舒勒所分析的，到 9 世纪后期，部分萨克森贵族精英群体仍旧保持着自身作为"萨克森人"、一个不同于法兰克人和其他部族的独特群体的自豪感，他们接受了加洛林家族的统治，

---

① 参见 Eric J. Goldberg, "The Saxon Stellinga Reconsidered," pp. 485–493.

但没有成为"法兰克人"，也并不从属于加洛林王室之外的法兰克人。① 但这与萨克森人同其他部族融合，形成更广泛的群体身份认同并不冲突。身份认同不是唯一、排他的，而是可以有不同层次、不同方面的多种身份认同，并且多部族的融合是一个长期的过程，加洛林统治萨克森的时间相对不算长，短短一百余年的时间里，仅依靠自然地融合，并不能彻底消解"萨克森人"的集体身份认同。

加洛林时期初步融合之后，取代东法兰克王国法统、开启了萨克森王朝的奥托一世出身于萨克森。对于奥托王室而言，过分强调自身的萨克森血统并不利于其统治多族群融合的王朝，相反，他们需要淡化不同部族之间的区分，以此促进部族间的融合，稳固对多部族帝国的统治。萨克森王朝之后，萨克森公国仍是神圣罗马帝国中一股重要的政治力量，尽管"萨克森"在当时被用于定义某个群体和地区，但其中的实质血统联系却并非如名字所示的那般单一。联姻、战争、政治权谋使得萨克森地区统治者的血统愈发复杂，其实质的身份认同已经在政治联姻和地域统治的变革中逐渐模糊，萨克森人更多地表现为一种地域性的政治联盟，而非纯正血统的象征。随着萨克森选侯国和萨克森王国的到来，这一趋势愈发显著。政治联盟、文化交流推动着部族融合，从而使萨克森人的身份认同逐渐演变为更为宽泛的文化概念。从萨克森公国中后期到萨克森选侯国再到萨克森王国，此时的"萨克森"概念与9世纪之前已经完全不同，更多作为一个地理空间和政治区域的标识，很难厘清其中含有多少部族身份的成分。"萨克森"之于他们，只是用于追溯家族历史，昭示血脉来源的象征，并不具备过多的实际意义。原本的萨克森人身份认同逐渐淡化，人们更多地将注意力放在更大范围的认同上，而非局限于"萨克森人"这一狭隘的身份上。

再往后，德意志民族国家兴起令萨克森人的身份认同经历了新的变革。德国统一的过程中，原本的萨克森地区被整合为德意志帝国的一部分，萨克森王国成为帝国的一部分。他们试图建立一个统一的国家身份认同，将原本分散的地方身份融合为更为广泛的德意志民族认同，这一时期的萨克森身份认同开始向更大范围的德意志民族身份过渡。这种过渡并非简单的

① Eric Shuler, "The Saxons within Carolingian Christendom," pp. 39-54.

地域政治身份，而是在国家层面上重新定义了"萨克森人"的意义，这种重新定义使萨克森人身份认同融入更大的德意志民族认同之中。

简言之，日耳曼各部族在历史发展过程中逐渐融合，随着融合程度越来越深，"萨克森人"作为一个具体的社会身份和文化群体逐渐消失，其作为地理指称和部族的名称虽然仍旧存在，但其所代表的实际身份认同已经不再明确，实际指代的那个群体已经与其他群体融合并组成了一个新的群体。这其实就是日耳曼蛮族之间相互融合、更广泛的日耳曼民族逐渐形成的过程。时至今日，无论是萨克森人还是法兰克人大多数时候只存在文献之中，早已脱离了日常生活。在全球化的背景下，日耳曼人就是德国、奥地利等国家的主体民族的民族身份标识，"萨克森人"成为日耳曼人中的一个元素，而非孤立的部族身份。当代的"萨克森人"已经演变为一个更加文化化的概念，名与实已经分离，名存实亡。

结　语

"萨克森人"概念从 2 世纪以来的演化，以及他们如何确定自己的身份并与其他蛮族群体融合，构成了一个随着历史发展不断演进的议题。初期，外部建构与自我认同之间存在明显的错位。外部建构的"萨克森人"总是作为一个确定的同质群体而存在，但这种定义表现出一定的主观性，其所对应的客体飘忽不定，与实际情况存在偏差。直到 8 世纪，萨克森人仍然没有"我是萨克森人，是萨克森人部族中的一员"的认知。萨克森战争的冲击才促使萨克森人逐渐萌发清晰的集体身份认同，推动了名与实的弥合。而在加洛林统治下，萨克森人的身份进一步得到了确认和塑造，政治、社会和文化因素的相互作用，使得外部建构与自我认同逐渐趋于同一。然而，历史的变迁、文化演变、交流互动等因素导致了部族融合，萨克森人与其他日耳曼部族逐渐融合，形成了新的更广泛的日耳曼民族，"萨克森人"渐渐成为一个文化概念，名存实亡。"萨克森人"身份外部建构与自我认同之间的关系反映出在早期认知不足的情况下，关于部族的外部认知和自我认知往往会产生巨大的错位，但两者又会受到社会发展和交流互动的影响，也会相互影响，推动名实关系的演变。

萨克森身份认同的演变不仅是历史的见证者，更是历史的塑造者，一直贯穿在欧洲历史的篇章中。然而，这个概念所代表的实质意义却在漫长的岁月中不断发生变化，展现出一个多层次、多因素相互作用的复杂过程，突显了身份认同的多维性和动态性。这一过程反映了个体与社会、外部与内部之间相互作用的复杂性，需要谨慎对待外部建构的刻板印象，更深入地了解内部多元性，避免陷入单一的外部定义；为我们理解历史身份认同的发展提供了新的角度，能够更好地理解多元文化共生的实践，有助于促进不同文化身份的和谐共存，减少偏见与歧视；也为我们认识人类认知和社会演变的本质提供了启示。

当然，身份认同的形成和发展是一个复杂多样的过程，仍值得进一步深入探讨。特别是在全球化时代，文化交流变得更加频繁和紧密，推动了身份认同的再塑，外部认知和自我认知之间的错位可能会更加复杂。现代社会有时更强调共同的文化、历史等方面的共鸣，而非狭隘的地域政治身份，逐渐弱化了地域和血统的束缚。这一趋势不仅反映了全球化时代对身份认同多元化的影响，也呼应了当代社会对于文化共存和交流的迫切需求。未来的研究可以从更多的角度和维度出发，为我们对认同形成的机制和本质提供更深入的认识。

（张友杰，东北师范大学历史文化学院博士研究生）

跨文化互动视野中的
曼努埃尔二世西欧之行

焦鹏飞

摘要 1399 年底，拜占庭皇帝曼努埃尔二世与法国人布西科等一起前往西方，希望获得西欧的经济和军事援助，借此抵抗日渐强大的奥斯曼土耳其。皇帝先后经过意大利北部、法国和英国，与国王、贵族们进行了多次谈判，最终于 1402 年返回君士坦丁堡。从跨文化互动的角度看，曼努埃尔二世和西欧史家对彼此的记载反映出在互动初期阶段，双方的认知大部分以想象为主，借此建构出客体的形象。随着文化接触的深入，曼努埃尔二世借鉴西方的艺术和神学理论创作了一首艺格敷词和一篇神学论文，体现了皇帝在应对文化调适的相应举措。曼努埃尔二世离开西欧之后，他在西方的长期驻留和之后拜占庭帝国的灭亡极大地增强了西方对他的兴趣，一批以他为原型的文学和艺术作品相继出现，但西欧和拜占庭世界对此次"跨文化互动"的不同认知导致了不同的结果。从跨文化互动的角度研究曼努埃尔二世的西欧之行，有助于提供一种不同于政治史和外交史的新视野，借此可以更好地理解互动双方的记述与表现，也能为拜占庭与西方之间的文化交流提供一个新视角。

关键词 跨文化互动 曼努埃尔二世 西欧 文化边界 权力关系

1396 年，由西方各大封建主组织起来的十字军在尼科波利斯（Nicopolis）战役中惨败于奥斯曼人之手，奥斯曼帝国自此走上了急速扩张领土的道路。随后，奥斯曼苏丹巴耶齐德一世（Bayazid Ⅰ）率军摧毁了君士坦丁堡附近的要塞，再次重创了拜占庭帝国。1399 年年初，法国人布西科（Boucicant）率领一支小规模舰队突破了奥斯曼的封锁，成功进入君士坦丁堡。此举给拜占庭皇帝和人民以极大的信心支持，皇帝曼努埃尔二世（Manuel Ⅱ）授予布西科"大康斯特布尔"（Grand Constable）的荣誉头衔。其后的一段时间里，双方联合取得了一些胜利，但对整体局势影响不大，拜占庭依然是绝对弱势的一方。因此，布西科认为，凭借此时拜占庭微弱的军事力量无力赢得与奥斯曼之间的战争，他希望皇帝亲自前往西方求取财政和军事援助。在布西科的协调下，曼努埃尔二世决定留侄子约翰七世留守君士坦丁堡，自己亲自前往西方求取援助，曼努埃尔二世这场极富传奇色彩的西欧之行也拉开了帷幕。

目前，国外学界对拜占庭帝国晚期历史的研究已经取得了诸多进展，新近翻译整理的许多新文献推动了研究的进一步深化，但受制于传统研究理论的束缚，有关这一时期的研究成果还大量局限在传统的政治、外交和经济领域，在"曼努埃尔二世西欧之行"这一研究课题上表现得尤为突出。学界目前有关曼努埃尔二世的研究成果主要集中在曼努埃尔二世对帝国的治理、外交政策和早期在塞萨洛尼基（Thessalonica）的统治方面①，对曼努埃尔二世的西欧之行只有简单的过程描述，缺乏更细致的分析和研究，且大多数研究只聚焦于曼努埃尔二世外交目标的失败，进而对曼努埃尔二世及西欧各国的外交政策展开批评。② 国内学界迄今为止还没有针对曼努埃尔二世的专门研究成果问世，对曼努埃尔二世西欧之行的论述散布在一些通史著作和研究帕列奥列格王朝的论文中。如陈志强最新主编的《拜占庭帝国大通史（1057—1453）》中就认为："一门心思寻求西欧十字军援助的曼努埃尔未能洞悉世事巨变和西欧中古晚期各国强化王权的大趋

---

① 参见 George T. Dennis, *The Reign of Manuel Ⅱ Palaeologus in Thessalonica*, 1382-1387, Rome: Institutum Orienatalium Studiorum, 1960; George T. Dennis, *The Letters of Manuel Ⅱ Palaeologus*, Washington D. C.: Dumbarton Oaks Research Library and Collection, 1977; Siren Çelik, *Manuel Ⅱ Palaiologus* (1350-1425): *A Byzantine Emperor in a Time of Tumult*, Cambridge: Cambridge University Press, 2021.

② 参见 John W. Baker, *Manuel II Palaeologus* (*1391-1425*): *A Study in Late Byzantine Statesmanship*, New Brunswick: Rutgers University Press, 1969; Martin Hinterberger and Chris Schabel, eds., *Greeks, Latins, and Intellectual History, 1204 - 1500*, Leuven: Leuven University Press, 2011; G. T. Dennis, ed., *Byzantium and the Franks, 1350-1420*, London: Variorum Reprints, 1982.

势，他们全身心投入本国内政外交事务，根本无暇顾及拜占庭人的请求。"① 徐家玲和崔艳红的《论拜占庭帝国灭亡的原因》一文也认为："后来，这位当年在土耳其宫中受尽屈辱的曼努埃尔二世继位后，又转而向西方的封建君主和教皇摇尾乞怜，想依靠西方新兴国家的军力抵制东方强敌土耳其人。但是，正处于民族国家兴起的西方世界已经不再关心所谓'十字架与新月'的斗争……这种杯水车薪般的援助，根本不可能挽救君士坦丁堡的危局。"②

　　国内外学界对曼努埃尔二世研究的重点还集中在其外交活动和内政治理方面，倾向于将其纳入拜占庭帝国晚期历史的整体研究中，缺乏深层次的具体研究。加之传统史观的束缚，学者有意无意地忽视了此次西欧之行发生的"跨文化互动"现象，并简单将双方在"跨文化互动"背景下对异域文化的反应归结为外交因素，忽略了文化边界机制和权力关系在其间扮演的重要角色。

　　近年来，随着全球史的勃兴，学界对"跨文化互动"现象及文化交流中的跨文化因素的关注显著提升。"全球史学者则认为，具有不同文化背景的群体之间的交往或交流，必然受到跨文化因素的影响，直接影响到互动者的态度及互动结果，因此极为重视互动中的'跨文化'性质及其影响。"③ 有鉴于前述研究成果存在的一些偏颇之处，本文试图从跨文化互动的视角出发，淡化曼努埃尔二世西欧之行的政治、外交色彩，而将主要的研究重点聚焦于曼努埃尔二世与西欧人之间的"跨文化互动"活动，以曼努埃尔二世在巴黎、伦敦的活动，尤其是他书写的信件、作品等一手史料为基础，④ 同时参考部分同时代西欧作家对曼努埃尔二世的记载，从"跨文化互动"的视角对曼努埃尔二世的西欧之行进行更为细致、具体的研

---

① 陈志强主编：《拜占庭帝国大通史（1057—1453）》，江苏人民出版社 2023 年版，第 386 页。

② 徐家玲、崔艳红：《论拜占庭帝国灭亡的原因》，《东北师大学报》（哲学社会科学版）2001 年第 6 期。

③ 刘文明主著：《全球史概论》，北京大学出版社 2021 年版，第 154 页。

④ 这些内容已有系统整理的英译本出现，参见 George T. Dennis, *The Letters of Manuel Ⅱ Palaeologus*, Washington D. C.: Dumbarton Oaks Research Library and Collection, 1977; Ch. Dendrinos, *On the Procession of the Holy Spirit, An Annotated Critical Edition (editio princeps) of Emperor Manuel Ⅱ Palaeologus' Treatise On the Procession of the Holy Spirit*, Ph. D. dissertation, University of London, 1996.

究，这既有助于拜占庭晚期历史研究的深入，也可以丰富"跨文化互动"理论，以个案研究推动理论研究的进一步深化。

一 认知、想象和建构：西欧人与曼努埃尔二世笔下的对方形象

1399 年 12 月 10 日，曼努埃尔二世安排好国内事务后，留下其侄子约翰七世担任摄政，自己与布西科和一些随从、家眷乘船离开君士坦丁堡前往伯罗奔尼撒半岛。随后，曼努埃尔二世将其家眷留在了伯罗奔尼撒，由其弟暴君西奥多（the Despot Theodore）照顾，出发前往威尼斯。在与威尼斯元老院商量好金钱援助等具体事宜后，曼努埃尔二世踏上了前往西欧世界求援的旅程。

曼努埃尔二世首先穿过了意大利北部的多个城市，如帕多瓦（Padua）、帕维亚（Pavia）、维琴察（Vicenza）和维罗纳（Verona）等，最后到达米兰。在米兰，曼努埃尔二世不仅见到了他的老朋友，著名的拜占庭学者曼努埃尔·克里索罗拉斯（Manuel Chrysoloras），还受到了米兰公爵维斯孔蒂（Visconti）的热情招待。维斯孔蒂公爵也是皇帝求援的对象之一，曼努埃尔二世赠予他荆棘王冠（the crown of Christ）上的一根荆棘和圣母肖像。荆棘王冠作为基督教最著名的圣物之一，曼努埃尔二世只将其赠予了西欧最有权势的君主，如法国、英国和阿拉贡等国的国王，此举也是曼努埃尔二世对维斯孔蒂公爵实力的充分肯定。圣母像的名字叫"绝望之希望"，暗含了皇帝自身的想法：拜占庭帝国已身处绝望之中，正在等待西方的援助。这一巧合无疑为这份作为礼物的肖像添加了更多的个人色彩。①曼努埃尔二世在意大利北部驻留了八天，在那里维斯孔蒂公爵为他召开了盛大的欢迎宴会。在这之后，曼努埃尔二世参观了著名的米兰大教堂和维斯孔蒂教堂，"即使在相对较小的维罗纳公共图书馆，也有超过 1000 份手稿"②。米兰之行也让曼努埃尔二世更加深刻地意识到了西欧国家的强大，

---

① M. Vassilaki, "Praying for the Salvation of the Empire?" in M. Vassilaki, ed., *Images of the Mother of God: Perceptions of the Theotokos of Byzantium*, Aldershot: Ashgate Publishing Company, 2004, p. 266.

② J. Larner, *Culture and Society in Italy, 1290-1420*, London: Batsford, 1971, p. 183.

也更加坚定了他求援的决心。

1400 年 6 月 3 日，曼努埃尔二世到达巴黎附近的沙朗通（Charanton），在此地受到了近两千名群众的热情欢迎。此外，法国国王查理六世带着大臣和贵族前来迎接皇帝，两位统治者互相致以和平之吻，查理六世还赠予曼努埃尔二世一匹白色的骏马。"然后，皇帝身着白色丝绸的皇室装束，足不触地就从自己的马换乘到了国王（查理六世）送他的马身上，（我们）注意到皇帝本人中等身材，有宽阔的胸膛和结实的四肢，虽然蓄着长须，头发花白却举止优雅，确实配得上统治一个帝国。"① 一些其他的法国编年史家也谈到了曼努埃尔二世截然不同的形貌和服饰特点，并为拜占庭帝国的衰落感到深深的惋惜。

之后，曼努埃尔二世与查理六世一同进入巴黎，二人和其他贵族一起共进晚宴，但相关史料却没有记载具体的情形。当天晚上，曼努埃尔二世在卢浮宫下榻。第二天，曼努埃尔二世会见了法国的一些高官，与他们商议了援助拜占庭的具体事宜。尽管曼努埃尔二世不懂拉丁语，但会谈的结果应当不错，这从他写给克里索罗拉斯的信中可以体现出来。"语言上的差异使我们不能如同设想的那般，同那些真正想要帮助我们的人交谈……最杰出的国王和他的亲属及手下的大臣都愿意为我们提供帮助，所有的这些都证明了他们高贵的灵魂、对我们的友谊以及对信仰持续不断的激情。"②

逗留巴黎期间，法国国王和贵族也邀请曼努埃尔二世参加了一些狩猎、晚宴等活动，在 1401 年新年活动中，贝里公爵就赠送了 231 件珍贵的礼物，作为回报，他收到了 331 件礼物。曼努埃尔二世也参加了互赠礼物的活动，皇帝向贝里公爵赠送了一块真十字架的碎片。③ 拜占庭没有此类礼物互赠的传统，这一行为无疑也是曼努埃尔二世的入乡随俗之举。

此外，曼努埃尔二世在巴黎期间还积极同其他外国君主联系，向他们赠予一些基督教的圣物以换取援助。"博尼法斯九世、本尼迪克特十三世、

---

① Denis, *Chronique de Saint Denis*, in Grecie, ed., *Collection de documents inédits sur l'histoire de France*, Vol. 2, Paris: Techener Libraire, 1840, pp. 754-760.

② George T. Dennis, *The Letters of Manuel Ⅱ Palaeologus*, Washington D. C.: Dumbarton Oaks Research Library and Collection, 1977, pp. 98-100.

③ M. Meiss, *French Painting in the Time of Jean de Berry: The Limbourgs and their Contemporaries*, New York: George Braziller, 1974, p. 48.

丹麦的玛格丽特和阿拉贡的马丁都收到了能治愈妇女的基督束腰外衣，纳瓦罗的查理三世和贝里公爵收到了圣十字架的碎片，米兰公爵维斯孔蒂得到了荆棘王冠上的一根刺，英国的亨利四世则收到了基督无袖外衣的一块碎片。"① 尽管这一时期拜占庭的基督教圣物价值已远远不能和之前相提并论，许多西欧君主已经拥有了价值更高、更精美的圣物，但这些礼物还是为曼努埃尔二世收获了更多的善意，让许多遥远国度的君主对这一充斥着想象色彩的东方国度有更多的了解。

深入分析法国编年史家对曼努埃尔二世的记述，可以发现，法国民众对皇帝及其随从的印象还停留在浅显的外部特征描述阶段，缺乏对"东方"文化的深入理解。他们笔下的曼努埃尔二世形象来自初次见面，并且夹杂许多想象的成分，皇帝本人与拜占庭帝国紧密结合在一起，共同构成法国史家脑海中建构出的"他者"形象。这种建构的形象继承了此前数个世纪的文学和历史作品，并在与曼努埃尔二世的接触中加深。而且，曼努埃尔二世来到巴黎的原始动机是寻求援助，皇帝本人的一些品质、举止又被与正在衰落中的拜占庭帝国相联系，法国史家一方面哀叹拜占庭帝国的命运；另一方面却又会在记述中刻意强调本国君主对皇帝的慷慨赏赐，以此来突出本国的强大和优越性。因此，对曼努埃尔二世的描述不仅关乎皇帝本人，也深刻反映出法国以自我为中心对拜占庭的认知、想象和建构。

皇帝在巴黎期间，查理六世的精神疾病再次发作，他撕碎了所有的东西，甚至相信自己是一头狮子，因此，曼努埃尔二世将访问英国提上了日程。1400 年 10 月，曼努埃尔二世已经出现在加莱，但为了躲避英吉利海峡的暴风雨，皇帝在加莱停留了两个月，直到 12 月才到达英国。12 月 21 日，曼努埃尔二世会见了英国国王亨利四世。二人一道前往伦敦，亨利四世在伦敦为曼努埃尔二世举行了一场化装舞会，几天后又在埃尔瑟姆宫举行了一场盛大的宴会和骑士比武大会。② 相较于法国人对曼努埃尔二世的热情欢迎和丰富记载，当时的英国人对曼努埃尔二世的记载显得更为稀少，这可能与曼努埃尔二世在伦敦逗留时间短暂有关。但曼努埃尔二世的

---

① Mergiali-Sahas, "Byzantine Emperors and Holy Relics: Use and Misuse, of Sanctity and Authority," *Jahrbuch der Österreichischen Byzantinistik*, Vol. 51, 2001, pp. 41-60.

② Donald M. Nicol, "A Byzantine Emperor in England: Manuel II's Visit to London in 1400-1401," *University of Birmingham Historical Journal*, Vol. 12, No. 2, 1971, pp. 204-225.

虔诚还是给他们留下了深刻的印象，皇帝"每天都在自己的居所做弥撒，他和身边的陪同人员每天都会做礼拜"①。乌斯克的亚当（Adam of Usk）也记录下了曼努埃尔二世的一些细节，"皇帝总是和他的随从在一起，他们都身着白色的长袍，他不喜欢英国人的时尚和穿着，他认为那显示了（英国人）反复无常的脾气。皇帝身边的牧师不愿意剪去头发或者胡须，这些希腊人在教堂礼拜中最为虔诚，士兵和牧师加入礼拜，用自己的母语吟诵"②。

曼努埃尔二世在信件中也提及了亨利四世，"我们现在和英国，第二个文明世界的国王待在一起，你可能会说，他拥有那么多的品质和美德……他最杰出的是他的地位和智慧……他正在为我们提供士兵、弓箭手、金钱这样的军事援助，并用船只将军队运往所需的地方"③。曼努埃尔二世用近乎谄媚的语言称赞亨利四世本人，即使是英国人也很少给予亨利四世如此高的评价。而且，曼努埃尔二世在信件中对英国所能提供的援助十分有信心，并断定这支军队不久之后就可以出发。曼努埃尔二世对亨利四世评价如此之高的一个重要原因是，亨利四世开始了对前任皇帝筹集资金损失问题的调查，并将追讨回的部分金钱给予了曼努埃尔二世。与法国的情况类似，英国的文献也反映出本国人对一个来自遥远国度君主的浪漫想象。在跨文化互动的初期阶段，这些记述反映出了他们对拜占庭的认知、想象和建构，英国史家尤为关注皇帝及其随从的样貌、穿着等外在特征，将这些特点与自身对比，从而成功地建构出一个完整清晰的"他者"形象，这个形象又与拜占庭帝国衰微的命运紧密联系着。"我联想到，这位来自遥远东方的伟大基督教君主，遭受那些异教徒的压力，被迫前来访问遥远的西方岛屿，乞求支援以对抗土耳其人，这是多么令人悲哀的事情。上帝啊，你对古代的罗马帝国的荣耀做了什么！"④ 这也表明，通过对皇帝及帝国命运的惋惜，英国史家成功突出了本国的实力强大和君主的乐善好施，这些认知是特定时期英国史家思想的象征，在之后的时间逐渐演

① Donald M. Nicol, Byzantium and England, in Donald M. Nicol, ed., *Studies in Late Byzantine History and Prosopography*, London: Variorum Reprints, 1986, p. 197.

② Adam of Usk, *Chronicle of Adam Usk, 1377–1421*, trans. C. Wilson, Oxford: Clarendon, 1997, pp. 118–121.

③ George T. Dennis, *The Letters of Manuel Ⅱ Palaeologus*, p. 102.

④ Adam of Usk, *Chronicle of Adam Usk*, 1377–1421, trans. C. Wilson, p. 120.

变为那个时代群众的"集体想象"。

曼努埃尔二世自 1399 年底出发，直至 1401 年初返回法国，这一时期的皇帝主要停留在巴黎和伦敦。限于时间短暂和外交事务繁忙，这一时期的文献记载反映出跨文化互动的初期阶段，双方的互动尚处于"认知、想象和建构"阶段，有待更深层次的跨文化互动。"跨文化互动中的相互认知问题，在很大程度上属于跨文化形象学的范畴，它所涉及的认知主体的'自我'认知和认知客体的'他者'。在跨文化互动中，认知主体所理解、想象和建构的'他者'，可以包括人（个体、群体、民族）、社会（政府、劳动和生活、文化习俗等）、具体事物（物品、建筑、事件、环境等）不同维度。"① 具体来说，英法两国史家笔下的曼努埃尔二世形象仍是一个充满着"想象"意味的认知客体，曼努埃尔二世与衰落中的拜占庭帝国一起成为史家建构出的"他者"，通过他者形象进而反映出"本体"的强盛。这种认知虽然不带有敌意，也没有出现显著的文化冲突，却也反映出了他们的一些认知局限。同样，曼努埃尔二世写作的信件反映出，皇帝对西欧文化的认知也充斥着自身的想象和建构，缺乏对西欧文化更深层次的了解。皇帝在寄给克里索罗拉斯的信件中表达了对进一步与西欧君主沟通的想法和希望尽早回到祖国的期盼。"我们十分渴望早日回归家乡，我知道这正是你们希望的，同时也是敌人希望不要（实现的）"② 此前的学者倾向于将其归结为拜占庭的传统，"拜占庭信件的功能不是传递寄信人的具体信息，而是为了让寄信人和收信人超越对日常事务的关注，追求文学上的乐趣。"③ 而忽略了皇帝在面临跨文化互动时涉及的认知主体与客体问题。

二　文化交流：曼努埃尔二世在巴黎撰写的作品

1401 年 2 月，曼努埃尔二世返回巴黎，与恢复神智的查理六世会面，并一起参加了一场宗教仪式。在巴黎居留期间，随着文化接触的进一步发

---

①　刘文明主著：《全球史概论》，第 191 页。

②　George T. Dennis, *The Letters of Manuel Ⅱ Palaeologus*, p. 100.

③　Siren Çelik, *Manuel Ⅱ Palaiologos*（1350-1425）: *A Byzantine Emperor in a Time of Tumult*, p. 224.

生，曼努埃尔二世对西欧世界世俗界和宗教界的相关认知进一步深化，正是在这一时期，曼努埃尔二世创作出两部作品：一首关于春天挂毯的艺格敷词（*ekphrasis*）和一篇神学论文《圣灵流出》（*On the Procession of the Holy Spirit*）。① 前者是曼努埃尔二世创作的一首诗歌，后者则是皇帝就东西方宗教争论的焦点之一"和子句"（filioque）问题撰写的论文。

在巴黎旅居期间，曼努埃尔二世受邀参加了一场精美挂毯的展览，展览会上一幅关于春天儿童在户外嬉戏的挂毯引得皇帝驻足，这激发了他的灵感，从而创作了这首艺格敷词："这是春天，花破土而出，温和的光线柔和地洒遍全身……多么令人愉悦的场景啊。现在，河流已经与河岸和平共处，冬天的洪水已经平息，曾经被洪水覆盖的地方再次出现在人们的视野中……的确，编织者的技艺塑造了一场视觉的盛宴。为驻足者带来了真正的快乐。毫无疑问，灵感是春天本身，它是悲伤的结束，或者如果你愿意，是欢愉的开始。"② 此前的许多研究者都会有意无意地忽视这份作品，认为它无足轻重，有人甚至认为，它根本不是一份书面作品，而只是一份口头描述的作品。事实上，这首艺格敷词反映出曼努埃尔二世在巴黎逗留期间一些深层次的感悟，体现出一些与传统拜占庭风格迥异的风格，因为它更为关注"人"自身而非宗教和神秘题材，呈现出了早期文艺复兴的一些艺术特点。曼努埃尔二世并没有忽视这些特征，而是选择忠实地描述挂毯的内容。"本质上，这位拜占庭作家对法国挂毯的描述在微观度上反映了东西方文化之间的对话，仿佛从中世纪走到了文艺复兴"③。在接触到新艺术风格时，曼努埃尔二世选择用拜占庭的行文方式去描述这幅挂毯，这或许也是他尝试与巴黎市民沟通的一种方式。也就是说，这首艺格敷词见

---

① 《圣灵流出》是曼努埃尔二世撰写的神学论文，本文在此不涉及神学问题，只针对该文本体现出曼努埃尔二世这一时期"文化调适"的特点。具体文本和更深层次的研究参见 Ch. Dendrinos, A*n Annotated Critical Edition*（*editio princeps*）*of Emperor Manuel Ⅱ Palaeologus' Treatise On the Procession of the Holy Spirit*, PhD thesis, University of London, 1996.

② John Davis, "Manuel II Palaeologus: A Depiction of Spring in a Dyed, Woven Hanging," in Charalambos Dendrinos, Jonathan Harris, Eirene H. Crook and Judith Herrin, eds., *Porphyrogenita: Essays on the History and Literature of Byzantium and the Latin East in Honour of Julian Chrysostomides*, Aldershot: Ashgate Publishing Company, 2003, pp. 412-413.

③ John Davis, "Manuel Ⅱ Palaeologus: A Depiction of Spring in a Dyed, Woven Hanging," in Charalambos Dendrinos, Jonathan Harris, Eirene H. Crook and Judith Herrin, eds., *Porphyrogenita: Essays on the History and Literature of Byzantium and the Latin East in Honour of Julian Chrysostomides*, p. 419.

证了曼努埃尔二世"文化交流"的过程，曼努埃尔二世将文艺复兴的艺术特点以拜占庭传统的文学风格加以阐释，实现了本土化的转变，体现了曼努埃尔二世本人对这种艺术风格的欣赏态度。

相较于艺格敷词研究成果的稀少，《圣灵流出》的文本得到了广泛的关注。但研究成果主要集中在神学和文学领域，大多数作品也关注的是文本本身的含义，未能与当时的社会背景有效结合起来。《圣灵流出》涉及的主要内容是"和子句"问题，即圣灵究竟是来源于圣父和圣子，还是只来源于圣父。天主教主张前者，而东正教坚持后者，这也是 1054 年东西教会分裂时争议的主要问题之一。作为实现宗教和解的必要过程，曼努埃尔二世也需要对这个问题给出自己的解释。而圣丹尼斯修道院的某位修道士将一本关于圣灵流出的小册子送给了皇帝，曼努埃尔二世于是决定撰写一篇神学论文来阐述这个问题。

本文无意在此讨论这一复杂的神学问题，而是旨在通过《圣灵流出》一文揭示曼努埃尔二世在面临相异文化时发生的"文化交流"现象及背后的成因。前人研究表明，"在冗长的论文中，曼努埃尔二世展示了拜占庭和拉丁神学的传统知识。皇帝还显示出了帕拉玛斯的影响……皇帝还通过托马斯·阿奎那的希腊文译本展示出对他的了解"①。曼努埃尔二世在《圣灵流出》中显示出他对包括托马斯·阿奎那等在内的拉丁神学思想的熟练掌握，事实上，他也在文中多次利用阿奎那的观点来反驳"和子句"的正确性，"尽管皇帝在回应拉丁人挑战时提出的论点严格遵循传统路线，从这个角度上说，文章缺乏独创性。但很明显，曼努埃尔是一位严肃的神学思想家，明显熟悉更广泛的拉丁神学观点，包括托马斯·阿奎那关于圣灵流出的学说"②。在这里，曼努埃尔二世显得十分保守，他没有过多介入天主教内部的矛盾，也就是阿维尼翁教廷和罗马教廷的争端，反而在极力劝和，希望再召开大公会议解决教会争端；另外，他坚持用传统的东正教教义驳斥西方的神学观点，而不是致力于创造新的神学理论。他在论文中也

---

① Siren Çelik, *Manuel Ⅱ Palaiologos* (1350-1425)：*A Byzantine Emperor in a Time of Tumult*, p. 235.

② Charalambos Dendrinos, "Manuel Ⅱ Palaeologus in Paris (1400-1402)：Theology, Diplomacy and Politics," in Martin Hinterberger and Chris Schabel, eds., *Greeks, Latins, and Intellectual History*, 1204-1500, Leuven：Leuven University Press, 2011, p. 414.

反对教皇在宗教领域的独尊地位，这也是对东正教传统教义的继承。

"为了反驳三段论式（syllogistic）的拉丁观点，曼努埃尔二世也不得不在一定程度上诉诸同样的方法。"① 曼努埃尔二世还借此表达了自己对哲学和神学研究领域区别的看法：神学应该处理与神相关的问题，相对应地，哲学处理的应该是世俗之事。因此，使用三段论去论述神学问题本身就是错误的，并将天主教的错误教义（即"和子句"）归咎于三段论，曼努埃尔二世使用拉丁西方的三段论去回应神学争议，再利用自己对哲学和神学的分野去论述三段论的局限性，借此完成了对"圣灵流出"这一神学命题的阐述，这也属于"文化交流"的过程。

传统观点将皇帝在《圣灵流出》中提出的神学观点归咎于政治因素，认为他保守的神学观点只是害怕激起国内群众的不满，这一观点忽略了边界维持机制的存在，因而将复杂的文化交流现象简单化为政治因素，缺乏更深层次的思考。"文化适应正是建立在这种渗透性之上……每种文化都有自己的一系列边界维持机制，借此过滤外部刺激。语言、宗教信仰、意识形态、培养民族主义等此类的种族中心机制、战争等都会捍卫文化的完整性。"② 边界维持机制的客观存在使得曼努埃尔二世并不认同天主教及其神学论证方法，他对三段论的运用只是为了说明"和子句"的错误。由于皇帝自身对东正教的笃信和国内民众的信仰压力，边界维持机制在这一时期显得格外强大。事实上，曼努埃尔二世创作的《圣灵流出》一文设想拜占庭人和拉丁人是相反的、对立的两个群体，但也有部分相似性。在这两部分中，只有被拉丁化的拜占庭人才是真正的罪人，他们"与我们对神性的看法不同……他们造成了两个群体间的冲突，因为他们已经放弃了自己的家乡，并试图变得与拉丁人一样"③。

在文化交流的过程中，文化边界的存在继续影响着双方进一步的文化交流。"《圣德尼教会编年史》记载了天主教的国王和东正教的皇帝一道在

---

① J. A. Demetracopoulos, "Pope Benedict XVI's Use of the Byzantine Emperor Manuel II Palaiologos: Dialogue with a Muslim Muteritzes," *Archiv für Mittelalterliche Philosophie und Kultur*, Vol. 14, pp. 264-304.

② Thomas F. Glick and Oriol Pi-Sunyer, "Acculturation as an Explanatory Concept in Spanish History," *Comparative Studies in Society and History*, Vol. 11, No. 2, 1969, pp. 136-154.

③ Ch. Dendrinos, *An Annotated Critical Edition (editio princeps) of Emperor Manuel II Palaeologus' Treatise On the Procession of the Holy Spirit*, Ph. D. dissertation, University of London, 1996, pp. 58-59.

圣丹尼斯大教堂参加了拉丁弥撒……编年史家注意到法国人民对东正教皇帝出席拉丁弥撒感到震惊。在大约同一时段撰写的神学论文中，安卡拉的马卡里奥斯，曼努埃尔二世的随从之一，强烈反对拉丁人和东正教徒一起参加礼拜仪式。"① 虽然曼努埃尔二世参加西方的弥撒仪式更多的是外交方面的考量，其目的是向外界展示皇帝本人希望实现宗教和解的态度，但仍然引发了很大的争议。这种争议也是跨文化互动经常遇到的问题，两种相异文化近距离接触后，首先面对的可能是质疑和否定，之后才有可能走向共存乃至相互借鉴。在接触相异文化时，目睹东正教皇帝参加了天主教的弥撒仪式，普通的巴黎市民对此表现出的只是惊奇和震惊，但也能接受这一结果，因为他们居于权力结构的优势地位。但拜占庭一方的神职人员却极力回避对皇帝行为的描述，文化的边界维持机制在此时以宗教为主要形式，安卡拉的马卡里奥斯力图维持东正教的"纯洁性"，避免屈从于天主教文化，也反映出了双方在宗教领域的巨大分歧。

在面临文化交流和文化边界之间的矛盾时，曼努埃尔二世并没有选择简单地全盘接纳或是全盘否定西方思想，而是具有相当的能动性，试图在维护文化边界的前提下推动文化交流的发展。因此，曼努埃尔二世在吸收和借鉴西方观念的同时将其做了本土化的"文化调适"，以拜占庭人更熟悉的艺格敷词的文学形式和神学辩论来运用西方的理论，以达成自己的目的。在文化接触进一步加深之时，更深层次的文化交流也随之加深，曼努埃尔二世的两部作品表明了这一点。而在曼努埃尔二世离去之后，文化交流在东西方产生了截然不同的结果，这就涉及"跨文化互动"中存在的"权力"问题。

三 权力与文化边界：影响"跨文化互动"的深层次原因

1402 年 7 月，拜占庭帝国的头号敌人巴耶齐德在安卡拉战役中被帖木儿帝国的皇帝帖木儿（Timerlane）击败并俘虏，奥斯曼帝国对君士坦丁堡

---

① Siren Çelik, *Manuel II Palaiologos* (1350-1425): *A Byzantine Emperor in a Time of Tumult*, p. 231.

的长期封锁宣告结束，巴耶齐德的儿子们为了皇位各自为政，拜占庭帝国的主要威胁似乎已经消失。离开家乡两年多的曼努埃尔二世收获了意料之外的胜利，尽管此刻的他在外交求援方面还是一事无成。同年 11 月 2 日，曼努埃尔二世终于可以离开巴黎，返回君士坦丁堡，历时两年多的西欧之行到这里宣告结束。

　　从传统的政治军事史角度出发，曼努埃尔二世的此次西欧之行无疑是彻底失败的，皇帝没有为拜占庭帝国拉拢到任何援助，无论是金钱还是军事方面，君士坦丁堡之围的解除也和他没有多大关系。但从跨文化互动的视角来看，曼努埃尔二世的西欧之行引发了西方对拜占庭的空前关注，是一次卓有成效的文化接触。皇帝在巴黎的长期停驻激发了巴黎艺术家和贵族对拜占庭艺术的热情，他们尤其青睐与拜占庭风格相关的艺术品和奢侈品。在 1402—1403 年，贝里公爵购买了有君士坦丁大帝和希拉克略大帝装饰的大奖章（medallions）。[①] 贝里公爵之后还购买过提比略和奥古斯都的大奖章，这些人物因为"基督教的主题被联系在一起，因为（罗马帝国）早期的皇帝都与基督教生活有联系，而君士坦丁大帝和希拉克略大帝因为'真十字架'联系在一起。这在当时的欧洲艺术中是一个流行的主题"[②]。1402 年，曼努埃尔二世还驻留在巴黎，他本人多次参加贝里公爵等法国贵族举行的宴会、比武大会等活动，因此，贝里公爵这一时期购入大奖章的行为可能受到了皇帝的影响。在那枚铭刻有希拉克略大帝肖像的大奖章上，希拉克略大帝的形象与曼努埃尔二世的形象十分相似，贝里公爵可能是受到曼努埃尔二世的影响而产生了对东方艺术品的收藏兴趣，而当时的工匠按照贝里公爵的要求，以曼努埃尔二世形象为原型制作了这枚奖章。

　　法国一方面一直保留着曼努埃尔二世的记忆；[③] 另一方面则以曼努埃

---

① M. Meiss, *French Painting in the Time of Jean de Berry*：*The Limbourgs and their Contemporaries*, p. 48.

② Siren Çelik, *Manuel II Palaiologus*（1350-1425）：*A Byzantine Emperor in a Time of Tumult*, p. 250.

③ 更细致的研究参见 C. Marinesco, "Deux empereurs byzantins en Occident：Manuel II et Jean VIII Paléologue, vus par des artistes parisiens et italiens," *Bulletin de la Société Nationale des Antiquaires de France*, 1958, pp. 38-40. P. H. Spaak, "Deux empereurs byzantins, Manuel II et Jean VIII Paléologue, vus par des artistes occidentaux," *Le Flambeau*, nov. déc. 1957, pp. 758-762.

尔二世及随从为灵感来源，创造出一系列文学和艺术作品。由林堡兄弟（The Limbourg brothers）为贝里公爵绘制的著名的《豪华时祷书》（Les Très Riches Heures）中，他们以曼努埃尔二世为原型，创作了东方三学士之一的梅里基奥（Melchior）和奥古斯都的形象。根据库比奇的研究，曼努埃尔二世可能也是《流浪的武士》（*Chevalier Errant*）中萨鲁兹的托马斯的灵感来源，这本书描述了东方君主们的聚会。① 不仅在法国，英国的艺术作品中也出现了有关曼努埃尔二世的作品。在创作于 15 世纪晚期的《圣阿尔班编年史》（*St Alban's Chronicle*）的一幅插图中，以绘画的方式记录了曼努埃尔二世与英王亨利四世的会面。有趣的是，由于时隔几十年的时间，作者对曼努埃尔二世的形象也只能靠文献记载和自己的想象，他笔下绘制出的曼努埃尔二世呈现出东方和西方服饰风格混合的特点：曼努埃尔二世身着英国特色的长袍，却头戴一顶拜占庭式的高帽，而且是标志性的"白发白须"形象（图 1）。

图 1 亨利四世与曼努埃尔二世的会面

资料来源：Siren Çelik, *Manuel Ⅱ Palaiologus（1350-1425）：A Byzantine Emperor in a Time of Tumult*, p. 253.

① J. Kubiski, "Orientalizing Costume in Early Fifteenth-Century French Manuscript Painting（Cité des Dames Master, Limbourg Brothers, Boucicaut Master, and Bedford Master），" *Gesta*, Vol. 40, pp. 161-80.

此外，以曼努埃尔二世的西欧之行为起始点，法国对东方的兴趣更加浓厚，还反映在出现了以曼努埃尔二世和东方事务为原型的小说中。"总的来说，皇帝在巴黎的出现进一步增加了法国对拜占庭的兴趣。这些兴趣由尼科波利斯战役和像菲利普·德·梅齐阿斯和布西科这样显赫的宫廷旅行人物引发。"① 他们充当赞助人，鼓励当时的作家创作有关拜占庭的文学作品。在一位生于威尼斯的女性作家克里斯汀·皮桑创作的诗歌《漫长的学习之路》（*Long Road of Learning*）中，她提到了君士坦丁堡和巴耶齐德的王国，还涉及了巴耶齐德被帖木儿击败的史实。根据她在书中的表述和对法国士兵与奥斯曼帝国斗争的熟悉程度，几乎可以确定她与布西科十分熟悉。"克里斯汀写作的时候，法国对中东的兴趣随着拜占庭皇帝曼努埃尔·帕列奥列格的出现而增强，他来到欧洲寻求帮助，希望从入侵的土耳其人手中拯救君士坦丁堡。他于 1400 年 6 月抵达巴黎，受到了热烈的欢迎。查理六世做出了慷慨的援助承诺，但这些承诺最后都没有得到兑现。"② 尽管曼努埃尔二世在巴黎的后期生活文献记载相对较少，但皇帝的出现却在很大程度上激发了当时民众和贵族对"东方"式物品的兴趣。随着时间的流逝以及拜占庭帝国的最终灭亡，这种兴趣与日俱增，使得后世对曼努埃尔二世和他的帝国产生了无限的遐思，进而逐步转换为艺术和文学作品。

然而，与西方出现东方热潮不同，曼努埃尔二世的西欧之行在拜占庭帝国却未能引起东方对西方足够的热情，只有少数几本作品中显示出了对西欧的兴趣。"举例来说，皇帝的旅行似乎使得拜占庭时期的作者提及西方的地理知识：杜卡斯特别列出了曼努埃尔去过的所有城市，包括一些想象中的路线。查克孔迪利斯则抓住机会对英法的风俗习惯进行了长篇大论，甚至包括了泰晤士河的流动。"③ 对于"跨文化互动"双方出现的不同结果，文化边界显然不是决定"跨文化互动"的唯一因素，还牵涉影响"跨文化互动"的另一重因素，即"权力"关系在跨文化互动中扮演的角

---

① Siren Çelik, *Manuel II Palaiologos*（1350–1425）：*A Byzantine Emperor in a Time of Tumult*, p. 253.

② Charity Willard, *Christine de Pizan：Her Life and Works*, New York：Persea Books, 1984, pp. 103–104.

③ Siren Çelik, *Manuel II Palaiologos*（1350–1425）：*A Byzantine Emperor in a Time of Tumult*, p. 256.

色。"不同社会之间人们的互动总是发生在差别性权力关系的背景下，而权力也以各种形式影响了文化交流的进程……本特利一方面承认赫尔姆斯的异域文化传统时常具有某种吸引力的观点，但另一方面也关注妨碍异域影响跨越文化边界的各种因素。人们时常以各种各样的理由视外来信仰、价值观和风俗是异己的、乏味的……本特利关注文化互动和交流得以发生的政治、社会和经济背景。"① 在面对异域文化时，西欧的编年史家关注到了拜占庭文化的吸引力，将其视为异域"东方"文化，记录下了曼努埃尔二世与当时西欧人种种的不同之处，以皇帝作为参照物，将曼努埃尔二世与他们对遥远的东方帝国的想象联系起来，完成了对拜占庭帝国的形象建构，同时也论证了自身国家的强大。

在对曼努埃尔二世西欧之行的认知方面，拜占庭史家和西欧编年史家的笔下也呈现出显著的差异。拜占庭历史学家更多地关注曼努埃尔二世西欧之行中表现出的高贵的美德：坚忍、牺牲、博学等，称赞他为祖国做出的重要牺牲，认为他是新的"奥德赛"（Odysseus），有匿名作家甚至称他为"自封的大使"。② 连安卡拉战役中巴耶齐德的失败都归功于皇帝日夜祈祷。究其根本，拜占庭"作者想进一步掩盖曼努埃尔作为一个贫穷而且正在急剧衰落的罗马帝国统治者的窘境，转而强调皇帝获得的荣誉和被他折服的美德，在这种情况下，财富、军队和广袤的领土并不是帝国尊严真正的象征"③。与之相对应的是，西方作者虽然也描述了曼努埃尔二世的美德，但更多关注的是本国君主对皇帝的慷慨赏赐，强调皇帝的衣食住行都是由自己的国王给予的。在他们的笔下，皇帝的称呼彻底沦为"希腊皇帝"或"君士坦丁堡的皇帝"。④ 文化边界与权力关系在此共同发挥作用，

① ［美］杰里·H. 本特利：《世界历史上的文化交流》，夏继果译，《全球史评论》第五辑，中国社会科学出版社 2012 年版，第 35—36 页。

② Ch. Dendrinos, "An Unpublished Funeral Oration on Manuel Ⅱ Palaeologus（1425），" in Charalambos Dendrinos, Jonathan Harris, Eirene H. Crook and Judith Herrin, eds., *Porphyrogenita*: *Essays on the History and Literature of Byzantium and the Latin East in Honour of Julian Chrysostomides*, Aldershot: Ashgate Publishing Company, 2003, p. 443.

③ Siren Çelik, *Manuel II Palaiologus*（1350-1425）: *A Byzantine Emperor in a Time of Tumult*, p. 257.

④ Denis, Chronique de Saint Denis, in Grecie, ed., *Collection de documents inédits sur l'histoire de France*, Vol. 2, pp. 754-758; Adam of Usk, *Chronicle of Adam Usk*, 1377-1421, trans. C. Wilson, pp. 118-121.

文化边界的存在使得拜占庭与西欧之间的文化交流未能更加深入，而权力关系的差异让拜占庭帝国民众对西欧文化心存芥蒂，妨碍了拜占庭对西方思想的借鉴和吸收。曼努埃尔二世的西欧之行在东西方产生了大相径庭的结果，其结果也深刻影响了双方关系。因此，文化边界在"跨文化互动"的初期对互动双方产生了较大的影响，但在随后的互动中，"权力"关系才是导致互动能否深入发展的重要因素，不对等的"权力"关系将会严重阻碍"跨文化互动"的进程和结果。

结　语

曼努埃尔二世于1399年年底离开君士坦丁堡，经过意大利北部抵达法国后停留了一段时间后前往伦敦会见英国国王，之后返回法国巴黎驻留，最终于1402年返回拜占庭帝国。在这趟西欧之行中，曼努埃尔二世给同时期的西欧作家留下了深刻的印象，法国、英国的编年史家和教会史家记录了这位来自东方的皇帝，他们记录了皇帝优雅的举止，并且对拜占庭帝国衰微的国势表示同情。而曼努埃尔二世则因为文化边界的存在，缺乏对西方全面客观的认知，双方依靠想象建构了彼此的形象，以自身为主体，在不同的文化背景和文化交流中完成了对"他者"的塑造。随着曼努埃尔二世在巴黎的长时期驻留，文化接触进一步发展，皇帝在吸收西欧文化的基础上创作出了两部作品：一首有关春天挂毯的艺格敷词和《圣灵流出》的神学论文，它们显示出曼努埃尔二世在巴黎期间的文化调适，但文化边界的存在阻碍了进一步的文化交流。

曼努埃尔二世在巴黎的长期驻留激发了西欧作家和艺术家对东方事物的热情，在曼努埃尔二世离去后，他们以曼努埃尔二世为灵感来源，绘制画作、创作出文学作品来怀念拜占庭帝国，帕列奥列格王朝时期的文化成果也得到进一步的借鉴、吸收。然而，文化边界的存在和双方隐含的"权力"关系导致拜占庭帝国对这次的跨文化互动反响不大，只有少数几位史学家记载了曼努埃尔二世的西欧之行，且重点突出了对曼努埃尔二世本人美德的夸赞，以此来掩盖帝国的衰弱。可以说，文化边界在"跨文化互动"的初期对互动双方产生了较大的影响，但在随后的互动中，"权力"关系才是导致互动能否深入发展的重要因素，不对等的"权力"关系将会严重阻碍"跨文化互动"的进程和结果。随着拜占庭帝国的灭亡和大批希腊流亡知识分子迁往西方，西方对拜占庭和希腊语的热情空前高涨，西方学者利用拜占庭保存下来的希腊、罗马典籍，促进了古典文化的复兴，最终推动了文艺复兴运动的发展。因此，从某种意义上说，曼努埃尔二世的西欧之行是 15、16 世纪东西方文化大规模交流的先声。

（焦鹏飞，首都师范大学历史学院博士研究生）

由中国风到在地化：文明互鉴视角下再探欧洲瓷业的东方渊源与本土创造

薛　冰

摘要　18世纪以前，中国制瓷业在全球享有垄断地位。大航海时代伊始，中国瓷器跟随欧洲风帆直抵西方，满足了社会各阶层日用、陈设、收藏、炫奇的需求，也吸引了数量不菲的贵金属持续流入中国。欧洲陶匠在本土低温釉陶的基础上经过一系列模仿、实验、创新，最终烧制出硬质瓷。之后更是在技术和销量上超越中国外销瓷。华瓷与悠久的历史文化融为一体，散发着独特气质，当它脱离母国，其隐含的寓意通常会有所改变；其中不少经过目标市场改造，融合创生出了新内涵。聚焦16—18世纪的世界陶瓷史可以发现，从最初模仿中国产品到最终成功创烧本土风格的瓷器，欧洲数代工匠见证并展现了跨文化互鉴的魅力；这也是人类历史上文明互鉴、融合创新的一个例证。

关键词　外销瓷　欧洲瓷业　东方渊源　本土化　创新

瓷器作为中华文明的重要象征，见证了中国古代先民卓越的创造力和高超的手工工艺水平。明清时期，沿海外向型窑口薪火不息，地方区域性窑口不断补充，全国逐渐形成一个以瓷器生产、贸易、消费为中心的体系。这一体系最终超越国界，并将越来越多的国家和地区吸纳进来。明代中后期，江南商品经济活跃，恰逢大航海时代到来，欧洲各国商船将数亿件中国瓷器运往西方。中国瓷器被视为"白色的金子"，成为王公贵胄竞相追逐的收藏品。随着消费文化的转型，中产阶层视瓷器为必不可少的舶来品。这一时期，咖啡、茶叶、热巧克力、蔗糖等成瘾性消费品广泛流行，外销至欧洲的瓷器不断向日用品演变，逐渐进入寻常百姓家。伴随着华瓷广销西方的同时，欧洲对中国瓷器的模仿、改造、创新始终未曾间断。最终，德国率先烧制出硬质瓷，华瓷出口贸易在西方产品的挤占下步入衰退期。

目前学界关于中国外销瓷的研究揭示和肯定了明清时期中国陶瓷商品广泛的世界影响力，对相关贸易参与力量、路线分布、商品数量、种类构成等方面的研究都有涉及；关于中欧陶瓷业的发展关系也有部分学者给予了关注。21世纪10年代，叶喆民、冯先铭、陆明华、方李莉、汪庆正等学者相继以《中国陶瓷史》《中国陶瓷》或《中国陶瓷研究》为书名，出版了各自的专著。部分章节涉及对中外陶瓷历史、艺术、文化等内容的对比研究，但普遍着墨不多。比如，1982年中国硅酸盐学会版《中国陶瓷史》第九、十章提到了中国制瓷技术外传以及中西瓷业对比的内容。[①] 2006年，叶喆民《中国陶瓷史》部分章节涉及"明代陶瓷和技术的对外交流""清代陶瓷和技术的对外传播"，简要分析了欧洲瓷业的发展壮大。[②] 2013年，方李莉《中国陶瓷史》从人文艺术学和社会学的角度论述了中国辉煌灿烂的陶瓷史，部分章节包含了中国制瓷技术的外传等内容。[③] 从全球史视角来看，在上述关注焦点之外，欧美瓷业崛起进而赶超中国，是研究跨国陶瓷贸易史、艺术发展史、工业革命史等领域过程中，必须重点关注的问题。进入21世纪，陈立立、邱春林、刘强等学者开始研究西方瓷业崛起与中国瓷业衰落的原因。[④]

国外学者对中国外销瓷的研究始终有增无减。得益于较早发展起来的港口遗迹考古和水下考古学，博物馆丰富的外销瓷藏品，以及持续定期召开的学术研讨会，欧美学者关于中国外销瓷研究积累了丰富的实物和理论资料，形成了较完整的体系以及涵盖面较广的研究领域。相关结论弥补了

---

① 中国硅酸盐学会编：《中国陶瓷史》，文物出版社1982年版，第408、450页。
② 叶喆民：《中国陶瓷史》，生活·读书·新知三联书店2006年版，第525、594页。
③ 方李莉：《中国陶瓷史》，齐鲁书社2013年版，第783、792、901页。
④ 参见陈立立《景德镇千年瓷业兴衰与崛起的思考》，《江西社会科学》2004年第12期；邱春林：《近代中国瓷业史略》，《陶瓷研究》2020年第4期；刘强：《18世纪末—20世纪初中国制瓷业的衰落：一个全球的视角》，《史学集刊》2011年第2期。

国内研究的不足。20 世纪 20 年代以来，霍布逊（R. L. Hobson）、波普（J. A. Pope）① 等人已开始运用考古学方法系统调查了中国外销瓷在东非、西亚的出土与保存情况，并在此基础上形成了较详细的考察报告，对比研究了一些模仿中国风格的当地产品。20 世纪中期，荷兰学者沃尔克（T. Volker）《瓷器和荷兰东印度公司》一书，② 参考资料源自海牙国家档案馆保存的荷兰东印度公司在东亚的贸易档案，丰富了对中荷陶瓷贸易规模的研究。之后，尤格（C. J. A. Jörg）采取阶段总结式的研究方法，同样按时间顺序再现了 18 世纪中国外销瓷抵达荷兰市场的盛况。③ 而 20 世纪 80 年代，伯德莱（M. Beurdeley）编写的《中国贸易瓷》；施赫莱尔（D. F. L. Scheurleer）《中国外销瓷：定制瓷》和马奇（J. M. C. Mudge）《出口美国的中国外销瓷（1785—1835）》则把论述重点放在了瓷器鉴赏和艺术分析上，没有对瓷器贸易和瓷业兴替进行过多的论述。④ 以上四种路径奠定了西方学者的基本研究模式。此后，迪维斯（J. Divis）《欧洲瓷器史》；⑤ 加纳（H. Garner）《东方的青花瓷器》；⑥ 芬雷（R. Finlay）《朝圣之艺：世界历史中的瓷器文化》⑦ 都赓续或交叉使用了上述四种方法。

　　从华瓷广销欧洲市场再到欧洲制瓷业的发展，并非一蹴而就，而是经历了复杂的过程。在长时段的考察下，相关研究仍然略显不连续。不仅缺少对中国制瓷工艺海外影响力的研究，也未系统考察欧洲瓷业从无到有、由弱到强的原因。关于欧洲瓷业的东方渊源与本土开端，仍没有专题性论文进行分析。本文聚焦 16—18 世纪这一时段，从欧洲对中国瓷器的依赖、中国对欧洲瓷业的启发，以及欧洲本土瓷业的肇始等内容进行探究，以期

---

　　① 参见 R. L. Hobson, *Chinese Pottery and Porcelain*, London：Cassel and Company, 1915；J. A. Pope, *Chinese Porcelain from the Ardebil Shrine*, Washington D. C. ：Freer Gallery of Art, 1956.

　　② 参见 T. Volker, *Porcelain and the Dutch East India Company*, Leiden：Brill, 1954.

　　③ C. J. A. Jörg, *Porcelain and the Dutch China Trade*, Berlin：Springer Netherlands, 1982.

　　④ 参见 Michel Beurdeley, *Chinese Trade Porcelain*, Rutland, VT. ：C. E. Tuttle Co. , 1962；D. F. Lunsingh Scheurleer, *Chinese Export Porcelain：Chine de Commande*, London：Pitman Publishing, 1974；Jean Mc Clure Mudge, *Chinese Export Porcelain for the American Trade*, 1785–1835, Newark：University of Delaware. 1981, p. 66.

　　⑤ Jan Divis, *European Porcelain*, New York：Excalibur Books, 1983.

　　⑥ Harry Garner, *Oriental Blue and White*, NewYork：Praeger Publishers, 1970.

　　⑦ Robert Finlay, *The Pilgrim Art：Cultures of Porcelain in World History*, Berkeley：University of California Press, 2010.

窥探西方制瓷业超越中国之前，文明交流互鉴、多样竞逐的一撇盛景。

一　近代早期欧洲上层社会的藏瓷之风

如果将中国陶瓷放在人类文明史的层面来探索其与世界的联系和对世界的影响，可以发现它几乎成了中华文明史的一个缩影。香料、茶叶、丝绸属于"输出—接受"的单向过程。而瓷器沁含着丰富的历史、经济、文化等多元因素，同时蕴藏着工艺、科学等内涵，有着实用性、商品性和艺术性兼备的优势。16世纪以后，作为中华文化的重要载体，中国陶瓷给各国带去科技启发和文化艺术享受的同时，也悄然成为文明的使者。18世纪，英国、法国、荷兰等国在广州设立贸易站，为华瓷外销提供了便利。该时期，欧洲多地还出现了承销定制华瓷的商店。比如1774年，英国《伦敦指南》记载，在伦敦至少有52家这样的商号。[①] 罗伯特·芬雷推断，从16世纪葡萄牙人来华算起，约三个世纪内共有3亿件华瓷沿着"海上瓷器之路"进入欧洲。[②] 欧洲社会真正实现了芒迪（Peter Mundy）感叹的"各阶层家庭都普遍使用了中国瓷器"的景象。[③]

伴随着瓷器持续输入欧洲的同时，上层社会为了突出权势、财富和品位，开始不断从中国定制瓷器。根据欧洲订单制作瓷器的最早案例是一件绘制有葡萄牙曼努埃尔一世（Manuel Ⅰ，1465—1521）徽章的青花瓷执壶。崇祯八年（1635），荷兰商人首次把日用器做成的木制模型带到中国，请工匠仿制。除了实物样本，更多的则是画样。海牙博物馆收藏的东印度公司档案里找到了一份1758年7页内容的画样辑录，存有33件瓷器图样。[④] 当中国工匠需要新模型时，样品会在欧洲做出来，然后先送到广州。[⑤] 时间一长，几乎所有欧洲贸易国都开始效仿荷兰。法国塞夫勒送来

---

① John Goldsmieh Phillips, *China Trade Porcelains*, Cambridge：Harvard University Press, 1974, p. 34.

② Robert Finlay, *The Pilgrim Art：Cultures of Porcelain in World History*, p. 22.

③ C. R. Boxer, *The Dutch Seaborne Empire* 1600-1800, London：Penguin Group, 1990, pp. 172-175.

④ C. J. A. Jörg, *Porselein als Handelswaar：de Porseleinhandel als Onderdeel van de Chinahandel van de V. O. C.*, 1729-1794, Thesis (doctoral) of Leiden University, 1978, p. 67.

⑤ 参见 D. F. Lunsingh Scheurleer, *Chinese Export Porcelain：Chine de Commande*, p. 65.

软质瓷，鲁昂送来最典型的彩绘陶；英国送来的模型包括切尔西的鹧鸪盖碗、韦奇伍德的餐具、伍斯特的马克杯等。另有许多冰桶和带柄花瓶等模型由瑞典皇家陶瓷厂送来仿制。中国工匠还被要求按照欧洲锡器、银器和印刷品上的图案装饰瓷器，包括宗教题材、打猎场景、海洋题材、政治题材、风景画等。该时期开始，只要是能用瓷质材料做出来的东西几乎都用瓷器做过了。符合欧洲人生活方式、饮食习惯和审美要求的餐具和艺术瓷不断问世，例如汤窝、盐碟、芥末瓶、酱汁船、暖盘、套装餐具等餐桌用具；板栗篮、果汁壶、奶冻杯、朝鲜蓟杯、甜点碟等甜点具；潘趣碗、冰酒桶、啤酒杯等酒具；茶壶、奶壶、咖啡壶、茶叶罐、热水缸、废水碗等饮具；剃须盘、墨水罐、壁挂式室内喷泉等特殊器。这种来样加工的方式使中国外销瓷饱含异域风情。随着在景德镇订购瓷器数量不断增多，以及欧洲商人的深度参与，欧洲使用的货币在景德镇也流通有效。比如"皮阿斯特尔"（Piastre）这种欧洲货币在景德镇为人们所熟悉，"故在贸易上通用，无需像其他国家那样重新加以铸制"。[①]

　　华瓷出口至欧洲以后，被用来装饰不同国家的宫殿，在收藏界形成一股"瓷器热"，甚至演化成"瓷热病"[②]。在17世纪中国风流行期间，很多欧洲皇室建造了巴洛克式的宫殿专门用于展示中国瓷器。贵族也竞相修建宫室以陈设瓷器。"珍奇屋"[③]"珍宝阁""炫奇柜""瓷器厨房"，都充斥着中国瓷器的身影；还有些瓷器被成组摆放在壁龛之上；有的按瓷器尺寸、外形定制了华丽的镀金托架，成为室内装饰的有机组成部分，彰显着主人的身份和品位。[④] 桑托斯宫的天顶镶嵌有261件中国瓷器，只为屋主

---

　　① ［法］殷弘绪：《耶稣教传教士昂特雷科莱（殷弘绪）给中国和印度传教会会计奥日神父的信件》，周思中主编：《中国陶瓷名著校读》，武汉大学出版社2016年版，第403页。

　　② "瓷热病"（china-mania），指17、18世纪英国社会对中国瓷器的狂热情状，参见 Louise Chandler Moulton, *Random Rambles*, London：Wentworth Press, 2019, p. 217. 这一称呼来自对瓷器有着近乎疯狂占有欲的奥古斯都二世的自嘲。参见 Mike McKierman, "La maladie de porcelain," *Occupaional Medicine*, Vol. 61, Issue 3, 2011, pp. 146−147.

　　③ 文艺复兴至19世纪，欧洲各类珍奇屋堪称是能够"提升社会地位的发动机"。仅以法国为例，18世纪，约900座珍奇屋对参观者开放。目的即为吸引访客，获得赞赏，以提升主人的社会地位。参见 ［法］克里斯蒂娜·达韦纳《珍奇屋 收藏的激情》，董莹译，生活·读书·新知三联书店2017年版，第197页。

　　④ M. R. Cubitt, *The Art of the Cabinet：Including a Chronological Guide to Styles*, New York：Thames and Hudson, 1992, p. 25.

人每天抬头就能仰察欣赏。西班牙拉格兰夏宫藏有大量乾隆时期的多彩花瓶，以及德化白瓷。① 红衣主教宫作为巴黎最豪华的宫殿之一，辟有大藏阁（Le Grand Cabinet），被誉为"巴黎奇迹中的奇迹"，珍藏有 400 多件中国瓷器。② 波旁家族也是中国瓷器的拥趸，路易十四时期建造的"特里亚农瓷宫"（Trianon de Porcelain）充斥着瓷元素，"整幢建筑覆盖施釉的烧板，室内以青、白为主要装饰色调，灵感来自中国青花瓷"③。出身于奥兰治王室的威廉三世及其皇后玛丽二世更是"瓷热病"的强力推手。这对夫妇以雄积瓷器闻名欧洲。光荣革命后，夫妇二人又将茶饮习惯及 800 余件中国瓷器带到英国，并在汉普顿宫专辟陈列室，"将瓷器堆在柜顶、文具盒、壁炉台的每个空间，甚至天花板"④；英国作家爱福林（John Evelyn）参观后感叹道："我看到了皇后的奇珍橱柜及瓷器收藏，美妙绝伦，品种宏富，数量可观。"⑤ "瓷热病"由此席卷英伦。到了 17 世纪末，家无华瓷的英国贵族已经自惭形秽。因为人们相信笛福（Daniel Defoe）略带嫉妒地断言："如果没有中国的花瓶就没有第一流的住宅。"⑥

欧陆最著名的瓷器收藏家当属神圣罗马帝国萨克森选帝侯奥古斯都二世。求瓷若渴的他或者通过荷兰东印度公司进口，或者派大臣到各大博览会采购，甚至还曾用 600 名战斗力强悍的骑兵换得普鲁士国王腓特烈·威廉一世收藏的 151 件中国青花瓷。⑦ 他为购买中国瓷器花费了巨大的财力，以至于与他同时代的人把瓷器描述为"令萨克森流血的碗"。奥古斯都二世不仅大量收藏东方陶瓷，还留下了详细的清单，其中罗列了总数逾 1.7 万件中国瓷器。"瓷器热"伴随着"中国热"在欧洲统治阶层掀起了更大的潮流，瑞典、意大利等国皇室，以及奥地利大公、美因茨选帝侯、巴伐

① Michel Beurdeley, *Porcelain of the East India Companies*, p. 84.

② ［美］弗朗西斯·亨利·泰勒：《天使的品味：艺术收藏的历史》，王琼等译，华夏出版社 2014 年版，第 234 页。

③ O. R. Impey, *Chinoiserie*：*The Impact of Oriental Styles on Western Art and Decoration*, New York：Scribner's, 1977, p. 77.

④ Daniel Defoe, *A Tour Through the Whole Island of Great Britain*, Edited by P. N. Furbank and w. R. Owens. New Haven：Yale University Press, 1991, p. 65.

⑤ John Evelyn, *The Diary of John Evelyn*, London：Oxford University Press, 1959, p. 969.

⑥ T. Volker, *Porcelain and the Dutch East Indian Company* 1602-1682, pp. 18-22.

⑦ 吴若明：《萨克森宫廷藏亚洲陶瓷及欧洲硬质瓷的烧制》，《故宫博物院院刊》2021 年第 11 期。

利亚选帝侯、波希米亚和匈牙利的国王都以收藏中国瓷器为荣。① 西欧的"瓷器热"传导到俄国后，蒙普莱西尔宫、夏宫、舒瓦洛夫宫都分别开设了中式格调的瓷器展厅。②

　　一些大臣、新兴资产阶级也成了瓷器的拥趸，纷纷效仿皇亲贵胄，以陈设中国瓷器作为彰显财富与品位的重要方式。该时期欧洲民间出现了不少规模适中的瓷器陈列室：威克尔斯海姆宫、哥达宫、阿尔滕堡宫、阿恩施塔特宫等场所都设立有中国瓷器陈列室。③ 英国名流霍勒斯·沃波尔这样的雅士也不能免俗，在其著名的草莓山庄特辟一室收藏中国瓷器。④ 东印度公司强大的搬运力更使瓷器得以走进普通家庭的起居室，为了适于瓷器展示，室内装饰、空间布置、整体氛围必须品位不俗，且能将所有瓷器和家具融合为一个和谐整体。⑤ 以阿姆斯特丹范龙（Van Loon）家族故居为例，其内饰完成于1672年，为了匹配陈列柜中的大量瓷器藏品，主人特意买来中式家具，有间卧室甚至贴上蓝白花纹的墙纸，给人一种活动于巨大青花瓷器中的错觉。在中国风鼎盛期间，英国中产家庭以在乡间别墅中营建中国室为时尚。英国乡间别墅主要用于社交聚会，此时还用以放置瓷器藏品。⑥ 第一代黑尔伍德男爵爱德温（Edwin Lascelles）修建的庄园使用中国风装饰来点缀主卧，瓷器等元素营造了浓郁的中国情调。⑦ 另有建于18世纪中叶的克莱顿庄园，其"中国室"充斥着回纹、宝塔造型等洛可可式中国风，瓷器更是一大亮点。⑧ 即便在19世纪，对中国瓷器的收藏仍备受西方名流关注；著名文学家维克多·雨果故居的"中国客厅"内，琳琅

---

① 参见 R. Schmidt, W. A. Thorpe, *Porcelain as an Art and a Mirror of Fashion*, London: George G. Harrap & Co. Publisher, 1932, pp. 65-73.

② Nina Vernova, *Treasures of Russia（from Peterhof Palaces of the Tsars）*, WA.: Forbes Custom Publishing, 1998, pp. 50-56.

③ 参见 Germain Bazin, *The Baroque: Principles, Styles, Modes, Themes*, New York: Norton, 1978, p. 105; Anne Massey, *Berlin and Eastern Germany*, London: A&C Black, pp. 23-27.

④ 文学家、辉格党政治家霍勒斯·沃波尔（Horace Walpole）是英国第一任首相罗伯特·沃波尔的儿子。

⑤ Timothy Brook, *Vermeer's Hat: The Seventeenth Century and the Dawn of the Global World*, New York: Bloomsbury Press, 2008, p. 77.

⑥ Gervase Jackson-Stops ed. , *The Treasure Houses of Britain*, New Haven and London: Yale University Press, 1985, p. 10.

⑦ Mary Mauchline, *Harewood House*, Vt. : David & Charles, 1974, pp. 114-116.

⑧ Nathaniel Harris, *Chippendale*, NJ. : Chartwell Books, 1989, pp. 34, 51.

满目而又井然有序的瓷器陈列营造一种中式传统居室的格调。当然，当时欧洲认定的中国并不一定便是真正的中国，"混淆与误解才是文化交流中经常出现的真实现象"①。但这也足以让他们在想象中获得一种前所未有的满足。

二　华瓷与欧洲"餐桌革命"的发展

15 世纪，西方的餐桌上非常简单，没有特定餐具和餐刀，只是开始使用双尖叉子来叉肉，它源于游牧民族狩猎的叉子。盛餐具也简易粗糙，多使用木器、陶器、锡器、玻璃甚至皮革；杯子则用动物角或蜡木制成。多数欧洲人只能把不新鲜的硬面包切成厚片，当作盛放食物的盘子，或在木托盘中间挖槽以盛放流质食物。② 直到 16 世纪晚期，英国普通民众才逐渐放弃使用"黑杰克"（一种外涂焦油的皮革杯）。③ 17 世纪早期，西方的餐桌逐渐讲究一些，此时出现了三尖叉和餐桌专用餐刀，但盛餐器和饮具依然乏善可陈。农民则非常珍视自己仅有的几件赤土陶器，若有破损还塞进铅粒修补。当时的风俗画显示，大多数餐桌上的陶器是多么稀有和粗糙。中等阶层则青睐锡合金器皿（又称白镴器），这种材质约含 15% 重金属铅，很容易造成刮痕，需花费数小时用砂子抹平抛光，因此并不适合用作日常餐具，而且它几乎无法添加任何纹饰。因此进入 17 世纪后期，在装饰时尚迅速改变之际，锡器逐渐退出餐桌。锡价因此暴跌，锡矿工人将矛头对准了陶瓷商人，引发了不小的社会震荡。④

银盘排名远高于锡器，是最有身份的餐具，只有富贵人家才买得起。在 16 世纪的英国，唯有男爵、主教层级以上人士才配以银器上菜。作为装饰品，昂贵的银器令人印象深刻；然而，一放到 17 世纪初的餐桌上，就不得不和其他各式器皿杂置并陈。英王查理一世的进餐器包括银碟、水晶调

① 袁宣萍：《十七至十八世纪欧洲的中国风设计》，文物出版社 2006 年版，第 246 页。

② Christopher Dyer, *Standards of Living in the Later Middle Ages: Social Change in England*, c. 1200–1520, Cambridge: Cambridge University Press, 1989, p. 173.

③ Gerard Brett, *Dinner is Served: a History of Dining in England*, 1400–1900, London: Hart-Davis, 1968, p. 77.

④ Ann Smart Martin, "The Role of Pewter as Missing Artifact: Consumer Attitudes Toward Tablewares in Late 18th-Century Virginia," *Historical Archaeology*, Vol. 23, No. 2, 1989, p. 20.

味瓶、鸡血石杯，四五只锡合金盘子、几张木制大浅盘，以及"一只镀金镶银大瓷盆，两柄覆以皮套";① 根本就没有成套的瓷质餐具。使用银器的习惯在16—17世纪之际开始受阻：菲利普三世为推销西班牙锡釉餐具，颁布禁奢法，禁止贵金属器的制造和使用。西班牙王位继承战期间，路易十四以爱国为名，胁迫贵族销熔银器捐输。内战时期的英国贵族也有类似的遭遇，交出他们的银盘支持查理一世的大业。瓷器的身价与地位由此日益提升，在众人眼中也越来越体面，使摆脱银器变得更容易些。一套瓷质餐器组的性价比远超银器，其平均成本只有后者的十分之一。于是在17世纪，西方精英的生活再现了中国宋代文人士绅的经验——从使用贵金属餐具过渡到使用高质量瓷器。值得注意的是，这时仍只有中产家庭和贵族才能用上锡釉陶或银制品。而对于欧洲平民来说，由于缺少像样的餐具，他们在17世纪以前还没有形成餐桌饮食文化。至于中国生产的精致瓷器，此时尚未大量进入欧洲，仅有的一些他们更愿意珍藏起来作为象征身家地位的传世宝物，不舍得用作餐具。所以在该时期，欧洲尚不具备形成餐桌文化、分餐制、聚会文化的条件。直到中国瓷器开始涌入欧洲市场之后，迅速引领了一股"餐桌革命"。

伴随着东印度公司贸易的兴起，中国瓷器成为备受追捧的舶来品。瓷器成为以荷兰静物画为代表的欧洲绘画中的流行元素。它们在画中多以餐桌陈设、日用餐具等方式出现，表现出强烈的人文主义情怀。尽管成套中国瓷餐具在静物画中尚不多见，但茶壶、茶杯、餐盘、碟子、奶罐等中国舶来瓷都已经成为静物画的表现对象。透过画作细腻的描绘，可以步入瓷器在西方的使用情境，体会中国器物对欧洲审美趣味与生活方式的影响。葡萄牙第五代布拉干斯公爵狄奥多西一世去世后的财产清单所列瓷器数量证实中国瓷器是宫殿内日常生活的一部分。清单涉及瓷类包括大托盘、杯子、执壶、奶瓶、砧盘、碟式盘、带柄罐、醋瓶等。毫无疑问，它们大都属于餐桌用具。成套餐具的出现丰富了餐桌上的食物种类；中世纪欧洲以林场和草场为主的庄园中，肉类最易获取，宴会的主要特点是尽情吃肉，堆成垛的肉食装在巨大的盘形器内，一股脑儿端到餐桌上。17世纪末，欧

---

① Arthur MacGregor, *The Late King's Goods：Collections，Possessions and Patronage of Charles I in the Light of the Commonwealth Sales Intentories*, Oxford：Oxford University Press, 1989, p. 374.

洲上流社会，饮食已成为一种社交活动，尤其是成套中国瓷餐具的出现使得昂贵的银质餐具不再是唯一选择。此后，颇为讲究的"各式大餐"才逐渐成为餐桌上的主流。

中国瓷器到来之前，杯、盘、碟在欧洲家庭的餐桌上属于稀缺品。因此几乎没有人单独进食，用餐更像是一种社会群体行为，即使素不相识的食客，也不得不共享有限的餐具。现存 15 世纪佛兰德斯风俗画印证了这一现象：画中市井酒馆的木质长桌前，六七位食客传递着同一只陶盘分切的黑麦面包，粗陶酒盏在不同行业的人群中流转，甚至可见农妇与修士共饮一罐麦芽酒的场景。当时的礼仪手册要求"喝之前必须先清洁手、口，才不会弄脏杯子，否则同桌的人都不想和你共饮"[1]。1580 年，蒙田途经德国，反感地注意到此地客店流行"众人一起下手抓食"的习惯，而不是分别取用。16 世纪，有位意大利作家警示读者，在乡间，放在桌子中央的杯、碗，"无论是贵族还是传教士，一体共享，没人奢求多要一个杯子"[2]。还有一本手册指出："有食客会把嘴里嗦过的勺子不加擦拭就放回碗中，导致许多人不再食用浓汤，或任何类似性质的食物。"[3]

"分享餐具、集体共食"的习惯消失得较为缓慢。迟至 18 世纪初，英国小说家斯摩莱特还指出，法国人用餐时无论多不讲究，至少"不会像英国那样，大家共饮一个可能有一打脏嘴碰过的大啤酒杯"[4]。集体共食风俗开始从欧洲中上阶层撤退，是在中国硬质瓷进入餐桌成为普遍现象之后，此时人们的卫生观念、自我节律、餐桌文明、社交礼节、饮食习惯乃至菜品种类也发生改变。只有餐桌上摆满各式器皿，排除了共食的必要，才可能更具体地以礼相待同桌伙伴。随着各式瓷餐具的流行，欧洲的料理手册开始规定容器的形状、材质和装饰等要素必须与宾客的身份地位、场合以及食物本身相称。此外，容器必须被摆放在餐桌的精确位置上。食器和食

① P. A. Shackel, *Personal Discipline and Material Culture：An Archaeology of Annapolis*, *Maryland*, 1695–1870. Knoxville：University of Tennessee Press. 1993, p. 145.

② Piero Camporesi, *The Magic Harvest：Food*, *Folklore and Society*, Translated by Joan Krakover Hall, Cambridge, MA. ：Polity Press, 1993, p. 5.

③ Sarah Richards, *Eighteenth-Century Ceramics：Products for a Civilised Society*, Manchester：Manchester University Press, 1999, p. 153.

④ Tobias Smollett, *Travels through France and Italy. Evanston*, IL. ：Marlboro Press and Northwestern University Press, 1997, p. 44.

物的颜色有各自的作用，碟子上食物的形状也是如此，有些食物和形状被认为是男性化的，有些则是女性化的——这是摆盘艺术的早期版本。

　　全套瓷餐器的普遍出现使得个人化用餐方式得以固定，"不但为个体进餐空间划下范围界限，也促使同桌互动谨守自制"①。随着富户人家逐渐广泛使用餐器组和叉子，餐桌礼仪的重点也开始从如何"合理共用餐具不招嫌"转向正确使用个人餐具的方法。至此，和中国人一样，欧洲人进餐时也能享受到餐桌上各型彩瓷玲珑并置所散发的整体悦目美感。德国学者埃利亚斯（Norbert Elias）认为，近代早期，贵族开始使用瓷质组合餐具，开启了餐桌礼仪的"文明进程"（civilizing process）：从那一刻起，它慢慢地渗入社会之中。② 不同阶层的消费者都有社会抱负，激励着他们去模仿上层社会的炫耀性消费。这种仿效开启了新一轮的消费者创新：精英们去寻找新手段，希望通过使用更繁复而又昂贵的瓷餐具将自己与那些普通人区别开来。③ 由此推动越来越多的各式中国瓷餐具进入欧洲社会。④ 正像埃利亚斯在《文明的进程》中对欧洲礼仪史的回顾那样，那些曾是上层人士的行为风尚已在整个社会中传播开来。

　　自我提升是文明进程的一部分，而精英筵席的相关知识是一种教育形式，更是一种通过遵守规则维护社会稳定的方式。由于"新贵"们作为"外行者"，无法得到精英阶层的烹饪和筵席材料，而且烹调的高级技术细节只被相对少数的专业大师掌握。因此，独立于食材、珍馐和烹饪奥义之外的主题逐渐演化为一种新话题，实用性开始让位于审美。餐具和食物被抽象地加以讨论，主要包括不同瓷餐具组合的相对价值、色彩和质感的相互作用、并列放置的乐趣、菜品和餐器命名中的文字游戏、定制餐具的独特含义，等等。讨论瓷质餐具成了一种文化话语，一种资产阶级得以随心所欲沉溺其中而且为精英阶层所普遍接受的活动。埃利亚斯认为，文化是民族表现出差异化和自我特色的东西，文明是各个民族差异性减少和渐趋

---

　　① Norbert Elias, *The Civilizing Process*, vol. 1: *The History of Manners*, Translated by Edmund Jephcott, New York: Pantheon Books, 1982, p. 56.

　　② Norbert Elias, *The Civilizing Process*, vol. 1: *The History of Manners*, p. 9.

　　③ Jon Stobart, *Sugar and Spice: Grocers and Groceries in Provincial England*, 1650—1830, Oxford: Oxford University Press, 2012, pp. 242-253.

　　④ Neil McKendrick ed., *The Birth of a Consumer Society: The Commercialisation of Eighteenth-Century England*, Bloomington: Indiana University Press, 1982, pp. 29-33.

相似的东西。中、欧以瓷器为媒介的文化互鉴逐渐使双方接受了彼此的某些差异和特色，因而推动人类文明的各自发展越来越趋同化。

18 世纪前后，欧洲约有一亿人口，为餐桌用瓷提供了接纳度高而又有利可图的市场。东印度公司从海外大量进口瓷器，使其价格不断下降，形美质佳、性价比高，不分阶级人人都消费得起了，中国瓷器逐渐成为西方餐桌上的主流餐具。及至 18 世纪结束，瓷器和其众多仿品已经完全进占餐桌桌面，取代了槽盘、赤陶、锡器、银器的角色和位置。西方用餐制度得以改变，多人共用一件餐具的历史在欧洲成为过往，西方现代餐桌礼仪在此基础上得以形成。餐具数量的增多和功能的多样化推动了分餐制的形成。各式尺寸、造型的餐具在餐桌上拥有了固定的位置，上菜顺序也成了一种讲究。而不同的瓷质厨房用具、佐料器也成为西方餐饮文化中必不可少的一部分。由此可见，中国瓷器的流行，深刻塑造了现代西方社会文化的面貌。

三　从猜想到实践：18 世纪欧洲制瓷术的创新

从上层社会到普通人家，欧洲对中国瓷器的需求持续增加，巨额的市场利润促使当地工匠不断进行实验尝试，渴望参透制瓷术。但他们真正发现瓷器制造的奥秘，已经是在首批瓷器到达欧洲之后两百年了。在此之前，模仿的重点仅仅是尝试在锡釉陶等器皿上再现中国风格瓷器的外观。中国外销瓷实际上成为欧洲认识东方的一扇窗口，也是欧洲"中国风"装饰题材的源泉之一。欧洲工匠从东方舶来品中概括提炼出一些"典型题材"，比如山石花卉小景、湖面上的舫榭亭台、长袍马褂的人物、尖顶敞拱的建筑；再将这些"典型"拼接发展出一系列中国风的欧洲装饰题材。从模仿到创作的过程中出现了许多"混搭"的情况，装饰题材最终完全脱离原有文化背景，仅为展现一个欧洲臆想中的"中国"。

（一）欧洲人的造瓷猜想

中国销往欧洲的主要瓷器种类是蓝白相间的青花瓷，这两种颜色在基督教文化中同样代表着纯洁和神圣，欧洲人惊讶于这些来自东方的器物竟然可以将实用与艺术如此完美地结合在一起。中国瓷器逐渐成为身份、财富、品位、教养、礼节、纪念的象征或媒介。他们狂热地搜求一切瓷器，也在欲望驱使下开始对瓷器生产工艺产生浓厚兴趣。由于材料和技术限制，欧洲工匠最初只能尽量在外观上模仿这种商品。他们在陶胎上增加了一层锡白釉，再于釉上装饰蓝色图案，外观颇似青花瓷。美第奇、代尔夫特最先开始这种尝试；之后，德国的哈瑙、法兰克福及其他城市分别出现了生产类似产品的工场。① 法国讷韦尔窑场在 17 世纪后半叶以其高超的仿制技术而名噪一时；工匠还对纹饰进行了中西融合，例如在盘中心绘制中式花园风景，而在四周装饰法式花边；一些仿品的人物场景甚至依稀再现了《西厢记》《三国演义》《水浒传》等版画中的内容。② 英国陶瓷的生产也是从模仿中式风格开始的。戈登（G. A. Golden）认为，超过 50% 的英国陶瓷都受到了东方的影响。③ 但这些仿制器物胎壁厚重粗松，釉色混浊，承重有限，易碎裂，抗碰撞性也较差。在使用过程中常被剐蹭和磕破，暴露出深色陶胎，使人看出它是劣质的赝品。因此，想要获得高品质定制瓷，欧洲顾客仍需要向中国下单。

虽然对瓷器无比渴求，但他们对这种产品的成分和制作方法莫衷一是。早在 9 世纪中期，阿拉伯商人苏莱曼《中印游记》就记载："中国人能用一种优质陶土，制造出各种器皿，透明可比玻璃，能透过外壁看到里面盛装的酒。"④ 可惜这部书没有在欧洲流传。马可·波罗也曾简述了 1290 年年底他在德化见到的制瓷工艺：

> （德化瓷）制作工艺如下：人们先从地下挖取一种泥土，并堆成堆，在三四十年间，任凭风吹雨淋日晒绝不能翻动，泥土就变得十分精纯；再在土中加入合适的颜料，再入窑烧制；因此那些掘土者只是替子孙准备原料。⑤

---

① Daphne Carnegy, *Tin-glazed Earthenware: from Maiolica, Faience, and Delftware to the Contemporary*, London: A&C Black, 1993, pp. 7-12.

② Henri Frantz, *French Pottery and Porcelain*, London: G. Newnes Limited, pp. 22-30.

③ G. A. Golden, *Oriental Export Market: Porcelain and Its Influence on European Wares*, London: Ed. Granada, 1979, p. 339.

④ E. Renaudot, *Ancient Accounts of India and China by Two Mohammedan Tranvelleres*, London: Gale Ecco, Print Editions, 1733, p. 21.

⑤ ［意］马可·波罗：《马可·波罗游记》，肖民译，陕西人民出版社 2012 年版，第 145 页。

　　道明会修士克鲁兹（Gaspar da Cruz）所著《中国志》是继《马可·波罗游记》之后第一本专论中国的著作，书中指出"瓷是一种白色软石，也有一些红色的质地较粗。或者说，瓷是一种硬黏土，经过彻底拍击碾磨后，浸在缸中……留在最上层的就是最好的瓷土……工匠先用黏土做出各种餐具，然后把它们放在太阳下干燥；晒干后，在上面用靛青色颜料绘制想要的纹样……所绘图案干了以后，再给瓷器上釉，接下来就是进行烧制"[①]。马可·波罗的家乡意大利率先受到启发。1575 年前后，佛罗伦萨的美第奇公爵（Francesco de' Medici）令人将洁白、高透光度的德化白瓷作为仿照对象，用白沙和黏土，掺和磨碎的晶体岩、锡和铅熔剂制作出了介于玻璃和陶瓷之间的物品，称为"美第奇瓷器"[②]，这是欧洲最早仿制中国瓷器的产品。其外形和纹饰参考了中国瓷器，在半透明的珐琅质表面用蓝色绘制中式青花纹样。由于对瓷器原料缺乏了解，且烧造温度略低，因此胎质硬度、白度及透明度均低于中国瓷器，只能被定义为"软质瓷"。荷兰工匠受"美第奇瓷器"启发，烧制了类似的"代尔夫特"锡釉陶。器物装饰着钴蓝料，纹饰也尽可能模仿中国青花瓷，其中所谓的"中国样式"装饰，就是从大量进口的中国瓷器纹样中，选择欧洲人能理解的形态，加工改造重组而成。1671 年，英国人约翰·德怀特在福尔哈姆创办的陶瓷厂被授予制造"通常称为瓷器的透明陶器"专利。[③] 这些产品只是一种外表为白釉的低温陶器，无法雕纹和塑形，在胎、釉、彩、烧成温度上都和中国瓷器差别巨大。

　　中国瓷器成分的未知性和烧成之难延续了其神秘性，加重了欧洲人的误解。欧洲学者长期进行着无根据的臆测。马德休斯（J. Mathesius）曾在《山间邮车》中坚持认为，"瓷器器皿可以清除所盛食物或饮料的毒素"[④]。这种源自西南亚的传说在欧洲存在了很长时间。16 世纪中期，欧洲一位数学家和一位医学家曾经就瓷的性质展开辩论。前者认为，"瓷肯定也是某种在地底凝结的液体制成的"；后者坚称，"蛋壳和贝壳捣成粉末，加水调

①　C. R. Boxer, *South China in the Sixteen Century*, London：Hakluyt Society, 1953, p. 127.

②　Jan Divis, *European Porcelain*, p. 15.

③　Jan Divis, *European Porcelain*, p. 27.

④　Jan Divis, *European Porcelain*, p. 10.

和，塑成瓶罐，在地下埋一百年再挖出来，如此才算大功告成"。① 哲学家培根等在《培根的新工具》中也发表了类似看法，认为天然物质埋入土中可改变其性质，并引用了中国人制作"瓷土"的方法："他们把这类物质大量埋在地下，长达四五十年，当作一种人造矿藏供子孙之用。"② 葡萄牙作家巴尔博扎（Duarte Barbosa）认为，"陶瓷原料是鱼肉、贝壳、蛋壳、蛋白，加上其他材料，磨细而成……将材料混合成团块并埋在土下一段时间，这个原料混合成的团块会被当成重要的继承物和宝藏保存"③。番斯若（G. Panciral）在《遗失的古代宝藏》中认为："瓷器由石膏、蛋壳和贝壳混成一大块材料，由家族首领将其深埋地下，八年后继承人方可挖出，做成完美的花瓶。"④ 尽管16世纪林苏荷顿（J. H. Linschoten）《东西印度群岛航行记》中已经强调"制瓷原料属于坚硬的黏土，粉碎加水搅拌后，漂浮在最上层者可制作上等瓷器，其余依次而下，以此类推"⑤。耶稣会士曾德昭（Alvaro Semedo）《大中国志》也指出"制瓷这项工作并不神秘，无论是物质上、形式上还是操作上；瓷器纯粹就是由黏土制成的，不过他们做得更认真细致"⑥。但仍有许多人坚持认定原料必是某种稀有材质，类似宝石、鹦鹉螺、犀牛角和鸵鸟蛋等，总之绝不可能是随处可见的泥土。

就品质而言，中国瓷器在该时期始终是各国竞逐的目标。无论价格如何变化，瓷器自身的品质性能依然得到普遍认可。"欧洲人认识到，自己生产的铅釉器实际上对健康有害，有警告说'只可用中国瓷器来装酸性食物'。"⑦ 欧洲人不知道烧造高温硬质瓷的工艺配方，多次尝试均以失败告终。另外，即便景德镇提供的定制服务已经十分成熟，许多不便和缺点依然明显存在。首先，在短时间内将整套定制瓷烧成、集齐较为困难。瓷器生产是分工进行的，有时一套瓷器的某些瓷件已经运往欧洲，而另一些瓷

① R. W. Lightbown, "Oriental Art and the Orient in Late Renaissance and Baroque Italy," *Journal of the Warburg and Courtauld Institutes*, Vol. 32, 1969, pp. 225-235.

② Francis Bacon, Thomas Fowler, *Bacon's Novum Organum*, Oxford: The Clarendon Press, 1889, p. 577.

③ Mansel Longworth, ed., *The Book of Duarte Barbosa. Volume II*, London: Hakluyt Society, 1921, p. 86.

④ Michel Beurdeley, *Porcelain of the East India Companies*, p. 10.

⑤ T. Volker, *Porcelain and the Dutch East India Company 1602-1682*, p. 21.

⑥ ［葡］曾德昭：《大中国志》，何高济译，商务印书馆2012年版，第80页。

⑦ Sarah Richards, *Eighteenth-Century Ceramics: Products for a Civilised Society*, pp. 166-167.

件才从景德镇发出。其次，在瓷器制作过程中，中国工匠对外文一窍不通，抄写时经常出现各种错误。哥德堡博物馆的一套昂贵藏品上，工匠竟然把模型表面黏着的一张废纸的内容也原封不动地写在了瓷器上。① 另有一件瓷盘，订购者为避免用色错误而将颜色名称用英文标出，中国工匠却误将其当作图案的一部分，把"red""green"等单词错写上去。② 由于外商难以深入中国内陆，便有了景德镇瓷胎运往广州进行加彩的广彩瓷。这种做法增加了定制过程中的成本和损坏率。与此同时，进口中国瓷器导致大量白银外流。欧洲的王室、贵族、商人都认为，有必要在本国建立瓷厂，他们联合起来，加速了对制瓷技术的探索。

（二）炼金术士和传教士的贡献——欧洲创烧硬质瓷的两条路线

以马可·波罗、林苏荷顿、曾德昭和尼霍夫（Johan Nieuhof）等人的著作为代表，早期在欧洲流传的一些东方游记或多或少都提到了中国瓷器的制造方法并无秘诀，主要讲究正确的成分和某些原料的处理方法。相信此种说法的奥古斯都二世四处寻觅拥有高超技术的陶匠，不惜花费巨额成本持续投入实验。奥古斯都二世身魁力壮，据说可以徒手折断马蹄铁，故有"强力王"的绰号。但他自己也承认："我没有任何疾病，如果非说要有，就是太爱瓷器。"③ 仅靠外部获取瓷器远不能满足需求，他更渴望实现本土替代。

当时其他多国已经陆续开始仿制中国瓷器，并希望通过不同土壤混合实验的路径来破解秘密，但始终只能得到软质瓷。为了掌握制瓷方法，奥古斯都二世提倡保护针对瓷器产品的所有实验。最初，他成立了以科学家契恩豪斯伯爵（E. W. von Tschirnhaus）为中心的瓷器研发团队来攻克难题，该团队由化学家、工匠组成。契恩豪斯早年曾受命勘察萨克森的自然资源，并花费了20年时间观察玻璃作坊和彩陶厂，一直试图揭示中国瓷器的秘密，但成果有限。④ 1701年，一位只有十九岁的炼金术士伯特格尔

---

① 参见 Michel Beurdeley, *Porcelain of the East India Companies*, p. 119.

② D. S. Howard, *Chinese Armorial Porcelain. Volume II*, London：Heirloom & Howard Limited, 2003, p. 353.

③ 上海市历史博物馆：《白色金子 东西瓷都：从景德镇到梅森瓷器选》，上海书画出版社2019年版，第86页。

④ Sarah Richards, *Eighteenth-Century Ceramics：Products for a Civilised Society*, pp. 21, 32.

(J. F. Bottger) 被想要满库黄金的普鲁士腓特烈·威廉一世下令追索，被迫逃往附近的萨克森后，却又落入"求贤若渴"的奥古斯都二世手中。炼不出黄色金子的他，谎称可以变出瓷器这种"白色金子"。于是伯特格尔被指派和契恩豪斯团队一起在德累斯顿高度保密的城堡中研究制瓷术。

　　制瓷实验成了当时全国的头等大事，主要方法就是对海量原料进行反复筛选。奥古斯都二世派大臣在邻近地区采集土样、矿石，直接送到德累斯顿的实验室。各地也不断送来土矿标本，几乎形成举国上下一致配合的局面。从被关进城堡到制造出欧洲的第一件瓷器，伯特格尔做了 3 万多次不同的实验。不仅记录了全部的实验过程和结果，而且把每一次的细小差异也都罗列了出来。这些历史文件现在保存于德国国家档案馆内。德国工匠对于瓷器烧制原理形成了科学理性的认识，并且有了定量的概念；奠定了他们善于通过微调化学成分配比或者调试烧制过程来生产各种精致瓷器的技术路线。如果说中国人发明瓷器是依靠经验、智慧和资源禀赋，那么欧洲人发明出瓷器就是靠反复实验、试错，收集和记录信息来实现的。这种状况的形成和当时欧洲启蒙运动的发展关系密切。

　　就在某种瓷器配方即将取得突破前夕，契恩豪斯去世了。1707 年，伯特格尔将纽伦堡红土和诺德豪森蜡石混入含较多易熔硅砂的格第茨黄土中，终于根据奥古斯都收藏的宜兴紫砂陶生产出一种高度相似的朱红色炻器。[1] 伯特格尔将其命名为"雅斯佩尔瓷器"，也就是今天所称的"伯特格尔炻器"。[2] 1708 年 1 月，团队参照德化白瓷，试验了 7 种配方，按照不同比例将一种白色黏土和雪花石膏混合烧制，终于得到 3 件白色透明硬质瓷器；一般认为这是欧洲硬质瓷的起步。[3] 即便如此，这种白瓷的胎质也和华瓷差距较大，釉层夹杂不少气泡，属于硫酸钙质瓷，而不是长石质瓷。[4] 1710 年，奥古斯都二世宣布萨克森公国研制瓷器成功；同年 6 月，他在军事重镇梅森成立商业制瓷厂——梅森瓷厂。至此，一家在 18 世纪上半叶主导欧洲瓷器生产的工厂诞生了。虽然瓷厂开设在军事管制区，也采取强力

---

　　① 张夫也：《外国工艺美术史》，中央编译出版社 1999 年版，第 456 页。

　　② D. H. Cohen, *Looking at European Ceramics: A Guide to Technical Terms*, Malibu: J. Paul Getty Museum in association with British Museum Press, 1993, pp. 79-80.

　　③ 西北轻工业学院：《陶瓷工艺学》，轻工业出版社 1980 年版，第 6 页。

　　④ 李国清、郑培凯：《中国德化白瓷与欧洲早期制瓷业》，《海交史研究》2004 年第 1 期。

措施严防工业间谍，甚至将伯特格尔幽禁至死，还下令让生产流程中各环节相互保密，但奥古斯都终究无法独享制瓷机密。几年之内，多位拥有配方或高温烧窑知识的工人逃离梅森，投奔其他王公，为欧洲瓷业开枝散叶埋下伏笔。①

梅森瓷器的研制成功，得益于奥古斯都二世收藏的大量中国瓷器作为样本。因此，在早期梅森的作品中，能明显看到中国瓷器的风格和痕迹。②梅森甚至聘用专业设计师对中国瓷器纹饰进行仿制和再设计，瓷器上出现了中国人物、花卉、山水风景、中式建筑和类似于龙、凤、鹿等动物；还有各种象征性图案，如"八宝""岁寒三友""祥云"，以及变化无穷的多重花饰，布满棕榈、芭蕉等富有特色的"鱼刺形"植被和太湖石等。文化交流与影响从来都是相互的，梅森对陶瓷纹样和器型的设计，也影响和丰富了中国瓷器的风格，促进了中西文化艺术交流。随后在景德镇输入欧洲的贸易瓷中，也出现了受梅森瓷器风格影响的产品。

由于梅森硬质瓷和中国莹润洁雅、光素透亮的长石质瓷器仍有区别，此外还有选矿配釉、窑炉设计、温控等技术未被完全掌握，工匠们仍然对瓷器生产疑惑颇多。就在梅森瓷厂成立两年后，一位耶稣会传教士终于从景德镇送来了关键情报。殷弘绪（Père Francois Xavier d'Entrecolles）是康熙授意白晋神父从法国招募的传教士之一，1698 年起负责在饶州传教。康熙四十八年（1709），他通过江西巡抚郎廷极，将法国葡萄酒进呈康熙，获准常驻景德镇 7 年。从此可以自由进出大小陶瓷作坊，悉心观察各项制瓷技艺，并与工匠进行交流。③ 起初，殷弘绪难以打开僵局，因为工匠严守制瓷工艺，更对外国人保持高度戒心。此外，他记下的诸多术语、行话较为费解，"连当地百姓都得问了才懂"，"即使有答复也常常不完整"。④比如，他曾探查某种红釉配方的具体比例，却只能在信中汇报主要是由明矾、某种油料，以及"童子尿"组成。尽管如此，靠着出入窑坊之间，亲眼观察、亲口询问，殷弘绪还是获得了丰富的制瓷知识和一手信息。这多

① H. M. Fletcher, *Antique Porcelain in Color*：*Meissen*，New York：Doubleday，1971，pp. 112.

② Staatliche Porzellan-Manufaktur Meissen, *Meissen China*：*An Illustrated History*，New York：Dover Publications，1972，p. 11.

③ Nigel Wood, *Chinese Glazes*：*Their Origins*，*Chemistry and Recreation*，London：A&C Black，2007，p. 240.

④ 程庸：《瓷耀世界：器以载道传扬瓷韵风华》，江西美术出版社 2017 年版，第 212 页。

归功于他的传教活动，使部分生活窘困的窑工皈依基督教，并且敞开心扉，授以真传。所有情报中，最具价值的是他终于知道瓷胎是由高岭土和瓷石混合而成的"二元配方"。高岭土是形成胎骨的原料，瓷石中添入高岭土，瓷胎可耐受1300℃以上高温；反之，则容易变形。而且只有高温环境才能最大程度地提高胎体半透明性和强固度。[1]

康熙五十一年（1712），殷弘绪寄给耶稣会一封万字信，描述了他在景德镇观察到的制瓷流程，随信附寄的还有一些原料样品。信中详述了瓷胎配方，多种釉料的施用方法和窑厂建设要点，以及成型、色料、彩绘、匣钵制作、烧成等工艺情况，还附有反映景德镇部分制瓷工序的插画。[2]1716年，法国人将这封信公之于众，引起轰动。殷弘绪寄来的样本被转交给对热力学和岩石颇有研究的列奥米尔（Ferchault de Réaumur）。[3]他通过分析瓷土样本来辨认化学成分的思路为后继者铺设了道路。从此，寻找欧洲本地高岭土并按照中国二元配方烧制真正的高温瓷成为席卷欧洲的一股热潮。殷弘绪的故乡利摩日凭借本地高岭土矿，得以生产一种被誉为"法国白金"的高级细白瓷。[4] 1722年，殷弘绪发出第二封信《中国陶瓷见闻录补遗》，增加了20多条补充。两封信几乎涉及了中国全部制瓷工艺。[5]

殷弘绪的书信使中国制瓷术第一次被欧洲人详细了解并公开发表，其科学性和系统性远超前人游记性质的记载，堪称18世纪世界最重要的工业文献之一。这两封书信除了被收录于《耶稣会士中国书简集》，1735年杜赫德（J. B. du Halde）《中华帝国全志》，以及后来狄德罗（D. Diderot）《百科全书》也都进行了收录，[6]从而使其广为流传，对全欧洲制瓷业产生了深远影响。1738年，《中华帝国全志》被翻译成英文，其中殷弘绪书信给英国一位"月光社"成员——乔西亚·韦奇伍德留下了深刻的印象。[7]

---

① 张福康：《中国古陶瓷的科学》，上海人民美术出版社2000年版，第76页。

② Nigel Wood, *Chinese Glazes: Their Origins, Chemistry and Recreation*, p. 167.

③ Mary Terrall, *Catching Nature in the Act: Réaumur and the Practice of Natural History in the Eighteenth Century*, Chicago: The University of Chicago Press, 2014, p. 17.

④ Susan Peterson, *The Craft And Art of Clay*, Woodstock: The Overlook Press, 1996, p. 249.

⑤ Nigel Wood, *Chinese Glazes: Their Origins, Chemistry and Recreation*, p. 180.

⑥ Robert Finlay, *The Pilgrim Art: Cultures of Porcelain in World History*, p. 18.

⑦ Robert Felce, *Soaprock Coast: The Origins of English Porcelain*, Cornwall: Robert Felce BSc, 2011, p. 7.

韦奇伍德通过和社员汉密尔顿、瓦特等人交流之后，对景德镇复杂的生产工序以及开创机械化制瓷业颇感着迷。之后更是仿照景德镇的分工形式来组织他的伊特鲁里亚陶瓷厂，为现代工厂制度树立了典范。① 因此有学者认为，工业革命的胜利有一部分要归功于景德镇。②

欧洲各国在接触到中国制瓷的核心原理后，瓷厂如雨后春笋般涌现出来。在殷弘绪第一封信发表两年后，维也纳建起欧洲第二家硬瓷厂；之后，法国、普鲁士、西班牙、意大利等国皇室也都相继建起制瓷厂。③ 各皇室不满足于经营私有工厂生产瓷器，还以入股形式广泛参与民间瓷厂的经营。并通过授予专利权，减少各瓷厂的恶性竞争。④ 随着社会资本的注入及本土矿藏的大量发现，欧洲瓷业完成了向大众市场的转变。这种新兴工业在短期内成为最可观的利润来源。

余　论

最初，中国瓷器凭借色白如玉、价格不菲而被欧洲贵族比喻为"白色的金子"。其综合价值所产生的巨大商业利益，激发资本家对东方贸易持续开拓。16—18 世纪初，华瓷始终居于东西方文化交流的核心，而且深入所到之处的寻常百姓家，影响着当地的文化、风俗和传统。从"珍宝阁"到茶餐桌，瓷器改变了欧洲，也影响了近代世界；它是畅销商品，更是一种内涵丰富的文化载体，推动不同文明持续交融互进。由于要满足欧洲市场在生活习惯、审美需求等方面的要求，外销瓷在外观设计、主要功能、工艺技法上，都呈现出一些不同于内销瓷的特点。其异彩纷呈，器形多样，为中国瓷器增添了绚烂的新篇章。从某种程度上说，世界上可能找不出哪样东西能够像外销瓷一样，成为多民族、多习俗、多文化共同参与创造的载体。通洋东西的瓷器，勾勒出一部有关文化交流的器物生命史。在

---

① 刘丽娴、汪若愚等：《韦奇伍德的设计管理思想与商业实践》，《装饰》2020 年第 1 期。

② ［德］雷德侯：《万物：中国艺术中的模件化和规模化生产》，张总等译，生活·读书·新知三联书店 2012 年版，第 143、341 页。

③ W. E. Cox, *The Book of Pottery and Porcelain*, New York: Crown Publishing Group, 1970, p. 682.

④ 参见 Jan Divis, *European porcelain*, p. 81; W. B. Honey, *French Porcelain of the 18th Century*, London: Faber and Faber Ltd, 1972, p. 9.

生产环节，中国各窑口的瓷器来到欧洲，推动了欧洲的瓷器制造；在流通环节，它为东西方贸易带来了高额利润，促进了全球经济联动；在消费环节，瓷器凝结着东西方的审美趣味，满足了欧洲人对于异国情调的好奇与想象，是文化互视的窗口。

　　欧洲顾客不仅进口了数亿件中国陶瓷，而且开始仿制、创新工艺，进一步改进生产，希望实现本土替代。从长远来看，这对中西文化交流的影响比单纯的贸易影响更大。他们从外销瓷中汲取审美灵感，拓宽对装饰艺术的理解，然后将东方元素、色彩和造型运用到自己的产品中。透过对中国形式进行收纳整合并重新阐释，该过程显示出对装饰语言的原创性混搭，展现了不同审美体系相融合的跨文化现象。从模仿华瓷外观来装饰软质瓷；到参照器型、性能进行在地化瓷器生产；再到工业革命推动下实现机械化制瓷；这是一个不能忽视的历史过程。最终，在科学和技术密切结合之下，欧洲瓷厂出现了窑炉测温仪、高温骨质瓷、转印贴花技术、压坯成形法、球磨原料法等新工艺；并且改进了流水线生产，将瓷器生产与公司组织这种形式相结合，实现了综合突破。中国传统手工工场无法与机械生产相抗衡，以瓷器为代表的物质和精神文明成果转而开始加速由西方向东方传播。借助西方技术和艺术的不断革新，作为历史上中华文明独特创造物的陶瓷，得以成为全人类共营共享的宝贵财富和珍贵遗产。

（薛冰，南通大学历史文化学院讲师）

跨文化视野下傅兰雅编译的《西礼须知》[*]

蔡纪风

摘要 傅兰雅编译的《西礼须知》是近代中国译介的第一部西礼书。《西礼须知》作为廉价易得的英文礼仪指南，开创了仪节书这一欧洲礼仪新的写作门类，不仅为英国中间阶层提供礼仪知识，助力他们向上跃迁，还制造出更细微的社会区隔形式，将普通民众也纳入礼仪实践的范围。由傅兰雅编译成中文书后，《西礼须知》从新式学堂教材渐次成为晚清西学知识体系的重要文献。它不仅帮助人们反思和重新诠释传统礼仪观念，还促使民初知识界赓续撰写新的"西礼须知"。这些新撰"西礼须知"为出洋留学和勤工俭学的进步青年提供了新的行为准则。

关键词 《西礼须知》 傅兰雅 仪节书 礼仪互动

经由外使入觐争议，晚清朝野对欧洲礼仪已有所耳闻。这些被称为"西礼"的种种知识不仅使士林意识到异质的礼仪形态，更为清廷在同光之际接受外使以五鞠躬礼为折中觐见提供了"因时制礼"的合理性。① 这些出于耳闻笔述的西礼知识引起了士人的留意和兴趣，却一时难以构成思

---

* 本文系中国博士后科学基金第 75 批面上资助项目"近代中国东西礼仪互动研究"（项目批号：2024M750482）阶段性成果；本研究成果由"国家资助博士后研究人员计划"资助（GZC20240307）。

① 茅海建：《公使驻京本末》，《近代的尺度：两次鸦片战争军事与外交》，生活·读书·新知三联书店 2011 年版，第 174—252 页。

想冲击。光绪二年（1876）秋，郭嵩焘使团成行后，西礼开始由知识化为士人的切实体验，这些述闻渐渐由对礼仪表象的观察转换为对礼仪背后的观念的分析。外交文书和出使日记也常将欧洲礼仪的形制单独成篇，以资总理衙门和士林参考。① 此时，晚清来华西人也致力于将欧洲礼仪介绍给中国政学两界，并将观察、阅读到的中国传统礼俗和生活方式介绍回西方。这一独特的东西礼仪互动不断将传统中国思想文化"相对化"，即"礼"不再为儒学和传统中国独有，异质礼仪观念开始碰撞交融，也因此必须接受彼此的检验。

　　礼仪是制度和观念的载体，而礼仪书又承载着不同的价值取向和文雅规训。礼仪书的国际流动不仅仅是知识的流动，更可能是思想价值乃至文化模式的迁徙，因而备受国际学界尤其是欧洲史研究者的关注。② 晚清传教士傅兰雅译介的《西礼须知》是近代礼仪书跨国、跨文化流动的典型代表。先行研究留意到《西礼须知》往往因其被收入《格致须知》这部晚清首套专为学堂学生所编写的新式教科书之中。③ 熊月之率先将其放入"晚清礼俗论辩"的论域中，介绍了《西礼须知》的内容与士林的看法。④ 杨华则指出《西礼须知》在晚清大力推广了欧洲礼仪，推动了跪拜礼的废除。⑤ 作为晚清译介的首部重要礼仪文献，目前学界对《西礼须知》的研究仍不充分，既未弄清此书的文献来源，更不了解原作在欧洲文化史上的意义。厘清《西礼须知》的文本来源和译介过程，不仅对于东西礼仪互动的研究具有关键意义，也有助于探明其在东西方社会中既独立又交融的全

----

　　① Jenny Huangfu Day, *Qing Travelers to the Far West*: *Diplomacy and the Information Order in Late Imperial China*, Cambridge: Cambridge University Press, 2018.

　　② 代表性著作包括 Peter Burke, *The Fortunes of the Courtier*, *The European Reception of Castiglione's Cortegiano*, University Park: The Pennsylvania State University Press, 1996. J. L. Lievsay, *Stephano Guazzo and the English Renaissance*: 1525-1675, Chapel Hill: North Carolina, 1961. John R. Woodhouse, "The Tradition of Della Casa's Galateo in English," in Jacques Carré ed. , *The Crisis of Courtesy*, *Studies in the Conduct-Books in Britain*, 1600-1900, Leiden: Brill, 1994, pp. 11-26.

　　③ 龚书铎主编：《中国近代文化概论》，中华书局1997年版，第309页。邹振环：《近百年上海基督教文字出版及其影响》，《复旦学报（社会科学版）》2002年第3期。王红霞：《傅兰雅的西书中译事业》，复旦大学，博士学位论文，2006年，第148页。张美平：《益智书会教科书的编译及其影响》，《翻译论坛》2018年第2期。

　　④ 熊月之：《晚清中国关于西方礼俗的论辩》，《学术月刊》2008年第8期。

　　⑤ 杨华、杨圣桑：《中国传统礼制在近代的转变》，王淑英等编：《重塑人文学：中英人文对话》第1辑，商务印书馆2023年版，第390页。

球意义。

一 《西礼须知》译介的来龙去脉与思想意义

傅兰雅（John Fryer，1839—1928）是晚清参与翻译活动最重要的传教士，前后译书达百余种。他所编纂的译书书目《江南制造总局翻译西书事略》和《益智书会书目》代表晚清官书局书目和教会书目的典范。[①] 1877年，为应对教会学校教材短缺的问题，益智书会（The School and Textbook Series Committee）筹备出版两套教学用书。傅兰雅担任书会总编辑后，主持教科书的编辑工作。在一百多种教科书中有四分之一由其亲自执笔编写[②]，包括供学校初等年级使用的《格致须知》丛书（*Outlines Series*）。傅兰雅根据新出版的英美礼仪书，由程培芳笔述编译了《西礼须知》二种，于1886年出版，成为近代中国首次译介的欧洲礼仪书。

针对傅兰雅译书底本来源的考证，最受学界重视的研究成果是贝内特（Adrian Bennett）的《傅兰雅译著考略》。这部书在欧文（Richard G. Irvine）的考证基础上重新编排整理出"傅兰雅译著完整列表"。根基于此，王扬宗、王红霞、夏晶等学者进一步考察、重编这一书目，又有诸多创获。然而在西礼译书的问题上，这些考证或结论错误，或无结论。[③] 可以说，西礼译书的文本来源是解决傅兰雅译书来源问题的最后一块重要拼图。

厘清中译西礼书的文本来源需要考察傅兰雅的藏书。加州大学藏"傅

---

① 邹振环：《西学汉译文献与中国翻译史研究》，《东方翻译》2011年第4期。

② 吴相湘：《傅兰雅与中国近代译学》，《历史与人物》，东大图书有限公司1978年版，第279页。

③ 贝内特记录的这两部书分别被称为"Western Etiquette：What to do"和"Western Etiquette：What to avoid"，他指出《西礼须知》来自未知英国著作，而《戒礼须知》由傅兰雅本人编写。正是由于这一说法的存在，中国学者往往照搬这一结论。王扬宗说两书来自《英国礼貌书》，王红霞对傅兰雅译书的考证未提到这两部书，熊月之说这部书原作者不详，书名题为"Etiquette of Western Countries，Outline"，夏晶则因袭贝内特的说法不变。Adrian Arthur Bennett，*John Fryer：The Introduction of Western Science and Technology into Nineteenth-Century China*，Harvard East Asian Monographs，Cambridge，Mass：Harvard University Press，1967，p. 88. 王扬宗：《江南制造局翻译书目新考》，《中国科技史料》，第16卷第2期（1995年），第16页。王红霞：《傅兰雅的西书中译事业》，复旦大学，博士学位论文，2006年，第37—43页。熊月之：《晚清中国关于西方礼俗的论辩》，《学术月刊》2008年第8期。夏晶：《晚清科技语的翻译》，武汉大学，博士学位论文，2011年，第151页。

兰雅文库"（John Fryer Collection）保存了其生前几乎所有藏书。其中，既有清代考据学者张惠言（1761—1802）所作《礼仪图》等中国礼学考据，也包含瞿灏《通俗编》等有关中国民风俗语的著作。① 这都说明傅兰雅本人始终在留心搜求东西方有关礼仪风俗和社会生活方式的知识与书籍。1868—1870 年，傅兰雅先后多次为江南制造局购置书籍、科学仪器与其他用具。在 1868 年的物品清单中包含《礼节提示》一书②，这是傅兰雅档案记录的第一部西礼书籍。1870 年的订购物品清单中又新增《西方礼仪之如何写信》一书，且傅兰雅明确要求这些礼仪书尽快从英国发出。③ 可见，傅兰雅在欧洲礼仪书的搜集上颇费苦心，符合韦廉臣（Alexander Williamson）所言"《格致汇编》所选用的书应当是原作，应当对国外最好的几部书进行比较"，以便"对中华民族产生影响"这一编选思路。④

据文本比对，《西礼须知》一书正是来自他在英国购买的《礼节提示》一书。此书原题为《对于礼节的若干提示及在社会中的使用，附坏习惯一览》（*Hints on Etiquette and the Usage of Society，at Glance at Bad Habits*，1834）⑤。作者以希腊字母题名αγωγός（agogos），实际上是英国艺术家、旅行家和作家查尔斯·戴（Charles Williams Day）。戴的生平不详，从近年他的绘画拍卖记录来看，他大致活跃于 1815—1854 年。⑥

从王韬到贝内特，学者常以为《西礼须知》的姊妹篇《戒礼须知》为傅兰雅本人所作。其实，《戒礼须知》的文本来源主要是美国作家奥利佛·本斯（Oliver Bell Bunce，1828—1890）所撰礼仪书《不要这么做：有关行为和言论中或多或少的错误和不当之处的手册》（*Don't：A Manual of*

---

① 千叶谦悟：《加州大学伯克莱分校藏傅兰雅文库（John Fryer Collection）目录（上）》，《或问》（*Wakumon*），No. 36（2019），pp. 116，141.

② ［英］傅兰雅：《给亨利·S. 金公司的信》（1869 年 4 月 13 日），［美］戴吉礼（Ferdinand Dagenais）主编，周欣平、赵亚静副主编，弘侠中文提示：《傅兰雅档案》，第一卷，广西师范大学出版社 2010 年版，第 386 页。

③ ［英］傅兰雅：《给隆茂洋行的信》，1870 年 3 月 1 日。《傅兰雅档案》，第一卷，第 432 页。

④ ［英］韦廉臣：《学校教科书委员会的报告》，陈学恂主编：《中国近代教育史教学参考资料（下）》，人民教育出版社 1987 年版，第 88 页。

⑤ 《西礼须知》一书及其英文原书《礼节提示》（*Hints on Etiquettes & the Usages of Society*）在下文中合称为《西礼须知》。

⑥ 英国拍卖行对戴的作品的拍卖记录及简介参见 https://somersetandwood.com/charles-william-day-peveril-castle-derbyshire-1834-watercolour-painting-jd-521，访问日期：2024 年 3 月 24 日。

Mistakes and Improprieties More or Less Prevalent in Conduct and Speech，1883）。本斯为了满足女士修习礼仪的需求，他还托名为本斯夫人（Mrs. Oliver Bell Bunce）撰写了该书的姊妹篇《怎么做：〈不要这么做〉的姊妹篇》（*What to Do：A Companion to Don't*）。傅兰雅所选择的两部礼仪书的作者一为英国艺术家，一为美国剧作家，他显然对谁能代表西方文化以及礼仪的正反两面（该与不该）都有所考量。

《西礼须知》中蕴含的礼仪观念与中国传统有很大不同，包括礼仪的自我抑制要求、尊重他人的感受和平等原则。这些行为规范大体根源于 16 世纪由伊拉斯谟（Desiderius Erasmus）创发的文雅观。① 其中，最重要的礼仪原则是自我抑制。通过自抑，礼仪使人摆脱自身的动物性特征，从而成为文雅和虔诚的人。《西礼须知》对于自我抑制提出了诸多要求：饮食不可发出声响、不可大口吞咽，"不可快嚼，不可急吞，须端庄从容，急则粗俗"②。口中食物不可过多，更不可饮干食尽以免被视为贪婪等。自我抑制在社交活动中的体现更为细致，包括不可注视他人、不要滔滔不绝，更不能出现不雅观的姿态等。

实现自我抑制是为了照顾他人感受，从而使社交生活顺畅，这是西方礼仪的关键逻辑之一。如交谈时不可只谈论自己有兴趣的话题，"不行他人所厌弃之事，不言他人所不喜听之语"③。《西礼须知》常提及礼貌的举止要征得各方同意，卫生要求也以不引起他人的反感为准绳，如吸烟和鼻烟也要得到他人的许可。对于他人的喜好和选择没有置喙的余地。这种以他人感受为准绳的礼仪观使得文雅举止因时、因人、因地而变，而不是模仿和修习一套一成不变的行为系统。

平等观念在《西礼须知》中也有充分的展现。为了不使地位较低者产生卑贱的感觉，家庭聚会和社交生活的参与者彼此平等才合乎礼节。平等

---

① Dilwyn Knox，"Erasmus' De Civilitate and the Religious Origins of Civility in Protestant Europe," *Archiv für Reformationsgeschichte*，86（1995），pp. 36–37.

② ［英］傅兰雅辑：《戒礼须知》，《格致须知》第三册，苏州大学图书馆藏光绪十二年（1886）刻本，第 2 叶。Censor（Oliver Bell Bunce），*Don't：A Manual of Mistakes & Improprieties More or Less Prevalent in Conduct and Speech*，London：Ward，Look & Co.，1884，p. 9.

③ ［英］傅兰雅辑：《西礼须知》，《格致须知》第二册，苏州大学图书馆藏光绪十二年（1886）刻本，第 17 叶。Agogos（Charles Williams Day），*Hints on Etiquette and the Usage of Society, with Glances at Bad Habits*，London：Printed for Longman，1836，p. 53.

原则在 16 世纪经典礼仪书《廷臣论》(*The Book of Courtier*) 中留下了影响深远的论述，并在《西礼须知》中得以继承。① "打纸牌者或胜或负，非甚要紧事，负固不可生气，胜亦不可过喜，是为文雅体式"，也为了不让人感到此人 "内量既狭，外观不雅"。② 平等和相互尊重的礼仪规范是为了阻止权力结构的露骨展现，礼仪书认为不展现依附于权力的情态是正当的。《戒礼须知》认为 "即宜坚辞，勿以碍于情面，惮于出口"③，《西礼须知》则说 "凡事内，不可小器待人，无论遇仆役，或下品人，务显大度"④。"呵斥子女和仆役" "显出暴戾之态" "向外人讲论子女和仆役的劣迹" "夸耀自己的功劳贬低他人的成绩" 等做法都在禁止之列。⑤ 这些都可视为对 "彰显权势" 这样不文雅举止的否定。

但是，为了平衡中国读者的观念，《西礼须知》在译及上述文雅观时，往往改变原文或略作变通。在英文原书中，社会交往中 "下等人" 应该被介绍给 "上等人"，而女士本身具有社交优先权，应该先将男士介绍给她。但是《西礼须知》将其译为对 "上等" 女性才会如此行礼⑥，暗示女性并非天然优先。采取这样的译法并非疏忽，而是为了调和东西文化差异，以求符合中国男尊女卑的性别观。类似这样的 "错误" 还有不少，如原书指出不必邀请带介绍信的社交新人就餐，而在汉语译文中则将邀请就餐当作 "分中所应为者"⑦，这也是为了使西礼更易被中国的宴客传统所接受。

除性别观外，《西礼须知》还尝试调和中西等级秩序观。欧洲礼仪反对权势的彰显，也不因年高德劭、资深望重而有所更易。老者亦无权随意指点年轻人的生活方式。这与传统中国 "尊" 与 "长" 合和为一的设想很

---

① ［意］巴尔达萨尔·卡斯蒂廖内:《廷臣论》，李玉成译，商务印书馆 2021 年版，第 198、312 页。

② ［英］傅兰雅辑:《西礼须知》，第 22 叶。Agogos, *Hints on Etiquette and the Usage of Society*, p. 116.

③ ［英］傅兰雅辑:《戒礼须知》，第 11 叶。Censor, *Don't: A Manual of Mistakes & Improprieties*, p. 20.

④ ［英］傅兰雅辑:《戒礼须知》，第 36 叶。Censor, *Don't: A Manual of Mistakes & Improprieties*, p. 63.

⑤ ［英］傅兰雅辑:《戒礼须知》，第 36 叶。Censor, *Don't: A Manual of Mistakes & Improprieties*, pp. 51-53.

⑥ ［英］傅兰雅辑:《西礼须知》，第 3 叶。

⑦ ［英］傅兰雅辑:《西礼须知》，第 6 叶。Agogos, *Hints on Etiquette and the Usage of Society*, p. 26.

不相同。英礼原书中认为长者不仅不能"粗率地点评"年轻人，甚至不能进行"暗讽"①。在中文书中则转变成为年长者不可"擅加人以斥辱"，明显提高了年长者不文雅行为的门槛。采取这样的译法虽然使欧洲礼仪规训在中文语境中的效用打了折扣，却有助于晚清士人的认同和接受。

18 世纪以后，文雅观念从社会领域溢出并且在政治和民族语境下发挥越来越重要的作用，这一过程意味着"文雅"（civility）从个体的礼貌逐渐转变为国家乃至更大范畴的文化特质"文明"（civilization）②。而在礼仪的实践中，"自我抑制""平等"原则和照顾和取悦他人，成为近代文明话语的典型特征。随着《西礼须知》的译介，这些行为准则和生活方式开始在中国传播，不仅帮助有意与外国接触的国人提高了自我抑制的能力，更开始与"亲亲尊尊""长幼有序""主敬"等传统中国礼仪观念交融互动。这一异质礼仪观的初遇，不仅促使新式士人观察和思考另类社交方式，体察对行为举止的规约，也在启发和提醒近代国人重审、反思和明确传统礼仪的现代价值。

二 《西礼须知》在西方：仪节书的兴起

撰写、出版和阅读礼仪书是西欧社会中世纪晚期以来的文化传统，礼仪书引导、规范和塑造着人们的行为举止。礼仪规范的变迁也体现出社会成员对于情感、欲望和攻击性的自我抑制水平，反映出社会文明的总体程度和长时段趋势。③ 欧洲礼仪书（又称"行为文本"）的类型在近代早期不断变化，从 16 世纪至今，先后出现"礼节书"（courtesy books）、"举止书"（conduct books）、"仪节书"（etiquette books）等不同类别，促使良好举止和精致礼仪始终能被人们修习并持续传衍。

15 世纪以来出现的"礼节书"逐渐取代中世纪晚期的骑士文学和礼仪小诗，成为宗教和贵族礼仪教育的典型文本。在文艺复兴时期，礼节书关

---

① ［英］傅兰雅辑：《戒礼须知》，第 33 叶。Censor, *Don't: A Manual of Mistakes & Improprieties*, p. 54.

② Adam Ferguson, *An Essays on the History of Civil Society*, Cambridge University Press, 1996, pp. 7–73.

③ ［德］诺贝特·埃利亚斯：《文明的进程：文明的社会起源和心理起源的研究》，王佩莉、袁志英译，上海译文出版社 2009 年版，第 441—456 页。

注良好人格的养成，主张外在举止与内在品德的和谐统一，时常借助礼仪规范叙述贵族理想中的人格和社会图景。① 除发挥教育功能以外，礼节书更在促成宗教和世俗领袖具备（或至少看起来具备）相应的能力和品格。随着英国社会在 17 世纪中叶后对于意大利和法国廷臣形象的祛魅，以贵族人格威望和优雅形象的塑造为主要特征的礼仪作品开始衰亡，礼仪书的撰写更加关注城市以及多元社会身份的文雅需求。

这些新出现的礼仪书往往以小说、散文和书信的形式撰写，被后世称为"举止书"。它们不太在意将礼仪问题与社会理想联系起来，减弱了对礼仪背后的道德修养的关注。② 举止书不再将贵族教养和绅士风度当作礼仪，当作"天然"标准，更看重行为所体现的道德或信仰中的某些特定原则。礼节书中强调的伪装、矫饰和形象塑造的种种技巧在 18 世纪已遭到批判，显得过时。影响深远的举止书如切斯特菲尔德伯爵（Phillipe Stanhope）所撰《伯爵致子家书》（*Lord Chesterfield's Letters to His Son*）正逐渐摆脱宫廷文化，强调与更广阔的社会成员进行真诚交互（social conversation）和交际（intercourse），对于社会大众而言也更加实用③，主题也从对宫廷礼节的强调，转为强调社交中各类细致的生活小节。

在"礼节书""举止书"等礼书类型后，19 世纪初，欧洲出现了新的礼仪书类型——"仪节书"。"仪节"（etiquette）一词的法语语源 estiquer，原指宫廷或外交礼节，1737 年正式成为英文单词。④ 相较于礼仪书和举止书，仪节书的写作更关注"当下"的礼仪风尚，礼书作者常把礼仪的规范当作"现实的镜子"，不再像伊拉斯谟或卡斯蒂廖内（Baldassare Castiglione）的经典礼仪作品那样论述个人的礼仪见解和理想的社会愿景。仪节书更关乎与社会地位相匹配的合宜举止而不太在意人格和美德的养成。对于

① Frank Whigham, *Ambition and Privilege*: *The Social Tropes of Elizabethan Courtesy Theory*, Berkeley: California University Press, 1984, chap. 1-2.

② 近代早期英国社会认知礼仪伪装性的过程，并逐渐摆脱"外礼仪—内道德"基本预设的过程和机制，参见蔡纪风《近代早期英国文雅观念的去道德化进程》，《史林》2024 年第 4 期。

③ Jacques Carré, "Introduction," in Jacques Carré ed., *The Crisis of Courtesy*, *Studies in Conduct Books in Britain*, Leiden: Brill, 1994, pp. 4-6. Marjorie Morgan, *Manners*, *Morals and Class in England*, 1778-1858, New York: Palgrave Macmillan, 1994, pp. 13-14.

④ 参见 Oxford English Dictionary（OED），电子链接参见 https://www.oed.com/dictionary/etiquette_ n? tab=factsheet#5073759，获取日期：2023 年 12 月 22 日。

读者而言，仪节书的礼仪类别更明细，更重视帮助读者利用礼仪知识在社会阶层中向上跃迁。

《西礼须知》在近代欧洲文雅转型过程中具有标志性意义。① 英国史学家基思·托马斯（Keith Thomas）曾说《西礼须知》揭示了 19 世纪英国餐桌礼仪新的微妙复杂的规则，从而制造更加细微的社交区隔。② 过去的礼书常把目光聚焦在中间阶层，如 18 世纪初的作家琼斯（Erasmus Jones）就说撰写礼仪书为了那些"出身和教育程度低微却莫名其妙被财富和权力砸到的人"所准备的③，暗示若未被"砸中"也就无需礼仪。但仪节书的受众显然更加宽广，它们的目标读者甚至包括整个庶民社会，这些人往往不谙世事，通过阅读这些分门别类、简单易读的种种细小仪节，他们可以详细地了解时人眼中的"时尚社会"或"良好社会"的举止要求和游戏规则，并教会他们通过合宜的着装、行动和语言来修饰自己。

《西礼须知》出版后畅销不衰。据 1837 年《泰晤士报》（*The Times*）的报道，《西礼须知》在 1834—1837 年间售卖超 1.2 万册，截至 1849 年，《西礼须知》已在英国再版 26 次。④ 《伯爵家书》出版之后曾有人评论"没有人能在走进一家商店时，发现店员不在读这本书。每当他们离开收银台，他们就会拿起它（来阅读）"，而在时人看来，《西礼须知》与《伯爵家书》的读者身份相似，数量也一样庞大。19 世纪，仪节书着力使读者掌握判断他人与自己相对社会地位的技巧，即通过举止和言行分辨上下级和平等之人。分辨他人的社会地位最方便的形式体现在闲聊、拜访和信件之中，这也成为维多利亚时代礼仪书的重要主题，在这些议题上《西礼须知》均设专章。

《西礼须知》的作者查尔斯·戴以绘画著称。他撰写《西礼须知》的缘由和历程因一起法律纠纷而得以保留，1837 年，戴状告另一家书商发行的《礼节科学》（*Science of Etiquette*）抄袭自己的作品。在该案的文告中透

---

① Marjorie Morgan, *Manners, Morals and Class in England*, 1778-1858, New York：Palgrave Macmillan, 1994, p. 20.

② Keith Thomas, *In Pursuit of Civility：Manners and Civilization of Early Modern England*, Waltham：Brandeis University Press, 2018, p. 39.

③ Erasmus Jones, *The Man of Manners, or Plebeian Polish'd*, 1735, title page.

④ Michael Curtin, *Propriety and Position, A Study of Victorian Manners*, New York：Garland Publishing Inc, 1987, p. 40.

露了戴的生平经历：他早年游历英格兰北部并到访许多知礼之家，撰写若干礼仪小册，并经士绅介绍在伦敦得到了贵族们自撰的若干礼仪书稿，《西礼须知》因此得成①，可见此书的知识仍来源于上流社会和贵族文化圈。《礼节科学》对《西礼须知》的抄袭并不孤立，《西礼须知》自成书后一直成为其他礼仪作品模仿的对象，有些模仿者也非常谨慎，只在盗版作品题名下加上"由一位贵妇增补"一语以示区别，在美国和澳洲殖民地如范迪门斯地（今塔斯马尼亚）《西礼须知》也多次再版（或被盗版）。

《西礼须知》之所以特殊和重要，是因为欧洲礼仪书很少把目光聚焦于贩夫走卒、行商市贾这类人身上。而《西礼须知》则专辟一节论述"大商客与小生意"，这不仅说明社会成员学习礼仪的需求越来越大，这些社会成员也不再仅仅是贵族及其家庭中需要提高举止文雅程度的仆从，也包括越来越多的工人、商人等社会中间阶层。②尽管这样的行为引起了社会争议乃至对礼仪书出版本身的反对，可却难以削弱手工业者、小企业主和商人乃至更下层的民众修习礼仪的兴趣和需求，并借此在社会流动中获得更多向上跃迁的潜在机会。

仪节书往往是匿名或托名撰写的，《西礼须知》的作者署名为αγωγός（agogos，希腊语意为"指导"）。还有一些礼仪书则暗示作者的身份或社交圈，如署名为"贵族成员"撰写的《优雅的社交礼仪及失礼行为的避免》（*Manners and Tone of Good Society and Solecisms to be Avoided*），署名为"过来人"（Man of the World）撰写的《宫廷仪节：如何与王室或勋略交际》（*Court Etiquette: A Guide to Intercourse with Royal or Titled Persons*），还有些作者则自称"贵妇"③，作者托名与贵族社交圈的联结也旨在增强其可信度和权威性。

作者们之所以托名而不实名，只因当时的上流社会和贵族精英鄙视钻

---

① Court of Queen's Bench, Wednesday, June 5, in *The Times*, July 6th, 1837, Issue：16461.

② Linda Young, *Middle Class Culture in the Nineteen Century America*, *Australia and Britain*, New York：Palgrave Macmillan, 2003, p.135.

③ 18、19世纪的英国仪节书目录参见 Alain Montandon and Jacques Carré, A Short Bibliography of Conduct Books Published in Britain（1500–1900）, in Carré ed., *The Crisis of Courtesy: Studies in the Conduct-Books in Britain*, 1600–1900, Leiden：Brill, 1994, pp.190–192.

研礼仪。《宫廷仪节》的作者在序言中直言匿名是为了"摆脱熟人的讥笑"①，因为身在上流社会的人担心被看成是在借助撰写仪节书来成名致富。因此，仪节书的作者一方面要暗示自己身处上流社会；另一方面，他们的著作却更中立，更公式化，不像近代早期许多名流写作的礼仪书那样具有鲜明的个人风格、犀利的观点和丰富的情感。② 仪节书的出现和广泛流行意味着欧洲礼仪书传统在现代转型中逐渐标准化，它逐渐摆脱了礼仪教育是一种个人见解的旧取径，同质化的内容开始以每年修订一次再出版的形式重复演进。这些书籍也不再进行道德诠释和理念生发，为人们立即查阅、快速消化、迅速实施提供方便。

这种不再追求普遍适用和永恒成立的礼仪书编纂方式使书籍本身变得具有时效性，也因此更为廉价。伯爵的定义常被仪节书所引用："良好教养只是一种模式而非实质，王室中的礼节在偏远乡村会显得荒谬戏谑。"③有鉴于此，仪节书往往以场景和具体行动为依托来阐述，比如"客厅"④"就餐""舞会""居家"等。在叙述时也往往加入"此地如何""彼地如何"等限制语，使读者明白这些规则都具有一定的适用条件。

仪节书对行为规则的界定范畴越来越窄，也基本不涉及道德灌输和说教，而只关注社会交往和公开场合的举止要求。仪节书写作的基本思路也完全不关心行礼者本人的道德状况和内在品格，一个违反礼貌举止的人也不再被认为是无德之人，只会认为他不尊重他人和社会。仪节书的兴起反映的是英国工业革命以后崛起的商人和金融业者寻求政治和社会地位的野心和需求⑤，尤其是在 1832 年通过改革法令之后增加了中产阶级参政的机会，这使得中产阶级出席"客厅会"等各类社交活动的机会越来越多，他们也越来越急切地想要掌握知识和技巧。

除能满足向上攀升的有产者的兴趣外，仪节书同样也是大众书籍市场中最畅销的"指南书"的组成部分。许多流行的旅行指南和社交指南是仪

---

① A Man of the World, *Court Etiquette: A Guide to Intercourse with Royal or Titled Persons*, *to Drawing Rooms*, *Levees*, *Courts and Audiences*, 2nd Edition, London: Charles Mitchell, 1850, p. 11.

② Marjorie Morgan, *Manners, Morals and Class*, 1778-1858, p. 21.

③ Lord Chesterfield, in The World 148（Oct. 30, 1755）, in *British Essayists*, Vol. 17, p. 182.

④ 英国"客厅会"既是社交活动，同时也是君主觐见仪式。

⑤ Michael Curtin, "A Question of Manners, Status and Gender in Etiquette and Society," *The Journal of Modern History*, 1985, Vol. 17, no. 3, pp. 395-423.

节书的直接翻印、改编和盗版。16 世纪起，英国贵族以旅行读物教养子女已成为文化传统。在英国"大旅行"时期，欧陆旅行指南书中的许多话题涉及教育和子女行为的规范，社交礼仪和举止风度是贵族子弟旅行欧陆尤其是游学意大利和法国的重要目的。① 普雷斯通（Philip Playstow）托名"英国皇家海军军官"撰写的《绅士的法国旅行指南》阐述了英法礼仪观念的差异，从而帮助行者认识到旅行途中应当采取的举止变化。② 行旅指南也包含各类社交警告，如应当如何与当地人交际，这些规则非常细致，以至于有"建议每一位在法国消费的英国绅士，不要交付超过售价三分之一的价格"这样的提醒。③

　　相较于旅行手册，以仪节书为基础编成的礼仪指南读者更多、影响更大。最重要者莫过于《西礼须知》《劳特里奇礼仪指南》（*Routledge's Manual of Etiquette*）和《伯爵家书》的诸多改编重印本。这些书因廉价实用且多在封面标注售价"一先令"的字样，而被称为"先令书"（shilling books）。礼仪指南与仪节书的内容和形制非常相似，如《劳特里奇礼仪指南》共分为"淑女仪节""绅士礼节""舞会指南""示爱与婚姻礼仪""衣着礼仪""餐厨方法""祝酒与情欲"7 个章节，与《西礼须知》的章节近似。这 7 个章节又单独成册出版，每本售价 6 便士，价格是《礼仪指南》完整版的一半。相较于礼仪手册，仪节书的受众不同、主题不同，价格也有所区别。这些书的售价在 6 便士到 4 先令之间，大多都在 1 先令上下，成为各大书商争相售卖的"先令书集"（shilling books）的组成部分。

　　《西礼须知》并不全然是 17—18 世纪欧洲礼仪传统的总结，反而代表着新的仪节书类型和社交方式的兴起。虽然维多利亚时代的仪节书的具体要求仍旧贯者不在少数，但与过去的礼仪作品最大区别在于社交空间的不断扩大、女性礼仪规范的普遍化，以及更加精致的行为系统。例如，更加复杂的女性举止要求、婚礼的餐食更为正式、蛋糕的广泛应用、握手礼的变化等。尽管对行为的规训丰富多样，但不再强调通过这些举止来实现社

---

　　① 阎照祥：《17—19 世纪初英国贵族欧陆游学探要》，《世界历史》2012 年第 6 期。

　　② An Officer in the Royal Navy, *The Gentleman's Guide in His Tour Through France*, London：Printed by F. Farley, 1867, pp. 5-9.

　　③ John Millard, *The Gentleman's Guide in His Tour Through France*, 4th ed., London, Printed for G. Kearsly, 1770, p. 61.

会区隔，这样一种"减少对比性，但增加丰富性"的规约有效实现了文明规训的社会扩散。① 正因如此，仪节书将过去在贵族宫廷中流行的文雅言行转移到私人家宅之内，这也意味着贵族宫廷不再是礼仪实践的核心场域，工业化城市和因此衍生出的"时尚社会"成为新的更重要的礼仪空间。

三 《西礼须知》在中国："西礼须知" 类文本的衍生

在傅兰雅看来，《格致须知》"是以中文写成的科学短文的总集，分开时用作教科书，合起来便是一套便宜且便利的初级百科全书"②。《西礼须知》则收入该系列第五集"社会事务"（social matters）中，与《学校须知》《政务须知》《卫生须知》《公法须知》《理学须知》《富国须知》合为一函。相对于同系列的书，《西礼须知》二种单价更高，售一角一本（10 美分）。③ 这两部书在光绪十二年（1886）编镌成后，1887 年 1 月《申报》接连刊登广告："是二书专讲西国礼貌，一曰礼之当行，一曰礼之所戒，习洋务者，人宜各置一编，以通西人款接之礼"④，并在位于公共租界三马路（今汉口路）407 号的格致书室售卖。

欧洲礼仪从租界向中国内地扩散的形式多种多样，书籍的出版和阅读未必发挥主导作用。随着通商口岸的设立和来华西人数量的增加，上海社会中西方礼仪的"能见度"越来越高，教堂追思、天主堂祭等西式丧礼也开始被报章留意。⑤ 而租界当局对于西礼有所要求，对华礼则有相应的控制，一般不允许传统婚丧仪仗在"黄浦滩沿岸及南京路一带"通行。⑥

---

① Norbert Elias，"Diminishing Contrasts，Increasing Varieties，" in Stephen Mennell and Johan Goudsblom eds.，*On Civilization*，*Power and Knowledge*，Chicago：Chicago University Press，1998，pp. 67–69.

② ［英］傅兰雅：《格致书室报告》（*Report of Chinese Scientific Depot*，*Shanghai*，1887. 12. 27），《傅兰雅档案》（2），第 317 页。

③ ［英］傅兰雅：《教育类书籍出售目录》（*Catalogue of Educational Books*，1894），《傅兰雅档案》（2），第 322—323 页。

④ 《西礼须知、戒礼须知》，《申报》1887 年 1 月 3 日，第 4 版。

⑤ 《西捕丧礼》，《申报》1908 年 8 月 16 日，第 3 版。

⑥ 姚公鹤：《上海闲话》，上海古籍出版社 1989 年版，第 114—115 页。

1897 年起任租界谳员的张义澍即借新礼节规训差役，他主张"沪上每有中外交涉之事，接待西人须从西礼"，并命人演习西礼使众吏员观摩以求掌握。① 这说明学习和实践西礼已不再只是新奇，也开始成为部分沿海中下层士民日常生活的技能需求。

正因此，《西礼须知》出版后很快受到士林留意，新学士人邹凌沅 1899 年刊刻的《通学斋丛书》将其收录再版。邹凌沅、凌瀚兄弟长期留心西学，曾多次为《时务报》的创办四处筹款②，《通学斋丛书》所收也大多为新译新撰的西学书籍。戊戌政变后，邹凌沅感叹世局艰危，试图重新利用政变前学会和报馆的印刷设备，将西学著作或汇编成单册出版售卖。在 1898 年冬，他致信汪康年询问"以书代报"之法。希望"仿《格致汇编》及《中西闻见录》体例，每月出售三册，十日一册，现已出书三期"③。除已译在售的西学书籍外，他还打算延请译师，继续翻译"切实有用"的东西洋新书。

邹凌沅给汪康年的这封信实际上说的正是《通学斋丛书》的编纂缘起。《通学斋丛书》卷首的"本斋谨识"指明已有十四种印成："三期之内准可印完"④，可见"谨识"的写作时间要早于致信汪康年的时间（戊戌年冬十二月廿四日，即 1899 年 2 月 4 日）。此时，《西礼须知》尚未通过《通学斋丛书》刊印。由此可知，《西礼须知》被收入丛书是将其与《泰西河防》和《欧洲新志》这样的"切实有用"的直接译出的西学著述并列，而不是当作《通学汇编》《格致答问》这样的知识汇编。

《西礼须知》的再次印行意味着其影响力和读者群渐趋扩大，而其本身的教材属性也使学堂学生时常阅读和研讨。1900 年东吴大学堂成立后，丁福保（1874—1952）曾在日记中提到他与学堂首任校长兼英文教师孙乐文（Rev. D. L. Anderson）讨论《戒礼须知》⑤，提示当时西礼书的阅读群体和受众。此外，各类西学汇编和西礼著述也将两部西礼书的内容收入，

---

① 《演习西礼》，《申报》1898 年 2 月 2 日，第 3 版。

② 上海图书馆编：《汪康年师友书札（四）》，上海书店出版社 2017 年版，第 3826 页。

③ 邹凌沅：《致汪康年书之二》，上海图书馆编：《汪康年师友书札（三）》，第 2579 页。

④ "本斋谨识"，见《通学斋第一期印行目录》，《通学汇编》，《通学斋丛书》第一辑，清华大学图书馆藏光绪刻本，第 2 页。

⑤ 丁福保：《辛丑日记》，袁家刚整理，上海市档案馆编：《上海档案史料研究》第 13 辑，上海三联书店 2012 年版，第 202 页。

如在光绪二十年至二十八年（1894—1902）先后成编的《万国政治艺学丛书》将《西礼须知》和《戒礼须知》二书分别收入《礼政考》的《礼制通论》和《西人戒礼考》①。1903 年，由浙江巡抚周靖方搜集整理欧洲礼仪编纂而成的《西俗录》一书也大量收录了傅兰雅所译的西礼书②，这都意味着两部礼仪手册正在逐渐成为晚清西礼阅读的核心文献和重要知识源。

傅兰雅的礼仪书不仅拥有广阔的读者，士人们还模仿它的体例与格局撰写新的礼仪手册，为留学生和国际旅行者提供更详备的西礼知识，这些文献往往都仿照傅译题名为"西礼须知"，可以看作由其引发的新的文本类型。这类书往往在报章期刊上连载，也会形成单独发行的小册子，有些甚至成为专用的旅行礼仪指南。1908 年，深港闻人刘铸伯（1867—1922）编辑出版了一部礼仪书，题为《西礼须知》。书成后，香港《华字日报》刊登广告称"刘君又著《西礼须知》，华民政务司蒲鲁贤撰序有云"于欧西礼俗赅尽无遗"二语，可为提要矣"③，刘铸伯在香港长大，博涉西籍，这部书虽亡佚至今，但在当时却声名远扬。据刘铸伯子孙回忆，《西礼须知》的撰写因由是"以中西异礼，交涉恒衍，召侮取讥，衅隙斯伏"④，可见这部《西礼须知》以解决中外社交礼仪的矛盾为旨归。

刘著《西礼须知》是为国人服务，希望他们在社交中避免失礼和冒犯，而更多更新的"西礼须知"则为留学生提供行为规范。1913 年，《兴华报》开始连载"栖云子"编写的《西礼须知》，共分为"帽子""领袖""脱帽""握手""请安""拜会""让座""用匙""刀叉"等节，目的是帮助国人更好地掌握社交和服饰诸礼。作者陈言"比年以来，中国即有仿效泰西的心意，自共和告成，此风更加盛行，仅就服式、周旋、交际数端看来，已有全心倾向，不能遏止的样子"⑤。可见，这一"西礼须知"显然是顺应社会的"西化"风潮，旨在满足社会的普遍需求，并非专为与西人交涉而写。因此，其内容虽与傅兰雅译西礼书大体类似，但会增加掌故用

---

① 朱大文、凌赓飏编：《万国政治艺学全书·万国政治丛考》，《礼政考》卷九十四，第 13 册，鸿文书局 1902 年版，第 96—157 页。

② 周靖方：《西俗录》，澄衷学堂印书处 1903 年版，第 54—55 页。

③ 《介绍新著》，香港《华字日报》1908 年 4 月 9 日，第 4 版。

④ 《先考铸伯刘公府君行述》，刘中国、余俊杰编：《刘铸伯文集》，花城出版社 2017 年版，第 209 页。

⑤ 栖云子稿、钟守三录：《西礼须知》，《兴华报》，1913 年，第 10 卷第 34 期。

以说明引起不安和冒犯的中国旧俗，期盼读者注意避免。《通问报》（*The Chinese Christian Intelligencer*）上刊载的另一篇"西礼须知"则专为与西人交际而写。全篇分为"食西餐之禁例"和"在客堂之禁例"两节，尤为强调引起失礼的举动。其中"款待女客先于男客""勿口含食物而谈笑"等大量礼仪规范都与傅兰雅的礼仪书相同。此外，篇中还有若干提示帮助国人更好地理解欧洲礼仪的意图与设想，如国人容易忘记摘下帽子、不要弄错手杖和雨伞等①，这些都是对已有西礼知识的进一步细化。

傅兰雅的《西礼须知》二种出版后最为重要的"西礼须知"类文献是由寰球中国学生会（The World Christian Students' Federation）在 1919 年出版的《西礼须知》手册。寰球中国学生会是 1905 年由李登辉（1872—1947）等人在上海创办的民间学生福利团体，宗旨是"联络全世界中国学生情谊，互相扶助，交流知识"②。民初，李登辉受聘为复旦公学校长后，会务实际由总干事朱少屏（1881—1942）主持。在朱少屏连同会内同仁的努力下，寰球会留心研究教学改良方法、创办新学报刊、约请名流演讲，对于近代中国的新式教育、留学事业和中西文化交流产生了重要影响。尤其是寰球会为留学生所提供的种种服务得到时人的一致好评，成为留学生们的汇聚之地。

为了帮助留学生更好地适应异域生活，寰球会自 1918 年起编印了许多出洋指南，如"沿途规则""各国大学校之性质"等③，其中就包含如"西俗礼法"这样的出洋手册。这一时期，留学生往往自认为是国家代表，自己的一言一行都有关"国格"，往往特别在意社交礼仪和日常举止。④ 因此，留学生对于西方礼仪知识格外渴望，寰球会也随之成为欧西礼仪讲论、研讨和出版的重要场域。

1918 年 9 月，寰球会邀请英国格拉斯哥大学硕士朱育沧为留学生演讲，主题为"英国风俗"，台下听众多达四百余人⑤。历次留学和赴法勤工俭学的欢送会也会举行专门的演说会，将欧洲交际礼仪的大略给学生们讲

① 大光：《益智丛录·西礼须知》，《通问报》1914 年 4 月第 14 号，第 8 页。
② 本社专电：《寰球会照料留美学生之周密》，《民国日报》1921 年 8 月 5 日。
③ 《本埠新闻·出洋游学之导引》，《申报》1918 年 7 月 3 日，第 3 版。
④ 王奇生：《中国留学生的历史轨迹（1872—1949）》，湖北教育出版社 1992 年版，第 185 页。
⑤ 《极可感动之演讲》，《民国日报》1918 年 9 月 16 日，第 10 版。

解一遍。前参议院议长、留法俭学会发起人张继在发表欢送演说时，明确指出"吾人于将至国外以前，应明普通之礼节"，因此"今日诸君所得《西礼须知》一书，其中记载关系甚大"。[①] 张继所说的《西礼须知》是由寰球会刊发在欢送会上赠送给所有出洋学生的礼仪指南，也是傅兰雅译书之后最重要的新撰《西礼须知》。

寰球会刊印赠送的《西礼须知》由干事、自费出洋留学生朱少章编辑，他在"编辑说明"中提到出洋学生大多不懂西礼、贻笑外人，"后来看见某杂志上有一篇《西礼须知》的文，讲的颇为完备，所以就把它刊成单行本，随便分送"[②]。来自"某杂志"的《西礼须知》与傅兰雅所译《西礼须知》有明显的继承关系，分为"饮食""衣饰""言语""交际""介绍""上街"六节与傅书近似，所述内容大多也都为傅兰雅《西礼须知》所涵摄。寰球会刊行的《须知》还会根据中国礼仪传统对学生加以点拨，如"讲小说古事勿太长""西人在侧勿讲华语""异省人在侧勿用方言"等[③]，这意味着欧洲礼仪知识的本土化程度不断加深。

《西礼须知》不仅作为欢送会上的行为指南赠送给所有学生，也成为赴法勤工俭学的指南书。1919年，寰球会响应李石曾的号召，动员国内知识青年赴法勤工俭学。[④] 华法教育会举办的赴法俭学生欢送会也效仿寰球会，每人致送《西礼须知》一册，由留法俭学会和寰球中国学生会的干事印制分送，人手一册。可以确定的是：蔡和森、李维汉、向警予、蔡畅、李富春等各批赴法勤工俭学人员都借由《西礼须知》了解欧洲礼仪知识，甚至包括参加过寰球会组织的欢送会的青年毛泽东。[⑤]

在1912—1920年间，或在报章上刊行，或以小册单行的"须知""摘要""录要"等"西礼须知"类文本多达十余种。这些礼仪知识帮助近代国人进一步提高自我抑制的能力，使他们对于洁净的身体、安静的环境与

---

① 《本埠新闻·寰球中国学生会欢送赴法学生》，《申报》1919年9月29日，第3版。

② 少章：《杂录·西礼须知》，《寰球中国学生会周刊》1919年10月5日，第4版。

③ 少章：《杂录·西礼须知（续）》，《寰球中国学生会周刊》1919年10月10日，第4版。

④ 《本会欢送赴法勤工俭学诸君》，《寰球中国学生会周刊》1919年10月18日。

⑤ 《华法教育会之欢送会》，清华大学中共党史教研室编：《赴法勤工俭学运动史料》，第2册上，北京出版社1980年版，第107页。《学生会欢送留法学生纪事》，《申报》1919年3月16日，第3版。朱少伟：《毛泽东对赴法勤工俭学的贡献》，《人民政协报》2011年4月14日，第7版。

平等的人际关系有更深入的理解和追求。这些新的行为举止规范也引起了世人的追捧，进步学生牟永锡（1907—1939）指出时人"莫不熟读恪尊《西礼须知》"，甚至把这些"西礼须知"当作处理人际关系甚至国际关系的"金钥匙"，他们不仅"明了西礼须知"，还动辄"抬出西礼须知"指正别人①，足见这类文本已成风行之势。除作为临别赠礼的指南书外，寰球会刊印的《西礼须知》还在 1920 年 6 月的《申报》上全文连载，也被《寰球中国学生会周刊》和《寰球》年刊多次收录再版，它帮助赴法勤工俭学的青年学生更好地融入出洋生活，间接助推接引了社会主义思想的传入。

结　语

　　1925 年，《京报副刊》请社会名流和大学教授为青年人推荐阅读书目，清华大学的周志伟推荐了《西礼须知》一书，认为该书是青年学生的十部必读书之一。② 出版半个世纪以来，《西礼须知》由为晚清学堂教育翻译编写的教科书一跃而为青年必读，不仅说明近代社会对新社交礼仪的重视，也意味着知识界对西方礼仪正当性的肯定和对《西礼须知》这部书的实用性和思想价值的认可。

　　对于晚清民初的新知识人而言，无论所面对的是列强的入侵还是动荡的政局，西礼知识始终发挥着"缓冲带"和"止痛药"的作用。③ 而当民初将"新与旧""进步与保守"当作价值判断的主要标准时，西礼知识不仅作为"新"的一方得到社会的认可和接受，它也同样提示国人意识到传统礼仪的价值和意义，不容任意抹杀。王韬（1828—1897）早已点明了西礼与华礼的重要分野在于西礼关注"日用常行之事"而非"经纶国家之典"，如同西书中"ceremony"与"manner"并非互斥难容，只是"视之则易而为之实难"。④ 在王韬看来，这些规范与《论语·乡党》《礼记》的《曲礼》《内则》诸篇的意义相近似。由国人新编的西礼手册也常提及中国

---

① 牟乃祚（牟永锡）：《我所见》，清华中学 1940 年版，第 54—55 页。
② 王世家编：《青年必读书》，河南大学出版社 2006 年版，第 92 页。
③ 蔡纪风：《同光之际的西礼知识、体验与译介》，《学术月刊》2022 年第 4 期。
④ 王韬：《戒礼须知序》，[英] 傅兰雅辑：《戒礼须知》，第 1 叶。

传统礼仪与西礼相通，值得继承："我国《曲礼》、《内则》诸篇于礼仪一段，遗范綦详"，所以要"内本先圣遗泽""外宜大放眼光"。① 在与西礼西俗的对照之下，传统中国礼仪的意义往往更得益彰，使时人更易把握礼仪更革的形变与实变、渐变与骤变。

20 世纪初，国人学子常把西来新学当作与中国传统一般久远的"历史的产物"，代表着"经典的西方"，往往忽视它们实际是"时代的产物"，代表着"当下的西方"。就像"握手礼"在 19 世纪 50 年代的欧洲礼仪书中仍尚未定型，该如何握手还在经历西人争论之中，并非如晚清士人想当然地对举"国人作揖—西人握手""国人叩首—西人鞠躬"那般古老悠久和天经地义。然而借助新仪节书的译介，《西礼须知》成为"西礼"的代表并得到近代社会一定程度的认可和接受，这既意味着异质的社会规训形式开始在近代中国的新潮社群中流布，也证明西来社交礼仪与传统酬世观确有重叠契合的空间，并不断推动传统中国的等级秩序和礼仪观念的近代转型。

（蔡纪风，复旦大学发展研究院博士后）

---

① 谭嚣才：《西礼碎锦》，《河北教育》第 1 卷第 14 期，1936 年，第 72 页。

埃比尼泽殖民项目与近代早期欧洲殖民者对英属北美的形象塑造（1732—1775）

高龙海

摘要 1732 年，在奥格斯堡路德会、哈勒虔敬派、英国基督教知识促进会和殖民地托管人等团体的策划下，一批受到天主教迫害的萨尔茨堡新教徒流亡到北美东南部佐治亚，并创建了埃比尼泽殖民地。在英德新教团体的宣传中，前后形成了三种不同但相关联的话语模式：移民之前，受德意志传统异域观念和移民小册子的影响，萨尔茨堡移民将北美视为升级改良版的德意志镜像；移民初期，新教团体借用古典基督传统中的荒野话语，将移民比作出埃及的以色列人，在上帝的引领下经过埃比尼泽的荒野到达应许之地，从而为埃比尼泽项目构建殖民合法性；移民中后期，在定居者对荒野进行改良后，北美则变成了繁荣的"上帝的葡萄园"，意图为欧洲新教和殖民扩张提供一个模范。埃比尼泽殖民项目不仅是新教跨大西洋扩张的一个缩影，欧洲殖民者对北美殖民地空间形象的宣传和塑造也对欧洲人的北美观以及美国对荒野的认知产生了深刻的烙印。

关键词 埃比尼泽项目 萨尔茨堡新教徒 北美殖民地 话语 形象塑造

美洲在近代欧洲世界观的形成过程中发挥了重要作用。近代欧洲人的美洲观存在两种不同的变体：一种观点认为，无论是从地缘还是观念上，美洲并非新的发现，而被视为欧洲已知世界的西部边缘地带。美洲的各种景观不过是欧洲的复制、缩影或变体。① 因此，美洲大陆为移民提供了新的选择，他们可以在那里建立与欧洲相似的社会。另一种观点则认为，美洲从各个方面都是欧洲的对立面。在与欧洲的对比中，作为"他者"的美洲被想象成天堂或"黄金国度"（El Dorado）。美洲的动植物种类繁盛，自然环境优渥，土著仍处于天真无邪的自然状态。因此，美洲是一个绝佳的避难所，可以让人们远离尘世的苦难，接近上帝创世时的世界。欧洲人如能移居美洲并对其进行改造，就能在一个无污染之地重新规划和设计，从根本上改变欧洲业已败坏的秩序，建立一个更好的社会。同时，美洲也有消极的一面，新世界被视为欧洲的腐朽变体，"美洲退化论"就是这一观点的代表。② 这种观点认为，美洲的自然环境、动植物种类、美洲土著和移民，甚至社会形态都处于退化阶段，其文明发展远远落后于欧洲。因此，欧洲人认为，他们有责任在宗教上使其皈依，道德上对其改造，政治上征服他，使其重新归于上帝的秩序之下。

作为新教在 18 世纪向美洲大举扩张的一个代表性案例，埃比尼泽项目形成的北美殖民空间及其形象变迁就是在上述两大框架中进行的。项目主导者在参与过程中综合了时人盛行的两种美洲观，并采取了相应的宣传模式，进一步构建了英属北美的形象。国内外学界对埃比尼泽殖民地的研究多集中于三个方面：首先，从移民史角度阐述萨尔茨堡人至美洲的艰苦历程及其后续的融入进程。③ 其次，从宗教史角度研究德意志路德会以及虔敬派等新教组织借用埃比尼泽项目在北美的扩张。④ 最后，自大西洋史蓬

① Christoph Auffarth, "Neue Welt und Neue Zeit: Weltkarten und Säkularisierung in der Frühen Neuzeit," *Zeitschrift für Historische Forschung*, Bd. 34 (2005), S. 43−68; Horst Dippel, "Faszination und Wandel im europäischen Amerikabild: Vom Eldorado zum Paradigma," in Hans-Joachim König, Wolfgang Reinhard, Reinhard Wendt, Hrsg., *Der europäische Beobachter außereuropäischer Kulturen: Zum Problem der Wirklichkeitswahrnehmung*, Berlin: Duncker & Humblot, 1989, S. 83−96.

② 参见王晓德《布丰的"美洲退化论"及其影响》，《历史研究》2013 年第 6 期；《雷纳尔美洲退化思想与启蒙时代欧洲的"他者"想象》，《历史研究》2019 年第 5 期；《启蒙运动时期德波对美洲全面"退化"的想象》，《世界历史》2021 年第 1 期。

③ Philip A. Strobel, *The Salzburgers and their Descendants*, Athens: The University of Georgia Press, 1953; Alexander Pyrges, *German Immigrants at the Ebenezer Settlement in Colonial Georgia, 1734−1850: Integration and Separatism*, Ann Arbor: UMI Microform, 2000.

④ Renate Wilson, *Halle and Ebenezer-Pietism, Agriculture and Commerce in colonial Georgia*, Ann Arbor: University Microfilms International, 1989; Reinhard Schwarz, Hrsg., *Samuel Urlsperger* (1685−1772) *Augsburger Pietismus zwischen Außenwirkungen und Binnenwelt*, Berlin: Akademie Verlag, 1996.

勃发展以来，许多学者对埃比尼泽项目创造的跨大西洋交流网络的运作及其影响进行了深入研究。他们认为，这些跨大西洋通信对近代北美殖民空间的扩展、新教势力的跨洋传播产生了重要影响。[①] 一些学者虽然提及了埃比尼泽殖民项目下欧洲人的北美形象演变，但是并未深入分析。[②] 鉴于此，本文以埃比尼泽殖民项目形成的跨大西洋书信、传教士和移民日记，以及为佐治亚殖民地宣传的小册子等资料为基础，将跨国史与移民史结合起来，围绕埃比尼泽殖民项目所产生的跨大西洋交流，尝试对三个问题展开论述：第一，英德新教团体是如何推动萨尔茨堡新教徒移民埃比尼泽的？第二，英德新教团体对埃比尼泽所代表的北美空间形象进行了怎样的宣传和塑造？第三，北美形象的塑造对欧洲人的美洲观产生了怎样的影响？

一　《圣经》话语与埃比尼泽殖民项目的起源

萨尔茨堡人之所以愿意移民北美东南部埃比尼泽，除天主教的排挤危及自身生存外，还与当时影响德意志人美洲认知的宣传册，以及德意志人的传统异域观念密切相关。17 世纪末，已有北美殖民者为招募德意志人进行的宣传，如威廉·潘恩的宣传册 1684 年就出现在汉堡地区。[③] 18 世纪初，随着殖民地省份的不断扩张，越来越多的宣传册也将目标转向了德意志人。这些册子有以下三个共同点：

第一，借用《圣经》话语对叙述进行权威论证，从而提高可信度。比如弗朗茨·帕斯托努斯将印第安人的生活方式与耶稣寓言中的子民相提并论，两者都在上帝的葡萄园中工作。[④] 熟悉《圣经》的读者在阅读后无疑会将北美想象成天堂，新大陆中丰富的资源更会让人想起《创世记》。约

---

① Karen Auman, *Germans in Georgia: Salzburgers, Protestant Philanthropy, and Empire*, 1730-1800, Dissertation of New York University, ProQuest LLC, 2014.

② Alexander Pyrges, *Das Kolonialprojekt EbenEzer: Formen und Mechanismen protestantischer Expansion in der atlantischen Welt des 18. Jahrhunderts*, Stuttgart: Franz Steiner Verlag, 2015, S. 379-442.

③ William Penn, *Ein Brief von William Penn, Eigentumsherrn und Befehlshaber in Pennsylvania in Amerika*, Hamburg: Heusch, 1684.

④ Franz Pastorjus, *Umständige geographische Beschreibung der zu allerletzt erfundenen Provintz Pensylvaniae: in denen End-Gräntzen Americae in der West-Welt gelegen*, Frankfurt: Andreas Otto, 1704, S. 50-58.

书亚·科切尔塔勒引用了大量《圣经》中的话为自己辩护，甚至将自己比作《旧约》中的同名先知，带领移民进入应许之地迦南。①《圣经》在18世纪仍是欧洲唯一的宗教权威，其话语在主观上推动了德意志地区受迫害新教徒的跨大西洋移民意愿。

第二，北美并非被描绘成"新世界"，而是一个升级复制版的欧洲。一方面，他们发现，美洲与欧洲有着截然不同的自然环境和社会体系；另一方面，作者并非在描述美洲的现实，而是在视觉化叙述中将德意志人熟知的世界叠加其上，将其视为欧洲的镜像升级，以此迎合德意志人的传统异域观并制造亲切感。例如，伊曼纽尔·洛伯从自然环境、政府性质等方面将佐治亚与德意志邦国比较，以凸显殖民地的优势。②约翰内斯·托布勒的小册子则将北美洲塑造成与欧洲相对应的世界，查尔斯是圣加仑的翻版，教会习俗也彼此相似。③

第三，以基督教思想为底色论述北美的异域情调，印第安人和美洲被置于以欧洲为中心的叙事框架中加以解释。这也是作者采取的宣传策略，可以增加潜在读者的移民意愿。正如雷吉斯·伯特兰所说，小册子的作者及其读者对待北美的态度牢牢扎根于欧洲历史与基督教合二为一的传统之中，没有一个作者提出这样的观点：印第安人和美洲必须在基于《圣经》的基督教思想之外加以解释。④

除此之外，萨尔茨堡新教徒移民埃比尼泽还与当时英国的海外殖民扩张以及英德两地新教徒的跨大西洋运作密切相关。18世纪初，英国出现了一批主张"贸易平衡论"的学者，他们将经济的发展和人口的多寡挂钩。代表人物如托马斯·蒙、查尔斯·达文纳特都认为，一个国家出口相较进口的溢出价值会让国家财富整体增长。鉴于一个国家的土地等资源不变，

---

① Josua Kocherthaler, *Außführlich- und umständlicher Bericht von der berühmten Landschaft Carolina*, Franckfurt am Main: Georg Heinrich Oehrling, 1709, S. IX, 35-38.

② Emanuel Löber, *Auszug der sichern und nützlichen Nachrichten von dem Englischen America besonders von Carolina und der fruchtbaren Landschaft Georgia*, Jena: Christian Friedrich Gollner, 1750, S. 3 - 4, 109-113.

③ Heiko Diekmann, *Lockruf der Neuen Welt: Deutschsprachige Werbeschriften für die Auswanderung nach Nordamerika von 1680 bis 1760*, Göttingen: Universitätsverlag Göttingen, 2005, S. 209.

④ Régis Bertrand, "Modelle und Entwürfe zum christlichen Leben," in Marc Venard, Hrsg., *Die Geschichte des Christentums. Religion, Politik, Kultur, Bd. 9: Das Zeitalter der Vernunft* (1620/30 - 1750), Freiburg: Herder, 1998, S. 966-967.

因此，提高出口数量和质量的关键是在现有原材料的基础上增加劳动力。① 自1665年暴发瘟疫和1666年伦敦大火造成人口增长停滞以来，英国人试图寻找新的劳动力。② 这种将人口与帝国繁荣关联起来的理论目的不仅仅是确保英国贸易的繁荣，新教人口的移入还能形成可靠的宗教堡垒以抵御异教徒的进攻，从而保障殖民地的归属和安全。1709年，安妮女王引入德意志新教移民时就认为必须加强王国的新教利益。③ 英国著名作家丹尼尔·笛福在其作品中就英国本土人口不足的问题，提出将移民安置在海外殖民地，提高出口产品的生产力，从而促进贸易平衡。④ 与这些理论相配套的法律法规也不断完善，其中影响最大的是1708年的《外国新教徒归化法》，它对新教徒进入英国及在内部流动做出了全面的规定。⑤ 归化法的出台为德意志新教徒的跨大西洋流动提供了法律层面的保障。

同时，殖民者尝试以一种新的思维理解殖民地，认为高道德水平的殖民地可以反哺英国本土以克服社会弊病。正如戴维·阿米蒂奇（David Armitage）所说，18世纪30年代和40年代，早期殖民地争取平等的权益改革使英国人开始将英国视为海外殖民地和本土互相联系的一个整体。⑥ 佐治亚的托管人认为，依托殖民地"良好的纪律和秩序"，经过礼仪改革的美洲殖民者拥有高道德品质，这反过来可以使英国本土摆脱"腐败和堕落"。⑦ 1717年，罗伯特·蒙哥马利爵士（Robert Montgomery）强调在北美东南部建立殖民地以抵御佛罗里达印第安人和西班牙人的攻击，并为英国

① Thomas Mun, *England's treasure by forraign trade*, London: J. G, 1664, p. 23; Edgar Furniss, *The Position of the Labourer in a System of Nationalism: A Study in the Labor English Mercantilists*, Boston: Houghton Mifflin, 1920, pp. 11−14; Julian Hoppit, "Davenant, Charles (1656−1714)," in *Oxford Dictionary of National Biography*, https://doi.org/10.1093/ref: odnb/7195, 查阅时间：2024年4月1日。

② Daniel Statt, *Foreigners and Englishmen*, Newark: University of Delaware Press, 1995, p. 57.

③ Curtis Brown, ed., *The Letters of Queen Anne*, London: Cassell, 1935, p. 283.

④ Peter Earle, "The Economics of Stability: the Views of Daniel Defoe," in Donald Coleman, Arthur John, eds., *Trade, Government and Economy in Pre-Industrial England*, London: Weidenfeld & Nicolson, 1976, p. 282.

⑤ Daniel Statt, *Foreigners and Englishmen*, p. 69.

⑥ David Armitage, *The Ideological Origins of the British Empire*, Cambridge: Cambridge University Press, 2000, p. 171.

⑦ Betty Wood, "The Earl of Egmont and the Georgia Colony," in Harvey H. Jackson, Phinizy Spalding, eds., *Forty Years of Diversity: Essays on Colonial Georgia*, Athens: University of Georgia Press, 1984, p. 84.

提供低价的咖啡、茶、无花果、橄榄、丝绸、葡萄酒和胭脂红等原料或商品。① 詹姆斯·奥格尔索普通过计算表明，在英国，300 个穷人一年最多只能挣到 1000 英镑，还另需 1000 英镑才能生存。而在佐治亚，同等数量的人一年可以赚 6000 英镑，最好的情况下还能消费 4000 英镑的英国商品，② 反哺效果显著。

1732 年，查理二世向由 21 位贵族和绅士组成的受托人团体颁发了一份特许状以建立佐治亚殖民地。佐治亚创建之初包含了三大愿景：建立一个道德高尚的殖民地、商品贸易和英国在美洲的扩张、与信奉天主教的西班牙和法国竞争。恰逢其时，萨尔茨堡新教徒受迫害的消息传到英国，在"基督教知识促进会"（Society for Promoting Christian Knowledge）、哈勒虔敬派以及奥格斯堡路德会的组织下，第一批萨尔茨堡新教徒于 1734 年 3 月 12 日抵达萨凡纳。他们的定居点距城镇 30 英里，名为"埃比尼泽（Eben Ezer）"，意为耶稣的"帮助之石"，取自《旧约》《撒母耳记》中以色列人打败非利士人后建立的胜利纪念碑。定居后，埃比尼泽在精神上和物质上得到了欧洲的援助。在精神上，德意志地区陆续派遣哈勒虔敬派牧师进驻埃比尼泽并建立新教组织；在物质上，德英新教团体通过跨大西洋的支持网络为埃比尼泽提供资金和物资。其中最重要的三个中介点是奥格斯堡牧师塞缪尔·乌尔斯伯格、虔敬派教士弗里德里希·齐根哈根和基督教知识促进会秘书亨利·纽曼，他们组建了从德意志奥格斯堡、哈勒经英国伦敦至查尔斯顿、萨凡纳最后到埃比尼泽的跨洋运输网络。③ 根据托管人本杰明·马丁的记载，截至 1741 年，埃比尼泽项目共运送了 1200 多名德意志新教徒前往殖民地。④ 到 1770 年，这个跨大西洋网络的各方筹集和投资了至少 1.5 万英镑，产生了 2000 多封书

---

① Robert Montgomery, *A Discourse Concerning the Designed Establishment of a New Colony to the South of Carolina*, *in the Most Delightful Country of the New Universe*, London, 1717, pp. 12-13.

② James Oglethorpe, "A New and Accurate Account of the Provinces of South-Carolina and Georgia," in Rodney M. Baine, ed., *The Publications of James Edward Oglethorpe*, Athens: University of Georgia Press, 1994, pp. 224-225.

③ George Jones, *Henry Newman's Salzburger Letterbooks*, Athens: University of Georgia Press, 2021, pp. 159-160, 173, 181-182.

④ Philip A. Strobel, *The Salzburgers and their Descendants*, p. 115.

信，出版了 50 多种独立出版物。① 这构建了一个囊括资金交换和知识生产的跨大西洋通信网络。

在新教团体的宣传中，迁往埃比尼泽的萨尔茨堡人是"被上帝挑拣的民族"，并置于《圣经》背景中叙事。② 1731 年开始，萨尔茨堡人的流亡潮就受到大众的关注，新教徒作家在谴责萨尔茨堡主教和同情萨尔茨堡新教徒的立场下，对移民进行了详细追踪。③ 为助其筹措资金，1732 年，基督教知识促进会将乌尔斯伯格提供的大量萨尔茨堡新教徒受迫害的信息翻译并出版成书。书中不仅将萨尔茨堡人描绘成模范基督徒，④ 还通过描绘他们在移民途中遇到的危险，强调他们通过上帝的恩典得救，从而凸显其被挑选性。乌尔斯伯格在给纽曼的信中将此次移民过程比作《旧约》中摩西和亚伦出埃及。⑤ 这种比喻并非孤例，冯·雷克和博尔齐乌斯等人认为，萨尔茨堡人的处境与上帝的选民在沙漠中的处境相似，希望上帝能像引导以色列人一样保护他们。⑥ 信奉公理会主义的编年史学家亦遵循这种叙事，新教徒如以色列人，为了躲避迫害，在上帝的指引和保护下进入荒野中，经过严峻的考验最终创造一个"北美迦南"。⑦

综上可知，埃比尼泽项目是萨尔茨堡新教徒受迫害、移民小册子对其美洲观的塑造、英国殖民地劳动力短缺，以及英、德两地新教团体组织运作等一系列因素综合酝酿的结果。在组织者的叙事话语中，将萨尔茨堡人移民北美和以色列人出埃及类比，不仅强化了移民宗教神圣性的一面，赋

---

① Alexander Pyrges, "Network Clusters and Symbolic Communities: Communalization in the Eighteenth-Century Protestant Atlantic World," in Jonathan Strom, ed., *Pietism and Community in Europe and North America*, 1650–1850, Leiden: Brill, 2010, p. 215.

② Samuel Urlsperger, ed., *Acht Berichte über die Ankunft der Salzburger Emigranten in Dover, den dortigen Aufenthalt und die Abreise aus England sowie über die Zielsetzungen der Trustees*, Augsburg, 1734, p. 126.

③ Artur Ehmer, *Das Schrifttum zur Salzburger Emigration 1731/33, Teil 1: Schrifttum des 18. Jahrhunderts*, Hamburg: Selbstverlag, 1975.

④ Society for Promoting Christian Knowledge, *An Account of the Suffering of the Persecuted Protestants in the Archibshoprick of Saltzburg*, London: J. Downing, 1732, p. 3.

⑤ George Jones, *Henry Newman's Salzburger Letterbooks*, pp. 307–313.

⑥ George Jones, *Henry Newman's Salzburger Letterbooks*, pp. 482, 521; Samuel Urlsperger, *Detailed Reports on the Salzburger Emigrants who Settled in America...*, vol. 2, Athens: University of Georgia Press, 1968, p. 91.

⑦ Denis Cosgrove, *Social Formation and Symbolic Landscape*, New Jersey: Barnes and Noble, 1984, p. 169.

予了殖民地吸引力。以色列人出埃及进入荒野也预示着与既定秩序的决裂，同时又以建立新秩序为目的。① 殖民者借用《圣经》话语强调埃比尼泽项目的宗教特征，推动了埃比尼泽殖民地的开启。

二　荒野话语与埃比尼泽殖民项目的"合法性"建构

欧洲人对荒野的认知自古典时代始就有丰富的意涵。"荒野"一词被广泛接受是 14 世纪后期约翰·威克利夫首次将拉丁语《圣经》译成英语之后，其被指代《新约》和《旧约》中事件常发地的近东无人居住的干旱之地。② 《圣经》叙事将荒野置于中心的位置，在钦定版《旧约》中，荒野出现了 245 次，在《新约》中出现了 35 次。③ 在早期和中世纪基督教教义的发展中，荒野作为避难所和宗教净化地的观念被延续下来，并在近代欧洲的殖民扩张中发挥着重要的作用。

近代早期，欧洲殖民者对北美的认知经历了从伊甸园到荒野形象的建构过程。这一过程始自西班牙对该地区的描绘，如西班牙编年史家德安吉拉（Pietro Martire d'Angiera）的《论新世界》认为，新安达卢西亚土地肥沃，资源丰富，是一个巨大的伊甸园。④ 这一形象随着西班牙对该地的传教和统治不断深化，这些著作的英译版很快传至英国，影响了英国人对美洲东南部的想象。⑤ 但英属殖民地在扩张后，伊甸园形象被淡化，荒野形象逐渐占据主流。普利茅斯殖民地总督布莱德福德（William Bradford）就1620 年"五月花"号驶离鳕鱼角时的画面记录道："夏天已过，万物哀荣；（北美）到处是树林和灌木丛，呈现出一片荒凉野蛮之景。身后的汪

---

① Ursula Brumm, *Geschichte und Wildnis in der amerikanischen Literatur*, Berlin：Erich Schmidt Verlag，1980，S. 72.

② ［美］罗德里克·弗雷泽·纳什：《荒野与美国思想》，侯文蕙、侯钧译，中国环境科学出版社 2012 年版，第 2—3 页。

③ ［美］罗德里克·弗雷泽·纳什：《荒野与美国思想》，第 10—11 页。

④ Alan Gallay, *Colonial Wars of North America*, 1512–1763, *An Encyclopedia*, New York：Routledge，1996，pp. 234，667，714.

⑤ Paul E. Hoffman, *A New Andalucia and a Way to the Orient：the American Southeast during the Sixteenth Century*, Baton Rouge：Louisiana State University Press，2004，pp. 292–293，311.

洋就像一道栅栏，将其与世界上所有文明区隔。"①

同时，荒野话语为英国与西班牙争夺北美东南部的领土归属问题提供了理论基础。17世纪后期，英国人在北美东南部不断扩张，1663年的《卡罗来纳宪章》将英国王室的领土从弗吉尼亚向南延伸。1670年，查尔斯镇的建立使英国殖民地逼近西班牙殖民地北部边境。英国殖民者从"无主地"（terra nullius）理论对西班牙在北美东南部的占有进行攻击，企图重新解释该地区的领土归属。在这一过程中，荒野话语成为关键，英国殖民者将该地从一个肥沃地区转变成一片未开垦的荒野，为"无主地"理论应用于该地提供合法依据。他们强调，美洲土地可以由土著合法拥有，或通过条约将所有权转让给欧洲人；也可以是"无主地"，这类土地则可被占领。英国人将尚未被殖民和开垦的土地与"无主地"等同，并相应地将开垦或改良视为对土地的占有。因此，他们将北美未测量、未划界和未开发的土地划归荒野范畴。② 18世纪初，该地区的现实利益也促使英国人在描绘北美东南部时一改伊甸园的形象。首先，这一时期，英西两国在瓜拉地区一直存在冲突，并爆发了安妮女王战争，一系列的血腥冲突导致该地区人口外流严重。其次，对1715—1717年雅马西战争的残酷报道传至欧洲，扭转了欧洲人对北美东南部的伊甸园形象。③ 相反，在宣传中，卡罗来纳以南被描绘成一大片亟待开发的荒野，只有游牧民族居住其中。因此，在该地区未有人定居或开垦之前，任何人都不能宣称拥有所有权。

1732年，英王颁布佐治亚殖民地宪章时，其中的表述也可以看出对该地区形象的认知转变。对比《弗吉尼亚宪章》《卡罗来纳宪章》以及《佐治亚宪章》，土著印第安人的形象也发生大变。他们不再是因为缺乏传教能力和对上帝的了解被视为野蛮人或异教徒，而是因为对殖民者的生命和

---

① Leo Marx, *The Machine in the Garden: Technology and the Pastoral Ideal in America*, New York: Oxford University Press, 1964, p. 41.

② Patricia Seed, *Ceremonies of Possession in Europe's Conquest of the New World*, 1492–1640, Cambridge: Cambridge University Press, 1995, pp. 17–30.

③ Steven J. Oatis, *A Colonial Complex: South Carolina's Frontiers in the Era of the Yamasee War*, 1680–1730, Lincoln: University of Nebraska Press, 2004, pp. 25–26, 169, 265, 273–274, 300.

殖民地本身的存在造成了威胁。① 因此，建立佐治亚殖民地的目的就是改良该地的土地。奥格尔索普认为，该地并未被西班牙占有，只有前往定居并对其进行开发，才能真正获得所有权。② 此外，1733 年奥格尔索普绘制的《佐治亚新地图》也反映了这一点，该地西面的法属路易斯安那绘制于密西西比河西部，将西班牙圣奥古斯丁定居点移至南卡罗来纳南部边界以下。从视觉上看，地图中的佐治亚是一片巨大的未开发荒地。③ 为对抗西班牙，英国殖民者在北美东南部利用荒野形象进行辩护。

在这样的背景下，萨尔茨堡新教徒移民埃比尼泽的"以色列人出埃及"形象与英帝国对殖民地荒野形象的塑造相衔接，形成了跨大西洋网络中以埃比尼泽为代表的北美东南部殖民空间的话语建构。从第一批萨尔茨堡新教徒移居埃比尼泽伊始，就形成了这样一幅图景：埃比尼泽地区是一片未开发之地，缺乏秩序，因此对定居者的生命充满威胁。大多数萨尔茨堡人在记述中将殖民地称之为广义上的荒野，包括森林、低洼沼泽地等未开发场所。与德意志的荒野一样，这里的生物很快就会腐烂，空气中弥漫着"不健康的瘴气"。在基督教语境中，荒野并不仅仅是一个反面形象，它还蕴含着积极的神学救赎语义。以色列人出埃及进入荒野的经历赋予荒野至少两层象征意义：首先，荒野被视为一个远离邪恶环境和社会迫害的避难所；其次，荒野成为上帝的选民洗涤罪恶、经受考验的磨难场，只有经历荒野的磨炼，选民才能得救进入天国。④《圣经》中以利亚在赎罪的时候，也如摩西一般进入荒野，在何烈山待了四十个昼夜，意欲得到心灵的净化。⑤ 因此，埃比尼泽项目参与者纷纷赋予荒野正向的神学救赎内涵。

---

① The First Charter of Virginia（https：//avalon. law. yale. edu/17th_ century/va01. asp）；The Second Charter of Virginia（https：//avalon. law. yale. edu/17th_ century/va02. asp）；The Third Charter of Virginia（https：//avalon. law. yale. edu/ 17th_ century/va03. asp）；Charter of Carolina 1663（https：// northcarolinahistory. org/encyclopedia/carolina-charter-of-1663/）；Charter of Georgia（https：//avalon. law. yale. edu/18th_ century/ga01. asp）.

② James Oglethorpe, "A New and Accurate Account of the Provinces of South-Carolina and Georgia," pp. 209–212, 216–217.

③ Louis De Vorsey, "Oglethorpe and the Earliest Maps of Georgia," in Phinizy Spalding, Harvey H. Jackson, eds., *Oglethorpe in Perspective: Georgia's Founder after Two Hundred Years*, Tuscaloosa: University of Alabama Press, 1989, pp. 22–43.

④ Uwe Lindemann, Monika Schmitz-Emans, Hrsg., *Was ist eine Wüste? Interdisziplinäre Annährungen an einen interkulturellen Topos*, Würzburg: Königshausen & Neumann, 2000, S. 11.

⑤《列王纪上》19：1–9。

1742 年，一位患病的埃比尼泽定居者在病床上告诉博尔齐乌斯，上帝为了救赎他将其带进这片荒野。① 纽曼定期接收来自埃比尼泽的报告，他发现身处埃比尼泽的萨尔茨堡人在精神上普遍得到了"升华"。②

在跨大西洋交流网络中，荒野以两种不同的方式塑造了埃比尼泽定居者的宗教生活。首先，荒野使移民身处危险的生存环境中，但萨尔茨堡人面对荒野恶劣的环境，能够以谦逊的态度、坚定的信念，从容应对。例如在 1734 年 10 月，牧师将干旱、歉收比作上帝的考验，定居者则利用这种考验来启发自身早日得到救赎。③ 其次，北美东南部的荒野远离罪恶的欧洲旧世界，未受到旧观念的污染，利于灵魂的净化。荒野作为保护区的作用也具有双重含义，一方面，埃比尼泽是萨尔茨堡人逃离天主教压迫的宗教避难所。在与欧洲的通信中，定居者一再感谢上帝带领他们离开大主教区并定居佐治亚。这使他们远离教派迫害，信奉和实践自己的信仰。④ 另一方面，埃比尼泽作为保护区的形象是在与其他殖民地和其他国籍殖民者的对比中构建的。博尔齐乌斯在其报告中将英法两国殖民者描绘成经济移民和寄生虫，⑤ 这些人出于世俗原因定居埃比尼泽，因而普遍缺乏虔诚的信仰，他们贪婪、暴力和懒惰，举止粗鲁、不懂纪律，在北美的殖民活动充其量不过是欧洲社会的劣质复制，⑥ 这使殖民地处于无序状态。而埃比尼泽全然相反，地处荒野使其远离城市的坏风气以及旧欧洲的腐化影响，两者之间的对比使埃比尼泽不受干扰且谦逊的生活在报告中尤其突出。⑦ 埃比尼泽宣传的荒野作为保护屏障的形象很大程度上借鉴了基督教中关于荒野的观念。荒野过滤了周遭环境的邪恶观念，从而对移民进行净化。同

① Samuel Urlsperger, Hrsg., *Die Elfte Continuation der ausführlichen Nachricht von den salzburgischen Emigranten, die sich in America niedergelassen haben*, Halle: Wäysenhauses, 1745, S. 1995.

② George Jones, *Henry Newman's Salzburger Letterbooks*, p. 185.

③ Samuel Urlsperger, *Ausführliche Nachricht von den saltzburgischen Emigranten, die sich in America niedergelassen haben*, Halle: Wäysenhauses, 1745, S. 262.

④ Samuel Urlsperger, Johann Urlsperger, Hsg., *Americanisches Ackerwerk Gottes, oder Zuverlässige Nachrichten* [...], Augsburg, 1755, S. 325-326.

⑤ Russell Kleckley, Jürgen Lewiston, eds., *The Letters of Johann Martin Boltzius, Lutheran Pastor in Ebenezer, Georgia: German Pietism in Colonial America, 1733-1765*, Lewiston: Edwin Mellen Press, 2009, p. 84.

⑥ Paul S. Taylor, *Georgia Plan: 1731-1752*, Berkeley: University of California, 1972, p. 117.

⑦ Samuel Urlsperger, *Ausführliche Nachricht von den saltzburgischen Emigranten, die sich in America niedergelassen haben*, S. 293, 314-315.

时，荒野定居者历经沙漠恶劣环境的磨炼之后能够获得精神上的升华，为升入恩典做准备。

埃比尼泽代表的北美东南部的荒野形象基于宗教概念以及《圣经》话语进行建构。最初的《圣经》语义将萨尔茨堡人作为宗教受害者从欧洲和教会秩序中逃离的行为合法化，并将其视为神圣的救赎计划。同时，北美东南部形象被塑造成荒野，不仅衔接了《圣经》中的沙漠主题，荒野话语从旧欧洲延续到北美。荒野从最初的抽象概念逐渐与埃比尼泽殖民地的实际生活相结合，在短时间内成为殖民空间形象的一套标准化描述。在这一形象的构建过程中，北美殖民的经验也被吸收进这一话语模式中，形成了一套一切围绕荒野、一切涉及荒野、一切源于荒野的话语阐释模式。尽管荒野内涵在殖民发展的过程中不断发展更新，并与殖民地的其他空间要素相互关联，但最终都应用于埃比尼泽殖民项目的"合法化"中。

三　"上帝的葡萄园"与埃比尼泽殖民项目的"模范性"建构

移民中后期，埃比尼泽经过移民的改良，其形象已与荒野不太适配。因此，西班牙早期建构的"上帝的葡萄园"形象再次成为殖民者宣传的北美形象。

首先，萨尔茨堡人《出埃及记》的话语模式继续发展。《创世记》中"伊甸"被形容为欢乐之所，里面水源丰沛，食物充足。康拉德·克莱因克特（Conrad Kleinknecht）在哈勒传教史中指出，通过勤劳的萨尔茨堡移民的劳作，许多原本是沙漠之地转变成了宜人的伊甸园。① 伊曼纽尔·洛伯在他的移民小册子中甚至将南卡罗来纳和佐治亚地区描述为"流淌着牛奶和蜜糖的土地"。② 与早期"荒野"中出现的无数极端气候、狂风暴雨，土地质量堪忧形成鲜明对比的是，交流网络中占主导的是土壤肥沃，能生

① Conrad Kleinknecht, *Zuverläßige Nachricht, von der, durch das Blut des erwürgten Lammes theurerkauften schwarzen Schaaf- und Lämmer- Heerde...*, Augsburg, 1749, S. 215-216.

② Heiko Diekmann, *Lockruf der Neuen Welt: Deutschsprachige Werbeschriften für die Auswanderung nach Nordamerika von 1680 bis 1760*, S. 175.

长出更多更优质的作物，农场的牲畜也更加肥壮。[1] 为了更直观地佐证上述描述，牧师的日记中详细罗列了埃比尼泽的年度收成。[2] 从记载来看，埃比尼泽对农作物的态度有了很大的转变，定居者从"以色列人出埃及"背景下的被动救济者转变成财富的生产者和殖民扩张的积极参与者。在项目前期，农作物主要是作为救济支援物资转运至埃比尼泽定居点。但30年代末40年代初，农作物的描述主要出现在埃比尼泽的农业生产、加工，以及在殖民市场的地位讨论中。1738年，受托人发表的一篇布道引用了《以赛亚书》第41章的内容，称耶和华使旷野成为他子民的"水池"，"使他们看见、知道、思考、明白；耶和华做了这件事，以色列的圣者创造了它"，埃比尼泽再次被视为受到上帝保护和祝福之地。[3]

殖民者将商业与道德相联系，力图将埃比尼泽的道德发展脱离其他殖民地的既定轨道，原定的规划是以小型家庭农场为基础，使移民在经济上自给自足。埃比尼泽在畜牧业、木材业以及丝绸制作上将慈善和社区工作相结合，以改善定居点的经济状况。第一，关于畜牧业，养牛是他们重要的经济来源。他们出版的第一本促捐小册子宣称托管人将为定居者提供"必需品、牛、土地和补贴"[4]。牛作为衡量一个农庄优劣的标准被单列出来，说明了畜牧业在该地的重要性。牛成为他们财富的重要组成部分，博尔齐乌斯去世时，他的20头牛约占他遗产价值的30%。托管人在1741年为殖民地现状所作的辩护中指出，在埃比尼泽"有大量的牛群"，该镇"欣欣向荣"。[5] 第二，托管人认为，由于丝绸业需要技术、奉献精神和高强度的工作，这决定了移民是从事丝绸工作的理想公民。丝绸将成为英国的出口产品，结束英国对意大利和其他外国商人的依赖。与此同时，丝绸本质上是一种道德上有益的事业，因为丝绸是小家庭生产的理想选择。从

---

① Allen D. Candler, *The Colonial Records of the State of Georgia*, vol. 3, Atlanta: Franklin Printing, 1904-1916, pp. 428-431.

② Samuel Urlsperger, *Detailed Reports on the Salzburger Emigrants who Settled in America...*, Vol. 3, pp. 98, 260-261, 270; Vol. 6, pp. 47, 335-336.

③ Karen Auman, *Germans in Georgia: Salzburgers, Protestant Philanthropy, and Empire, 1730-1800*, p. 91.

④ Benjamin Martyn, *Some Account of the Designs of the Trustees for Establishing the Colony of Georgia in America*, Athens: University of Georgia Press, 1990, pp. 14-15.

⑤ Karen Auman, *Germans in Georgia: Salzburgers, Protestant Philanthropy, and Empire, 1730-1800*, pp. 221-222.

表 1 中可以看出，二十年来埃比尼泽的丝绸产量增加了十几倍，养蚕业带来的收入成为萨尔茨堡人和埃比尼泽经济中一个重要组成部分。

表 1   **埃比尼泽部分年份丝绸产量①**

年份	蚕茧（磅）	年份	蚕茧（磅）
1747	366	1748	437
1749	700	1751	1500
1754	2000	1759	4000
1763	6350	1771	6570

其次，"上帝的葡萄园"形象还与英国对荒野的空间占有意识紧密相关。移民社区的繁荣叙事，与英国殖民者将荒野转变为帝国花园的想象是一致的。对英国人来说，殖民扩张的合法性建立在对"未开垦荒地"的占有和耕种的基础上，在划定界限以及建造最基础的房屋住所之后，紧随而来的就是建造花园。因为花园的形象象征着对荒野的成功改良，被改良过的花园也被称为英帝国的海外种植园。② 清教史学家在叙述英帝国的海外殖民扩张时也遵循从荒野到花园的形象转变：上帝带领他的选民进入北美荒凉、危险和不宜居之地，将荒野变成了鲜花盛开的花园。因此，移民成为圣经模式下的上帝臣民，对北美洲的征服也变得合理化，佐治亚则凭借其荒野变花园的形象成为模范殖民地。③

最后，"上帝的葡萄园"形象延续了《马太福音》第 20 章第 1—16 节中关于在天国的葡萄园中工作的典例。《以赛亚书》中上帝对以色列人承诺，"使旷野像伊甸，使沙漠像上帝的园囿，在其中必有欢喜、快乐、感谢和歌唱的声音"④。其最初含义为基督徒通过在上帝的葡萄园中工作从而获得上帝的福音恩典，为天国的到来提前做好准备。这个概念被大西洋两岸的埃比尼泽参与者借用，形成了埃比尼泽作为"上帝的葡萄园"的特定

① Russell Kleckley, Jürgen Lewiston, eds., *The Letters of Johann Martin Boltzius, Lutheran Pastor in Ebenezer, Georgia: German Pietism in Colonial America, 1733-1765*, Vol. 2, p. 529.

② Patricia Seed, *Ceremonies of Possession in Europe's Conquest of the New World, 1492-1640*, pp. 17-29.

③ Roderick Nash, *Wilderness and the American Mind*, pp. 31, 35.

④ 《以赛亚书》51：3。

空间形象。这种叙事在虔敬派及其与基督教知识促进会的通信中尤其普遍，基督教知识促进会在 1735 年称赞道，来自哈勒的神学家是"上帝葡萄园中的工人"，他们为埃比尼泽的传教工作作出了重要贡献。[①] 在最初的几年中，埃比尼泽被称为"上帝在佐治亚的葡萄园"或者"教会葡萄园"，1736 年后，"上帝的葡萄园"逐步代替了荒野话语，成为描述埃比尼泽最主要的形象。

1735 年起，在萨凡纳爆发了关于佐治亚地区状况和殖民地未来规划的辩论，议题为如何促进殖民地的经济繁荣。埃比尼泽项目的反对者指责受托人禁止奴隶贸易，进而阻碍了经济发展。对于这些反对声，殖民地政府列举了埃比尼泽的萨尔茨堡人作为没有奴隶制和大庄园也能实现繁荣的案例进行反驳。[②] 在这种语境中，殖民地政府显然已经将北美东南部定型为一个肥沃的伊甸园的形象，并认为，萨尔茨堡移民者善于利用埃比尼泽的自然资源优势，并将其转化为繁荣的"上帝葡萄园"，促进经济的增长。这一形象主导了这一时期大西洋两岸对整个北美东南部殖民地的看法。在托管人看来，埃比尼泽殖民地的繁荣可以为佐治亚树立一个"模范"殖民地的"榜样"，其他海外殖民地需要从道德、宗教和卫生等方面向此地看齐。[③]

在宗教层面，新教参与者希望将埃比尼泽作为打击新世界无神论以及异教徒的力量，从而为北美殖民地的新教扩张服务。1734 年，弗朗克致信博尔齐乌斯：上帝将在埃比尼泽建立新教教会，就像建立的山巅之城，这样他们就能被土著看见、了解和传播，引导他们追随上帝，成为上帝的子民。[④] 博尔齐乌斯和他的同事格罗瑙告诉纽曼，如果殖民者不再对上帝的话语感到陌生，那么印第安人的皈依就会容易得多。奥格尔索普、弗朗克

---

① Alexander Pyrges, *Das Kolonialprojekt EbenEzer: Formen und Mechanismen protestantischer Expansion in der atlantischen Welt des 18. Jahrhunderts*, p. 433.

② Allen D. Candler, *The Colonial Records of the State of Georgia*, vol. 31, pp. 41–48.

③ Clarence Ver Steeg, *Origins of a Southern Mosaic: Studies of Early Carolina and Georgia*, Athens: University of Georgia Press, 1975, p. 75; Phinizy Spalding, "Colonial Period," in Kenneth Coleman, ed., *A History of Georgia*, Athens: University of Georgia Press, 1991, pp. 23–24.

④ Alexander Pyrges, *Das Kolonialprojekt EbenEzer: Formen und Mechanismen protestantischer Expansion in der atlantischen Welt des 18. Jahrhunderts*, S. 427.

也认为，向殖民地的异教徒传教大有可为。① 在抵达埃比尼泽之后，他们希望确立埃比尼泽的宗教"榜样"地位，并以此制定了具体的传教任务和目标。② 在这样的宣传下，埃比尼泽逐渐被确立为北美新教中心，并以此辐射至其他殖民地。

埃比尼泽凭借其宗教宽容的形象获得了北美东南部新教"榜样"的声望，这吸引了众多其他海外殖民地的牧师前来访问，为北美不同教派之间的互动提供了契机。18 世纪 40 年代，乔治·怀特菲尔德（George Whitefield）对埃比尼泽进行了访问，对埃比尼泽的改良，殖民地的秩序称赞有加。这段经历被戴维·摩根和詹宁斯·桑德斯视为 18 世纪 30 年代宗教复兴运动的开端。③ 托马斯·琼斯（Thomas Jones）在 1740 年写给萨凡纳的信中表示，埃比尼泽建筑有序、环境宜人，人们勤劳和睦，这使他们取得了非凡的成功。④ 后来成为北美路德教会元老的亨利·穆伦贝格（Henry Mühlenberg）被传教士齐根哈根派往埃比尼泽接受博尔齐乌斯和格罗瑙的培训，以担任宾夕法尼亚路德教会的牧师。⑤ 萨凡纳和查尔斯镇等沿海城镇，阿伯科恩、阿克顿和弗农堡定居点以及南卡罗来纳普里斯堡的殖民者都受益于埃比尼泽牧师的宗教服务。神职人员举行教堂礼拜和圣餐仪式，向当地会众布道，并主持洗礼和婚礼。⑥

关于上帝的葡萄园形象，纳什写道："花园的神话已经隐含在十八世纪美国大陆扩张的斑斓愿景中。"从本杰明·富兰克林和托马斯·杰斐逊到 1862 年的《宅地法》（Homestead Act of 1862），尽管地形本身对这一形象提出了挑战，但将定居美国西部喻为建造花园仍然令人信服。⑦ 这

---

① George Jones, *Henry Newman's Salzburger Letterbooks*, pp. 151–152, 339–340, 586–587.

② George Jones, *Henry Newman's Salzburger Letterbooks*, pp. 583–587.

③ Jennings B. Sanders, "George Whitefield two Hundred and Twenty-five Years after his first American Visit: An Interpretation," *Georgia Historical Quarterly*, vol. 48（March 1964）, pp. 64–73.

④ Philip A. Strobel, *The Salzburgers and their Descendants*, pp. 110–111.

⑤ Thomas Müller, *Kirche zwischen zwei Welten: Die Obrigkeitsproblematik bei Heinrich Melchior Mühlenberg und die Kirchengründung der deutschen Lutheraner in Pennsylvania*, Stuttgart: Franz Steiner Verlag, 1994, S. 181–182.

⑥ Alexander Pyrges, *Das Kolonialprojekt EbenEzer: Formen und Mechanismen protestantischer Expansion in der atlantischen Welt des 18. Jahrhunderts*, S. 431.

⑦ ［美］亨利·纳什·史密斯：《处女地：作为象征和神话的美国西部》，薛蕃康、费翰章译，上海外语教育出版社 1991 年版，第 123—134 页。

些景象都与"上帝的葡萄园"紧密联系，埃比尼泽项目的模范性只是新教北美扩张策略中的一个缩影，并借用基督教话语为进一步殖民扩张服务。

四 埃比尼泽殖民项目的影响

由于鲜明的跨大西洋特性，埃比尼泽项目在德意志、英国和北美都产生了不同的"回响"，上述三种话语构建的北美形象还影响了德意志人的北美移民、德意志地区新教和天主教间的教派竞争、英国在北美的殖民扩张以及独立后美国对荒野的独特认知。

第一，埃比尼泽项目建立了一个庞大的跨大西洋通讯网络，网络中对佐治亚的宣传直接或间接地吸引了大批德意志人移民北美。[①] 佐治亚在 18 世纪德意志人移民北美的过程中扮演了重要角色。洛伯的小册子总结了前二十年萨尔茨堡人移民北美的经验，从动植物资源优越，地理气候适宜以及移民受到的良好接待，定居点的繁荣等方面表达了对佐治亚的赞美。[②] 这些小册子宣传的北美形象对德意志移民起了重要的作用，仅 1749—1752 年间就有近500 人移民佐治亚。甚至有几年，佐治亚的德意志移民比例超过了宾夕法尼亚。[③]《宾夕法尼亚报告》和《波士顿公报》广泛报道了德意志人向佐治亚移民的情况，这表明北美北部对东南部欧洲移民的关注。[④]

第二，虔敬派等新教关于埃比尼泽项目的书籍在德意志出版后成为新教抗衡天主教，增加教众和教派竞争的工具。在德意志南部地区，天主教尤其是耶稣会对于美洲的书写强调对全局的刻画，并以其报道的广度著称，代表性出版物如第一份耶稣会杂志《新世界信使》。为了加强与天主教的竞争，以哈勒和施瓦本地区虔敬派为主的新教徒从微观角度深度报道

① George Jones, *The Georgia Dutch: From the Rhine and Danube to the Savannah*, 1733 – 1783, Athen: University of Georgia Press, 2012, S. 115, 123.

② Emanuel Löber, *Auszug der sichern und nützlichen Nachrichten von dem Englischen America besonders von Carolina und der fruchtbaren Landschaft Georgia*, S. 6–9, 81–83.

③ George Jones, *The Georgia Dutch: From the Rhine and Danube to the Savannah*, 1733–1783, S. Ⅶ.

④ Andreas Brinck, *Die deutsche Auswanderungswelle in die britischen Kolonien Nordamerikas um die Mitte des 18 Jahrhunderts*, Stuttgart: Franz Steiner Verlag, 1993, S. 52–53.

了埃比尼泽等美洲地方和区域的历史。① 这些书籍将埃比尼泽移民刻画为"欧洲人的榜样"和"基督教的觉醒样本"，为新教徒提供宗教生活的向导。② 不论是从被誉为伊甸园的自然环境，还是从创建一个在宗教上和平、政治上自决的未来社会愿景上说，北美都是一个独特的救赎之地，这也成为虔信派在教派竞争中吸引德意志人的话语。

第三，埃比尼泽项目运用荒野和"上帝的葡萄园"话语对其"合法性""模范性"的宣传是英国在北美殖民扩张的缩影。埃比尼泽殖民地代表了在北美新大陆复制虔信派社区机构和模式的尝试。基于此，殖民者构建了一套基于《圣经》和基督教传统的荒野无主地理论，这在实际层面推动了英国在北美东南部与西班牙的殖民竞争。同时，殖民竞争的逐渐深入也促进了英国对以埃比尼泽为代表的北美形象的阶段性建构，这在深层次符合了英国的殖民利益。埃比尼泽从荒野到"上帝的葡萄园"形象的转变，体现了英国在不同时期对殖民地的占领和建设需求的不同导向。这种对北美形象的建构服务于殖民扩张，推动了英国在北美殖民空间的扩展。

第四，埃比尼泽殖民项目的新教扩张不仅丰富了北美宗教的多样性，还推动了强调宗教民主化、个人化，以及宽容理念的"第一次大觉醒运动"的开展。18世纪，新教复兴运动试图通过改变个人、造就新人来改革教会和影响社会。虔信派认为，个人的灵性体验和不经媒介的神恩体验是救赎的主要特征，基督徒不能通过洗礼自动接受恩赐，不能通过传道学习神恩，也不能通过遵纪守法的行为接受神恩，而只能直接亲身经历，洗礼和布道等圣事则居于边缘地位。③ 因此，包括虔信派在内的圣公会改革派强调基督教教育的重要性。这些实践最大限度地与其他教派的共同标准相一致，这也促使大复兴运动中的教派逐渐朝着民主化、个人化，以及宗教宽容方向发展。正如雷纳德·贝克尔强调的一样，埃比尼泽殖民项目为新世界的思想解放作出了重要贡献，这些虔敬主义思想在17世纪和18世纪

① Martin Brecht, "Samuel Urlsperger und der Hallische Pietismus," in Reinhard Schwarz, Hrsg., *Samuel Urlsperger* (1685-1772): *Augsburger Pietismus zwischen Außenwirkungen und Binnenwelt*, S. 171-173.

② Samuel Urlsperger, *Ausführliche Nachricht von den saltzburgischen Emigranten, die sich in America niedergelassen haben*, Vorrede, S. 4v.

③ Norbert Haag, *Predigt und Gesellschaft: Die lutherische Orthodoxie in Ulm*, 1640-1740, Darmstadt: Verlag P. von Zabern, 1992, S. 100-101.

对美洲殖民地的新教思潮产生了重要影响。①

第五，埃比尼泽项目通过《圣经》中的《出埃及记》、荒野，以及"上帝的葡萄园"三种话语建构了北美的形象，这种叙事并非特例，而是随着新教扩张出现的普遍现象。清教徒的历史观随着北美殖民的演进，围绕《圣经》架构起来的话语逐渐扩展，并对独立之后的美国产生了深远影响。清教徒希望在美洲建立一个模范国家，作为旧大陆的典范。约翰·温斯罗普认为，新英格兰的早期定居者将此描述为他们按照上帝旨意进入美国荒野的"差事"（errand）：作为被拣选的子民，他们在美国的荒野上茁壮成长。② 在北美定居之后，包括清教徒在内的新教使用《圣经》话语构建了殖民地的合法性，以此来处理新大陆陌生的环境，并以各种方式诠释了荒野对殖民地的意义。③ 在科顿·马瑟斯（Cotton Mathers）的《美洲基督大观》中，荒野的形象在历史阐释中占据了中心地位。清教徒只有在美洲的荒野，才能实现其纯粹的信仰。清教徒的荒野经历与《圣经》中从埃及出走的以色列人相联系，最后将"贫瘠的旷野"转变为耶和华的花园和新迦南。④

埃比尼泽项目中北美从荒野到"上帝的葡萄园"形象的转变体现的是古典传统中以基督教教义为基础的上帝授意征服荒野的历程，这一观念在美国建国之后仍延续下来。美国独立之后，受浪漫主义和超验主义思潮的影响，荒野所具有的积极的一面被放大，是区别于欧洲的独特之物。民族主义者更将自然神学的理念加诸其中，将其视为美利坚民族文化独立的重要来源。另外，这种以荒野为基础的观念为美国开国先辈反对欧洲启蒙哲人的"美洲退化论"提供依据。如果由荒野走向伊甸园是上帝子民走向"迦南"的必经过程，那么美国人天生就具有超越欧洲人的自然、道德和宗教优越性。

---

① Rainald Becker, *Nordamerika aus süddeutscher Perspektive: Die Neue Welt in der gelehrten Kommunikation des 18. Jahrhunderts*, Stuttgart: Franz Steiner Verlag, 2012, S. 232.

② Perry Miller, *Errand into the Wilderness*, Cambridge: The Belknap Press of Harvard University Press, 1956, pp. 2-15.

③ Bert Loewenberg, *American History in American Thought: Christopher Columbus to Henry Adams*, New York: Simon and Schuster, 1972, pp. 83-130.

④ Cotton Mathers, *Magnalia Christi Americana*, Cambridge: Belknap Press, 1977, pp. 49-58, 89.

结　语

　　《圣经》话语、荒野话语和"上帝的葡萄园"这一套既互相关联又彼此承接的话语塑造了北美的形象演变，这一过程在埃比尼泽项目中得以集中体现。除为新教徒提供安全的宗教避难所外，埃比尼泽还是新教抵抗西班牙天主教的据点、北美原住民的传教模范地，以及北美边疆由野蛮转为文明之地。在以埃比尼泽殖民项目为代表的北美殖民浪潮中，欧洲殖民者正是以《圣经》话语动员欧洲人移民北美，并将荒野转变为伊甸园的神话来认知北美的潜力。美国建国后仍延续了这种话语叙事，将其应用于美国较之欧洲的独特性的理解上。在强调个人救赎的宗教背景下，崇尚荒野的理念提供了一个强大的超越机会，一种将美洲作为欧洲没有的独特文化。美国是欧洲人无法想象的荒野，它的纯净和原始之美赋予了北美一种优于欧洲的特殊道德力量。美国作家克里夫科尔认为，早期欧洲人被想象性地安置在东部沿海，并将北美"人迹罕至的荒芜"景观转变成"美丽的城市，殷实的村庄，广袤的田野，一望无际的乡村，体面的房屋，良好的道路、果园、草地和桥梁"，美国梦的真相就体现在它的景观上，① 这也体现了欧洲人对北美从荒野到葡萄园话语的认知历程。

　　埃比尼泽项目的话语叙事本质上服务于英国殖民扩张和欧洲新教在大西洋传播，殖民者希冀从《圣经》和基督经典中寻找话语源头，从而构建"合法性"和"模范性"。即使埃比尼泽殖民项目并未达到最初的目的，这些话语模式在美国独立之后逐渐消解，其为殖民和宗教扩张建构的理论和实践也已被批判，但其中蕴含的内核仍然在历史进程中不断被解读和重构，这仍然值得我们深思。

（高龙海，南京大学与慕尼黑大学联合培养博士生）

---

　　① Jean de Crèvecoeur, *Letters from an American Farmer and Sketches of Eighteenth-century America*, Toronto: New American Library of Canada Ltd, 1963, pp. 60-61.

1947—1954 年英国与美国在
巴基斯坦的权力交接[*]

刘　恒

摘要　1954 年，美巴结盟的过程实际上是一段英国、美国和巴基斯坦的多边互动史。在巴基斯坦独立初期的国防建设中，英国一度扮演特殊角色，凸显南亚非殖民化进程的滞后。但英国对巴基斯坦国防的扶持相当有限，这和巴基斯坦在英国外交与防务战略中的边缘地位密切相关。从更广阔的视角看，美巴结盟不仅标志着南亚冷战的肇始，而且象征着美国取代英国在巴基斯坦的地位，英美完成了在巴基斯坦的权力交接。公开的政策协调掩盖了英国的帝国利益与美国的冷战战略的分歧，英国在焦虑、窘迫和失落之余，在权衡代价与收益之后，保持了外交克制。在英国领导人心目中，帝国之命脉存系于英国与美国在中东等核心战略地区的合作，在巴基斯坦的退让是英国为"将美国人拉入中东"而付出的代价。

关键词　英国　美国　巴基斯坦　中东

1951—1954 年，巴基斯坦著名短篇小说家萨达特·哈桑·曼托（Saadat Hasan Manto）用乌尔都语发表了九封以想象的口吻写给美国的公开信。他在信中亲切地称呼美国为"山姆大叔"，毫不掩饰对美国生活方式和文化的向往，甚至恨不得将自己的身体器官全都"变成美国的"。信函写就

---

* 本文系国家社科基金青年项目"英国与印度的国防建设关系研究（1947—1965）"（21CSS019）、云南省"兴滇英才"青年人才项目的阶段性成果。

之时，适逢巴基斯坦与美国结为军事同盟，以加入美国的冷战战略为代价，巴基斯坦终于争取到索求多年的军事援助。在热情洋溢欢迎美国的军事援助的同时，曼托还宣泄了对英国的不满："应该把英国从地球上抹去。这个小岛国只会给世界添堵……如果没有英国，就不会有贝文，你也就不必忍受他的胡作非为。"①

曼托对美国的殷勤和对英国的憎恨，是南亚冷战肇始前夜巴基斯坦与英国及美国三角关系的生动写照。1947 年印巴分治后，巴基斯坦一度仍是英国的势力范围，特别是其国防深受英国影响。为应对其眼中的"印度威胁"，巴基斯坦建国后走上一条军事优先的发展道路，并围绕军购和军援问题同英国及美国展开互动。1954 年，巴基斯坦与美国结盟的历史意义，除了标志着冷战蔓延至南亚次大陆，还象征美国取代英国在巴基斯坦的地位，英美完成了在巴基斯坦的权力交接。

学界关于美巴结盟的研究虽比较丰富，但基本沿两条路径展开：外交史学者大多从冷战角度，考察杜鲁门至艾森豪威尔时期美国对南亚政策的演变；② 巴基斯坦史学者则主要关注巴基斯坦的安全焦虑和诉求。③ 既有研究都对英国的角色关注不足，特别是对英巴关系和英美关系缺乏系统论述。④ 从更广阔的视角来看，美巴结盟意味着继土耳其、希腊、澳大利亚和新西兰

---

① Saadat Hasan Manto, *Letters to Uncle Sam*, Translated from the Urdu by Khalid Hasan, Islamabad：Alhamra Printing, 2001, pp. 41-42, 79.

② 国外学界代表作有：Robert McMahon, *The Cold War on the Periphery：The United States, India, and Pakistan*, New York：Columbia University Press, 1994；Robert McMahon, "United States Cold War Strategy in South Asia：Making a Military Commitment to Pakistan, 1947-1954," *Journal of American History*, Vol. 75, No. 3（Dec. , 1988）, pp. 812-840；Dennis Kux, *The United States and Pakistan, 1947-2000, Disenchanted Allies*, Washington D. C. ：Woodrow Wilson Center Press, 2001. 国内学界主要成果有：何慧：《从美巴结盟看美国在中东的冷战战略》，《华南师范大学学报》（社会科学版）1995 年第 1 期；王琛：《论美国南亚政策（1947—1954）——基于对 1954 年美巴结盟的研究》，《史学月刊》2011 年第 5 期；李晓妮：《美国对巴基斯坦政策研究（1941—1957）》，吉林大学出版社 2010 年版。

③ 英语世界的代表作有：Ayesha Jalal, *The Struggle for Pakistan：a Muslim Homeland and Global Politics*, Cambridge：The Belknap Press of Harvard University Press, 2014；Shuja Nawaz, *Crossed Swords：Pakistan, its Army and the Wars Within*, Oxford：Oxford University Press, 2008.

④ 关于英国在 1954 年美巴结盟过程中角色的研究凤毛麟角，既有成果都偏重英美关系，缺乏对英巴关系的系统论述：Ayesha Jalal, "Towards the Baghdad Pact：South Asia and Middle East Defence in the Cold War, 1947-1955," *The International History Review*, Vol. 11, No. 3（Aug. , 1989）, pp. 409-433；Anita Inder Singh, *The Limits of British Influence：South Asia and the Anglo-American Relationship, 1947-56*, London：Pinter Publishers, 1993. 目前只有一部研究英巴关系的专著，对英国与美国结盟关系的问题着墨不多。Ian Talbot, *The History of British Diplomacy in Pakistan*, London：Routledge, 2021.

之后，又一个英帝国传统势力范围的国家从英国倒向美国。在这个过程中，英巴关系渐行渐远，英美关系龃龉不断，为南亚国际关系赋予了非冷战的历史面相。本文尝试从跨国史视角出发，揭示南亚冷战肇始前夜英国、美国与巴基斯坦多边互动的历史图景，重新审视冷战背景下南亚国际关系格局的演进。

一　巴基斯坦的安全困境与英国的有限扶持

巴基斯坦独立后，确立了先军事后经济的国家战略，这一选择和它面临的安全困境密切相关。首先，就战略环境而言，印度作为强邻在侧并虎视眈眈，西北边境阿富汗部落民族不断侵袭，使巴基斯坦领导人心中产生一股强烈的不安全感，特别深信"印度总有一天要吞并巴基斯坦"。① 其次，从地理条件来看，巴基斯坦没有大型山脉河流作为天然防御屏障，缺乏战略纵深，加之东巴和西巴两翼分离，防务上难以有效协同。② 再次，印巴分治过程中军事资产分割不平衡弱化了巴基斯坦的生存能力。根据协定，英属印度三分之一的武装部队和军事资产应归属巴基斯坦，但印度牢牢掌控着资产分割的主导权，以各种借口拖延交付。③ 1947 年 10 月第一次克什米尔战争爆发后，印度更不可能向这个被它定性为主要威胁的国家移交武器装备。英国从南亚撤退后留下 16.5 万吨军用物资，巴基斯坦只接收到 2.5 万吨。④ 严峻的战略环境和孱弱的军事实力，使巴基斯坦领导人陷入极度的安全焦虑。后来出任巴基斯坦总统兼国防部长的阿尤布将军（Mohammad Ayub Khan）回忆说："我从独立那天起就坚信一件事：巴基斯坦的生存取决于建立一支训练有素、

---

① Ayesha Jalal, "India's Partition and the Defence of Pakistan: An Historical Perspective," *The Journal of Imperial and Commonwealth History*, Vol. 15, No. 3 (Sept. , 1987), p. 297.

② Pervaiz Iqbal Cheema, *Pakistan's Defence Policy*, 1947–1958, London: Palgrave Macmillan, 1990, p. 75.

③ Note by Vernon Forbes Erskine Crum, Nov. 21, 1947, MB1/D52/1/5, Lord Mountbatten Papers, Hartley Library, University of Southampton, Southampton (HLUS); Embassy of Pakistan in Washington to Secretary of State, Oct. 19, 1948, RG 59, Subject File Relating to Pakistan Affairs, 1943–53, Box 23, The U. S. National Archives and Records Administration, College Park, Maryland (USNA).

④ E. Bevin to Prime Minister, Attached Memorandum: Supply of Arms to Commonwealth and Foreign Countries, Feb. 9, 1949, PREM 8/1399, The National Archives of United Kingdom, Kew, London (TNA).

装备精良和指挥出色的军队。"① 为增强军事实力，巴基斯坦政府甘愿冒竭泽而渔的风险，将捉襟见肘的财政资源优先投入国防。1949—1950 财政年度，军费预算在巴基斯坦中央财政支出中占比高达 68%。②

安全焦虑不仅塑造了巴基斯坦的国家战略，而且使其领导人坚信国家的生存取决于同大国联盟。印巴分治之际，恰逢冷战帷幕在欧洲拉开。当印度扬起"不结盟"的旗帜，巴基斯坦着意倒向西方。独立前夕，国父真纳（Muhammad Ali Jinnah）在同蒙巴顿的总参谋长伊斯梅勋爵（Lord Ismay）的谈话中说："巴基斯坦不能孤立于世，要和大国做朋友"，"俄国没有吸引力，法国处在虚弱且分裂的状态；剩下的只有英国和美国，前者是（巴基斯坦）天然的朋友"。③ 1947 年 9 月 7 日，真纳在内阁会议上提出，巴基斯坦的国家利益"更多和英国与美国这两个民主大国休戚与共"，奠定了外交政策的基调。④

基于国家战略和对外政策的定位，巴基斯坦一方面在国内加快整编军队，另一方面向美国和英国求援，补充武器装备。巴基斯坦首先将目光投向战后综合国力最强大的美国。1947 年 10 月，真纳请求美国提供为期五年、价值 2 亿美元的军事援助。⑤ 巴基斯坦索要的不只是武器，还期待和美国建立更全面的合作关系。1950 年 5 月，时任巴基斯坦总理利雅卡特（Liaquat Ali Khan）访问美国，致力于宣扬巴基斯坦对西方的战略价值，诉说巴基斯坦对"西方经验、知识和技术"的渴望。⑥ 然而，南亚只是战后初期美国全球战略的边缘地带，欧洲、中东和东亚才是遏制苏联的主战场，美国还没有打算将军事资源付诸巴基斯坦这个战略价值并不突出的陌生国度。杜鲁门政

① Mohammad Ayub Khan, *Friends Not Masters: A Political Autobiography*, London: Oxford University Press 1967, p. 21.

② Ayesha Jalal, *The State of Martial Rule: The Origin of Pakistan's Political Economy of Defence*, Cambridge: Cambridge University Press, 1990, p. 94.

③ Interview between Jinnah and Lord Ismay, April 9, 1947, MB1/D69/44, Lord Mountbatten Papers, HLUS.

④ Minutes of cabinet discussion, Sept. 9, 1947, 67/CF/47, National Documentation Center, Islamabad. 转引自 Dennis Kux, *The United States and Pakistan*, 1947-2000: *Disenchanted Allies*, p. 20.

⑤ Report by the SANACC Subcommittee for the Near and Middle East, April 19, 1949, *Foreign Relations of the United State* (*FRUS*), 1949, Vol. VI, Washington: United States Government Printing Office, 1977, p. 5.

⑥ "Pakistani Policy: Domestic and Foreign," in Liaquat Ali Khan, *Pakistan: The Heart of Asia*, Massachusetts: Harvard University Press, 1950, p. 48.

府力图至少在表面上维持对印度和巴基斯坦的政策平衡，即便非要二选其一，综合实力更强大且在朝鲜停战谈判中凸显作用的印度更符合美国的战略需要。① 此外，南亚属于英国的传统势力范围，这是英美两国领导人心照不宣的政治默契，美国此时并无在南亚挑战英国权力的意向。② 综合上述考虑，杜鲁门政府只承诺经济和技术援助，拒绝向巴基斯坦大规模供应武器。

由于南亚不是美国战略重心所在，加之英属印度历史惯性的作用，巴基斯坦独立初期，国防建设没能完全摆脱对英国的依赖，凸显南亚非殖民化进程的滞后。除了军队编制和指挥体系沿袭英国模式，巴基斯坦大部分中上层指挥官仍由英国军官担任，陆、海、空三军首任总司令也不例外。更重要的是，英国还是巴基斯坦武器装备的主要供应国，"70%的装备及零配件由英国供应"③。1948 年 10 月 25 日，时任巴基斯坦总理利雅格特亲自向英国政府递交涵盖所有军种的军购备忘录，主要包括 2 个中队战斗机、5 个步兵师和 1 个装甲旅装备，以及部分海军装备和设施。值得注意的是，备忘录一方面坦言印度给巴基斯坦造成的军事压力；另一方面又借用前宗主国的南亚地缘政治话语，强调它对英印帝国西北边境防务的继承。④

英国从南亚撤退后，不甘心就此失去对前殖民地的影响力。能否帮助巴基斯坦这个英联邦新成员度过时艰，首先，关系到英国作为英联邦领导国的威望，政治意义不容低估。⑤ 其次，军售除了具备赚取外汇的经济效用，还是英国向英联邦和殖民地投射战略和军事影响力的重要手段，而巴基斯坦是英国重要的军售市场，英国决策者不愿将之拱手送予美国，否则不仅会造成英镑区外汇流失，而且会丧失对巴基斯坦国防的绝对影响力。⑥ 综合以上考

---

① Robert McMahon, *The Cold War on the Periphery*: *The United States*, *India*, *and Pakistan*, p. 129.

② Report by the SANACC Subcommittee for the Near and Middle East, April 19, 1949, *FRUS*, 1949, Vol. VI, pp. 27-28.

③ Liaquat Ali Khan to C. R. Attlee, Aug. 25, 1951, PREM 8/1456, TNA.

④ Note on the Equipment Position of the Pakistan Armed Forces, Oct. 23, 1948, DEFE 7/155, TNA. 这一时期巴基斯坦的军购对象是以英国为主，美国等其他国家为辅，可以从它向英美提出的军购要求的差别体现出来：1948 年巴基斯坦递交英国的军购清单除了陆军装备之外，还包括空军喷气式战斗机和海军战舰等，涵盖陆、海、空三个军种；同一时期巴基斯坦向美国递交的军购清单只包括谢尔曼坦克及零配件、运输机和无后坐力火炮等陆军装备。Embassy of Pakistan in Washington to Secretary of State, Oct. 19, 1948, RG 59, Subject File Relating to Pakistan Affairs, 1943-53, Box 23, USNA.

⑤ Memorandum by the Secretary of State for Commonwealth Relations, Nov. 8, 1947, PREM 8/1456, TNA.

⑥ Geoffry Scoones to G. P. Humphreys, April 17, 1952, T 225/354, TNA.

虑，英国一方面积极向巴基斯坦租借军官，帮助其稳步完成向军队"民族化"的过渡；另一方面满足了巴基斯坦的部分军购要求，主要包括：2 艘驱逐舰和价值 100 万英镑的海军装备；600 门火炮、800 门迫击炮、10 万多支步枪等陆军装备；72 架新型战斗机等空军装备。① 这些装备虽然规模不大，但至少在一定程度上维持着巴基斯坦国防对英国的依赖，摇摇欲坠的帝国大厦不至于骤然坍塌。

总体而言，英国对巴基斯坦国防的支持力度非常有限。姑且不论巴基斯坦从英国的军购享受不到任何财政优惠，必须使用外汇支付，英国在供应数量、交付进度等方面和巴基斯坦的要求相差甚远。两个例子颇能说明问题：1949 年，英国承诺当年 5 月向巴基斯坦转让 2 艘驱逐舰，但迟迟没有交付，让满怀期待前来接收军舰的巴基斯坦代表团扫兴而归；② 1950 年，巴基斯坦从英国订购了一批最新型的"攻击者"（Attacker）战斗机，由于飞机生产遭遇技术障碍，加之和皇家海军订单冲突，飞机制造商一再推迟交付，使巴基斯坦的空军军备计划受挫。③ 类似状况频频发生，导致巴基斯坦军队"装备库存不足，老化严重，甚至接近报废"④。问题甚至引起了巴基斯坦最高领导人的重视，总理利雅卡特多次致信英国首相艾德礼，以更换供应源相要挟，敦促英国尽快交付装备。⑤

英国之所以屡屡拒绝或推迟供应，除了军工产能等客观因素的限制，主要和巴基斯坦在英国防务和外交战略中的地位有关。

首先，巴基斯坦只是战后英帝国防务战略的边缘地区。英属印度西北边境作为 19 世纪英俄"大角逐"英国的防务基石，在英国撤出南亚后从其战略规划中消失，官方文件或很少提及苏联对南亚次大陆的威胁，或认为苏联只构成"潜在的威胁"。英国领导人判断，欧洲、中东和东亚才是关乎西方阻遏苏联的冷战目标和英帝国利益最重要的地区，这一战略思想贯穿于 1947 年的《总体战略计划》、1950 年和 1952 年的《全球战略报告》，南亚不再是帝国防务重心。基于战略和防务价值的优先级，1950 年朝鲜战争爆发后，工

---

① Minister of Defence to Prime Minister, Sept. 28, 1949, PREM 8/1456, TNA.
② C. R. Attlee to Minister of Defence, May 4, 1949, CAB 21/2539, TNA.
③ Minister of Defence to Prime Minister, July 14, 1950, PREM 8/1454, TNA.
④ Liaquat Ali Khan to C. R. Attlee, Aug. 25, 1951, PREM 8/1456, TNA.
⑤ Acting UK High Commissioner in Pakistan to CRO, No. 1003, Aug. 19, 1950, PREM 8/1454, TNA.

党政府升级军备，明令武器装备优先供应英国本土、北约和其他盟友，巴基斯坦位于军售优先级的末端。① 根据这项政策，英国在 1950 年秋暂停向巴基斯坦出售喷气式战斗机，许多军购订单因之推迟或取消。

其次，巴基斯坦在英联邦内的地位限制了英国对它的军售。随着印度和巴基斯坦加入，英联邦的性质发生重大变化，从一个以白人为主的"说英语的俱乐部"，转变为松散的"多元化种族联盟"。英联邦内部由此形成老自治领（Old Dominion）和新自治领（New Dominion）的等级之分：老自治领又称"白人自治领"，指澳大利亚、加拿大、新西兰和南非这四个根据 1931 年《威斯敏斯特法案》独立为自治领的国家，它们被英国视为同文同种、血脉相连的同胞，在英联邦防务合作、武器供应和情报分享方面享有优先权；印度和巴基斯坦等二战后加入英联邦的"非白人"国家，和英国及老自治领在文化与种族上存在根本差异，被贴上"新自治领"的身份标签，在英联邦外交和防务合作上时常遭遇种族歧视。② 英国与老自治领共享的军事和外交情报，却对巴基斯坦和印度保密。③ 这种等级差别也延伸到武器供应，英国联邦关系部常务次官利欣（P. Liesching）在 1951 年 10 月直言："除非巴基斯坦的重要性超过英国和老自治领，否则几年之内都不可能向它供应装备。"④

最后，就英国的南亚政策而言，巴基斯坦的重要性不及印度。虽然在官方文件和政策声明中，英国决策者信誓旦旦地宣称对印度和巴基斯坦"一视同仁"，但政策实施过程中将天平向印度倾斜的情况屡见不鲜：印巴分治后，英国政府对印度仍然赋予了突出的战略和政治价值，尤其看重它对东南亚的影响力，把维护英印关系作为在南亚的首要目标。为此，艾德礼政府不顾巴基斯坦反对，破例允许印度以共和国身份加入英联邦；⑤ 英国领导人明知印度拒不

---

① Minister of Defence to Prime Minister, August 31, 1950, PREM 8/1399, TNA.

② Ritchie Ovendale, *The English-Speaking Alliance: Britain, the United States, the Dominions and the Cold War*, 1945−1951, London: George Allen & Unwin Ltd, 1985, pp. 118−119; WM. Roger Louis and Ronald Robinson, "The Imperialism of Decolonization," *The Journal of Imperial and Commonwealth History*, Vol. 22, No. 3 (Sept., 1994), p. 466.

③ Note by CRO, July 27, 1949, DEFE 11/291, TNA. 关于这一问题的讨论可参见 Mohammad Waseem, "Unscrambling of the British Empire: India and Pakistan as 'unequal' members of the Commonwealth," *South Asian History and Culture*, Vol. 7, No. 1 (Jan., 2016), pp. 73−84.

④ P. Liesching to Archibald Nye, Oct. 8, 1951, FL 1027/9, FO 371/92875, TNA.

⑤ 参见 Anita Inder Singh, "Keeping India in the Commonwealth: British Political and Military Aims, 1947−49," *Journal of Contemporary History*, Vol. 20, No. 3 (July 1985), pp. 477−488.

向巴基斯坦移交军事资产，但为避免惹怒印度，选择置身事外；① 1947—
1950 年，巴基斯坦多次向英国寻求军事庇护，提议举行英巴防务合作谈判，
都被英国断然驳回，主要担心破坏将印度挽留在英联邦的大计。② 以上种种，
无不表明英国对待印度和巴基斯坦绝非"一视同仁"。1951 年美国官员观察
说："英国明显试图以牺牲英巴关系为代价来讨好印度人。"③ 更重要的是，
英国领导人还怀疑巴基斯坦的动机，认为它索要武器的目标只是为了"轰炸
印度"，④ 凡是巴基斯坦较大规模的军购要求，都要评估对印度的影响。

　　综上所论，英国对巴基斯坦独立初期的国防建设仍有一定影响力，凸
显南亚非殖民化进程的滞后。源于巴基斯坦在英国外交与防务战略中的边
缘地位，英国对它的支持相当有限。这导致，英巴关系远不如英印关系那
般和睦，在穆斯林联盟领导人心中，巴基斯坦不过是被英国"抛弃的继
子"，⑤ 他们从未表达过类似于印度领导人那样对英帝国的怀念，反而处处
流露出对英国"偏袒印度"的不满。⑥ 1953 年 11 月，总督辜兰（Ghulam）
抱怨说："巴基斯坦人民不能理解，为什么每当印度和巴基斯坦发生冲突，
英国总是支持印度，为什么巴基斯坦从来得不到好处？"⑦ 这种"偏袒印
度"的话语不仅成为巴基斯坦领导人和民众根深蒂固的认识，而且成为巴
基斯坦史学书写的主流叙事。巴基斯坦随后的选择表明，在现实的国家利
益面前，英帝国遗产脆弱得不堪一击。

二　英美关于巴基斯坦与中东防务关系的分歧

　　军购和求援四处碰壁并没有让巴基斯坦就此罢手，在东西方冷战的态

① C. A. （47）4th Meeting, Minute 2, Nov. 14, 1947, PREM 8/1456, TNA.
② C. O. S. （49）39th Meeting, March 9, 1949, DEFE 11/31, TNA.
③ The Acting Assistant Secretary of State for Near Eastern, South Asian, and African Affairs（Berry）
to the Ambassador in India（Henderson），Feb. 9, 1951, *Foreign Relations of the United State*（*FRUS*），
1951, Vol. Ⅵ, Part 2, Washington: United States Government Printing Office, 1977, p. 2116.
④ Prime Minister to Harold Parker, Dec. 26, 1951, PREM 11/2291, TNA.
⑤ Ian Talbot, *Pakistan: A Modern History*, London: Hurst & Company, 1998, pp. 95-96.
⑥ 巴基斯坦对英国的不满具化为对蒙巴顿个人的仇恨，其官媒将蒙巴顿称为"手上沾满成千
上万无辜穆斯林鲜血的敌人"。"Mountbatten & our High Commissioner," *Dawn*, March 17, 1956,
MB1/I508, Lord Mountbatten Papers, HLUS.
⑦ J. J. S. Garner to Lord Privy Seal, Nov. 18, 1953, DO 35/6583, TNA.

势下，它试图利用伊斯兰国家的身份和地理位置，向英美主导下的中东防务体系靠拢，提升西方对其战略价值的重视。1951 年 8 月 30 日，时任巴基斯坦外交部部长札夫鲁拉·汗（Zafrullah Khan）向英国联邦关系大臣表示，巴基斯坦有兴趣参与中东防务，只要能保障武器装备的供应。①同年 10 月中旬，巴基斯坦前外交秘书伊克拉穆拉（Ikramullah）向美国政府表露类似意向。② 诚然，让巴基斯坦这个伊斯兰国家同西方联手，站在民族主义浪潮正盛的中东同胞的对立面，本身是莫大的讽刺，但只要能获取武器装备进而巩固对印度的防务，加入西方的中东防务体系是巴基斯坦领导人未尝不可一试的政治赌博。

几乎同时，美国基于新的冷战态势重新评估巴基斯坦的战略价值。在杜鲁门政府的全球规划中，中东至关重要，特别是其石油资源，对马歇尔计划支持下的西欧经济复兴意义重大。20 世纪 40 年代末至 50 年代初，美国的中东政策主要是承认并支持英国在这一地区的主导地位，协调美英两国的战略利益。朝鲜战争爆发后，美国从冷战的意识形态棱镜来看待中东，担心苏联很可能利用中东的民族主义运动，向西方防御链上的这一薄弱环节发起攻势。③ 在这个背景下，巴基斯坦处于中东侧翼，多次向西方表露"反共"决心，其战略价值得以提升，成为美国决策者心目中"中东防务的关键"④。1951 年 3 月，美国国务院官员在科伦坡召开南亚地区大会并一致认为，南亚防务取决于包括巴基斯坦在内的侧翼的强大，建议美国和英国通过援助武器装备支持巴基斯坦的军队建设。⑤ 这一次，美国不再对巴基斯坦冷眼相对，但还不打算摒弃在南亚和中东的英联邦战略。1951 年 10 月中旬，美国驻英大使馆向英国外交部提议，英美两国联合邀请巴基

---

① Record of Conversation between the Secretary of State for Commonwealth Relations and Pakistan Minister for Foreign Affairs and Commonwealth Relations, Aug. 30, 1951, FW 1027/6, FO 371/92875, TNA.

② Memorandum of Conversation, Oct. 18, 1951, *FRUS*, 1951, Vol. VI, Part 2, pp. 2222–2223.

③ 参见 Melvyn Leffler, *A Preponderance of Power*: *National Security*, *the Truman Administration and the Cold War*, Stanford: Stanford University Press, 1992, pp. 237–238, 419–426.

④ Memorandum of Informal United States-United Kingdom Discussions, April 2, 1951, *Foreign Relations of the United State* (*FRUS*), 1951, Vol. V, Washington: United States Government Printing Office, 1982, p. 106.

⑤ Memorandum by the Acting Assistant Secretary of State for Near Eastern, South Asian, and African Affairs (Berry) to the Secretary of State, March 20, 1951, *FRUS*, 1951, Vol. VI, Part 2, p. 1666.

斯坦讨论中东防务合作。[1]

在大西洋另一端,英国政府正为中东困境一筹莫展。维持在以苏伊士运河为中心的中东地区的主导地位和战略利益,是第二次世界大战后英国最重要的目标之一。无论工党还是保守党政府,英国决策者在无数文件中不厌其烦地申述中东之于英国的战略、军事和经济价值:它是西方"阻遏苏联向非洲扩张的屏障",是英国至关重要的空军基地,其石油资源对西方的价值更是不可估量。[2] 失去印度后,唯有中东才能填补英帝国防务战略的缺口。[3] 虽然外交大臣贝文曾信心满满宣称"英国是中东最有影响力的大国",但这一地位由于英国实力萎缩及中东民族主义的挑战而岌岌可危。为稳固中东,工党政府在二战结束后不久便迫不及待地同埃及谈判,谋求延续 1936 年《英埃条约》赋予的英国在埃及的驻军权与苏伊士运河的使用权,但遭到埃及严词拒绝。为分散防务压力,英国费尽心思地游说澳大利亚、加拿大、新西兰和南非等老自治领,构建多边合作机制扼守中东。[4] 这些英联邦成员都对和平时期在中东驻军存疑,对本国国家安全的关注压倒了对英国的忠诚,英国构建中东防务体系的努力由此遇挫。

在这个背景下,倘若争取到在伊斯兰世界有一定影响力的巴基斯坦的支持,或可安抚中东的反英情绪,进而化解英国的政策困境。实际上,在英国决策者心目中,印度固然重要,但巴基斯坦于帝国利益并非一无是处,军方就曾分析过巴基斯坦的价值:它可作为搜集苏联在中东活动的情报基地;其军队协防中东有助于减轻英国的军事压力;作为伊斯兰国家,它的支持能在政治上声援英国。[5] 英国在权衡巴基斯坦军购要求的利害关

---

[1] FO to Embassy in Washington, No. 5194, Oct. 19, 1951, FL 1027/119, FO 371/92876, TNA.

[2] COS Committee Memorandum: Review of Middle East Strategy, Sept. 15, 1950, *BDEE*, VB4, Part 2, pp. 77–78; Report by the Chiefs of Staff: Defence Policy and Global Strategy, D. (52) 26, June 17, 1952, CAB 131/12, TNA.

[3] John Darwin, *Unfinished Empire: The Global Expansion of Britain*, New York: Bloomsbury Press, 2012, p. 354.

[4] Ritchie Ovendale, *The English-Speaking Alliance: Britain, the United States, the Dominions and the Cold War*, 1945–1951, p. 126.

[5] P. S. to C. A. S. to Secretary of Chiefs Staff Committee, attached note, Sept. 28, 1948, DEFE 11/31; C. O. S. (48) 139th Meeting, Sept. 28, 1948, DEFE 11/31; Report by C. O. S.: Pakistan in Relations to Middle East Defence, Nov. 26, 1951, FL 1023/1/G, FO 371/101134, TNA.

系时，也是着眼于中东防务。① 简言之，若巴基斯坦能在中东施以援手，战略上似可为英国的政策困境注入一线生机。

更重要的是，英国看到了美国进一步介入中东事务的希望，而这是它一直苦苦索求而不得的。虽然美国和英国对于中东的战略和经济价值的判断一致，但在实现目标的策略上莫衷一是，最主要体现在美国拒绝承诺在战时向中东派军，只同意通过军事援助和政治干涉的方式支持英国。这种程度的保证远非英国所愿。② 现在美国主动建议邀请巴基斯坦参与中东防务，表明美国有可能更加积极地介入中东，这一政策转向可为英国所用；③ 英国的目光焦点不是巴基斯坦，而在美国，因为关键是要能"激发美国对中东防务的兴趣"④。

英国政府权衡利弊之后还是认为，巴基斯坦的合作不仅解决不了中东防务的燃眉之急，而且存在无法规避的政治障碍。在认知层面，英国戴着殖民时代的有色眼镜质疑巴基斯坦的军事能力。基于英属印度的"尚武种族"（martial race）理论，英国军方肯定巴基斯坦士兵的战斗素质，但认为其价值仅限于"丰富的人力资源"，因为它没有能力组建一支强大军队，必须依靠英国供应装备、训练和指挥，⑤ 而这是英国以现有资源无法做到的。外交部指出："我们无法（向巴基斯坦）供应装备，也不希望美国为了巴基斯坦那令人存疑的回报，将装备从可为北约和中东防务作出积极贡献的盟友那里分拨出来。"⑥

此外，英国官员还怀疑巴基斯坦的诚意和动机，推测这不过是它用来获取"对付印度的武器装备"的伎俩。巴基斯坦领导人时而在媒体面前对中东防务问题闪烁其词，时而强调解决克什米尔争端是参加中东防务的前提，这种捉摸不定的态度使英国坚定了上述判断。⑦ 巴基斯坦的态度在一

---

① C. R. Attlee to Minister of Defence, May 4, 1949, CAB 21/2539, TNA.

② David R. Devereux, *The Formulation of British Defence Policy toward the Middle East*, 1948 – 1956, London: Palgrave Macmillan, 1990, p.41.

③ J. D. Murray to N. Pritchard, May 11, 1951, FL 1027/2G, FO 371/92875, TNA.

④ Stephen Holmes to Secretary of State, Sept. 5, 1951, FL 1027/4/G, FO 371/92875, TNA.

⑤ Report by C. O. S.: Pakistan in Relations to Middle East Defence, Nov. 26, 1951, FL 1023/1/G, FO 371/101134; Note by A. E. Du Sautoy, Oct. 30, 1951, FL 1027/24, FO 371/92876, TNA.

⑥ FO to Embassy in Washington, No. 5055, Oct. 13, 1951, FL 1027/8, FO 371/92875, TNA.

⑦ UK High Commissioner in Pakistan to CRO, No. 1175, Oct. 23, 1951, FL 1027/17/G, FO 371/92876; Minute by Hampshire, Nov. 12, 1951, FL 1027/19/G, FO 371/92876, TNA.

定程度上与其国内政治和克什米尔局势有关。1951 年夏秋之交，印度在克什米尔交界处增派军力，印巴关系一度剑拔弩张，巴基斯坦首都卡拉奇爆发大规模游行，要求政府强势回击。面对军事和政治压力，展现巴基斯坦对克什米尔主权的决心，进而巩固执政地位，是巴基斯坦领导人更关注的议题。当美国驻巴大使沃伦（Avra Warren）试探利雅卡特对中东防务的立场时，后者"极其谨慎"，强调克什米尔才是巴基斯坦政府的关注焦点。[1]所以英国决策者坚信，在解决克什米尔争端之前，巴基斯坦绝无可能向中东分散防务精力。[2]

更重要的是，印度是横亘于英国、中东和巴基斯坦之间难以逾越的政治障碍。英国官员判断，巴基斯坦加入中东防务，势必向西方索要军事回报，除了武器装备之外，便是针对印度的安全保障，而英国素来在南亚以维护英印关系为重，对此极为抵触，因为这很可能将印度"推向共产主义阵营"，进而危及英国在东南亚的战略利益。换言之，不能为了填补中东防务的缺口而冒战略上丢失东南亚的风险，哪怕这种可能性微乎其微。[3] 英国的南亚困境一定程度上反映出其中东和东南亚战略之间的张力。

由此不难理解，1951—1952 年，美国屡次提议邀请巴基斯坦加入中东防务，英国都以印度的反应等理由驳回。这个时期英国的中东防务理念，仍旧以埃及、伊拉克、伊朗和约旦等传统地理概念上的"中东"国家为讨论范围，巴基斯坦的角色虽时有提及，但没有进入最高决策层的视野。1951 年春，英国政府提出"中东司令部"（Middle East Command，简称 MEC）的构想，意在将阿拉伯国家纳入英美领导下的集体安全体系，但埃及执意要求英军撤出苏伊士运河，并在该年秋单方面废除了 1936 年《英埃条约》，"中东司令部"计划胎死腹中。随后英国又成立基于军事训练和武器供应合作而不必承担驻军义务的"中东防务组织"（Middle East Defence Organization，简称 MEDO），[4] 埃及仍拒

① Ayesha Jalal, *The Struggle for Pakistan: a Muslim Homeland and Global Politics*, p. 84.

② P. Liesching to Prime Minister, Sept. 20, 1951, FL 1027/7, FO 371/92875, TNA.

③ Eleanor J. Emery to I. Montgomery, Attached Paper: India and Pakistan in relation to Middle East Defence, Sept. 11, 1951, FL 1027/5, FO 371/92875, TNA.

④ The British Embassy to the Department of State, Jan. 31, 1952, *Foreign Relations of the United State* (*FRUS*), 1952-1954, Vol. IX, Part 1, Washington: United States Government Printing Office, 1986, pp. 182-183; Minute on Pakistan and the Middle East Defence Organization, Aug. 16, 1952, FY 1023/14, FO 371/101198, TNA.

不接受。在高涨的民族主义诉求面前，即便英国不断更换帝国外衣，其自以为灵活的中东政策已是穷途末路。

三 美国自行其是与英国的外交克制

虽然巴基斯坦加入西方防务体系的议题由于英国的否决而中止，但国内和国际局势的发展使它无意停下军备建设的步伐。1951 年克什米尔危机后，巴基斯坦政府一方面抵制住国内叫嚣出兵的压力，另一方面着手加大国防建设和军购力度。[①] 扩军计划尚未实施，巴基斯坦便遭遇了经济危机。1952 年，作为巴基斯坦外汇主要来源的黄麻和棉花价格暴跌，其外汇收入从 1951 年年底的 6.38 亿美元骤减到 1952 年春的 4.08 亿美元。鉴于外汇吃紧，巴基斯坦的军购越来越寄希望于美英的财政援助。[②] 英国向来经济拮据，仅是本国军备就已让它左支右绌，不可能腾出资金援助巴基斯坦这个处于帝国防务与外交战略边缘地位的国家，它也承担不起其他英联邦成员尤其是印度索要同等待遇的政治和道义压力。[③] 从英国军购多次扫兴而归，使巴基斯坦逐渐丧失了对英国作为装备供应源的信任，其领导人不止一次警告伦敦，虽然巴基斯坦出于标准化考虑倾向于英制装备，但万不得已时只能从美国购买。[④] 这或许可理解为一种谈判策略，但并不完全是虚张声势。从 1952 年开始，巴基斯坦的军购重心逐步向美国转移。[⑤]

大约同时，美国也有意和英国拉开距离。杜鲁门政府末期，美国决策

[①] Mohammad Ayub Khan, *Friends Not Masters: A Political Autobiography*, p. 40.

[②] Memorandum by the Acting Secretary of State to the Executive Secretary of the National Security Council (Lay), Aug. 19, 1952, *FRUS*, Vol. XI, Part 2, p. 1059; Embassy in Washington to FO, No. 1442, July 28, 1952, DO 35/6650, TNA.

[③] I. P. Bancroft to H. Gresswell, Feb. 11, 1953, T 225/356, TNA.

[④] Liaquat Ali Khan to A. V. Alexander, Feb. 3, 1949, DEFE 7/155; Gilbert Laithwaite to Percivaie Liesching, Feb. 14, 1952, DEFE 7/151, TNA.

[⑤] 具体表现在从 1952 年开始，巴基斯坦向美国递交的军购清单，从此前以陆军装备为主扩展至"佩刀"式战斗机等空军主力装备。对比同一时期美巴与英巴会谈记录还可以发现，巴基斯坦的国防建设呈现向美国靠拢的势头，或者说它对美国的心理预期高于英国：1952 年 7 月，巴基斯坦国防部长顾问主动将扩军计划告知美国，同一时期和英国的会谈没有透露任何消息。Mohamad Ali to R. A. Bulter, attached Aide Memoire, Feb. 21, 1952, T 225/354; Memorandum of Conversation with Mir Laik Ali, July 18, 1952, Harry S. Truman Library, available at https://www.trumanlibrary.gov/node/363695.

者表面上默许英国在中东和南亚的主导，但对英国处处"制造障碍"已心生不满，萌生绕开英国单方面和巴基斯坦接触的念头。[①] 1953 年，艾森豪威尔就任美国总统后，越发丧失了支持英国的热情与耐心。美国情报评估判断：中东民族主义情绪高涨，势必进一步清算英国残存的殖民势力；英国却不能认清时势，依旧以古板老套的帝国主义思维看待问题；如果美国毫不掩饰地支持英国，很可能落下"和帝国主义同流合污"的骂名。[②] 虑及于此，艾森豪威尔政府虽然承认英国在中东的既有利益，但英国已成为其眼中推行冷战战略的障碍，美国的政策朝着取英国而代之的新思路演变。[③]

1953 年春，美国国务卿杜勒斯访问中东和南亚，成为艾森豪威尔政府对巴基斯坦政策的转折点。这次访问坚定了美国决策者此前的判断：继续在中东和南亚与英国合作，只会有损美国的政治形象。杜勒斯从访问中得出印象：埃及等阿拉伯国家内部问题重重，难以成为可靠盟友，以埃及为中心的"中东防务组织"构想已成死棋；由土耳其、巴基斯坦、伊拉克和伊朗组成的所谓"北层"国家，是比埃及更理想的合作伙伴。杜勒斯尤其称赞巴基斯坦的军事和宗教品性，坚信它是中东防务"强大的战略支点"。以这一意见为基础，国家安全委员会在 1953 年 7 月 9 日通过 NSC 155/1 号文件，正式确立了以"北层"国家为中心的中东防务体系。[④] 根据新框架，美国通过军事援助等方式间接参与和支持中东防务。虽然对于援助形式和规模，艾森豪威尔政府尚没有明确构想，但有一点它深信不疑：美国必须从英国手中接管中东，接管巴基斯坦。[⑤]

---

① The Assistant Secretary of State for Near Eastern, South Asian, and African Affairs to the Ambassador in Pakistan, Aug. 11, 1951, *FRUS*, 1951, Vol. Ⅵ, Part 2, pp. 2216-2217.

② Intelligence Report: The British Position in the Middle East, Oct. 2, 1952, *ProQuest History Vault*, 003150-001-0267; National Intelligence Estimate, NIE-76, Jan. 15, 1953, *FRUS*, 1952-1954, Vol. Ⅸ, Part 1, p. 338.

③ Statement of Policy by the National Security Council, July 14, 1953, *FRUS*, 1952-1954, Vol. Ⅸ, Part 1, pp. 400-401.

④ Memorandum of Discussion at the 147th Meeting of the National Security Council, June 1, 1953; Memorandum of Discussion at the 153rd Meeting of the National Security Council, July 9, 1953, *FRUS*, 1952-1954, Vol. Ⅸ, Part 1, pp. 379-386, 395-398.

⑤ Memorandum by the Deputy Assistant Secretary of State for Near Eastern, South Asian, and African Affairs to the Secretary of State, June 17, 1953, *FRUS*, 1952-1954, Vol. Ⅵ, Part 1, pp. 912-913.

巴基斯坦政府敏锐地嗅到了美国政策的变化。① 1953 年秋，巴基斯坦陆军参谋长兼国防部部长阿尤布和总督辜兰相继访美，以推动美国政府尽早落实军事援助。1953 年 11 月 2 日，《纽约时报》首次披露美巴秘密会谈的消息，巴基斯坦、印度、英国和美国几乎所有主流媒体很快报道了这一事件，政治谣言和冷战阴谋充斥其中，甚至还传言巴基斯坦以军事基地换取美援。② 巴基斯坦领导人顺势以舆论压力裹挟美国，时任巴基斯坦总督辜兰和美国副总统尼克松谈话时说："事情已经公开，如果美国拒绝援助，就会像带着一个可怜的姑娘散步，然后突然抛弃她，让她背负不良名声。"③

美巴结盟的消息在南亚引发政治地震，最先受到冲击的无疑是印度。1953 年 12 月 20 日，新德里爆发反美游行，数千抗议者高举写有"不准向亚洲伸手"标语的横幅。④ 这些标语在一定程度上反映出印度政府的担忧。在印度领导人看来，美国援助巴基斯坦加强军力，不仅可能使印度丧失在南亚的绝对优势，而且"把冷战带到了印度家门口"⑤。此前一直被以节约财政为由抑制发展的军方也蠢蠢欲动，借机索要更多军费。除了向艾森豪威尔政府直接抗议之外，印度还请求英国凭借"和美国及巴基斯坦的特殊关系"，拉住美国"危险的军事和政治行动"。⑥

印度显然高估了英国的作用。事实上，英国对美巴会谈掌握的情况并不比印度多多少，美国和巴基斯坦出于不同原因，都向英国封锁消息。英国顾及印度而反对巴基斯坦参加中东防务，巴基斯坦通过自己的情报渠道

---

① Brigadier M. G. Jilani to General M. Ayub Khan, June 28, 1953, Pakistan Army GHQ Archives. 转引自 Shuja Nawaz, *Crossed Swords: Pakistan, its Army and the Wars Within*, pp. 101-102.

② "Major Shift in Pakistan's Foreign Policy," *Hindustan Times*, Jan. 12, 1953, DO 35/6650, TNA. 罗伯特·麦克马洪推断是巴基斯坦政府故意向媒体泄露消息，以向美国施压。参见 Robert McMahon, "United States Cold War Strategy in South Asia: Making a Military Commitment to Pakistan, 1947-1954," p. 834.

③ Memorandum of Conversation, Dec. 7, 1953, *Foreign Relations of the United State* (*FRUS*), 1952-1954, Vol. XI, Part 2, Washington: United States Government Printing Office, 1983, p. 1832.

④ "American Help for Pakistan: Protest Procession in Delhi," Dec. 20, 1953, *The Times*, Archive Unbound, CS85283221.

⑤ Nehru to Mohammad Ali, Nov. 10, 1953, Ravinder Kumar and H. Y. Sharada Prasad ed., *Selected Works of Jawaharlal Nehru*, Second Series, Vol. 24, New Delhi: Jawaharlal Nehru Memorial Fund, 1999, pp. 413-417.

⑥ UK High Commissioner in India to CRO, No. 1271, Nov. 30, 1953, PREM 11/1520, TNA.

早有耳闻，阿尤布专门要求美国将英国拒于会谈门外。① 面对英方多次打探，巴基斯坦官员绝口不提美巴谈判进度，这种讳莫如深的态度不难理解：担心向来顾忌印度反应的英国从中作梗。②

美国艾森豪威尔政府也没有打算和英国协调政策。迟至 1953 年 10 月 9 日，也就是 NSC 155/1 号文件通过三个月后，美国国务院才将新政策告知英国驻美大使，③ 突如其来的通知让英国政府颇感意外。在此之前，美国一直默许南亚和中东是英国的责任范围，重大政策始终同英国保持密切磋商与协调，而这一次竟然自行其是。更重要的是，美国新的中东政策完全颠覆了英国的初始构想，因而首先遭到为之倾注无数心血的外交部的质疑。在外交部看来，美国的方案存在不少隐患：没有西方国家参与的防务体系，有效性值得怀疑；土耳其和巴基斯坦地理位置相隔甚远，二者联手在军事上能否奏效？其他中东国家是否会安然接受？以上问题，外交部均忧虑重重。④ 种种顾虑之中，英国最忌惮的还是印度的反应。一旦印度被激怒并和西方决裂，英国作为其眼中的"合谋者"，是否会首当其冲成为泄愤对象，进而危及英国在南亚本就脆弱的战略、政治和商业利益，这是不少英国官员尤为担心的后果。⑤

在丘吉尔首相的主导下，英国政府不打算反对美国的计划。这一态度首先与丘吉尔第二次执政后英国的全球防务战略及中东地位的转变有关。为了缓解前任政府军备计划导致的赤字危机，丘吉尔指示国防部重新评估英国的全球义务，减轻军费造成的财政负担，其产物便是 1952 年 6 月的《全球防务战略》。基于核武器与战略空军的发展，文件确立了削减常规军事力量、以核威慑为主的防务战略。由于对常规部队的依赖程度下降，埃及在英帝国防务战略中的重要性降至欧洲和远东之后，军方据此决定缩减

---

① Memorandum of Conversation, Feb. 28, 1953, available at https://web. archive. org/web/20050221031943/http://icdc. com/~paulwolf/pakistan/ayub28feb1953. htm.

② UK High Commissioner in Pakistan to CRO, No. 201, Feb. 22, 1954, PREM 11/1520, TNA; The Ambassador in Pakistan (Hildreth) to the Department of State, Jan. 26, 1954, *FRUS*, 1952–1954, Vol. IX, Part 1, p. 469.

③ Embassy in Washington to FO, No. 2160, Oct. 9, 1953, DEFE 7/152, TNA.

④ FO to Embassy in Washington, No. 4043, Oct. 13, 1953, T 225/357; FO to Embassy in Washington, No. 48, Jan. 5, 1954, PREM 11/1520, TNA.

⑤ UK High Commissioner in India to CRO, No. 1274, Nov. 30, 1953, DO 35/6583; UK High Commissioner in India to CRO, No. 1347, Dec. 23, 1953, PREM 11/1520, TNA.

和平时期在中东的军事部署，防务重心由埃及转移至塞浦路斯、约旦和伊拉克等毗邻苏联的国家。① 为填补英国撤出后的权力真空，丘吉尔政府希望说服美国承担更多的军事义务，"把美国人拉入中东"。②

由此来看，美国全然不顾盟友感受的做法虽然略显霸道，但契合英国在中东的收缩战略。丘吉尔在1954年1月7日的内阁会议上坦言，倘若英埃谈判无果而终，英国在中东的防务重心只能北移，因此，以土耳其和巴基斯坦为基石的新的防务体系，和英国的战略调整并不冲突。③ 而且和前任工党政府相比，保守党政府尤其是丘吉尔首相更重视"英美特殊关系"的构建与维护，深信西方的利益取决于以英美为首的"说英语的世界"的团结。④ 所以，英国不愿在巴基斯坦问题上和美国发生正面冲突，唯恐提出异议或者态度消极，会使美国丧失对英国的信任，进而破坏英美在更广义的中东防务问题上的合作。⑤ 在英国的决策天平上，在中东触怒美国的后果要比得罪巴基斯坦"更加难以接受"。⑥ 国防部指出："在我们鼓动他们这么久之后，美国终于对中东防务表现出更浓厚的兴趣，阻止他们给予援助在政治上是不明智的。"⑦ 基于此，虽然英国领导人并不衷心赞成美国的计划，但在公开场合竭力掩饰英美分歧，比如在议会强调，"美国（对巴基斯坦）的援助没有任何不寻常或不合理之处"⑧。即便如此，美国决策者还是注意到："从艾登先生的问题和他们的言论来看，我感觉（英国）外交部并不是很高兴。"⑨

不管英国接受与否，美国不介入则已，一旦插手，便要掌控全局。⑩

---

① Report by the Chiefs of Staff: Defence Policy and Global Strategy, D. (52) 26, June 17, 1952, CAB 131/12, TNA.

② Ritchie Ovendale, *Britain, the United States and the Transfer of Power in the Middle East*, 1945–1962, p. 62.

③ C. C. (54) 1st Conclusions, Jan. 7, 1954, CAB 128/27, TNA.

④ Winston Churchill to Dwight Eisenhower, April 5, 1953, *U. S. Declassified Documents Online* (US-DDO), CK2349608034, p. 1.

⑤ Norman Brook to Prime Minister, Jan. 7, 1954, PREM 11/1520, TNA.

⑥ Minute by Hampshire, Nov. 12, 1951, FL 1027/19/G, FO 371/92876, TNA.

⑦ Brief for the Meeting with the American Survey Team, March 11, 1954, DEFE 7/153, TNA.

⑧ C. C. (54) 3rd Conclusions, Jan. 18, 1954, CAB 128/27, TNA.

⑨ Memorandum of Conversation, Jan. 6, 1954, *FRUS*, 1952–1954, Vol. IX, Part 1, p. 446.

⑩ Ritchie Ovendale, *Anglo-American Relations in the Twentieth Century*, London: Macmillan Press LTD, 1998, p. 81.

1954 年 1 月 5 日，艾森豪威尔总统正式批准以土耳其和巴基斯坦为核心的中东防务计划，并决定向巴基斯坦提供军事援助。[1] 5 月 19 日，美国与巴基斯坦签署《防御互助协定》（Mutual Defense Assistance Agreement），朝着构建以围堵苏联为目标的连结东北亚、东南亚和中东的新月形防遏圈迈出关键一步。

四　英国阻止巴基斯坦军队 "美国化" 的失败

美巴同盟从构想到纸上协定只用了不到一年时间。然而协定墨迹未干，美巴关系便凸显出裂痕。作为艾森豪威尔政府全球遏制战略的重要一环，美巴同盟的政治意义远大于军事价值，导致同盟协定只是确立了合作的大体方向，但很多关键问题没有阐明：巴基斯坦在美国的中东冷战战略中居于什么地位，具体发挥什么作用？国务院存在一股不小的反对美巴结盟的政治势力，国防部也对美国增加核心战略地区之外的义务颇有微词，这些因素致使艾森豪威尔政府迟迟没有决定军事援助的规模，[2] 令原本对美援期望甚高的巴基斯坦领导人相当失望甚至恼怒。[3] 1954 年 1 月，巴基斯坦总督向美国驻巴大使 "非常愤怒地谴责了美国近一个小时"，控诉美国给自己造成的 "羞辱、尴尬和窘迫"。[4]

巴基斯坦不甘就此作罢，再次抬出英国。1954 年春，巴基斯坦领导人对英国的态度发生微妙转变，表示希望继续使用英制装备。[5] 1954 年 4 月 5 日，巴基斯坦外交部部长扎夫鲁拉一改此前封锁消息的做法，破天荒主动向英国官员通报美巴会谈的进展，并且大献殷勤，称美国盛赞巴基斯坦军队，"这都要归功于英国的传统，感谢英国人"[6]。然而阿尤布却在美国

① Memorandum of Conversation, Jan. 5, 1954, *FRUS*, 1952–1954, Vol. Ⅸ, Part 1, p. 443.

② The Deputy Assistant Secretary of State for Near Eastern, South Asian, and African Affairs to the Ambassador in Pakistan, April 22, 1954, *FRUS*, 1952–1954, Vol. Ⅸ, Part 1, pp. 500–502.

③ Memorandum of Conversation, Aug. 6, 1954, RG 59, Regional Conference and Country Files, 1951–1955, Box 3, USNA.

④ The Ambassador in Pakistan to the Department of State, Jan. 26, 1954, *FRUS*, 1952–1954, Vol. Ⅸ, Part 1, p. 469.

⑤ Iskander Mirza to Earl Alexander of Tunis, May 10, 1954, DEFE 7/153, TNA.

⑥ UK High Commissioner in Pakistan to CRO, No. 460, April 5, 1954, FY 1192/175（B），FO 371/112320, TNA.

驻巴大使面前离间英美，直言英国"试图（在中东）孤立美国"，还指责巴基斯坦和美国"沆瀣一气"。① 至少从已披露的档案来看，巴基斯坦从未向美国表露过优先供应英制装备的意向，反倒表示"更想要美制坦克和战斗机"②。如此阳奉阴违，无非是把英国作为同美国谈判的筹码，并假借英国之口，推动美国尽快落实援助。讽刺的是，素以外交精明老练著称的英国人竟然颇为买账。1954 年 4 月 14 日，联邦关系大臣向内阁报告说："巴基斯坦开始愿意征求我们的意见，并在中东防务上与我们合作，这是非常令人鼓舞的。"③

　　眼见巴基斯坦倒向美国已是必然，英国最后的愿景在于，将其利益关切内嵌进美国的南亚政策，阻止巴基斯坦军队的"美国化"。或许是巴基斯坦的殷勤让英国产生了错觉，抑或是英国还沉浸在被美国尊为中东和南亚的政策导师的迷思中难以自拔，保守党政府大部分官员直到此时仍旧深信，巴基斯坦军队一直参照英国模式列装、编制和训练，于情于理，都应对英帝国传统抱有些许依恋，美国也会尊重英国的地位和利益。④ 但事与愿违，纵使英国多方打听，始终无法摸清美援的具体规模和分配，只能通过有限且并不准确的情报制定应对之策。英国决策者设想，美国对巴基斯坦的军事援助无非两种方式：要么直接无偿供应装备，要么援助资金供巴基斯坦从英国采购武器（off-shore purchase）。第一种方式是英国最担心且想要阻挠的，因为它将从根本上撼动英国对巴基斯坦国防的绝对影响力，并打击英国军售的商业利益。所以英国的目标是说服美国采用第二种方式，名义上是避免巴基斯坦制式装备的多元化，实则意在维护英国作为巴基斯坦武器供应国的地位。⑤ 为此，英国尝试通过各种渠道，请求美国不要彻底推翻巴基斯坦军队原有的传统和体系，对英国的角色给予充分重

---

　　① The Ambassador in Pakistan to the Department of State, July 16, 1954, *FRUS*, 1952–1954, Vol. XI, Part 2, p. 1856.

　　② Memorandum of Conversation, July 27, 1954, *FRUS*, 1952–1954, Vol. XI, Part 2, pp. 1858–1859; D. J. C. Crawley to K. R. Crook, July 28, 1954, DY 1192/206, FO 371/112321, TNA.

　　③ D. (54) 5th Meeting, April 14, 1954, CAB 131/14, TNA.

　　④ Minutes of a Meeting between Representatives of the United States and United Kingdom Government, March 17, 1954, DEFE 7/153; G. Wheeler to John Whiteley, attached memoire: Supply of Equipment to Pakistan Under Military Aid, Oct. 4, 1954, DEFE 7/153, TNA.

　　⑤ R. W. D. Fowler to J. E. Cable, attached minute: United States Military Aid to Pakistan, Jan. 4, 1954, DO 35/6585, TNA.

视，并且提议举行美英巴三方会谈，商讨美国援助资金的分配和使用方式，甚至承诺必要时可放弃本国的军备计划而优先供应巴基斯坦。[①] 这种一厢情愿的政策设计，是英国惯有的利用美国的冷战目标为其帝国利益服务的表现。英国领导人之所以仍对美国和巴基斯坦都尊重其传统地位抱有幻想，也正是帝国思维作祟的结果。

除了游说美国，丘吉尔政府还考虑在武器供应上向巴基斯坦释放善意，遏制其转向美制装备的势头。1953 年 11 月，英国决定冒着被苏联窃取轴流式发动机技术机密的风险，向巴基斯坦供应最新型的"褐雨燕"战斗机（Swift），[②] 并考虑向巴基斯坦军官开放国防课程和训练设施，消除此前军方对非白人自治领的歧视，阻止巴基斯坦军队的训练模式转向美国。[③]

然而一切为时已晚。在巴基斯坦领导人心目中，虽然美国的军事援助远远少于预期，但英国更不值得留恋，英国迟来的示好，换回的只是阿尤布"英国从来没有真正帮助巴基斯坦建设军队"的埋怨。[④] 美国也决意将主导权掌握在自己手中，驳回了英国的三方会谈建议。[⑤] 对于英国担心的制式装备多元化造成的后勤问题，美国不认为这是"不可克服的困难"，其目标就是以美制装备全面取代巴基斯坦军队中"过时的英制装备"。[⑥] 美国决策者甚至都不怎么在意大西洋盟友的感受，评估报告浓墨重彩地分析了美巴结盟对印度的影响，对英国的反应一笔带过。[⑦]

弥合了政府内部分歧后，美国对军事援助规模的想法逐渐清晰起来。1954 年 10 月，艾森豪威尔政府决定在三年半内向巴基斯坦提供 1.71 亿美元的军事援助，将 1955 财年的援助规模从之前的 2950 万美元增加到 5000 万美元，支持巴基斯坦组建 4 个半到 5 个步兵师、1 个装甲师和 1 个装甲

---

① Memorandum of Conversation, Oct. 16, 1953, RG 59, Miscellaneous Lot Files, Box 4, USNA; Minutes of an ad hoc meeting, Oct. 28, 1954, DEFE 7/154, TNA.

② D (53) 16th Meeting, Minute 5, Nov. 11, 1953, PREM 11/2291, TNA.

③ United Kingdom High Commissioner in Pakistan to Percivale Liesching, March 15, 1954, PREM 11/1520, TNA.

④ UK High Commissioner in Pakistan to CRO, No. 452, April 3, 1954, DY 1192/175, FO 371/112320, TNA.

⑤ Embassy in Washington to FO, No. 1028, May 3, 1955, PREM 11/1520, TNA.

⑥ Extract from JWPC (AWP) /M (54) 14th Meeting, Aug. 10, 1954, DEFE 7/153, TNA.

⑦ Special Estimate, Jan. 15, 1954, *FRUS*, 1952-1954, Vol. XI, Part 2, pp. 1840-1845.

旅，并以美军模式训练巴基斯坦军队。① 英国这时才恍然大悟，美国不仅要援助武器装备，而且要以美国模式重塑巴基斯坦军队，从根本上取代英国在巴基斯坦国防中的角色。② 事已至此，虽然深感窘迫，英国选择体面地吞下这颗苦果，因为它还有更关乎帝国运势的中东防务要仰仗美国的支持。1954 年 4 月 10 日，英国陆军部一位官员平静地写道：“这是值得付出的代价。”③

结　语

长期以来，历史学者们都是从巴基斯坦的安全诉求和美国的冷战战略来探讨美巴结盟的缘起，本文试图揭示，美巴结盟并非局限于“巴基斯坦求援与美国回应”的二元叙事，而是一段英国、美国与巴基斯坦的多边互动史。

美国在巴基斯坦地位的提升和英国影响力的消退是同步进行的。继土耳其、希腊、澳大利亚和新西兰之后，又一个英帝国势力范围的国家从英国倒向美国。只不过，英美在巴基斯坦的权力交接很少引起学界的关注，亲历这段历史的英国决策者在回忆录中也选择性“遗忘”，“失去巴基斯坦”似乎不值一提。按照丘吉尔的战略设计，战后英国对外关系是以所谓“三环外交”为基石，即英联邦和英帝国、“说英语的世界”及欧洲。官方的外交话语掩盖了帝国内部的政策差异，丘吉尔不便公开言明的是，并非所有英联邦和“说英语的国家”对英国同等重要：巴基斯坦是英联邦成员，其官方语言也是英语，但对英帝国的战略和防务价值远不及老自治领、中东和印度，英国对它的安全诉求的回应是一种“近乎不屑甚至鄙夷的冷漠”。④ 巴基斯坦在英国外交与防务战略中的边缘地位，决定了英巴关

---

① Aide-Memoire by Department of State, Oct. 21, 1954, *USDDO*, CK2349334955, pp. 1-3; The Acting Secretary of State to the Embassy in Pakistan, Oct. 22, 1954, *FRUS*, 1952-1954, Vol. XI, Part 2, pp. 1869-1871.

② FO to Embassy in Washington, No. 5089, Oct. 10, 1954, PREM 11/1520; Note of a Conversation, Oct. 19, 1954, DY 1192/227（A）, FO 371/112322, TNA.

③ R. W. McLeod to J. P. Archer-Shee, April 10, 1954, DO 35/5468, TNA.

④ Anita Inder Singh, *The Limits of British Influence: South Asia and the Anglo-American Relationship*, 1947-56, p. 126.

系的限度。

英国与美国在巴基斯坦的互动表明，所谓"英美特殊关系"并没有表面上那般和谐，公开的政策协调掩盖了英国的帝国利益与美国的冷战战略之间的龃龉。美国不顾英国感受，执意将巴基斯坦纳入其全球冷战的战略轨道，昭示出英美同盟关系的不对称性。耐人寻味的是，有限的实力和宏大的帝国愿景之间的张力，使英国丘吉尔政府在焦虑、窘迫与失落之余，保持了外交克制，这和它在《澳新美条约》上的据理力争形成鲜明反差。如果照著名学者罗伯特·麦克马洪所言，美国对巴基斯坦的军事援助是基于冷战动机下"模糊的与不连贯的"战略，[①] 那么英国的政策目标自始至终要清晰并连贯许多，其外交克制是权衡代价与收益之后作出的现实主义选择：在英国领导人心目中，帝国之命脉存系于英国与美国在中东等核心战略地区的合作，在巴基斯坦的退让是英国为"将美国人拉入中东"而付出的代价。

（刘恒，云南大学历史与档案学院副教授）

---

① Robert McMahon, "United States Cold War Strategy in South Asia: Making a Military Commitment to Pakistan, 1947–1954," p. 839.

"帝国"研究视角下北约的帝国化
及其权力结构变迁[*]

鞠维伟

摘要 本文在对西方学术界"帝国"概念和内涵进行梳理总结的基础上，对北约自成立至冷战以及到后冷战时代的发展、扩张进行了历史梳理，探讨北约作为一个"帝国"的身份特征出现、强化和确立的过程。本文以"帝国混合权力"为切入点，通过对北约内部权力运行机制、体制，以"三种权力混合政体"的分析视角对北约的"帝国权力结构"进行深入分析，进而通过"帝国"这一概念的研究视角来分析北约的权力结构和运作机制。

关键词 北约 帝国 扩张 权力

冷战结束后，欧美的学术界和政策界都曾经出现过北约"消亡论""过时论"①，但北约经过后冷战时代的扩张和发展已经成为当今世界最有影响力的政治、军事联盟组织，北约在失去冷战的对手后不仅存续下来且日益壮大，这也引起中外学界的关注②。冷战后西方三种国际关系的主要

---

* 本文为国家社科基金重大项目"欧洲对外战略调整与中欧美关系研究"（编号 21&ZD171）阶段性成果。

① 国际关系理论学者沃尔兹、米尔斯海默等人都曾预言冷战结束后北约将消亡。参见 John J. Mearsheimer, "Back to the Future: Instability in Europe After the Cold War," *International Security*, Vol. 15, No. 1, 1990, pp. 5-56; Kenneth N. Waltz, "The Emerging Structure of International Politics," *International Security*, Vol. 18, No. 2, 1993, pp. 44-79.

② 对北约存续的研究可参见，郑维伟、漆海霞《联盟制度化、自主性与北约的存续》，《外交评论》2020 年第 5 期。

理论（新现实主义、新自由制度主义、建构主义）在对于北约扩张的预测上都发生了偏差：新现实主义者预测北约将会衰弱并最终消亡；新自由制度主义者预期北约相对衰落；建构主义者仅仅预言北约能够坚持下来，并不指望其进一步扩大。① 但事实上，北约在冷战后经历了多轮扩大，不仅没有消亡而愈加膨胀，成为美西方的霸权主义工具。出现上述情况的原因，一是国际关系理论的实证基础主要在于近期（冷战结束后的三十年）的事件，缺乏更加宏观的历史视角；二是对北约的"历史使命"及本质特征没有进行完整的理解，如仅仅将北约的任务和使命看作欧洲安全格局和跨大西洋伙伴关系的制度保障，或者将北约视为一个军事联盟、一个国家间国际组织或者"志同道合者"的"俱乐部"等。总之，中外学界对于北约的研究多是从北约的战略制定、政策实施以及组织机构变化等角度切入，但对于北约自身本质特征、身份界定等方面的研究有待深入。

本文试图从西方关于"帝国"的理论和叙事视角去研究北约的发展历程，从西方对"帝国"的概念认知去看待北约当前在全球地缘政治安全中的作用，以及分析北约未来变化的发展方向。本文运用"帝国"的视角和理论研究北约，一是为了突破仅仅关注北约自身历史的视域限制，将北约的发展历程与西方的政治史进行结合，将北约放在"帝国"这一西方政治概念中进行研究，从而具有更深厚的"历史性"基础；二是"帝国"视角有助于我们理解北约的本质，为分析北约内部结构以及预测其未来走向提供一种全新方法。

一 西方的"帝国"概念与本质特征

帝国的英文"Empire"一词，来源于拉丁语"imperium"，首要意思是指"在罗马由国王、独裁官、行省长官实施的最高管辖权"，并有各种"最高统治权""最高权威"等引申意思。② 古罗马帝国（Imperium Romanum）是罗马人对其他民族行使的权力，被视为一个政治实体，通常是罗

---

① Zoltan Barany，Robert Rauchhaus，"Explaining NATO's Resilience：Is International Relations Theory Useful？"*Contemporary Security Policy*，Vol. 32，issue 2，2011.

② *Oxford Latin Dictionary*，Oxford：Clarendon Press，1968，pp. 843-844.

马人从人的角度来构想的。① 罗马帝国并不是指特定空间上的帝国，古罗马政治家西塞罗（Cicero）谈到这一概念的时候强调的是执行法律的合法权力，而不是一种政治实体，而自古罗马帝国之后欧洲人则自诩为罗马帝国的继承者，为建立起来的各种统治和政权寻求合法性和正统性。② 自古罗马帝国之后，欧洲帝国，如查理曼帝国（公元 800 年查理被加冕为罗马人皇帝）、神圣罗马帝国、奥匈帝国、德意志第二帝国、德意志第三帝国，这些对欧洲乃至世界历史产生重要影响的"帝国"无一不将自己看作古代罗马帝国的"继承者"，甚至有人提出近代以来美国继承了大英帝国成为全球性帝国可被视为一个中世纪帝国转移的现代版本，诸帝国借此宣称继承了罗马帝国的权威。③ 总体来看，西方对"帝国"的本质特征认知体现在以下几个方面。

第一，帝国具有"普世主义"的自我使命。无论是古罗马帝国以及其后欧洲大陆的封建帝国，还是 15—16 世纪形成的以欧洲（英国、西班牙）为核心的殖民帝国，以及现在的美国，其都有一种"普世主义"的内在使命。如古罗马人相信，在罗马的治下会带来和平、正义和秩序；欧洲中世纪时期，神圣罗马帝国要建立所谓的"基督教世界"；近代欧洲殖民帝国则以"文明"教化"野蛮"为使命；美国更是以西方资本主义霸主的姿态，不断推广"自由""民主"的价值观；有学者也指出，苏联作为一个帝国以"强烈的革命与解放的信念来努力建构单一世界帝国"④。欧洲历史上的这些帝国无一例外地拥有一种"普世主义"的使命感，这对于帝国构建自我认同、凝聚共识具有重要作用，成为帝国最显著的特征。

第二，帝国是一种身份和认同，而不是特指一定的空间范围。西方学术界对"帝国"这一概念的界定中强调它是一种"关系"或"联系"，有学者指出，帝国是"中心"与"边缘"的支配与从属的关系，涉及政治合

① Andrew Lintott, "What was the 'Imperium Romanum'?" *Greece & Rome*, Vol. 28, issue 1, April 1981, pp. 53–67.

② 刘文明:《"帝国"概念在西方和中国：历史渊源和当代争鸣》，刘新成主编：《全球史评论》第十五辑，中国社会科学出版社 2019 年版，第 8 页。

③ Pagden A., *Lords of All the World: Ideologies of Empire in Spain, Britain and France c.* 1500–*c.* 1850, New Haven, CT: Yale University Press, p 224.

④ 强世功:《超大型政治实体的内在逻辑："帝国"与世界秩序》，《文化纵横》2019 年第 2 期。

作、经济、社会或文化的依附性；① 也有学者指出，帝国是"帝国是大型的、复合的、多族群或多民族的政治单位，通常由征服创生，并分为居于主导的中心区和附属的、有时距离遥远的边缘区"②。可见，帝国的概念是超越民族国家界限的，而民族国家具有空间的属性，这也就意味着帝国超越了空间的约束，体现了帝国下的各种行为体是支配或被支配的"身份关系"，以及对这种支配—从属关系的认同。

第三，帝国与民族国家之间的对立统一。从历史上看，近代欧洲大陆（特别是中东欧地区）的民族国家是在奥匈帝国、土耳其帝国崩溃的基础上产生的，因此有了民族国家取代帝国是国际关系进步的说法。但有学者认为，近代欧洲的民族国家形成是一个长期过程，民族国家主权的概念不是在"崩溃的帝国旧秩序上产生的"，国家主权也并不完整而是长期以来受到各种外部力量的支配，正如《世界帝国两千年》中所说的："民族国家是历史地平线上的昙花一现，是在帝国背景下出现的国家形态。"③ 随着全球一体化的不断发展，20世纪末以来，国际关系理论中的"多元论"日益兴盛，认为国家间关系的增长"正在消除国家的重要性，并改变着国际体系的本质"④，而帝国则是国际体系中愈加重要的主体，民族国家主权则相应地遭到削弱⑤。《帝国——全球化的政治秩序》一书则直接提出，帝国是"由一系列国家的和超国家的机体构成，这些机体在统治的单一逻辑下整合"⑥。

第四，帝国具有一定的包容性和不彻底的多样性统治原则。欧洲历史上帝国的具体形态是多样的，无论是罗马帝国、神圣罗马帝国、西班牙殖民帝国、大英帝国、奥匈帝国还是现有的美帝国、俄罗斯帝国（美欧对俄罗斯的称谓），诸帝国的统治形态、政治结构、经济基础都不尽相同，同

---

① Michael W. Doyle, *Empires*, New York: Cornell University Press, 1986, p. 12, 45.
② Stephen Howe, *Empire: A Very Short Introduction*, Oxford: Oxford University Press, 2002, p. 30.
③ [美]克里尚·库马尔：《千年帝国史》，石炜译，中信出版集团2019年版，第436页。
④ [英]巴里·布赞、理查德·利特尔：《世界历史中的国际体系——国际关系研究的再构建》，刘德斌主译，高等教育出版社2004年版，第24页。
⑤ 王加丰：《"帝国转向"述评——兼论帝国史与世界史的关系》，《经济社会史评论》2022年第2期。
⑥ [美]麦克尔·哈特、[意]安东尼奥·奈格里：《帝国——全球化的政治秩序》，杨建国、范一亭译，江苏人民出版社2003年版，序言第1—2页。

时帝国内部的经济成分、治理体系，以及民族、宗教、文化等都展现出多样性（diversity）的特点。这种多样性一方面是因为帝国具有一定包容性，要容纳帝国夺取到的土地、人口以及原有的生产关系、社会组织、宗教、文化等，由于对上述对象进行彻底的融合复杂且缓慢，帝国为了稳定统治而要快速建立"广泛的共识"，把易于产生社会冲突的差异搁置起来，从而展现了一种包容性。另一方面，帝国的多样性不同于多元化（pluralistic），帝国的多样性要求核心的制度、思想具有不可撼动的统治地位，其他非主体地位的元素则要对其服从、谄媚、补充，可见这种多样性是不彻底的，也是不平等的。如近代以来欧洲帝国的多样化与资本主义统治原则的一致性，即"资本主义的经济帝国需要俯视整个全球的国家体系，并确保帝国资本能够安全、有收益地在其中畅通运行"①。

第五，帝国具有内在的扩张动力和能力。首先，帝国具有普世主义并自认为是"文明中心"担负着教化"野蛮民族"的使命，同时帝国在地理上没有自我限制，也没有清晰的边界，这使得帝国具有内在的扩张动力。其次，帝国的包容性和多样性也使得帝国具有扩张的"韧性"，特别是后冷战时代全球化迅速发展的背景下，交通、通信、数字技术等为帝国的统治力量向纵深扩展到政治经济社会各个角落提供了极大支持，现代西方帝国早已摒弃了古代帝国对外战争兼并和近代殖民帝国占领掠夺的扩张方式，而以资本主义全球产业链和强大的军事能力为依托，凭借对技术、信息的垄断不断扩张其在全世界的势力范围。最后，扩张既是帝国的目标也是帝国存在的手段，通过扩张帝国彰显了自身的普世主义使命，使其具有了帝国存在的"合理性"基础，同时扩大后的帝国"中心区域"获得了更多的拱卫力量。

第六，西方帝国的政治体制呈现出"混合政体"的特点，即帝国政治体制往往同时具有君主制、贵族制和民主制的形式及要素，三种政治体制相混合且相制约。这种"混合政体"特点自古罗马时代就被看作罗马帝国政治体制的核心所在，正如古代希腊历史学家波利比乌斯所指出的，古罗马共和国能够发展并成为强大帝国的原因，就是以执政官、元老院、公民

---

① ［英］埃伦·M. 伍德：《资本的帝国》，王恒杰、宋兴无译，上海译文出版社2006年版，序第3页。

大会为代表形式，混合了君主、贵族和民主政体的各种要素，形成了制衡体制。①西方学者也指出，"当代帝国也有经过适当修改的上述三种权力间一种功能上的平衡构建"，"君主制代表权力（Power）、贵族制定义帝国的规则（正义、标准与道德），民主根据一个表征模式组织其大众，用于统治和维护人民利益。"②

从上述西方对于"帝国"概念的梳理中不难看出，西方对"帝国"的认知是一种权威、秩序、治理模式、政治体制的综合体，并不强调"国"的属性和明确的地理范围。帝国强调一种关系，这种关系下民族国家、超国家机构等行为体在"实现自我价值"和"身份认同"的统合下将其权力不断扩展到世界其他国家和地区，以实现帝国的生存和发展。

美欧建立的"北大西洋公约组织"作为西方的安全、政治联盟组织，在维护美国全球霸权、强化美欧跨大西洋合作、推广西方资本主义价值观体系以及实现美欧集体安全等起到了重要作用。从北约的发展历史以及现实功能作用分析来看，它不啻一个帝国。

二 北约发展历史进程中的"帝国化"演进

北约产生于"冷战"的历史背景下，是美国、西欧国家遏制苏联并构建欧洲安全秩序的重要工具。然而，随着北约通过不断地吸收新成员国并扩大势力范围，推进军事同盟向政治同盟的转变，巩固推广西方价值观，强化身份认同等一系列举措和行动，北约由西方的安全工具演变为"西方帝国"。

（一）北约成立时的职能与定位：帝国的开端

1947年，美国实施"马歇尔计划"以挽救欧洲的经济，同时西欧需要安全、政治同盟来应对所谓"苏联的威胁"，在这种背景下，北约应运而生。

---

① 晏绍祥：《波里比阿论古典罗马共和国政制》，《古代文明》2009年第3期。波利比乌斯（Polybius）也译为波里比阿、波利比奥斯。

② ［美］麦克尔·哈特、［意］安东尼奥·奈格里：《帝国——全球化的政治秩序》，第299页。

首先，西欧国家需要一种机制或组织将美国的战略重心牢牢拴在欧洲。二战后的西欧必须依靠美国的力量才能构筑起针对苏东社会主义集团的阵线，但直到 1947 年底美国国务院内部对于建立跨大西洋安全联盟机制仍有着两种不同意见：一是鼓励西欧建立军事联盟组织，美国给予支持但不承担义务；二是美国必须参加西欧的防务条约。① 当时美国对于自身在跨大西洋联盟上发挥的作用尚未明确表态，但西欧首先应加强自身联合与团结以应对苏联的威胁，这是美国非常明确的目标。为此，1948 年 3 月，英国、法国、比利时、荷兰、卢森堡签订了《布鲁塞尔条约》，旨在缔约国遭到外部 "攻击" 时 "其他缔约国应依照《联合国宪章》第五十一条规定，向受攻击的缔约国提供它们力所能及的一切军事的或者其他的援助"。② 美国虽然支持该组织，但是没有参加，这种情况下，一个具有共同军事防御性质同时又有美国加入的联盟组织是西欧国家急切期待的，这个组织中西欧要与美国政治、经济、军事等方面进行高度融合，以实现让美国留在欧洲，挡住苏联的目的。

其次，冷战背景下，美国为争夺全球霸权必须深度参与西欧的安全防务建设，为此需要建立跨大西洋政治军事联盟组织。1948 年 4 月，第一次柏林危机爆发，欧洲局势愈加紧张，在美国看来，一个经济衰败、政局不稳的西欧是难以阻挡苏联的进攻，美国必须与西欧正式结盟。1948 年 6 月，美国参议院以压倒多数通过了《范登堡决议案》，其核心内容是：在符合《联合国宪章》原则以及涉及美国国家安全的情况下，美国可以参与以 "自助与相互援助" 为基础的区域性集体安全协定。③ 美国自此打破了和平时期不与美洲大陆以外国家缔结军事同盟条约的传统，也为建立北约组织提供了法律依据。《北大西洋公约》签署不久，美国参议院批准了总额 13.14 亿美元的 "军事援助法案"，其中 10 亿美元用于北约国家。④ 北约的建立不仅使美国完成了全球战略的调整，即彻底放弃孤立主义，争夺全球霸权，同时也实现了对西欧政治、安全的掌控，在 "马歇尔计划" 的配合下，完成了一种超越同盟性质的美欧关系。北约的建立使得欧洲国家

---

① 资中筠：《战后美国外交史》，世界知识出版社 1993 年版，第 106 页。
② 《国际条约集（1948—1949）》，世界知识出版社 1959 年版，第 48 页。
③ 许海云：《对范登堡决议案的历史思考》，《史学月刊》2007 年第 3 期。
④ 林婕：《北约的建立与大西洋联盟》，《江西社会科学》2005 年第 5 期。

不仅获得了美国的军事保护，更是让它们加入了一个可靠的政治、经济和意识形态等深度融合的网络，并在这个网络中处于一种力量平衡状态。①

作为美欧军事同盟、政治联盟组织，北约从根源上说是要维护一套西方的身份、价值观、制度模式在全球范围内的统治秩序，美欧在政治、军事、安全领域开启融合的进程，一个"北约帝国"隐隐出现了。

（二）冷战期间的北约：帝国化的演进

北约在冷战期间先后将希腊、土耳其、联邦德国（西德）、西班牙纳入其中，但总体上北约在冷战期间的扩大较为缓慢和谨慎，仅增加了四个新成员国，但帝国化的演进十分明显。

第一，重建欧洲的政治制度与价值观体系是北约的首要任务。北约不仅关注成员国的军事战略价值，也关注其政治制度与"西方价值观"的稳定。北约自建立之始，地理上是否属于大西洋沿岸地区以及是否属于"自由民主"阵营，都不是其吸收成员国的根本标准。北约的首要任务是重建欧洲资本主义政治制度和西方"自由、民主"的价值观。例如，为了防止意大利"落入共产主义阵营"，美国不仅将其纳入"马歇尔计划"中，还在英国及荷兰、比利时、卢森堡等国反对的情况下极力拉拢其加入北约。1952年，希腊和土耳其的加入，更是北约为了巩固和扩张西方意识形态，冷战政治思维的结果。特别是土耳其的加入，不仅加强了北约对苏联地缘遏制的战略能力，更重要的是，加入北约被视为土耳其在民主制度和价值观方面向西方做出了承诺。西班牙的加入也体现了北约在恢复和重建欧洲政治秩序及价值观方面的作用。早在北约筹建过程中，美国曾提出吸纳西班牙，但西欧国家认为，西班牙弗朗哥政权"反民主自由"而反对接纳。1975年佛朗哥去世后，西班牙开始由独裁向民主制的政治转型，西班牙政府寄希望于加入北约来完成向西方民主政治的转型，因为在1978—1982年西班牙陆军至少策划和实施了五次针对民选政府的军事政变②，而加入北约则可以推动军队的现代化，防止军人干政。西班牙加入北约也标志着二战后西欧地区政治制度和价值观体系重建的完成。

---

① Mark Smith, *NATO Enlargement During the Cold War: Strategy and System in the Western Alliance*, New York: Palgrave, 2000, p. 176.

② 李海东：《北约扩大研究 1948—1999》，第 64 页。

第二，综合性政治协商同盟的意义远大于军事同盟，加入北约已经具有一种身份属性。北约在 1956 年 12 月接受了一份名为《三智者报告》的文件①，该文件提出，完善北约政治协商机制，将北约成员国合作协商的领域扩大到了政治、经济、外交、科技、文化、信息情报等诸多方面，合作领域的扩大是空前的，文件甚至把军事同盟义务，即集体防御定位为成员国的"政治义务"和"政治承诺"②。从此北约不单单是军事同盟，正式向一个综合性政治协商同盟发展，更是显示出了北约作为具有西方属性政治同盟的身份特征。此外，整个冷战期间，北约从未有过对外军事行动，即使爆发了"第二次柏林危机"，以及苏联入侵捷克斯洛伐克等对欧洲地缘安全产生重大影响的事件，北约也没有以自己的名义执行过对外军事行动，更不用说启动"北约第五条"。

第三，冷战期间，北约的行政机构建设日趋成熟，北约的"帝国首都"初步建成。自 1949 年成立后，北约除了建立军事指挥和行动机构以及各分区司令部，也在不断完善行政机构的实体化建设。20 世纪五六十年代北大西洋理事会（简称北约理事会）、秘书长和国际秘书部、防务计划委员会以及理事会各委员会等行政机构相继建立。此外，北约还致力于促进其成员国之间的经济和政治合作，为此成立了经济委员会、科学委员会等多个委员会和工作组，负责促进成员国之间的经济和科学合作。北约成立之时就设立了北约总部（NATO Headquarters），作为行政管理的中心，北约总部成为其行政机构、成员国国家代表团、外交使团的所在地，北约重大决策、成员国之间协调合作、北约与其他国家或组织交流协商都在总部进行，这也使其俨然成为北约的"帝国首都"，在经历了两次"迁都"后③，位于布鲁塞尔利奥波德三世大道的北约总部成为北约最著名的形象标识。

---

① 在北约理事会的授意下，该文件由加拿大外长皮尔逊（Lesten B. Pearson）、意大利外长马提诺（Gaetano Martino）和挪威外长朗格（Halvard Lange）牵头下起草的，因此被称为《三智者报告》，参见刘京译，姚百慧校《三人委员会关于北约非军事合作的报告》，徐蓝主编：《近现代国际关系史研究》第五辑，世界知识出版社 2014 年版，第 256—278 页。

② 刘京译，姚百慧校：《三人委员会关于北约非军事合作的报告》，徐蓝主编：《近现代国际关系史研究》第五辑，第 258 页。

③ 1949 年北约总部在伦敦设立，1952 年迁至巴黎，因法国退出"北约一体化组织"，1967 年北约总部迁至现在的布鲁塞尔。

总之,在冷战期间,北约在反苏、反共的意识形态旗帜下,强化自身西方政治和军事同盟的身份,完成了机构的实体化建设,初步具有了帝国的形态。

(三)冷战后北约的扩大:帝国的确立

冷战的结束,使很多人认为北约作为军事安全组织,其存在的意义和必要性已经失去,随着"历史的终结",一个更广泛地将东欧国家甚至俄罗斯纳入进来的欧洲安全体系应该取代北约。但是,实际结果是北约经过多轮东扩,几乎将东欧国家悉数囊括其中,同时北约自身的功能也在扩张,将触手伸向各领域,北约最终成为"帝国"。

首先,北约东扩不仅是欧洲地缘安全边界向东扩张,更是西方"文明""价值观"对中东欧地区的"再覆盖"。冷战结束后,东欧国家都把加入北约视为回归"西方"与"欧洲"的重要标志。从文明的相互影响态势看,欧洲东部是居于被影响,被波及的地位。[1] 北约东扩可以说是西方价值观在时隔四十多年冷战后,对该地区的"再覆盖",对中东欧国家来说,北约不仅提供安全保障,更是其"回归西方"的"身份标识"。正如时任捷克总统哈维尔(Václav Havel)所言,应该"重新给北约的目的、使命和特性下个定义,它首先是个民主的工具",是"欧美文明的制度性保证"。[2]

其次,北约不断东扩,进一步突破了北约的地理空间限制,其目标不仅是保证地区安全还要构建全球的安全秩序。冷战结束以来,14个中东欧国家分批加入北约,北约的地理空间从波罗的海延伸到黑海和亚得里亚海,其大规模东扩使得其完全突破了稳定和防卫西欧—大西洋地区的职责和地理范围,不仅几乎将整个欧洲(除俄罗斯外)纳入,还不断向欧亚地区扩张。早在20世纪90年代,北约便与阿塞拜疆、亚美尼亚、格鲁吉亚、哈萨克斯坦、吉尔吉斯斯坦、塔吉克斯坦、土库曼斯坦、乌兹别克斯坦等欧亚和中亚国家签署了《和平伙伴关系框架文件》,特别是外高加索三国与北约在军事合作、能源安全、解决地区冲突以及建立特殊对话渠道等方

---

① 陈乐民:《从文明史的观点看欧洲》,《国际经济评论》,1997年3—4月号。
② 刘靖华、牛军、姜毅:《论北约东扩——地缘政治与文明特性的双重分析》,《美国研究》1997年第3期。

面的关系不断发展，北约近年来不断强调对外高三国（特别是格鲁吉亚）的"门户开放"政策。此外，近年来北约与日本、韩国等国也互动频繁。可见，北约基本覆盖前东欧地区后并没有打算停止扩张，北约并不满足于构建新的欧洲安全秩序，而是要寻求构建全球安全秩序并为此不断扩张。

再次，北约帝国向中东欧地区的扩张并非采取以往帝国的"强制性""进攻性"手段，而是依靠制度和规范力量，这使这种扩张带有"隐蔽性"。北约在东扩的实践中进一步完善扩大的制度，配合政治、经济、社会手段，在吸纳新成员国的过程中不断改造、同化这些国家，从而使其成为支撑北约帝国化发展和扩张的重要基础。在1999年北约完成冷战后第一轮东扩后（捷克、匈牙利和波兰加入北约）就意识到了扩张的"规范性"问题，出台了"成员国行动计划"（MAP）为之后中东欧国家加入北约提供了制度和规范性路径。"成员国行动计划"是一项咨询、援助和支持方案，北约会向潜在成员国提供政治、安全、经济、社会方面的改革建议、政策指导以及相关援助，通过"成员国行动计划"，北约可以了解进而控制相关国家安全资源。北约以制度和规范为路径，将自身扩张至整个中东欧地区，虽然中东欧国家在军事安全方面对北约的贡献十分有限，但其给北约带来了重要的自我政治意义："北约帝国"的扩张并非将中东欧国家强制纳入进来，而是北约对这些国家具有政治、安全以及价值观的"感召力"，同时向外界强化北约作为"防御性"军事组织的形象。

最后，北约治理领域范围愈加扩大，"多样性"更加明显，与之配套的机构建设彰显了"帝国统治"的能力。冷战结束后，北约的功能性机构和组织也不断扩张，除了建立了拥有庞大机构的北约总部以及强大的军事机构，北约还组建了涉及各个领域的支持保障机构。北约下设各类管理局、委员会、办公室、工作组、研究中心、培训学校等，计60余个[1]，涉及的事务包括后勤保障、通信、科技、创新、标准化、民事应急、空管、电子战、气象海洋、教育培训等诸多领域。北约出台相关政策，不断提升对成员国基础设施建设与维护、军民合作、民事与军事事务相结合，以此将触手延伸至更广泛的非军事安全领域，将国家治理的各个重要方面都纳

---

① NATO Organization，https：//www. nato. int/cps/en/natohq/structure. htm # CS，访问日期：2024年12月25日。

入"北约帝国"的治下。

冷战后无论是北约地理范围还是涉及领域的扩大强化了"帝国的身份",其帝国的扩张性、多样性、对民族国家(成员国)统合以及自我身份认知和价值观强化等特点,都体现得淋漓尽致。

三 北约帝国的权力构建:三种权力形式的组合

北约经过 70 多年的发展,帝国的特征日趋明显,从帝国权力构建的角度来看,帝国政治权力带有君主制、贵族制和民主的三种权力混合的特点。同样,北约也具有上述三种权力的混合、补充与相互平衡的特质。通过对北约内部权力构建的分析,可以进一步认清北约的"帝国权力"模式属性,进而理解北约帝国的权力运行的底层逻辑。

(一)北约的"君主权力"

美国作为最重要的缔造者和引领者是北约的"盟主",同时也承担起了北约"君主"的角色和责任。

第一,美国为北约提供主要的军事力量和军费开支。美国军费开支在冷战结束后一直把持着全球的"头把交椅",并在北约中占有绝对优势。2001 年以来,美国的国防开支约占整个北约国防开支的三分之二,根据北约 2021 年的统计数据显示,美国占盟军 GDP 总量的 53%,占国防总开支的 67%。[①] 北约共同资金(Common Founding)预算主要用于北约总部运行、北约军事指挥机构及某些针对安全建设的投资项目,是北约"中央机构"的财政预算。根据 2023 年北约财政预算规划,共同资金在未来三年里要逐步增加,其中超过 15.8%的资金由美国承担,份额在 30 个成员国中并列第一。[②]

第二,美军掌握北约重要部门,特别是北约军事指挥机构的领导权。

---

① The Secretary General's Annual Report 2023, https：//www. nato. int/nato＿ static＿ fl2014/assets/pdf/2024/3/pdf/ sgar23-en. pdf#page＝139,访问日期:2024 年 12 月 25 日。

② 美国与德国在共同资金分担比例完全相同,参见:Cost share arrangements for civil budget, military budget and NATO Security Investment Programme, https：//www. nato. int/nato＿ static＿ fl2014/assets/pdf/2024/7/pdf/cost-share-2024. pdf,访问日期:2024 年 12 月 25 日。

北约盟军作战司令部成立以来，其军事指挥机构的领导人多由美军人员担任。2003年，北约进行了大规模的军事机构改革，欧洲盟军司令部（ACE）和大西洋盟军司令部（ACA）等机构合并成立了北约盟军作战司令部（ACO），欧洲盟军更高司令部（SHAPE）名字继续保留，并成为北约盟军作战司令部的总部，统一指挥北约在全球范围内的军事行动。作为北约负责所有欧洲军事行动的欧洲盟军最高司令部司令，一直以来都是由美军现役上将担任。北约多个盟军作战司令部（ACO）的最高指挥官也长期由美军将领担任，北约的主要海空军力量的指挥权都在美国手中。

第三，美国的全球安全战略主导着北约的战略。1949—2022年，北约共制定了8份"战略概念文件"，这些战略概念文件反映了北约不同时代的战略环境、战略目标及相关实施手段，体现出美国对北约战略的主导地位。1949年12月，北约制定的首份战略概念文件（DC6/1文件）贯彻了美国"前沿防御"思想，明确了北约各国的分工职责，即美国以战略核轰炸力量为后盾，西欧成员加强常规力量应对苏联的威胁。1953年10月，美国出台了"大规模报复战略"[1]，北约1954年的第三份[2]战略概念文件（MC48文件）随即将这一战略作为北约新战略的关键核心。美国肯尼迪政府时期提出了"灵活反应"的军事战略[3]，北约则在1967年接受了"灵活反应战略"并出台了《北约区域防御总体战略概念》（MC 14/3文件），提出北约威慑力量基于灵活性，这种灵活性将防止潜在侵略者预测北约对侵

---

① 1953年10月，美国艾森豪威尔政府制定了NSC162/2号文件，认为美国未来的安全系于大规模核能力为基础的打击力量，以实现大规模报复能力，标志着"大规模报复"战略的出台。该战略要求加强核力量在北约军事投入中的比重，对于苏联的遏制，不再以陆军为主导；重点打击敌方军事基地和战略要地；增强北约快速反应能力和军事威慑能力。参见陈波《"大规模报复"战略与美国海外核部署》，《世界历史》2021年第2期；吕敬正：《当代战略指南》，国防大学出版社1994年版，第206页。

② 1952年12月，北约发布了第二份战略概念文件（MC 14/1），该文件是在第一份战略概念文件（DC6/1）的基础上修改产生的，其指出北约总体战略目标是"确保北约地区的防御，并摧毁苏联及其卫星发动战争的意愿和能力"，实现战略目标的手段上与DC6/1基本一致，继续推行"前沿防御"政策。

③ 1961年肯尼迪政府上台后制定"灵活反应战略"，抛弃大规模报复战略中片面依赖核武器的观念，规定应当建立多样化的军事力量，即在发展核武器和导弹的同时，加强常规兵力，增加在常规战争中使用的空军和海军力量，扩充陆军，以便能打各种类型的战争，包括常规战争、核战争、特种战争、局部战争和世界战争，它以常规战争作为到处挥舞的"剑"，以核力量为"盾"，打算以足够的非核部队同时在欧洲和亚洲分别同苏联和中国打两场大战，并在其他地方对付规模不大的、称为"半个战争"的紧急情况。这就是所谓的"两个半战争"。

略的具体反应，并且随着威胁的升级可以逐步提高防御的措施直至使用核武器。①

冷战后至今，北约发布的四份战略概念文件，基本上都体现了美国的全球战略布局。1991年发布的《联盟的新战略概念》提出扩展北约在欧洲的战略空间，提出了削减常规武装及核力量，要求欧洲盟国承担更大的安全责任。② 1999年通过的北约第六个战略概念文件体现了美国"单边主义"全球霸权的战略构想，北约应对危机的军事任务无需联合国授权，北约成员国可根据"自愿联合"而不是"全体一致"的原则采取各种军事行动。③ 2010年北约的战略概念文件则围绕"集体防御、危机管理和合作安全"核心任务规划未来的发展方向，特别提出北约各成员国要加强自身国防能力，不能让美国单独承担防务欧洲的责任。④ 2022年最新版的北约战略概念文件特别强调印太地区对北约的重要性，提出北约成员国在共同价值观下与印太地区伙伴加强安全合作，⑤ 凸显美国将北约拖入对中国战略竞争的企图。

美国掌握了"北约帝国"的君主权力，将北约战略发展与自身全球利益进行锚定，同时也必须担负起君主的责任，为帝国及其治下的成员们提供军事资源和安全保护的承诺，体现了一种权力和责任的平衡。

（二）北约的"贵族权力"

在北约的权力结构中，欧洲北约成员国形成了"贵族权力"，这些欧洲国家连同欧盟，在政治、安全、防务等方面成为北约力量重要组成部分。北约"贵族权力"的作用体现在以下三个方面。

① Gregory W. Pedlow, The Evolution of NATO Strategy, 1949–1969, https：//www. nato. int/archives/strategy. htm，访问日期：2024年12月25日。
② The Alliance's New Strategic Concept (1991), https：//www. nato. int/cps/en/natohq/official_ texts_ 23847. htm，访问日期：2024年12月25日。
③ The Alliance's Strategic Concept (1999), https：//www. nato. int/cps/en/natohq/official_ texts_ 27433. htm，访问日期：2024年12月25日。
④ Active Engagement, Modern Defence—Strategic Concept for the Defence and Security of the Members of the North Atlantic Treaty Organisation adopted by Heads of State and Government in Lisbon, https：//www. nato. int/cps/en/natohq/official_ texts_ 68580. htm，访问日期：2024年12月25日。
⑤ NATO 2022 STRATEGIC CONCEPT, https：//www. nato. int/nato_ static_ fl2014/assets/pdf/2022/6/pdf/290622-strategic-concept. pdf，访问日期：2024年12月25日。

首先，发展和巩固北约的力量，维护"帝国"的利益和价值观。在北约的历史上，欧洲成员国在联盟内部虽然各自利益无法完全一致，但是，在关系北约重大战略以及发展前途问题上，他们的目标取向和价值导向都是一致的。冷战结束后，北约欧洲成员国认为，需要在后冷战时代打造一个强大的北约来改善欧洲安全格局并处置后苏联时代的地缘政治"真空地带"。1991 年 11 月发布的冷战后北约首份战略概念文件强调："加强联盟内的欧洲支柱不仅符合欧洲国家的利益，而且会加强联盟的完整性和高效。"① 20 世纪 90 年代至 21 世纪初，北约的两大主要任务：吸收东欧国家加入北约；对南斯拉夫地区的战争和冲突采取干涉行动，都得到了欧洲新老成员国的大力支持。21 世纪以来，北约在科索沃、阿富汗、伊拉克、利比亚、苏丹达尔富尔等国执行了大量的军事行动以及战后维和活动，虽然在某些对外行动中北约欧洲成员国之间存在很大分歧，例如 2003 年的伊拉克战争，但多数时候的表现证明北约的欧洲成员国仍按照集体防御的原则积极参与共同对外行动，维护北约的价值观体系，体现了其自身北约"帝国成员"的身份认可。

其次，在北约帝国内对"君主权力"的补充。冷战结束后，欧洲军事防务能力建设的不足凸显。为此法国、德国、英国等西欧国家主张欧洲需要建立可靠的防务体系，并在 1999 年组建欧洲快速反应部队以此开启了欧洲防务独立的步伐。当时欧盟甚至声称："我们讨论的不是成为北约的附庸，而是一个独立的实体。"② 虽然法德两国二十多年来一直寻求提升欧洲防务能力，但北约仍然是欧洲安全防务的基石，欧盟也认为，北约与欧盟"基于共同的价值观体系，而且都在这种体系下运行"。③ 在 2014 年乌克兰危机发生后，欧盟及其成员国更加重视北约在地缘安全方面的作用，同时北约也需要欧盟在应对非传统安全问题上的民事维护和建设能力。于是 2016 年 6 月，欧盟与北约正式确立"战略伙伴关系"并在协同作战、混合战、网络、国防工业、防务能力建设及反恐、维和、机动性、气候、妇女

---

① The Alliance's New Strategic Concept（1991），https：//www. nato. int/cps/en/natohq/official_texts_ 23847. htm，访问日期：2024 年 12 月 25 日。

② 高华：《欧盟独立防务：开端、问题和前景》，《世界经济与政治》2002 年第 7 期。

③ European Parliament, Understanding EU-NATO cooperation-Theory and practice, Briefing 08-10-2020，https：//www. europarl. europa. eu/thinktank/en/document/EPRS_ BRI（2020）659269，访问日期：2024 年 12 月 25 日。

等 76 个议题领域内进行深度协调合作。北约也在 2018 年 7 月与欧盟的联合声明中表示，双方通过永久结构性合作（PESCO）和欧洲防务基金（EDF）为欧洲安全和防务作出贡献。① 2022 年 3 月，欧盟发布的《安全与防务战略指南针》文件将欧盟防务力量定位为北约的辅助力量，作为后续与北约开展联合行动的前提。② 总之，基于共同的价值观以及现实战略利益，北约的欧洲成员国深度融入美国的全球政治军事安全战略中，配合美国在全球的行动，形成一种"贵族权力"对"君主权力"的补充与合作。

最后，对美国的"君主权力"进行适当的制衡。当美国的"君主权力"侵犯欧洲国家的"贵族权力"，欧洲国家也要发挥制衡作用，防止其破坏整个"北约帝国"的权力结构。北约成立以来，欧洲与美国围绕"多边主义"和"单边主义"进行过多次斗争。特朗普首次当选美国总统后，多次批评北约的其他成员国没有承担应有份额的国防开支，并暗示美国可能不会为没有履行开支承诺的北约盟国提供防卫，再加上所谓"美国优先"的政策使得其在政治、安全、经贸、气候等一系列重大问题上与欧洲产生了严重裂痕。对此，欧洲国家领导人采取了一系列措施，主要努力方向是推动更大的欧洲自治和统一，特别是在防务和贸易领域。例如，法国总统马克龙在 2019 年公开表示"北约已经脑死亡"，提倡组建"欧洲军队"旨在增强欧洲的军事能力，减少对美国的依赖。③ 2021 年底拜登当选美国总统后，立即开始修复美欧跨大西洋关系，维护共同的"价值观""民主制度"，并期望北约能为欧美联合应对威胁和安全问题作出贡献。④美国在"回归"北约的同时，虽然欧洲的战略自主更加无望，但防止美国"君主权力"任意妄为和推卸负担而导致"北约帝国"的结构性削弱，无疑对欧洲安全稳定有重要意义。德国智库学者担心，拜登也许将是最后一

① Joint Declaration on EU-NATO Cooperation，https：//www. consilium. europa. eu/media/36096/nato_ eu_ final_ eng. pdf，访问日期：2024 年 12 月 25 日。

② A Strategic Compass for Security and Defence，https：//data. consilium. europa. eu/doc/document/ST-7371-2022-INIT/en/pdf，访问日期：2024 年 12 月 25 日。

③ The Economist，"Emmanuel Macron Warns Europe：NATOIs Becoming Brain Dead"，https：//www. economist. com/europe/2019/11/07/emmanuelmacron-warns-europe-nato-is-becoming-brain-dead，访问日期：2024 年 12 月 25 日。

④ NATO Secretary General congratulates President Joe Biden on his inauguration，https：//www. nato. int/cps/en/natohq/news_ 180766. htm，访问日期：2024 年 12 月 25 日。

位跨大西洋主义的美国总统，而美国早晚都要远离欧洲。① 欧洲具有通过寻求战略自主，防止美国试图摆脱对欧洲安全责任。

（三）北约的"公民权力"

在北约"帝国"的权力机制中，"公民权力"体现在各种代理人和利益集团包括成员国民众（选民）、政党、官僚机构、军工企业、媒体、智库等等，形成了由各个成员国的不同利益群体组成的规模性团体，在其中每个人都为自己的利益而行动，并在北约内部试图影响有利于自己的政策。代表北约"公民权力"规模性团体主要有以下三个。

一是北约成员国政府及其政客。他们在制定国防政策时要偏向国防生产者团体。生产者团体，即与军工有关的企业、行业协会、工会等规模性团体，他们拥有强大的对政府政策"游说能力"，并垄断信息资源，这使得他们更容易获得政府和政客的支持，并能够从政府国防政策中获得最大的利益。因此，生产者团体将支持北约，并希望看到一个更加庞大的北约。

二是北约成员国军队和官僚机构。他们的核心利益旨在实现预算最大化，官僚机构利用专业知识和信息垄断，通过媒体和智库来夸大外部的军事威胁，军队制定出各种高科技武器开发项目，强调国防预算削减后难以应对各种威胁。同时，军队与官僚机构积极推动各种国防项目，特别是北约内部的国际合作项目，这种项目"一旦启动，就很难停止，他们吸引了科学家、承包商、工会和军事人员的群体兴趣，每个人都从项目中获得了可观的收入"②。

三是军工复合体。北约"公民权力"的规模性团体的代表是军工复合体，作为由军工企业、军队、政客组成的庞大利益集团，军工复合体是"北约帝国"的最大支持者，通过北约的扩大，军工复合体可以获得北约的大量军火订单。军工复合体的利益也正在不断扩展到北约的维和行动、人道主义援助和救灾等非军事领域的危机管理之中。

总之，北约中的"公民权力"被垄断在欧美少数利益群体手中，他们

---

① Thorsten Benner, US Vote a Wake-Up Call for Transatlantic Ties, https：//gppi. net/2022/11/14/us-vote-a-wake-up-call-for-trans-atlantic-ties，访问日期：2024 年 12 月 25 日。

② Keith Hartley, *NATO at 70-A Political Economy Perspective*, New York：Palgrave Macmillan, 2021, p. 50.

代表了政治精英、军工企业、媒体智库的利益。北约国家多数民众在"政治正确"、缺乏专业信息以及被严重渲染的安全威胁下倾向于支持北约，虽然部分民众在"反战""反核"的旗帜下反对北约，但这种反对的力量仍较为弱小，特别是在欧洲地缘政治环境日益紧张的情况下，民众对安全需求加大而更倾向于北约，例如在 2022 年俄乌冲突爆发后，欧洲民调显示，"大部分欧洲人对美国参与欧洲安防持积极看法"①。

（四）北约帝国内部三种权力间的关系

北约帝国内部的"君主""贵族""公民"三种权力形式相互结合的"混合型"权力结构，有以下特点。

第一，北约"君主"与"贵族"权力形成了政治协商机制。北约决策机制是"协商制"而非"票决制"，《北大西洋公约》第四条规定：在缔约国集团认为其中的任何国家领土完整、政治独立或者安全受到威胁时，缔约国集团将彼此协商。② 通过北大西洋理事会（NAC），北约各个成员国就重大议题进行协商。北约的协商一致原则表面上是"作为该政府间组织成员的所有主权国家的集体意愿的表达"③，这实际上是一种"君主权力"与"贵族权力"的政治协商机制。正如有学者指出的，政治协商制是美国建立同盟关系以及领导力的重要手段，对实力相对强大的成员国而言，是与美国政治、军事的联系方式和区域领导地位的表现；对实力相对弱小的成员国而言，政治协商制使之"取得与大国相当的表决权"。④

通过协商机制，代表"君主权力"的美国能与代表"贵族权力"的欧洲进行多领域、全方位的权力勾兑与调和，虽然北约的这种政治协商机制也因为效率低下，成员国之间的较大差异难以协调等问题被诟病，但两种权力之间的协调具有广泛性和基础性。说它有广泛性，是因为两种权力协调的问题不仅仅在政治和军事领域，实际上北约自成立以来援引"北约第

① 杨海峰：《欧美安全与防务关系走向》，《世界知识》2023 年第 3 期。

② 《国际条约集（1948—1949）》，世界知识出版社 1959 年版，第 192—193 页。

③ The consultation process and Article 4, https：//www. nato. int/cps/en/natohq/topics_49187. htm，访问日期：2024 年 12 月 25 日。

④ 许海云：《论 20 世纪 50—80 年代北约对外战略中的政治协商制度》，《信阳师范学院学报》（哲学社会科学版）2002 年第 4 期。

四条"来商讨重大政治、安全问题及遭受威胁的机会并不多,① 更多的协商是在统一战略方向、制订共同防务计划、应对非传统安全、实施军事演习、处置维和任务以及具体的技术问题上。说它有基础性,是因为这种权力的协商机制为冷战结束后的北约帝国的权力构建提供了重要的社会基础,即北约在后冷战时代进行势力范围的扩张、价值观的巩固和推广、军事功能向政治和社会功能转型等任务中,需要一种广泛的"权力共识",而君主权力与贵族权力的协调则为成员国强化各领域共识与合作提供了这种"权利共识"。

第二,北约中的"公民权力"处于弱势地位。上述两种权力的协商也意味着"公民权力"处于弱势地位,因为无论是"君主"还是"贵族",在北约中都是以民族国家作为权力的行为体,"公民权力"被垄断在少数利益群体手中,而民众(选民)没有直接的权力行为体。同时,民族国家(成员国)通过"北约帝国"的庞大官僚机构来运营北约。北约拥有庞大的官僚机构,一部分是北约总部机构的行政人员、专业技术人员,即北约国际参谋部(International Staff),员工数量在 2023 年达到 1352 人;另一部分是由各成员国派驻的军事人员组成的国际军事参谋部(The International Military Staff),大约有 500 人,主要服务北约军事委员会(Military Committee)。② 无论是行政人员、专业技术人员还是军事人员,北约的官僚机构人员都仰仗北约生存,依靠北约体现自身的价值和能力,而他们的收入也都依靠北约的共同基金以及各成员国的财政预算,他们也只会为北约代言,或者为各自所属成员国争取利益,对于"民众"并没有责任。"民众权力"能直接制衡、约束"君主权力"和"贵族权力"的手段十分有限,在现有的政治权力制度范围内仅能通过"选票"对本国政府外交安全政策产生某些影响作用,但对北约无法产生直接影响。

第三,"三种权力"的变化及互动将影响"北约帝国"未来的演变和最终命运。北约的三种权力之间的关系会随着北约自身的演化发展而出现不同局面,这三种权力会根据自身的利益向着不同方向发展,从而对北约

---

① 自 1949 年成立以来,第 4 条仅被北约成员国援引 7 次,这 7 次发生在 2003—2022 年期间。

② The Secretary General's Annual Report 2023, https: //www. nato. int/nato_ static_ fl2014/assets/pdf/2024/3/pdf/ sgar23-en. pdf#page = 139,访问日期:2024 年 12 月 25 日。

的演化产生不同影响。目前来看，以美国为代表的"君主权力"要把北约作为整合美欧政治、军事、经济、科技力量为一体的"帝国性工具"来维护其全球霸权地位。以欧洲成员国为代表的"贵族权力"试图建立一种规范和秩序，其要进一步通过维护所谓"主权欧洲"来应对政治经济冲击，①在北约内部则是以多边主义、战略自主来制衡美国单边主义、霸权主义性质的"君主权力"。各种群体性组织为代表的"公民权力"，特别是现有北约利益集团之外的"公民权力"组织寻求自身权益稳定和不受侵害，而与之伴随的则是民粹主义、社会运动、公投政治等的泛滥来表达"公民权力"诉求。

在极端情况下，上述三种权力中的任何一方出现"极化""北约帝国"的"混合式权力结构"就会崩溃。一是美国的"君主权力"强化成为"君主独裁"并完全控制欧洲，使其听命于美国的一切战略安排，欧洲彻底沦为"仆从"并捆绑在美国争夺全球霸权的战车上；二是欧洲的"贵族权力"强盛起来并成为"寡头统治"，欧洲少数大国掌握北约的命运；三是通过广泛的民粹主义思潮和大规模反精英、反建制的群众运动，"民众权利"打破北约利益集团垄断，以群体性组织代替民族国家作为北约内部权力表达、利益诉求的行为体。如果出现上述三种极端情况，"北约帝国"权力结构将会垮塌，或许这才是北约"消亡"的最终时刻。然而，这种极端情况是很难出现的，因为美国的君主权力野心必然遭到世界多极化趋势的打击，无论是英国、法国、德国还是欧盟都不具有形成"寡头统治"以及治理庞大北约帝国的能力，而在以民族国家为主要国际行为体的国际秩序中，"民众权力"很难突破国家上升到北约的层面，因此，"北约帝国"的三种权力仍能够继续相互配合、补充以及制衡，在没有强大外部力量打击的情况下，北约仍将长期存在并不断扩张。

结　语

西方帝国的本质是普世主义、身份认同、对民族国家的整合及包容性和扩张性。从这些特质出发，本文认为，北约的目标是在全球化的背景

① 金玲：《"主权欧洲"、新冠疫情与中欧关系》，《外交评论》2020年第4期。

下，构建以西方资本主义民主价值体系为核心价值观思想，巩固美欧作为全球资本主义政治、经济、科技、文化中心的地位，以政治和军事联盟为支撑的"三种权力"的混合政体，并可以容纳多样的文化、民族国家、社会形态的全球帝国。在实现上述目标的过程中，北约帝国将具有以下特征。

第一，北约帝国在扩大、转型的过程中要进一步追求其合法性。冷战后联合国的授权是北约对外干涉行动的合法性来源，"北约第五条"是北约行动自我合法性解释来源。未来随着北约的不断扩大以及转型，上述条件都不足以保证"北约帝国"的合法性。北约未来寻求合法性的方式有两种：一是以西方"价值观"为基础的权力观，这种权力观"包容它认定的文明世界的每一寸土地"①，即世界上任何"违背"西方价值观的国家、机构和体制都会被认定为"野蛮"的、"未开化"的，北约帝国具有将其改造成"文明世界"的责任和义务，并以此作为行动合法性的来源，这种"合法性"逻辑在北约的对外干涉行动中已经展现出来了。二是北约帝国以各种形式不断扩大，将应对"外部威胁"的行动变成内部的"警察行动"。典型的例子就是巴尔干地区的国家，北约不仅为它们提供了集体防御的承诺，更重要的是，加入北约可以为解决与本地区成员国的冲突和争端提供内部协调机制，北约可以直接进行"警察行动"，作为政治安全的"权威"发挥缓和紧张局势、防止冲突的作用。

第二，北约帝国的"去中心化"与内部主导权之争。当前美国全球霸权地位以及北约的"中心地位"将受到越来越多的挑战。首先是欧洲"贵族权力"的不断挑战，欧洲成员国通过"战略自主"这一类的方式未来将不断在北约帝国内部争夺统治权。其次是美国的全球战略布局中印太地区地位的上升，特别是遏制、打压中国的战略将要进一步开展实施，而欧洲盟国是否能够跟随美国的战略导向，美国对此也难以把握。最后是美国减轻自身对北约"君主责任"的同时又会有"君主权力"被削弱的危险，即美国长久以来呼吁其他成员国增加安全投入，分担美国安全压力，同时却又难以割舍领导北约的"权力欲望"。对此，美国在北约帝国中会采取一种"去中心化"的方式，淡化其"领袖""盟主"的身份，同时加紧拉拢中东欧的北约成员国，赋予其更多内部话语权和机构管理权力，平衡西欧

① ［美］麦克尔·哈特、［意］安东尼奥·奈格里：《帝国——全球化的政治秩序》，第8页。

国家在北约内部的影响力，在欧洲形成"多中心"。总之，去中心化的过程中，美国同欧洲之间会有一场北约"权力"之争，因为欧洲不会抛弃北约而另起炉灶，欧洲的"贵族权力"会立即去填补美国"君主权力"退缩后形成的"权力真空"。

第三，北约帝国的扩张不存在"内生边界"，帝国之外仍是帝国。对于北约来说，扩大边界在哪里？这个边界在"北约帝国"自己看来就是"其他帝国"。因为在"帝国"的眼中，帝国之外存在两种行为体：要么是帝国开疆拓土的对象，即帝国未来的一部分；要么是另一个（或几个）帝国，只有其他强大的帝国才能阻止一个帝国的扩张，即在北约帝国的眼中"帝国之外仍是帝国"。北约帝国会将其他强大且独立于北约的行为体（国家或组织）都视为"其他帝国"，因此，在这种观念的指导下，北约帝国要么想方设法瓦解"其他帝国"，然后将统治延伸到被瓦解的"帝国"；要么在无力瓦解的情况下则与"其他帝国"保持一种竞争性的合作关系。因此，北约作为一个帝国不会给自己设定所谓的"边界"，北约的边界是外部行为体抵抗北约扩张的能力范围，即需要外部力量给北约划出一个边界。

总之，合法性、去中心化和不断扩张，这三个方面是"北约帝国"发展演变的主要趋势。三者之间的内在联系是：合法性用来彻底解决北约存续的问题并为其扩张提供依据；去中心化可以让欧洲国家分担更多责任，同时建立更广阔的联盟网络，在没有"内生边界"的限制下北约扩张不仅为合法性提供支持，也为去中心化后帝国内部各个权力实体带来更大的整体利益，"君主""贵族""平民"三种权力实体可以在北约帝国巨大的利益范围内容纳甚至消解它们之间的冲突。

（鞠维伟，中国社会科学院欧洲研究所中东欧研究室副研究员）

Review Articles

学术评论

安德鲁·沃森的"阿拉伯农业革命"理论及其史学贡献[*]

程利伟

摘要 "阿拉伯农业革命"理论由加拿大多伦多大学著名学者安德鲁·沃森于 1974 年提出。他指出，阿拉伯的征服运动推动了 18 种新作物、灌溉技术以及新农业实践在亚、非、欧三大洲的广泛传播，促进了土地生产力的显著提升，从而触发了一场农业革命，给早期的阿拉伯世界带来了经济的繁荣。这场革命之所以能够发生，不仅在于传播媒介提供的有利环境，还在于需求与供应的双重驱动。沃森提出的这一理论既是对阿拉伯世界农业传统的重新认知，也是对中世纪早期世界转型动力的一次深刻挖掘。沃森以其超时代的研究为诸多学术领域的发展做出了奠基性的贡献，时至今日其影响力仍在不断增长。

关键词 阿拉伯农业革命　农作物　灌溉技术　轮作制度　安德鲁·沃森

20 世纪六七十年代，一些历史学家开始尝试挣脱 19 世纪以来历史书写中"欧洲中心论"的束缚，转而采用更加广阔的视角，即从区域、半球乃至全球层面来理解历史。① 在这一学术转向的过程中，加拿大著名西亚农业史专家安德鲁·沃森（Andrew Watson，1930—2024）于 1974 年提出

---

* 本文系国家社会科学基金重大项目"'东学西渐'与 11 至 13 世纪欧亚北非大陆知识流转研究"（项目编号：23&ZD323）的阶段性成果。2024 年 4 月 4 日，安德鲁·沃森教授辞世。笔者在多年前研究中世纪蔗糖史的过程中曾承蒙沃森教授的帮助，谨以此文表达对其感谢与追思。

① 刘文明主著：《全球史概论》，北京大学出版社 2023 年版，第 3—10 页。

的"阿拉伯农业革命"理论，不仅是对传统史学研究框架的一次重要突破，更是在全球视角下审视早期阿拉伯帝国及其对世界历史进程影响的典范。在《早期伊斯兰世界的农业革新：作物和农业技术的传播（700—1100 年）》（以下简称《早期伊斯兰世界的农业革新》）一书中，沃森从亚非欧诸文明交流与互动的宏观视角出发，指出阿拉伯帝国的兴起推动了新作物、灌溉技术与新农业实践从地中海的东部向西部广泛传播，给当时的阿拉伯世界带来了一场农业革命，进而促进了当时阿拉伯社会的人口增长、城市化和社会阶层的分化。[①] 沃森的理论不但帮助人们重新认知了早期阿拉伯帝国的农业传统，而且还对皮朗提出的中世纪早期世界转型理论，从阿拉伯世界的视角进行了回应。由此，沃森"被公认为首位讨论伊斯兰教的传播与农业创新共同作用于中世纪世界经济转型的学者"，[②] 其学术成就足以与同时代的伊曼纽尔·沃勒斯坦、马歇尔·霍奇森、阿尔弗雷德·克罗斯比等人相提并论。[③] 本文旨在探讨沃森对"阿拉伯农业革命"的理论建构，并据此说明其理论背后的学术贡献。

一 安德鲁·沃森及其"阿拉伯农业革命"理论的提出

1930 年，沃森在加拿大渥太华的罗克克利夫社区出生，1948 年高中毕业后考入多伦多大学三一学院，学习经济学。大学期间，沃森对旨在帮助贫困落后的农业国家通过工业化之路摆脱贫困的发展经济学产生了浓厚的兴趣，后来沃森正是通过该理论所强调的需求与供给共同助力经济发展的理念对"阿拉伯农业"革命进行了逻辑论证。1952 年，沃森大学毕业后在多伦多大学继续深造，主攻西亚经济史。沃森在次年拿到硕士学位后，获得罗德奖学金的赞助，前往牛津大学访学。随后，他还曾前往巴黎、开罗

---

① Andrew Watson, *Agricultural Innovation in the Early Islamic World*, Cambridge：Cambridge University Press, 1983, reprint, 2008. 下文引用均出自再版。

② 《时间的种子：纪念名誉教授安德鲁·默里·沃森》，参见 https：//newsletter. economics. utoronto. ca/seeds-of-time-in-memory-of-professor-emeritus-andrew-murray-watson/#more-4515 ［2024 - 04 - 22］。

③ Paolo Squatriti, "Of Seeds, Seasons and Seas：Andrew Watson's Medieval Agrarian Revolution Forty Years Later," *Journal of Economic History*, Vol. 74, No. 2, 2014, pp. 1205-1220.

等地访学，尤其是在开罗大学期间他开始了阿拉伯语的学习。1957 年，沃森以讲师身份入职多伦多大学，直至 1995 年荣休。不过，即便是在退休后，沃森也没有远离学术圈。譬如，他曾于 2009 年与 2010 年两次接受中国科学院自然科技史研究所的邀请来中国开展学术交流。①

沃森主要研究西亚农业史，其毕生最重要的学术贡献便是提出了"阿拉伯农业革命"理论。不过，他起初的研究聚焦的是阿拉伯世界的货币史，② 直到后来其人生的一段经历，才改变了他的研究兴趣并转向农业史。1970 年，加拿大国际发展研究中心成立，该中心致力于应对推动发展中国家的经济社会实现持久发展的问题，沃森曾被选派到该中心担任西亚高级合作项目的负责人。在驻守开罗期间，沃森与中东地区诸国的农业发展机构有着深度的合作与交流，使其对西亚的农业发展史有了新的认识。1974 年，沃森在《经济史杂志》上发表了具有里程碑意义的论文《阿拉伯农业革命及其扩散：700—1100 年》，正式提出了"阿拉伯农业革命"的理论。③ 值得一提的是，该论文的初步构想曾于 1973 年在美国亚特兰大召开的经济史学会年会上进行过宣读。当时沃森以"中世纪绿色革命"为题，巧妙地将早期阿拉伯世界的农业革命与 20 世纪五六十年代由西方国家发起的、旨在通过农业技术转让提高发展中国家粮食产量问题的"绿色革命"进行了跨时代比较④，强调两者在推广新作物、新技术，以及新农业实践方面的共通之处。然而，在论文最终定稿并发表时，沃森经过深思熟

---

① 2009 年 8 月 12—13 日，沃森曾受邀到北京参加由中国科学院自然科技史研究所主办的"农业文化与亚洲可持续发展讨论会"，并向大会提交了两个报告，分别是"古代伊斯兰国家的农业创新，如何发生？为何发生？又是如何，为何终结？""持续不变的与可以持续的西亚农业：过去、现在和未来"。2010 年 3 月 8 日，沃森再次受中国科学院自然科技史研究所的邀请来到中国，面向公众做了题为"未来世界的粮食供应：2050 年前后我们如何养活自己"的报告。上述三次报告的内容，后被收录到由曾雄生教授主编的《亚洲农业的过去、现在和未来》一书中。参见曾雄生主编《亚洲农业的过去、现在和未来》，中国农业出版社 2010 年版。

② Andrew Watson, "Back to Gold and Silver," *The Economic History Review*, Vol. 20, No. 2, 1967, pp. 1–34.

③ Andrew Watson, "The Arab Agricultural Revolution and Its Diffusion, 700–1100," *Journal of Economic History*, Vol. 34, No. 2, 1974, pp. 8–35.

④ "绿色革命"（Green Revolution）也称"第三次农业革命"，该词最早由美国国际开发署署长威廉·高德在 1968 年 3 月 8 日的一次演讲中使用。他指出："农业领域的这些和其他发展包含着一场新革命的要素。它既不是像苏联那样的暴力红色革命，也不是像伊朗那样的白色革命。我称之为'绿色革命'。"

虑，选择了更为贴切的"农业革命"作为标题。他认为，尽管"农业革命"一词或许略显传统，但从历史的角度来看，它能更准确地概括那场深刻影响阿拉伯世界乃至全球农业发展的变革实质。① 事实上，在沃森之前已有学者洞察到早期阿拉伯帝国农业领域的革新。西班牙的学者安东尼奥·加西亚·马塞拉早在 1876 年便指出，阿拉伯人统治下的西班牙安德鲁斯地区经历过一场农业革命。② 进入 20 世纪 40 年代中期，法国学者亦注意到早期阿拉伯统治者在地中海及西亚地区推广新作物种植方面的显著贡献。③

随后，沃森又分别于 1977 年、1981 年发表了《旧世界棉花的兴起与传播》和《迈向更密集、更连续的定居：中世纪早期的新作物和耕作技术》两篇论文。④ 1983 年，他在上述三篇论文的基础上出版了《早期伊斯兰世界的农业革新》一书，完成了对"阿拉伯农业革命"理论体系的逻辑建构。后来，为回应学界的质疑，沃森又于 1994 年和 2007 年相继发表了《阿拉伯农业向基督教欧洲的不完全传播》⑤ 和《非扩散的一个案例：西班牙穆斯林不采纳基督教欧洲的开放土地制度造成的后果》⑥ 两篇文章，进一步完善了其理论。

沃森于 2024 年 4 月 4 日辞世，享年 93 岁。而他在 20 世纪 70 年代所

---

① 不过，后来沃森又曾多次使用了"绿色革命"这个概念。参见 Andrew Watson, "A Medieval Green Revolution," in Abraham Udovitch, ed., *The Islamic Middle East*, 700–1900, Princeton, N. J.: Darwin Press, 1981, pp. 29–58; Andrew Watson, "A Medieval Green Revolution: New Crops and Farming Techniques in the Early Islamic World," In Michael G. Morony, ed., *Production and the Exploitation of Resources*, Ashgate/Variorum, 2002, pp. 219–248.

② D. Fairchild Ruggles, *Gardens, Landscape, and Vision in the Palaces of Islamic Spain*, Philadelphia: *Penn State Press*, 2000, *pp.* 31–32

③ André Haudricourt and Louis Hedin, *Les Hommes et les Plantes Cultivées*, Paris: Gallimard, 1943, p. 130.

④ Andrew Watson, "The Rise and Spread of old World Cotton," In Veronika Gervers, ed., *Studies in Textile History-In Memory of Harold B. Burnham*, Ontario, 1977, pp. 355–368; Andrew Watson, "Towards Denser and More Continuous Settlement: New Crops and Farming Techniques in the Early Middle Ages," In James Ambrose Raftis, ed., *Pathways to Medieval Peasants*, Pontifical Institute of Mediaeval Studies, 1981, pp. 65–82.

⑤ Andrew Watson, "The Imperfect Transmission of Arab Agriculture into Christian Europe," In Kühnel Harry, ed., *Kommunikation zwischen Orient und Okzident: Alltag und Sachkultur*, Verlag der Österreichischen Akademie der Wissenschaften, 1994, pp. 199–212.

⑥ Andrew Watson, "A Case of Non-diffusion: The Non-Adoption by Muslims Spain of the Open-field System of Christian Europe. Causes Consequences," In F. Datini, Simonetta Cavaciocchi, eds, *Relazioni Economiche tra Europa e Mondo Islamico*, Le Monnier, 2007, pp. 241–266.

提出的非常"超前"的开创性研究，则预示了未来学术研究的诸多趋势。正如美国密歇根大学历史学系教授保罗·斯奎特里蒂在悼念沃森的文字中所言："至于他的学术遗产，我想说它是巨大的，而且目前还在不断增长，涉及中世纪史、农业史、地中海史，甚至在后古典植物考古学领域。他在1974年至1990年期间对这一领域作出贡献时，这一领域还不存在。"①

二 "阿拉伯农业革命"理论的
内涵及其逻辑证成

沃森所建构的"阿拉伯农业革命"理论的内涵包括以下三个方面。

第一，农业革命的核心是新作物的引入与传播。沃森指出，阿拉伯征服后，数百种新植物相继传播开来。在这些新植物中，既有直接服务于人类生活的粮食与纤维作物，也不乏起初看似累赘、后来被证明价值非凡的杂草。② 沃森精心挑选了18种具有代表性的植物进行深入研究，其中17种为食用作物，即高粱、亚洲水稻、硬麦、甘蔗、酸橙、青柠、香橼、柚子、香蕉、大蕉、椰子树、西瓜、菠菜、洋蓟、芋头、茄子和芒果树，而另一种为纤维作物即棉花。这些新作物大多数都是经由印度传播至阿拉伯世界。它们一部分原产于印度，另一部分则来自东南亚和非洲，在印度被驯化、改良后得以扩散。③ 这些作物早在前阿拉伯时代就已经从印度向东和向西传播。向东，它们沿着陆上丝绸之路来到中国。向西，则有两条传播路线：一条是沿着陆路传到萨珊波斯帝国，这些作物有甘蔗、高粱、茄子、菠菜、香蕉、大蕉和水稻；另一条是沿着示巴人航线（Sabean Lane），传播到阿拉伯南部的菲利克斯，这些作物有香蕉、大蕉、棉花和甘蔗。④

阿拉伯帝国崛起后，这场从东向西的传播运动获得了前所未有的动力。它不仅包含了源自印度信德省的首次传播浪潮，还叠加了从萨珊波斯帝国、伊拉克和阿曼等地涌现的二次传播。这种向西传播的路线同样

---

① 《时间的种子：纪念名誉教授安德鲁·默里·沃森》，参见 https://newsletter. economics. utoronto. ca/seeds-of-time-in-memory-of-professor-emeritus-andrew-murray-watson/#more-4515 ［2024 - 04 - 22］。

② Andrew Watson, *Agricultural Innovation in the Early Islamic World*, p. 2.

③ Andrew Watson, *Agricultural Innovation in the Early Islamic World*, pp. 77-78.

④ Andrew Watson, *Agricultural Innovation in the Early Islamic World*, p. 77.

可分为两条。第一条路线是穿越陆路。从传播起点出发，新作物被带到约旦河谷、黎凡特海岸，并最终到达埃及。以此为跳板，新作物又穿越马格里布与海洋，到达西班牙和地中海上的各个岛屿。而第二条路线则是依水而行。它从传播起点，途经菲利克斯，随后沿着红海进入尼罗河流域，然后向西传播到马格里布和西班牙。① 沃森指出，这条路线还有另一个传播方向，即印度、阿拉伯以及也门的水手与商人们沿着东非海岸南下，进入埃塞俄比亚、桑给巴尔岛和奔巴岛，最后到达马达加斯加。至于新作物在西非地区的传播，沃森提出了两种可能的途径：一种是从东海岸穿越中非的漫长旅程，其中尼罗—乍得路线作为连接东西非的桥梁；而另一种途径是从马格里布出发穿越撒哈拉沙漠的商队路线。② 随着时间的推移，这些新作物也向北传播到了欧洲，但与在非洲和阿拉伯世界的传播相比，除了菠菜之外，因受技术、态度、动机、人口和气候因素的影响传播速度缓慢。③

第二，伴随新作物传播而来的轮作制度变化，不同类型的土地利用方式都趋向更加集约与高效。在中东与地中海地区的肥沃土地上，传统作物生长的季节一直是冬季，作物在秋雨时节播种，春季收获。而夏季因高温少雨，土地多处于休耕状态，甚至在灌溉土地上也是如此。然而，水稻、棉花、甘蔗、茄子、西瓜、硬麦，以及高粱等源自印度、东南亚与中非的热带作物的引入，彻底颠覆了这一模式。这些作物只能在高温条件下生长，使以前在夏季闲置的土地和劳动力得到了充分利用，从而形成了一个新的农业生产旺季。尤其是在土壤肥沃且灌溉水源充足的地方，集约化的轮作种植普遍得到推广，春季收获后可以立即播种夏季作物。如果选择正确的轮作作物，同一块土地每年甚至可以丰收三次及以上。④ 为防止轮作过程中土壤肥力枯竭，当时的阿拉伯农业手册还建议在土地上施用动物肥料、绿肥、灰烬、泥灰及白垩等，并主张精耕细作。譬如，在埃及甘蔗种植前建议对土地翻耕六遍，在西班牙种植棉花前建议翻耕十遍并施肥。⑤

---

① Andrew Watson, *Agricultural Innovation in the Early Islamic World*, pp. 80–81.

② Andrew Watson, *Agricultural Innovation in the Early Islamic World*, pp. 81–82.

③ Andrew Watson, "The Imperfect Transmission of Arab Agriculture into Christian Europe," pp. 199–212.

④ Andrew Watson, "The Arab Agricultural Revolution and Its Diffusion, 700–1100," p. 11.

⑤ Andrew Watson, *Agricultural Innovation in the Early Islamic World*, p. 125.

与此同时，新作物也让各类贫瘠的土地得到利用。沃森通过对农业手册的研究发现，即使是干旱贫瘠、盐碱、沼泽等类型的土地，手册也给出合适作物的种植建议。例如，在干旱贫瘠的土地上可以种植高粱与棉花，在缺乏灌溉的山地上可以种植柑橘类水果，在坚硬的沙质土地上可以种植西瓜与茄子，在盐碱地与沼泽地中可以种植甘蔗、水稻以及椰子树等。①

第三，新作物和新农业实践的引入也带来了灌溉系统的变化。沃森指出，新作物在获得丰收的同时，也对水资源提出了更大的需求。例如，西班牙种植甘蔗的土地，每四至八天就要灌溉一次。② 即便是其他新作物如果在生长周期内能够获得有效的灌溉，它们的产量与品质也能获得大幅提高。然而，雨热不同期的气候条件，导致这些地区的夏季降水很难满足新作物的生长需求，所以灌溉成为重中之重。而当时的阿拉伯人在使用灌溉系统时面临着两大挑战。一是古代的灌溉体系发展到 7 世纪中叶已全面衰落。比如运河、隧道和渡槽因缺乏管理年久失修淤积严重，水坝和堰也因洪水或战争的毁坏未能重建。二是古代灌溉技术存在不足。实际上，除了两河流域之外，当时的灌溉体系主要是通过重力作用将暂时保存在水坝或者围堰中的雨水引流至农田。虽然这种做法较为便利，但是无法为新作物提供稳定的水源，且仅可在部分地区使用。其实，在前阿拉伯时代也存在克服这些缺点的灌溉技术，不过它们仅在极少数地区使用。③

沃森通过研读史料发现，自阿拉伯帝国建立后，不光原有的灌溉设施得到了相应的修复与升级，灌溉者们在水源收集、储存、疏导与提升等技术方面的可选择性也显著增加。比如，用于拦截水的蓄水、分水坝，以及堰；用于蓄水的水池和水塔；借助人力通过水杓或水桶将水提到高处的桔槔；由水流或畜力驱动轮子将水从河、运河和井里提起的筒车；利用地下蓄水层将河水输送至远方的坎儿井。④ 沃森强调，实际上，有些灌溉技术早在古代就已经被发明，但是使用范围仅局限于发明地并未向外传播。而阿拉伯人则推动了这些技术传播至整个帝国。比如坎儿井就是沿着阿拉伯

---

① Andrew Watson, *Agricultural Innovation in the Early Islamic World*, pp. 126–127.

② Andrew Watson, *Agricultural Innovation in the Early Islamic World*, p. 103.

③ Andrew Watson, *Agricultural Innovation in the Early Islamic World*, pp. 104–107.

④ ［加拿大］安德鲁·沃森：《早期伊斯兰世界里的农业变革：它的发生和结束的原因及方式》，曾雄生主编：《亚洲农业的过去、现在和未来》，第 114 页；Andrew Watson, *Agricultural Innovation in the Early Islamic World*, pp. 107–108.

人的交流网络，从中亚传播至埃及、北非与西班牙。正是基于这些灌溉技术的传播，各地的灌溉者们开始摆脱传统单一的某种技术，转而将多种灌溉技术融合于复杂的系统中，实现了灌溉效率与农业生产能力的双重提升。①

　　然而，农业领域发生的上述变革，并非孤立存在，而是与当时整个阿拉伯世界的社会经济发展休戚与共。当时的阿拉伯世界还经历着城市人口的快速增长、商业贸易的蓬勃发展、制造业的日益繁荣以及经济结构的重塑。② 沃森指出，这些变革的产生可以说既是农业革命的果，也是农业革命的因，二者之间相互影响。对这场革命为何能够发生的深层逻辑，他的论证主要从以下两个方面出发。

　　其一，新作物传播媒介所处的环境有助于农业革命的发生。沃森解释道，阿拉伯的对外征服运动将原来处于不同文化传统下的诸文明置于前所未有的统一局面之下，从而在当时的世界形成了一个拥有共同的语言、信仰、货币和法律体系的伊斯兰共同体。③ 接着，沃森进一步指出，该共同体既是一个政治与宗教的联盟，也是一个高效运转的传播媒介。这是源于在此共同体的庇护之下攒动着一股声势浩大的人员流动浪潮，例如信徒的朝圣之旅、商人的贸易之旅、学者的求知之旅、旅行家的探险之旅、征服战争或政治变革带来的民族迁徙与难民潮。上述人员流动如同一股涓涓细流编织了一个庞大的横跨亚、非、欧三洲的交流网络，进而促进了人、物以及思想的交流与传播。

　　如果说伊斯兰共同体的形成是农业革命发生的前提条件的话，那么流动于这一媒介内的阿拉伯人所展现出的对未知世界的学习热情以及接受新奇事物的能力则是农业革命发生的催化剂。沃森分析道，这种热情与能力源于阿拉伯人自身文化的相对贫瘠。阿拉伯人来自文化沙漠，当他们征服了那些拥有悠久灿烂文明的地区后，他们在物质和文化上都感到自卑，由此非常乐于接受新事物，渴望向其学习，从而形成了一种开放、包容、进取的文化氛围。④ 在这种氛围的滋养下，许多人为克服自卑开始收集他们

---

① Andrew Watson, *Agricultural Innovation in the Early Islamic World*, pp. 108-110.
② Andrew Watson, *Agricultural Innovation in the Early Islamic World*, pp. 123-139.
③ Andrew Watson, *Agricultural Innovation in the Early Islamic World*, pp. 91-92.
④ Andrew Watson, *Agricultural Innovation in the Early Islamic World*, pp. 93-94.

喜欢的或者给他们留下深刻印象的各种珍奇物品与知识，特别是为身处荒漠地带的阿拉伯人所珍视的绿色植物。而这种广泛的收集活动在丰富阿拉伯人的物质与文化生活的同时，更为农业革命在当时阿拉伯世界的迅速蔓延提供了肥沃的土壤。

那么，在这一共同体内是谁把新作物引入阿拉伯世界，又是谁把它们从一个地方扩散到另一个地方的呢？统治者通过从远方引进外来植物来装饰他们的花园或装点他们的餐桌是否发挥了主导作用？还是大地主和其他富有的人进口这些植物，或者增加他们的收藏，或者用于商业生产呢？或者，新作物的传播仅仅是向西迁移的农民，他们把自己习惯种植和食用的植物带到了更远的西方呢？[1] 沃森认为，新作物的传播并非单个人或单个群体使然的结果，而是社会各个阶层、成千上万人共同努力的成就。[2] 他指出，在成为一个地区的普通作物之前，一种新作物可能是由属于不同社会阶层的代理人在不同的场合带到那里的，这些代理人受不同动机的驱使，彼此独立地运作。在最初引进之后，其他代理人可能负责了二次扩散，最终使这种作物成为一种常见的植物。[3]

其二，沃森指出，任何一种传播媒介，无论其接收和传导能力多么强大，若无日益增长的需求与供应作为保障，其效用终将受限。他解释道，正是需求与供应的双重驱动，共同奠定了农业革命得以发生并持续的基础。

就需求而言，沃森发现，需求的产生源于人们思想观念的改变，而非供给的推动。实际上，许多新作物，比如蔗糖与大米，在传入阿拉伯世界之前或之初大多都被视作药物，而不是食品，从而限制了人们对新作物的消费能力。[4] 是以，若想提高新作物的市场消费潜力，核心在于转变公众的观念，亦即让新作物从先前被作为药品转变为日常食品。沃森认为，该转变过程的实现得益于当时公众的两种消费行为。第一种是由模仿行为带动的新品位的广泛传播。而这种模仿行为又分为两类，一类是自上而下的

---

[1] Andrew Watson, *Agricultural Innovation in the Early Islamic World*, p. 87.
[2] Andrew Watson, *Agricultural Innovation in the Early Islamic World*, p. 90.
[3] Andrew Watson, *Agricultural Innovation in the Early Islamic World*, p. 87.
[4] Andrew Watson, *Agricultural Innovation in the Early Islamic World*, pp. 99-100.

模仿。阿拉伯统治者们作为时尚的引领者，率先将异国风味与服饰融入日常生活，而后他们在通过宴会或穿着分享权力与彰显身份的过程中，这些新的生活方式又被当时的社会精英所模仿，例如地主、官员及商人，逐渐渗透至各个阶层，甚至扩散到了地位较低的人群，从而带来了消费观的转变。① 另一类是跨越空间的模仿行为。特别是西班牙的宫廷对东方的埃及和巴格达的宫廷生活方式的模仿，将新口味、新生活方式传播到了更远的西部。② 正是在上述模仿的过程中增加了对新作物的需求量，人们开始转向本地生产而不是进口。第二种是流动之人的消费习惯推动了需求的增加。比如，生活于帝国东部的人们在西迁至美索不达米亚和黎凡特地区的过程中，为当地带来新作物的同时，也将他们的饮食与生活习惯带到了迁入地。当这些新的饮食习惯在迁入地普及后，又被新的向西的迁徙者带到了更远的西部。再譬如，来自帝国西部的长途旅行者，在东方旅居期间曾体验过这些新的口味，当他们回到自己的故乡后，也将这些习惯带了回来，从而带来了需求的增长。这些都可以从 13 世纪的烹饪书籍中看出，当时新作物已经作为食物而不是药物，成为当地日常饮食文化的一部分。沃森指出，同样地，对棉花的需求，也经历了一场与其他作物类似的模仿、习惯的传播过程，即从最初的陌生到逐渐普及，再到成为日常生活的必需品。③

就供应而言，沃森观察到，统治者推出了诸多保障供应的政策。首先是灌溉政策。一方面，国家主导灌溉项目的建设与管理，比如修复旧的灌溉系统，新建水坝、水库和运河，雇用工作人员运营与管理伊拉克等关键地区的灌溉项目。④ 另一方面，制定法律，解决灌溉中的水权纠纷问题，鼓励私人投资的水利工程。⑤ 其次是土地政策。当时的统治者大多认为土地的所有权属于个人，因此在市场调节下，土地流向那些能够最大利用其价值的人手中，亦即从保守低效的利用者向勇于创新的新农业实践者手中的转移。土地所有者不仅拥有土地的所有权，还享有经营自主权。他们可

① Andrew Watson, "The Arab Agricultural Revolution and Its Diffusion, 700-1100," p. 24.
② Andrew Watson, "The Arab Agricultural Revolution and Its Diffusion, 700-1100," pp. 25-26.
③ Andrew Watson, *Agricultural Innovation in the Early Islamic World*, p. 102.
④ Andrew Watson, "The Arab Agricultural Revolution and Its Diffusion, 700-1100," p. 27.
⑤ Andrew Watson, "The Arab Agricultural Revolution and Its Diffusion, 700-1100," pp. 27-28.

以自己经营，也可以以分成的形式出租给他人经营。为获得更多分成，承租者经常在农业实践上进行创新。① 再次是税收政策。针对使用先进灌溉技术的土地实施优惠税收政策，例如通过水桶、水车或其他提升装置进行灌溉的土地，其税率为产出的二十分之一，远低于常规的十分之一。② 此外，统治者对种植永久作物的土地给予税收减免的优待，对尚未开始产出的果树如香蕉、柑橘、芒果和椰子树等，仅征收正常税率的一半。③ 这种合理的税收政策，更能刺激土地经营者开展农业创新，因为他们相信通过农业创新带来的收益，将更多地留在自己手中。最后是皇家花园。许多新作物最初可能是作为观赏植物或奇异物被带到皇家花园，后来才被视为有用并开始商业化种植。沃森指出，皇家花园不仅是植物传播的跳板，还是研究和培育植物的前沿哨所。例如，10 世纪科尔多瓦的皇家花园既是奇花异草的展示场，又是植物育种与栽培实验的平台。而大不里士的皇家花园则成为来自印度、中国，以及东南亚的珍稀果树的驯化基地。④ 直至几个世纪后，欧洲才建立类似的植物园，成为植物传播的新媒介，而这与早期阿拉伯世界的经验不谋而合。

虽然上文中所提及的多种因素不断推动着农业革命向纵深发展，但是在沃森的眼中，这场革命并未展现出足够的持久性，而是在 11 世纪开始走向衰落。他主要是通过对内外因素的考量得出这一结论。从内部来看，首先是阿拉伯农业在巅峰时期已经穷尽了它所能获得资源的极限，这使当时整个农业系统变得脆弱，任何无法克服扩张障碍前提下的扩张都是对当时已有农业成就的一次打击。其次是人口激增带来聚居地分化的问题加剧，统治者无法为人们提供足够安全的保障，导致人口向内陆迁徙，从而造成边缘地带耕地荒漠化的加剧。再者是统治者赋税制度和土地政策的转变也不利于农业创新与发展。最后是当阿拉伯人探索、编纂、鉴定完所有可探索的领域之后，他们产生了自我封闭的心态，不再拥有旺盛的求知欲，也阻碍了农业创新的继续开展。从外部来看，农业的衰落可归结于两个因

---

① Andrew Watson, *Agricultural Innovation in the Early Islamic World*, pp. 112-114.

② Andrew Watson, *Agricultural Innovation in the Early Islamic World*, p. 115.

③ Andrew Watson, *Agricultural Innovation in the Early Islamic World*, pp. 115-116.

④ Andrew Watson, *Agricultural Innovation in the Early Islamic World*, pp. 117-119.

素。一是自 11 世纪开始，政府控制力的减弱，导致阿拉伯世界遭受了接连不断的侵略浪潮的冲击，这对早期精心构建的农业体系造成了难以估量的破坏。尤为痛心的是，这些入侵者多为游牧民族，他们对农业缺乏足够的认识与重视，即便他们在建立政权后，早期的农业系统也未能得到及时的恢复与重建。[①] 二是新航路的开辟，为阿拉伯世界的农业带来了终结性的冲击。原本传入早期阿拉伯世界的作物，如水稻、甘蔗、棉花、靛蓝等，逐渐在印度、东亚及新大陆生根发芽，开始反向涌入阿拉伯世界，进一步加速了阿拉伯世界农业的急速衰退。[②] 到 17 世纪初，这些新作物已经在这片土地上完全消失。

三　"阿拉伯农业革命" 理论的史学贡献

沃森的 "阿拉伯农业革命" 理论之所以能卓然自成一家并产生 "颠覆性" 影响，不仅在于其从农业的角度去重新审视早期阿拉伯世界的历史，更是由于他所采用的视野、角度和方法同过去的史学传统截然不同。

第一，沃森以一种前所未有的整体性视野重新审视了早期阿拉伯帝国在世界历史中的地位。在传统历史书写中，欧洲往往被过分美化并置于聚光灯下，而其他地区则不幸被描绘成静止的、边缘化的 "非历史民族"，甚至被直接排除在世界史研究之外，仅作为欧洲自我优越感的陪衬。然而，自 20 世纪上半叶起，以阿德诺·约瑟夫·汤因比、韦尔斯、约翰·麦克尼尔、菲利普·柯丁等为代表的一批世界历史学者，开始挑战这种狭隘的 "欧洲中心论" 观念，呼吁学界以更加开放、包容的视角来审视各文明的地位。在这一思潮的推动下，马歇尔·霍奇森和沃森积极响应，并致力于重新评估阿拉伯世界的地位。霍奇森通过构建的 "半球区际" 的框架，"将伊斯兰文明的各个时期的发展置于世界之中来理解"，"避免了历史书写中的西方视角"。[③] 而沃森则在此基础上更进一步，他受到包括沃勒斯坦和费尔南·布罗代尔在内的历史学家的影响，特别是后者在《地中海与菲利普二世时代的地中海世界》中对地中海空间的概念化尝试，提出了跨越

---

① Andrew Watson, *Agricultural Innovation in the Early Islamic World*, pp. 143–144.

② Andrew Watson, *Agricultural Innovation in the Early Islamic World*, p. 146.

③ 刘文明主著：《全球史概论》，第 73—74 页。

多个文明区域的"伊斯兰共同体"的概念。① 他将这一共同体置于亚、非、欧大陆多元文明共生的交流圈之中，作为连接各个文明的中心枢纽。而这种枢纽作用的发挥，如沃森在上文逻辑证成农业革命中所讲的那样，正是通过吸收并转化印度文明的农业智慧，然后凭借自身的流动网络将新作物传播至亚、非、欧三大洲。② 另外，他还将当时的阿拉伯世界与同期的非洲、欧洲在传播新作物方面的角色进行对比，在凸显阿拉伯世界在这一历史进程中高效与活力的同时，进一步说明了其作为文明交流中心枢纽的地位。③ 沃森以主位的视角将阿拉伯世界放到当时亚非欧文明交流圈的舞台中央，不但摒弃了传统叙事中将其边缘化或视为"他者"的偏见，而且突破了传统历史研究中孤立地看待文明的局限，为正处于勃兴阶段的全球史研究提供了新的视角与案例。

第二，沃森以独到的阿拉伯农业视角，对"皮朗命题"进行了富有新意的回应。针对古代向中世纪转型的复杂历史进程，20 世纪初比利时学者亨利·皮朗强调了日耳曼人冲击对西罗马帝国统治的颠覆性影响，但同时认为地中海的统一性在一段时间内得以维持。皮朗进一步断言，7 世纪阿拉伯帝国的崛起打破了这种统一性，导致西方社会的重心首次由地中海区域向北方转移，这即是著名的"没有穆罕默德就没有查理曼"的论断。④ 在这一命题中，尽管皮朗将伊斯兰文明纳入西方文明变迁的宏大叙事中，但其分析视角仍以西方为中心，将伊斯兰文明视为基督教文明的强大对手，认为伊斯兰文明足以撼动并重塑基督教化地区的既有格局。随着二战后区域史与全球史研究的兴起，学者开始重新审视这一观点。小丹尼尔·丹尼特从伊斯兰文明作为地中海古代文明继承者的角度，对皮朗将地

---

① 虽然布罗代尔的《地中海与菲利二世时代的地中海世界》写于 20 世纪 40 年代，并于 1949 年首次出版，但该书的英文版直到 1972 年才翻译出版。与此同时，沃勒斯坦在 1974 年出版了《现代世界体系》的第 1 卷。参见 Fernand Braudel, *The Mediterranean and the Mediterranean World in the Age of Philip II*, New York：Harper and Row, 1972；Immanuel Wallerstein, *The Modern World-System 1*, *Capitalist Agriculture and the Origins of the European World-Economy in the 16 Century*, New York：Academic Press, 1974.

② Andrew Watson, *Agricultural Innovation in the Early Islamic World*, pp. 77-84.

③ Andrew Watson, "The Imperfect Transmission of Arab Agriculture into Christian Europe", pp. 199-212.

④ ［比］亨利·皮朗：《穆罕默德与查理曼》，王晋新译，上海三联书店 2011 年版，第 240 页。

中海贸易中断简单归咎于阿拉伯人敌对政策的观点提出了质疑。① 埃利亚特·阿什托认为，地中海贸易的衰退是拜占庭与穆斯林舰队之间持续的战争与冲突共同作用导致阿拉伯征服地区迅速衰落的结果。② 安德鲁·艾伦克鲁茨则从近东地区政治发展的视角，强调阿拉伯征服不仅结束了该地区的分裂状态，还促进了新的政治格局的改变，尤其是新的政治中心的崛起，导致地中海的经济活动逐渐转向巴格达，而加洛林王朝统治下的地区则向地区化、内向型经济转变。③ 与上述学者从贸易或政治出发的解释不同，沃森通过聚焦阿拉伯农业领域的深刻变革，为我们揭示了这一转型的另一面。

沃森解释道，阿拉伯的征服运动不但没有导致被征服地区的衰落，而且还带来了一场影响深远的农业革命。这场革命极大地提高了农业生产效率，促使粮食产量激增，进而引发了一场没有文献记载的人口革命。大约从 8 世纪初到 10 世纪末，不管农村还是城市，其人口数量均快速增长。就农村而言，人口的增长一方面表现为定居点扩展到以前从未有过定居农业以及长期被遗弃的曾经耕种的土地之上；另一方面还表现在沿着大河谷和大绿洲的周围，比如埃及的法尤姆地区，农村居民点的密度和规模的不断增大。相较于农村，城市人口数量的增加更为明显，特别是内陆的城市，比如作为 9—10 世纪阿拉伯世界最大城市的巴格达，人口达到了 200 万人。④ 伴随人口的增加和内陆城市的发展而来的是整个阿拉伯世界内部市场的不断扩大，从而加快了农业生产的市场化、专业化，促进了由新作物的引入所孕育出的新兴产业的蓬勃发展，如制糖业、棉花加工业等。除了少量商品如蔗糖运到西欧外，这些新兴产业的产品主要面向的是内部市场，尤其是城市的需求。⑤ 这就导致阿拉伯世界内部长途贸易蓬勃发展，而原来跨地中海的贸易走向衰落甚至基本中断，这尤其表现在古代沿海

---

① 武海燕：《"皮朗命题"的历史命运》，刘新成，刘文明主编：《全球史评论》第 22 辑，中国社会科学出版社 2022 年版，第 134 页。

② 武海燕：《"皮朗命题"的历史命运》，第 135 页。

③ Andrew Ehrenkreutz, "Another Orientalist's Remarks Concerning the Pirenne Thesis," *Journal of the economic and social history of the Orient*, Vol. 15, No. 1, 1972, pp. 99-104.

④ Andrew Watson, *Agricultural Innovation in the Early Islamic World*, p. 133.

⑤ Andrew Watson, *Agricultural Innovation in the Early Islamic World*, pp. 134-135.

城市迦太基、亚历山大和安提柯等城市的衰落上。① 接着，沃森进一步指出，农业革命给阿拉伯社会带来的繁荣与活力，与当时西欧所谓的"黑暗时代"形成了鲜明对比，进一步加剧了地中海世界统一性的瓦解。尽管艾伦克鲁茨与沃森一样都从阿拉伯的视角出发来回应皮朗命题，但是二人的解释路径却存在着很大不同。艾伦克鲁茨是从政治格局的视角来说明贸易的转向，而沃森从农业发展入手，解释了这种转向背后的经济动因。

第三，沃森澄清了长久以来学界对阿拉伯世界发展史上的一些误解与偏见。一直以来，学界对阿拉伯世界农业发展存在积重难返的偏见，即认为阿拉伯世界"没有农业传统""只知道饲养牲畜"。② 这一误解根源于对《古兰经》文本的片面和误导性阐释，特别是那些被错误解读为贬低农业的先知言论，例如有关犁头进入信徒之家可能带来不祥之兆的解读。14世纪的史学家伊本·赫勒敦则进一步强化了该偏见，他指出"屈服于阿拉伯人的地方很快就被毁了，这是因为阿拉伯人是一个野蛮的民族"，并将地中海地区的农业遗产归咎于罗马时代或更早，从而导致阿拉伯人在农业创新以及土地管理方面的贡献被严重低估乃至忽视。③ 这种偏见直至二战后仍然存在，比如法国历史地理学家泽维尔·德·普朗霍尔仍坚持将阿拉伯人片面地归类为商业和放牧民族，并断言其忽视农业，进一步加剧了世人对阿拉伯世界农业传统的误解。④ 针对这一长期存在的偏见，沃森认为，这并不仅仅是先验的思维惯性的产物，更是由于早期阿拉伯世界农业发展相关资料的匮乏所致。⑤ 因此，沃森以阿拉伯世界农业手册以及天文历法等先前没有被利用的资料为基础，辅以考古学、语言学和植物学的证据作为补充，提出的阿拉伯农业革命理论，打破了这种偏见，并为阿拉伯人在农业领域的贡献进行了正名。

与此同时，沃森通过指出农业革命为早期阿拉伯世界带来的繁荣，也修正了以往学界所持有的阿拉伯征服后被征服地区的经济陷入了衰退的观

---

① Andrew Watson, *Agricultural Innovation in the Early Islamic World*, p. 135.
② Andrew Watson, *Agricultural Innovation in the Early Islamic World*, p. 6.
③ Andrew Watson, *Agricultural Innovation in the Early Islamic World*, p. 6.
④ Xavier de Planhol, *The World of Islam*, Ithaca: Cornell University Press, 1959, p. 42.
⑤ Andrew Watson, *Agricultural Innovation in the Early Islamic World*, p. 6.

点。以色列经济史家阿什托通过对税收资料的解读，指出阿拉伯的征服运动在欧亚大陆犹如一只巨大的死亡之手，扼杀了城市、工业、贸易和经济活动，使被征服地区的经济出现了倒退。① 他的这一观点随后得到了米歇尔·坎波皮亚诺的支持，并认为沃森的理论夸大了事实。② 针对阿什托的观点，沃森从资料与税率两个方面给予了反驳。就资料来说，沃森指出，"那些被用作分析基础的税收资料并不全面其记录存在着严重的缺失与不完整"，并且当它们与农书和编年史资料相比时，其可靠性就更显不足。③因此，如果仅凭这些有限的税收数据来推断整个阿拉伯世界的经济状况，无疑是片面且站不住脚的。就税率而言，沃森认为，相较于之前的拜占庭帝国以及之后的税率，早期阿拉伯世界的统治者为减轻民众的负担，通常实行低税率的政策。这一政策在带来税收总额偏低的同时，也遮蔽了经济增长的真相。④

第四，沃森通过将农业革命的兴衰与阿拉伯历史发展进行关联，对传统的阿拉伯历史的分期进行了反思，并提出了新的观点。传统观点倾向于从政治出发，将945年阿拔斯王朝的瓦解或1258年蒙古人攻陷巴格达等标志性事件作为关键节点，将阿拉伯历史分为前后两个不同的时期，前期为强盛时期，后期为持续走向衰落的时期。⑤ 针对这种认知，霍奇森早在沃森之前就进行了反思。他通过引入"中期"概念，将阿拉伯世界的历史划分为古典时期（600—945 年）、中期（945—1503 年）以及火药帝国和现代时期（1503 年至现代）三个更为细致的阶段，并以阿拔斯王朝的倾覆作为关键节点又进一步将"中期"划分为"中期早期"与"中期晚期"。⑥ 霍奇森的划分虽然表面上遵循的仍然是政治统一性的变

① Eliyahu Ashtor, *A Social and Economic History of the Near East in the Middle Ages*, Berkeley: University of California Press, 1976.

② Michele Campopiano, "State, Land Tax and Agriculture in Iraq from the Arab Conquest to the Crisis of the Abbasid Caliphate (Seventh-Tenth Centuries)," *Studia Islamica*, Vol. 107, No. 1, 2012, pp. 1-37.

③ Andrew Watson, *Agricultural Innovation in the Early Islamic World*, pp. 3-4.

④ Andrew Watson, *Agricultural Innovation in the Early Islamic World*, pp. 112-117.

⑤ Edmund Burke II, "Islamic History as World History: Marshall Hodgson 'The Venture of Islam'," *International Journal of Middle East Studies*, Vol. 10, No. 2, 1979, pp. 241-264; Thomas W. Lippman, *Understanding Islam: An Introduction to the Muslim World*, New American Library, 1990, p. 78.

⑥ 李俊姝：《马歇尔·霍奇森的世界历史思想》，《史学理论研究》2015 年第 1 期。

化，但是他将文化因素融入了进来。在他看来，虽然政治上的单一帝国已经灭亡，但是阿拉伯世界并未走向衰落，因为文化上阿拉伯世界体系仍在继续扩张，这一扩张至少持续到近代早期。① 相比之下，沃森则从经济层面，尤其是从农业视角反思了这一问题。沃森把农业革命视为阿拉伯历史发展的关键，将其带来的社会经济繁荣视作阿拉伯历史发展的前期特征。而自 11 世纪农业革命开始走向衰落，阿拉伯历史也进入了衰退期。不过，这一衰落过程并非一蹴而就，而是在不同的时间、不同的地点以不同的速度历经数世纪持续至现代。他继续解释道，尽管地理大发现让阿拉伯世界再次迎来了来自新大陆与远东的新作物，比如玉米、西红柿、烟草、甜橙等，但是这些新作物无法阻止或者扭转一个有太多因素共同阻碍农业进步的世界的衰落，例如无能的政府、世界贸易格局的变动、不断变化的自然环境或许还有气候的变化。② 由此可以看出，与霍奇森等学者侧重于政治和文化统一性变化的历史分期不同，沃森通过强调经济或农业发展对阿拉伯世界进程的影响，反思了传统分期的局限性。

第五，沃森再现了中世纪时期亚、非、欧大陆之间物质与文化交流的壮丽图景。如果说克罗斯比提出的"哥伦布大交换"理论是对近代早期全球物质文化交流宏大叙事的精练总结，那么沃森的理论则是对这一历史长河上游——近代之前旧世界物质文化交流的一次深刻而细腻的追溯与概括。沃森不仅揭示了农业革命如何为后来的哥伦布大交换奠定了坚实的物质基础与模式，还为我们揭开了中世纪时期"东学西渐"过程中亚非欧大陆知识流转的神秘面纱。沃森的理论如同一盏明灯，照亮了哥伦布大交换之前亚非欧大陆上农作物交流的隐秘脉络。它向我们展示了生长在印度的农作物是如何借由伊斯兰农业革命的浪潮，传播至埃及、马格里布、伊比利亚半岛，乃至整个地中海世界及大西洋的马德拉和加那利群岛。哥伦布正是从这些地区搜集了这些珍贵的作物种子，并将它们带到了遥远的美洲大陆。但哥伦布的交换远不止于作物本身，他还将源自当时阿拉伯世界的制

---

① ［美］约翰·奥伯特·沃尔：《伊斯兰：一个独特的世界体系》，夏继果、［美］杰里·H. 本特利主编：《全球史读本》，北京大学出版社 2010 年版，第 308—318 页。

② Andrew Watson, *Agricultural Innovation in the Early Islamic World*, p.146.

糖业生产模式一同引入美洲。在当时阿拉伯世界的蔗糖生产中心——黎凡特、埃及、塞浦路斯、克里特、西西里、突尼斯和安德鲁斯等地，甘蔗种植与制糖业已经发展成为高度依赖劳动力的产业，奴隶劳动成为维持这一生产体系运转的关键。[①] 起初，这些奴隶多来自黑海地区或是由奴隶贩子从防御薄弱的农民群体中掠夺而来；随后，为了满足日益增长的需求，奴隶贩子甚至远赴撒哈拉沙漠以南的非洲大西洋沿岸，进行更为残酷的猎奴活动。自 1350 年起，摩洛哥的萨阿迪王朝开创性地将蔗糖生产与非洲奴隶贸易相结合，构建了一个利润丰厚的经济模式。[②] 这一模式随后在 15 世纪后期被传播至加那利和马德拉等大西洋群岛，并最终随着哥伦布大交换而深入美洲。

然而，沃森的理论所揭示的，仅为中世纪时期亚非欧大陆之间发生的物质文化交流浪潮中的冰山一角。他强调，在这一庞大的交流网络中，新作物只是最引人注目的浮标，隐藏其下的还有更为深邃与广泛的文化交流内容。来自东方的行政实践、法律体系、建筑艺术、时尚潮流、艺术品以及知识等，都在这一过程中被引入阿拉伯世界，与当地的文化传统相互融合，共同塑造了新的文化面貌。[③] 例如 10 世纪，西班牙倭马亚王朝几乎所有统治者都曾不遗余力地去模仿东方的各类制度与生活方式。尤其是他们大规模地从东方搜集书籍，并建造图书馆，到该世纪末西班牙的皇家图书馆的藏书已经达到了惊人的 40 万余册。[④] 除了皇家图书馆之外，几乎所有的清真寺也都有自己的藏书丰富的图书馆，还有许多私人藏书。这些来自东方的藏书就像新作物的种子一样在西班牙生根发芽，不仅为当地带来了知识的流转，也为知识的进一步传播提供了载体。随着 12 世纪大翻译运动的蓬勃兴起，这些珍贵的书籍又从西班牙流向西欧，进一步推动了那里正在发生的文化复兴运动。[⑤]

---

① 程利伟：《蔗糖与 14—16 世纪的西欧社会生活》，上海大学，硕士学位论文，2015 年，第 27—34 页。

② ［美］约翰·麦克尼尔：《世界历史上的物种交流》，刘新成主编：《全球史评论》第 4 辑，中国社会科学出版社 2011 年版，第 217 页。

③ Andrew Watson, *Agricultural Innovation in the Early Islamic World*, p. 95.

④ Andrew Watson, *Agricultural Innovation in the Early Islamic World*, p. 95.

⑤ 徐善伟：《东学西渐与西方文化的复兴》，上海人民出版社 2002 年版，第 75—156 页。

余 论

沃森的理论自 1974 年甫一提出，便在学界获得了热烈的反响与关注。[1] 尤其在伊比利亚半岛的学者中间，他们不但将沃森的著作翻译成西班牙语，而且提供了更多的证据来支持和强化沃森的观点。[2] 此外，还有很多学者从沃森的理论出发，重新审视了早期阿拉伯世界的贸易史、政治史和社会史，重新解读了欧洲农业的现代化转型过程。[3] 而近年来研究全球中世纪的学者，更是被沃森五十年前提出的以全球史的视角来重新审视中世纪历史进程的想法所折服。[4] 不过，沃森的理论在被广泛接受的同时，也遭到了诸多学者的批评与指责。比如，一些批评者认为灌溉体系并非如其论述的那样已全面废弃，而且包括硬麦和棉花在内的多种新作物早在阿拉伯人征服之前就已经在地中海地区种植。[5] 另一些批评者则认为沃森夸大了农业革命的影响，特别是在水稻种植面积的论述方面。[6]

需要指出的是，后来沃森本人也意识到了自己论证过程中的个别错误，

---

[1] Thomas Glick, "Comment on Paper by Watson, " *The Journal of Economic History*, Vol. 34, No. 1, 1974, p. 76; Jeremy Johns, "A Green Revolution?" *Journal of African History*, Vol. 25, No. 3, 1985, pp. 343–344.

[2] Andrew Watson, *Innovaciones en la agricultura en los primeros tiempos del mundo islámico*, Granada: Universidad de Granada, 1998; Karl Butzer, et al. , "Irrigation Agrosystems in Eastern Spain," *Annals of the Association of American Geographers*, Vol. 75, No. 4, 1985, pp. 479–509; Filipe Pereira, et al. , "Genetic Signatures of a Mediterranean Influence in Iberian Peninsula Sheep Husbandry," *Molecular Biology and Evolution*, Vol. 23, No. 7, 2006, pp. 140–146.

[3] Olivia Remie Constable, *Trade and Traders in Muslim Spain*, Cambridge: Cambridge University Press, 1996; Mohamed Ouerfelli, Le sucre, Leiden: Brill, 2008; Michael Brett, *The Rise of the Fatimids*, Leiden: Brill, 2001; Sevket Pamuk and Maya Shatzmiller, "Plagues, Wages, and Economic Change in the Islamic Middle East, 700–1500," *The Journal of Economic History*, Vol. 74, No. 1, 2014, pp. 196–229; Jason Moore, "The Nature of the Transition from Feudalism to Capitalism," *Review* (the Fernand Braudel Center), Vol. 26, No. 2, 2003, pp. 97–172; Jairus Banaji, "Islam, the Mediterranean, and the Rise of Capitalism," *Historical Materialism*, Vol. 15, No. 1, 2007, pp. 47–74.

[4] Catherine Holmes and Naomi Standen, "Introduction: Towards a Global Middle Ages," *Past&Present*, Vol. 238, Issue Supplement 13, 2018, pp. 1–44.

[5] Michael Decker, "Plants and Progress: Rethinking the Islamic Agricultural Revolution," *Journal of World History*, Vol. 20, No. 2, 2009, pp. 187–206.

[6] Paolo Squatriti, "Of Seeds, Seasons and Seas: Andrew Watson's Medieval Agrarian Revolution Forty Years Later," pp. 1205–1220.

并在 2008 年《早期伊斯兰世界的农业革新》一书再版的前言中，对自己的观点中部分内容进行了修正，比如他对硬麦传播时间线问题存在错误观点的接受。而就其他批评，沃森"仍然坚信原稿中提出的大部分事实和观点是正确的"，并认为自己并"没有夸大 7、8 世纪阿拉伯征服之后中东和北非农业变化的程度"。① 其实，即便有证据表明某些新作物在前阿拉伯时代就已经在这些地区种植，或阿拉伯人并没有发明这些灌溉技术，这并不意味着沃森理论的信服力会因此削弱。因为沃森理论的贡献在于其通过长时段视角考察新作物扩散及其在当时阿拉伯世界的均一化过程，并揭示了农业生产的深刻变革及其对这一时期社会经济的广泛影响。随着近年来植物学、考古学等领域的不断发现，沃森的理论得到了更多的验证与支持，其影响范围正在逐渐扩展到更多的学术领域。②

（程利伟，台州学院人文学院讲师）

---

① Andrew Watson, *Agricultural Innovation in the Early Islamic World*, Cambridge：Cambridge University Press, 2008, "Foreword to the Paperback Edition."

② Helena Kirchner, et al., "Re-thinking the 'Green Revolution' in the Mediterranean World," *Antiquity*, Vol. 97, 2023, pp. 964-974；Basira Mir-Makmad, Robert N. Spengler II, "Testing the Applicability of Watson's Green Revolution Concept in First Millennium CE Central Asia," *Vegetation History and Archaeobotany*, 2023, https：//doi. org/10. 1007/s00334-023-00924-2 ［2024-05-17］.

地球环境史的转向

——以《欲望行星》为中心的考察

徐珂浩

摘要 作为一种新兴史学研究视角与方法，环境史学科正逐渐展现出其强大的生命力，尤其在不断突破环境史研究的范围与边界上。近年来，地球环境史在全景式、长时段的历史写作中汲取营养，从全球史和"大历史"理论中获取经验，在环境史研究中不断发展创新，逐渐从"人同他周围环境的关系史"转向"人与环境共为一体的演化史"。作为不断开拓环境史研究领域的先驱，唐纳德·沃斯特的新书《欲望行星》再次引领了地球环境史的新转向。他首次提出了"人类自然"概念，由此弥合了长期以来人类史与自然史二元对立的分隔。同时，他将视野从人类活动本身放眼整个行星，以更加自然性、物质性、行星性的研究框架去考察人类历史上的重大变革和转型，从人与地球共同演化的角度重新审视了这个星球的过去。

关键词 地球环境史 人类自然 自然史 行星史

作为一种新兴史学研究视角与方法，环境史学科正逐渐展现出其强大的生命力，尤其在不断突破环境史研究的范围与边界上。环境史学的兴起令人们不再继续沉浸在对人类明争暗斗的历史叙事当中，而是把视角投向了更广阔的世界——从人类脚下的土地、生活的城市与乡村，到伴随人类生产生活的动植物，以及人类赖以为生的矿产、森林与海洋。人们开始重新审视自身对于地球资源的依赖，反思人类以上位者自居的傲慢与偏见。

近年来，环境史研究迎来了新的一轮范式转向，环境史学家们一方面更加注重人类历史和自然历史的深层结合；另一方面也开始越过人类历史构筑的国家与地域的边界，将自然的界域作为研究的范围，直至扩展到地球这一宏大的命题。地球环境史也在过往长时段的史学研究中汲取营养，并进一步发展创新。作为不断创新环境史学面相的领军人物，唐纳德·沃斯特（Donald Worster）不仅在其新撰的专著《欲望行星：人类时代的地球》（以下简称《欲望行星》）中详尽展现了地球环境史所新兴的行星史观，还通过对"人类自然"理论的精彩论述，打破了长期以来人类与自然二元对立的叙事模式，以自然演化的物质性的新视角，重新释读了人类历史的沿革。本文试图梳理地球环境史的兴起与演变过程，尝试以《欲望行星》一书为基础，分析沃斯特的"人与自然"理论和其对行星史观的物质性阐释，展示地球环境史从"人同他周围环境的关系史"到"人与环境共为一体的演化史"的新转向。

一　从"人类史"到"行星史"：地球环境史的发展与演变

地球环境史的兴起是大历史观与当前全球环境史共同影响、相互融合，并不断创新的结果。就狭义的字面之义而言，地球环境史似乎聚焦于地球上的自然环境所遭遇的种种破坏，但实际上，地球环境史致力于探讨更为广泛的历史演变问题，并试图增加对人类史之外的自然史的关注，继而思辨如何更好地诠释和书写人与自然的相互关系。在其兴起与发展的过程中，地球环境史从长时段、整体性的文明史观中汲取营养，在全球环境史的发展中逐渐创新，日益发展出人与地球共同演进的核心内涵。

地球环境史的兴起并非无源之水，无本之木。早在 1864 年，乔治·铂金·马什（George Perkins Marsh）出版的《人与自然》①一书就开始关注到地理环境带给人类活动的限制和人类活动对自然地理的改变，并以宏观视角审视人类历史的整体发展。马什的论著虽然启迪了后来诸多环境史学者，并在日后被奉为环境史研究领域的必读经典，但他的观点在其所处的时代如同孤掌难鸣。直至 20 世纪初，法国年鉴学派开始同样重视地理环境

---

① George Perkins Marsh, *Man and Nature*, Cambridge: Harvard University, 1965.

等结构性因素在历史发展中的作用。其代表人物费尔南·布罗代尔（Fernand Braudel，1902—1985）提出长时段的写作理论，并推崇包罗万象的总体史，将自然、社会与个人各个方面的"可能性"都融合在历史书写中。①但年鉴学派并不认为地理环境能够决定人类活动本身。中国环境史学者梅雪芹指出，在年鉴学派眼中，地理环境不过是人类创造历史的场所和舞台，是无生命的客体，人与自然之间处于一种缓慢演变、趋于静止的关系，而环境史学家则倡导人与环境的互动，强调世间万物的有机联系，认为自然也是影响历史进程的活跃因素。②

在环境史成为显学之前，全球史理论同样强调自然的重要性和历史的整体性。从 20 世纪下半叶以来，以杰弗里·巴勒克拉夫（Geoffrey Barraclough）为首的一些西方学者便开始提倡以全球史观重新审视人类历史。③ 活跃在 20 世纪下半叶的威廉·麦克尼尔（William H. McNeill）是全球史理论的有力倡导者，他提倡历史书写应该超越民族和学科的界限，从全球视角来看待环境和技术问题。在麦克尼尔的学术生涯中，他书写的时段从西方兴起后的世界史逐渐扩大到自旧石器时代开始的全球史，探讨的话题也从强调人类之间的文明与文化间的交流，拓展到全世界各个地区疾病的传播、物种的交换、科学技术的融合甚至宇宙间能量的流动。由大卫·克里斯蒂安（David Christian）于 1989 年提出并引发热议的"大历史"概念④则在时间上以宇宙大爆炸为写作开端，在空间上以整个宇宙为界限，在学科交叉上涵盖了宇宙学、地球与生命科学、人文历史等领域的研究成果，在麦克尼尔的基础上更进一步扩展了历史写作的时空范围。

在世界史研究范围不断扩展的趋势之下，环境史也逐渐告别对单一地区、国别的自然与社会的关照，转而探讨更大范围的人类社会与地球自然

① ［法］费尔南·布罗代尔：《资本主义论丛》，顾良、张慧君译，中央编译出版社 1997 年版。

② 梅雪芹：《从"人"的角度看环境史家与年鉴学派的异同》，《安徽师范大学学报》（人文社会科学版）2006 年第 1 期，第 11—12 页。

③ ［英］杰弗里·巴勒克拉夫：《当代史学主要趋势》，杨豫译，上海译文出版社 1987 年版。Geoffrey Barraclough, *Main Trends in History*, New York: Holmes & Meier, 1978.

④ ［美］大卫·克里斯蒂安：《大历史》，刘耀辉译，北京联合出版公司 2016 年版。David Christian, *Origin Story: A Big History of Everything*, New York: Little, Brown Spark, 2019.

的变动和联系。德国学者约阿希姆·拉德考（Joachim Radkau）的《自然与权力：世界环境史》① 被认为是全球环境史的发轫之作，但其叙事范围并非覆盖全球，而是分散选择了不同地域、不同时段的生态变迁的单独案例。而后的全球环境史虽然将书写拓展到全球范围，但大部分研究仍限定在某一时段，或集中于某一微观视角，全球环境通史类作品寥寥可数。前者以威廉·麦克尼尔之子约翰·麦克尼尔（John McNeill）出版的《太阳底下的新鲜事：20 世纪人与环境的全球互动》②《大加速：1945 年以来人类世的环境史》③ 等著作为代表，分别涵盖了 20 世纪人类在地球上的生存环境变化和 1945 年以来的环境问题。其中，麦克尼尔所采用的"人类世"概念④将"人类历史的时间融合在地球历史的时间维度中"⑤，并"将生命史书写的空间在星球内外"⑥ 逐渐延伸，为全球环境史向地球环境史的转向奠定了理论基础。

　　同时，全球环境史的书写不乏以微观视角展示全球范围内的联系和连通的著作。德国全球史学者塞巴斯蒂安·康拉德（Sebastian Conrad）将此类研究定义为"作为联系的历史和整合的历史"⑦，如《生态扩张主义》⑧

---

　　① ［德］约阿希姆·拉德卡：《自然与权力：世界环境史》，王国豫、付天海译，河北大学出版社 2004 年版。Joachim Radkau, *Nature and Power*: *A Global History of the Environment*, trans. Thomas Dunlap, Cambridge: Cambridge University Press, 2008.

　　② ［美］约翰·麦克尼尔：《太阳底下的新鲜事：20 世纪人与环境的全球互动》，李芬芳译，中信出版社 2017 年版。J. R. McNeill, *Something New Under the Sun*: *An Environmental History of the Twentieth-Century World*, New York: W. W. Norton & Company, 2001.

　　③ ［美］约翰·麦克尼尔、彼得·恩格尔克：《大加速：1945 年以来人类世的环境史》，施雾译，中信出版社 2021 年版。John R. McNeill and Peter Engelke, *The Great Acceleration*: *An Environmental History of the Anthropocene Since*, Cambridge: Harvard University Press, 2016.

　　④ "人类世"概念最早由诺贝尔化学奖得主保罗·克鲁岑（Paul Crutzen）提出，克鲁岑指出"自 1784 年瓦特发明蒸汽机以来，人类的作用越来越重要，全新世已经结束，当年的地球已经进入一个人类主导的新的地球地质时代"。Will Steffen et al., "The Anthropocene: Conceptual and Historical Perspectives," *Philosophical Transactions*: *Mathematical*, *Physical and Engineering Sciences* 369, No. 1938, 2011, pp. 842-867.

　　⑤ 张旭鹏：《"人类世"与后人类的历史观》，《史学集刊》2019 年第 1 期。

　　⑥ 朱守政：《多维度书写全球环境史：约翰·麦克尼尔的环境史研究》，《全球史评论》2023 年第 24 辑，第 68 页。

　　⑦ Sebastian Conrad, *What Is Global History?* Princeton: Princeton University Press, 2017, p. 4.

　　⑧ Alfred W. Crosby, *Ecological Imperialism*: *The Biological Expansion of Europe*, 900-1900, Cambridge: Cambridge University Press, 1986.

《哥伦布大交换》①《枪炮、病菌与钢铁》②《蚊子帝国：1620—1914 年间加勒比地区的生态战争》③ 等著作都凸显了生态因素如何连通并影响了全球各方力量交互。但受限于研究视角的近景结构，此类研究的时空范围与其他全球环境史研究相比要相对狭窄。

只有少数全球环境史写作遵循了与微观相对的"全景"（all-inversion）模式④，如覆盖了从史前至当代人与自然动态变化的《世界环境史：人类在地球生命中的角色转换》⑤、从旧石器时代述至当代的《人类的足迹：一部地球环境的历史》（以下简称《人类的足迹》）⑥ 等。此类研究在时间区间上基本囊括人类历史全时段，在空间范围上尽量实现覆盖地球各处的全局性，为地球环境史研究制定时空界限作出了范例。全球环境史从微观研究的层次逐渐向中观研究、宏观研究的层次迈进，也为撰写环境史的鸿篇巨制提供了可能。⑦

除却对时段与范围的界定和考量，在解释框架上，地球环境史也存在较于全球环境史的范式更新。全球环境史研究在解释推动人类历史文明演进的动力和造成自然变动的缘由时，都围绕着人类活动展开。麦克尼尔父子在《人类之网：鸟瞰世界历史》⑧ 中提出，塑造人类历史发展的是一系列由信息、科技、文明交流构成的"关系网络"；《人类的足迹》则认为造成全球化环境影响的根源在于新旧能源方式的转换，以此呼吁人类与生态

① ［美］艾尔弗雷德·克罗斯比：《哥伦布大交换》，郑明萱译，中信出版社 2018 年版。Alfred W. Crosby, *The Columbian Exchange*：*Biological and Cultural Consequences of* 1492, Westport：Greenwood Press, 1972.

② ［美］贾雷德·戴蒙德：《枪炮、病菌与钢铁》，王道还、廖月娟译，中信出版社 2022 年版。Jared M. Diamond, *Guns*, *Germs*, *and Steel*：*The Fates of Human Societies*, New York：W. W. Norton & Company, 1997.

③ John Robert McNeill, *Mosquito Empires*：*Ecology and War in the Greater Caribbean*, 1620–1914, New York：Cambridge University Press, 2010.

④ 全球史书写路径下的环境史写作分析详见张弢《全球史视域下的世界环境史书写：理论、实践与问题》，《全球史评论》2022 年第 22 辑，第 4 页。

⑤ Donald J. Hughes, *An Environmental History of the World*, London：Routledge, 2009.

⑥ Anthony N. Penna, *The Human Footprint*：*A Global Environmental History*, Chichester：Wiley-Blackwell, 2009.

⑦ 高国荣：《全球环境史在美国的兴起及其意义》，《世界历史》2013 年第 4 期。

⑧ ［美］约翰·麦克尼尔、威廉·麦克尼尔：《人类之网：鸟瞰世界历史》，王晋新译，北京大学出版社 2011 年版。John Robert McNeill and William Hardy McNeill, *The Human Web*：*A Bird's-Eye View of World History*, New York：W. W. Norton, 2003.

和谐发展；沃斯特则在美国环境史领域深耕多年后，将全球的历史发展置入他常用的资本主义扩张和科学技术统御的解释框架当中。三部著作代表了解读人类历史发展与变革的几种典型观点，也体现了人类史之于自然史的统御。虽然有别于年鉴学派将自然视为一方扁平的"地理"舞台，全球环境史已然认识到自然是环绕在人类周围的空气、水源、微生物等因素所构成的立体框架。但在相当长的环境史书写中，自然史更像是躲在人类史身后的背景板，是人类活动对其造成伤害的无声的承受者。自然史与人类史在其中仍然存在主客之分，书写自然的惨痛只是为了唤醒人类的同情与保护。

但近年来，已有学者开始呼吁要减弱史学写作中对自然的客体化处理，令人类史与自然史携手共舞。环境史学家唐纳德·休斯（Donald J. Hughes）便强调，人类与自然的交叉影响在历史发展中发挥着重要作用，他将过去历史书写中所聚焦的"人"缩小为生态系统的一部分，认为自古至今的生态系统状况变动始终影响着人类事物的发展走向。[1] 沃斯特多次指出过往史学对自然力量的忽略，他强调自然也拥有不容小觑的、能够进行自我修复的潜在力量，只不过其自我修复在人类看来是一场场自然灾难。社会史学家迪佩什·查克拉巴蒂（Dipesh Chakrabarty）提出不应使用全球（global）史、世界（world）史等侧重人类的概念，而是要关注这颗星球（planet）的历史。[2] 遗憾的是，查克拉巴蒂和休斯更多是在对环境史相关的史学理论与方法进行探讨，未将其创见纳入一部全局性的行星环境史著作当中。

好在沃斯特并未停下探知求索的脚步。在经过数年有关行星史的探讨后，沃斯特将新思汇聚成《欲望行星》一书并于 2024 年出版，带给环境史学界崭新的视角和启发，也进一步丰富了地球环境史的内涵和逻辑。《欲望行星》继承了全球史观的时空界限，以及全球环境史对自然作用的凸显，然而其更大的震撼之处在于它对传统叙事框架的超越。一方面，此

---

① 梅雪芹：《什么是环境史？——对唐纳德·休斯的环境史理论的探讨》，《史学史研究》2008 年第 4 期。

② Dipesh Chakrabarty, *The Climate of History in a Planetary Age*, Chicago: The University of Chicago Press, 2021, pp. 69-70. 对查克拉巴蒂提出的"星球史"的有关分析详见张旭鹏《"星球史"视野下的文明思考》，《全球史评论》2023 年第 24 辑。

书着重强调了自然在历史发展中的决定性力量，重视自然在历史中的动态性和能动性。但其既没有将自然置于人类之力之下，也没有倒向环境决定一切的窠臼。他强调自然对人类是一种包含关系，自然的边界不仅在地球的边缘徘徊，而是"进入"了人类身体——"人类身体中也存在自然"，自然平等地存在于地球上每一个物种体内。另一方面，此书颠覆了过去以资本、权力、能源、现代性交流网络等人类问题为核心的史学叙事，提出当前的历史是地球和人类共同演化的结果。沃斯特尝试在地球和人类共同演化的框架下，重新审视推动人类历史文明演进的动力，并认为是人类共有的欲望这一自然性的、物质性的因素对人类历史和行星历史产生了深层而重大的影响。另外，《欲望行星》也打破了笼罩在环境史写作上空的思想桎梏，将自然从一种"需要人类管理与关照"的固定角色中解放出来。既然自然具备自我演化的能力，那么自然也无须被人类管理。由此，地球环境史迎来了书写人与自然共为一体、共同演化的新面向。

二 自然的内涵：沃斯特"人类自然"理论

沃斯特的"人类自然"理论是《欲望行星》中提出的核心创见之一。虽然这一创见在《欲望行星》一书中才得以淋漓体现，但沃斯特对自然边界的思索早在其对环境史研究之初就有所萌芽。在《自然的经济体系：生态思想史》① 中，他讨论了不同时期的人类思想对自然作出的不同定义，而后在 1987 年《脆弱的地球：走向行星史》（以下简称《脆弱的地球》）② 一文和 2016 年出版的《萎缩的地球：美国丰裕的兴衰》（以下简称《萎缩的地球》）③ 一书中他也多次强调："万物皆有历史"④，应抛去

① ［美］唐纳德·沃斯特：《自然的经济体系：生态思想史》，侯文蕙译，商务印书馆 1999 年版。Donald Worster, *Nature's Economy: A History of Ecological Ideas*, Cambridge: Cambridge University Press, 1994.

② Donald Worster, "The Vulnerable Earth: Toward A Planetary History," *Environmental Review: ER* 11, No. 2, 1987, pp. 87–103.

③ Donald Worster, *Shrinking the Earth: The Rise and Decline of American Abundance*, New York: Oxford University Press, 2016.

④ Donald Worster, "The Vulnerable Earth: Toward A Planetary History," *Environmental Review: ER* 11, No. 2, 1987, p. 91.

种族之别、国家之分，将地球看作一个整体，正视地球的地质、气候、洋流与生物演化等物质因素。

在上述著作里，沃斯特深入探讨了马什关于自然脆弱性的警示。其中，马什的视角只局限于自然为人类所用的部分，沃斯特则揭示了更为全面而深刻的自然图景。马什以人类涉足与否为标准，将自然划分为"第一自然"和"第二自然"，"第一自然"是指从不曾为人类所踏足的原初自然，"第二自然"是指已被人类留下痕迹并再也无法回到从前的自然。沃斯特则在《萎缩的地球》中以人类对地球的整体性认识为标准，以 1500 年发现美洲作为分野，划分了"第一地球"和"第二地球"的概念，将 1500 年之前人们世界观中的地球视为"第一地球"，将 1500 年后连成一个整体的地球定义为"第二地球"。此外，马什提出要警惕第二自然的枯竭，应对第二自然予以保护。但马什所主张的保护，其出发点和保护方式都附着明显的"人类中心主义"倾向，即为了人类长远利益考虑，要节制和合理地使用自然资源。① 沃斯特同样主张对地球的脆弱性保持警醒，也意识到第二地球正在萎缩，但他更呼吁人们应该承认并重视地球本身具备的物质性力量，这不仅包括冷热变化的气候、涌动不息的洋流、变幻莫测的天气状况和漂移不定的大陆板块，还有更为复杂且无法预知的生命体之间的复杂互动和演化。

而在《欲望行星》中，沃斯特再次超越了自身对自然的探讨，他不再局限于人对自然的单向观察，而是展现了一种人与自然双向审视的过程。他指出："行星史应该深入过去，直抵我们这个物种最微茫的起源，囊括驱使这个星球自古至今不断发展的强大动力，这种动力为所有生命形式创造了条件——包括我们自己。"② 可见，他探讨的对象不再是"有利于人类的自然"和"正在萎缩的人类所处的自然"，而是将人类也纳入自然的范畴，共同审视包括人类在内的所有生命形式在这个星球上的过去、现在与未来。

由此延伸，沃斯特提出了人类自然（human nature）概念，并分别从两个角度阐发这一概念。从自然的视角来看，人类与其他物种，与地球上的

---

① 秦文华：《马什论平衡人与自然的关系》，《中国社会科学报》2021 年 12 月 13 日。
② ［美］唐纳德·沃斯特：《欲望行星：人类时代的地球》，侯深译，贵州人民出版社 2024 年版，第 31 页。

河流山川一样平等地都是自然的部分存在。无论是人的躯体构造还是人的意识心灵，都是自然界长期演化的产物，也共同遵循着物质性的演化逻辑。而从人类的立场出发，地球上乃至宇宙中的物质存在和能量流动的环境是相对于人类的"外在自然"（an outer nature），人类的身体也是外在自然的一部分。"内在自然"（an inner nature）则指的是人类的一系列直觉、通过自然选择演化形成的行为与思想，即"人类自身就拥有着一种自然"。沃斯特指出，在人类发展过程中，外在自然的变化不断冲击着人类的生存，内在自然也以不同的方式持续影响着我们的观念、渴望与欲求，内外自然在一次次交叉互动中改变了人类与行星的历史。

换言之，《欲望行星》将自然的边界拓展到人类和其他生物体内。自然不仅是山海大地，也包括我们作为生物器官的大脑、神经系统、荷尔蒙、肠胃和生殖腺。它们将我们与自然的其余部分连接，也共同充当着我们的生理需求和潜在渴望的媒介。自然的边界也囊括了我们在进化中形成的原生欲望——有机体对攫取更多能量的欲望、保证自身基因得以延续的欲望等。沃斯特笔下的"欲望"并非一种精神性层面的描绘，而是一种物质性的客观存在，他甚至提出"在某种意义上，所有的物质都有欲望，无论生物或非生物"①。以物质性来解释人类原生欲望是极具颠覆性的，在此种逻辑下，人类的诉求与欲望、行为与思想、观念与实践也直接经受着自然其他部分的冲击和影响。由此，沃斯特将文化性的历史叙事置于地球的物质性之下，人类的制度与政治、思想与观念都是"历史物质性进程中偶发的、附带的现象"②，而非历史进程的决定性因素。

以物质性为基底来书写行星史是一项重大的开创之举，这在当代史学中少有可供参考的先例。毕竟，早在一两个世纪之前，自然科学、社会科学与人文科学就已进入专业化阶段。各个领域的学者或精研经济运行规律，探求令百姓于水火中挣扎的根由；或在哲学伦理中不断求索，激扬挞斥社会的不公；或试图体认不同文化模式的差异，溯源战争的成因。从中成长的人们，在环境史和生态学兴起之前，都无法关注到包括人类在内的

---

① ［美］唐纳德·沃斯特：《欲望行星：人类时代的地球》，第40页。
② ［美］唐纳德·沃斯特：《欲望行星：人类时代的地球》，第38页。

地球物种与外生自然之间的紧密相通，更不可能意识到人类历史与人类欲望"演化"之间存在着紧密的"内在链接"。

于是，沃斯特越过了令"人类自然"长期蒙尘的专业化时代，一路追溯中国的"食色性也"观念和达尔文进化论，试图"重启这一遗失的内在链接"①。沃斯特指出，中国战国时代的思想家告子已经认识到人类物种有一种由天地形塑的食欲与色欲这两种共有天性，而孟子则进一步延伸，认为人类内生的仁爱之性与食色之欲形影相随。达尔文在《物种起源》（1859 年）与《人类的由来》（1871 年）中也同样关注到了在人类演化中食欲与性欲所起到的作用。他指出任何一种物种的演化都深刻依赖于其繁衍过程，而性与食物在此过程中不可或缺。达尔文与孟子同样强调道德是一种物质性本能，他认为"道德意识就如同四肢、器官或动物的羽毛一样，都是为了保障有机物自身生存安全而存在"②。沃斯特也建议读者从达尔文演化论的角度理解人类在认知层面的不断发展，即文化、宗教、道德意识甚至科学认知其实与人体的四肢、眼睛和性器官别无二致，都是为了保证有机物自身的生存和安全而存在的、为适应当下环境而演进的身体组成部分。

承认自然的物质性，便自然而然地打破了人类统御自然之论。沃斯特在第二章引入了威廉·佩利（Rev. William Paley）牧师提出的"钟表"之喻，即自然如同精巧的钟表，一切都来自神圣钟表匠上帝制造。③ 这一比喻代表了在当时广为流传的上帝选中人类作为高阶物种的人类例外论。佩利的钟表之喻实际褫夺了地球的内在价值和自然的自主性，自然被简化为一件单纯的制造品，无法进行自我组织和自我演化。后来的人们也在孜孜不倦地思考、讨论，试图通过哲学、文化、科学、意识形态等手段，去成为新的"神圣钟表匠"，即人类以各种方式去"管理"或"修补"这个地球。达尔文演化论则以物竞天择的残酷事实驳斥了人类对自身的抬高和对自然的降级，而在达尔文看来，神圣的钟表匠是自然本身，因为每个物种都平等地处在被时刻变化的自然拣选之中，自然选择要比人工选择更有效率、更加多元。生态学家恩斯特·海克尔（Ernst Haeckel）进一步发展了

---

① ［美］唐纳德·沃斯特：《欲望行星：人类时代的地球》，第 38 页。
② ［美］唐纳德·沃斯特：《欲望行星：人类时代的地球》，第 74 页。
③ ［美］唐纳德·沃斯特：《欲望行星：人类时代的地球》，第 57 页。

达尔文的演化论思想，认为自然的演化不只通过相互竞争，也通过更大范围的"合作"组成共生的整体。① 沃斯特继承并发展了这种由演化论延伸而来的世界观和自然观，将其融合为"物种起源与演化的核心驱动力来自内生自然与外在自然的交互作用"② 这一核心观点。由此，人类自身的演化史也被纳入自然演化史当中。

总之，以演化论为核心的世界观、以物质性为核心的自然观和由此而生的人类自然理论是贯穿全书的首要议题。这一创见超越了麦克尼尔的全球史观和克里斯蒂安的大历史观，正如本文第一部分所言，麦克尼尔父子书写的是以人为基础的全球史，克里斯蒂安试图将科学和人文结合起来融入对宇宙历史的综析中，但他仍以文化、知识和文明为核心解读人类史。麦克尼尔父子在《人类之网》中率先关注到了宇宙中能量的流动和人类对能量的渴望，但他们并未进一步探析人类对能量渴望的深层原因——内在自然的推动。沃斯特的人类自然理论框架展现出了更全面和深入的洞见，他不仅探讨了内在自然的演化在行星史的发展变革过程中产生的影响，更进一步讨论了内在自然演化的驱动力量——食欲和性欲，二者也共同导向了一种结果——人口增长。

三　重新审视历史：人类与地球的共同演化

在写明人类的欲求从何而来、归属何处后，沃斯特继而引入了另一极具颠覆性的创见，即人类历史上的重大转型从根本而言，均源自人口数量、食物体系与性习惯的改变。《欲望行星》的主线逻辑在于，人类内在自然的食欲和性欲逐渐得到满足，是人类人口得以逐步增长的根本原因，而这一增长趋势也促使人类不断追求更为丰裕的自然环境以及更为合理的生存策略。在此过程中，人口数量、食物体系与性习惯也在不断发生变化与调整，这些变化不仅深刻影响着人类社会的发展轨迹，同时也促进了包括人类自然生态在内的整个行星系统的演化与更新。

在《欲望行星》问世之前，社会学及社会史领域已有学者探讨以人口

---

① ［美］唐纳德·沃斯特：《欲望行星：人类时代的地球》，第63页。
② ［美］唐纳德·沃斯特：《欲望行星：人类时代的地球》，第61页。

增长为核心议题的人口史观①，全球史与环境史领域的学者也多次将人口的增长与权力结构的演变、资本的流动与积累、疾病的扩散与控制等其他因素结合起来，共同审视世界史的发展和变化。在沃斯特过往的学术生涯中，他最初常用资本主义扩张和科学技术统御的框架分析美国环境史中的诸多议题，至《脆弱的地球》一文时，他试图将人口因素提升至与资本主义、科技力量并行的地位。② 而在《萎缩的地球》中，他首次将前半生反复探讨的资本、科学与权力的作用置于人口因素之下，将人口增长带来的生存压力定义为推动人类和自然变化发展的首要力量。但《萎缩的地球》的论述更多是从美国这一国家单位出发，在自然定义里也只包含了外部自然，没有揭示出内在自然这一造成地球萎缩的深层动力。于是，在《欲望行星》中沃斯特着重强调了内在自然的影响，并以内在自然的演化为中心，分别探讨了以人口数量、食物体系与性习惯演变为断代标准的人类历史上的五次转型。

《欲望行星》生动形象地展示了在人类与地球相互适应、对抗和形塑的过程中，人类是如何变换着寻找食物与繁衍后代途径的。沃斯特将人类从非洲起源扩散至亚欧大陆的历程定为人类人口、食物体系与性习惯模式的第一个阶段。此时的繁育模式可谓不加抑制，但也不被鼓励。因为过多的人口容易造成食物储备的短缺，所以杀婴行为在当时不足为奇。人口增长带给早期人类的生存压力逼迫他们不断迁徙到其他更为丰裕的环境觅食，同时也要求他们提升采集、狩猎技术，逐渐摸索出使用火和工具，提升捕获和制作食物的效率。

第二个阶段的重大进步主要在于人类获取食物方式的变化。人类试图通过种植植物和驯化动物来更好地满足自身的口腹之欲。由此，人类迎来了其历史上第一次文明转型——从采集狩猎时代转向了农业定居时代。从后世的考古资料来看，农业定居后，人类对粮食作物的高度依赖造成的营

---

① 日本社会学家高田保马提出了"人口在量与质两方面的变化是造成社会变迁终极因素"的人口史观。年鉴学派也曾出版以人口史作为叙事主线的著作。但人口史观也曾招致批评与质疑，批评者认为"是阶级关系、阶级权利的结构，决定了特定人口与商业变迁，而非相反"。对其详见樊江宏《法国年鉴学派研究》，首都师范大学，博士学位论文，2013 年。

② Donald Worster, "The Vulnerable Earth：Toward A Planetary History," *Environmental Review*：*ER* 11, No. 2, 1987, pp. 87-103.

养失衡导致其身体机能和寿命比采集狩猎时期均有所下降，同时，人口密集型的农业社会居住模式也使得人类及其驯养的牲畜更容易遭受流行疾病的侵袭。但这些弊端远远不及如此稳定与安全的食物供给来源对人类生存需求和后代繁衍所起到的至关重要的作用，因此，农业被固定成为人类最为常用的食物获得方式。

第二阶段中，人类对食物来源稳定性的追求也滋长了人类之于自然、人类之于人类的奴役。人类逐渐成为地球上的统御物种，并试图征服和改造自然。在人类内部也发展出了越来越集中化的国家权力，用来保证更为稳固的食物来源与最大限度的人类繁衍。沃斯特在人类学家罗伯特·卡内罗（Robert Carneiro）提出的"环境受限论"①的基础上进一步阐发，他指出，权力的集中源于民众信任领导者在捍卫食物供应和自由繁衍方面作出的承诺，"人类一次次允许国家建立权威，随之欣然接受如此权力所成就的资源、安全与革新"②。随后，沃斯特从"人类自然"的角度对帝国的兴起、扩张与衰落进行了全新的解读，他以自然的丰沛性和人类繁殖力的消长两个方面，论证了两河流域、尼罗河流域、长江黄河流域为何能率先出现国家，华夏国家又何以比其他早期国家延续时间更长。随后，沃斯特进一步阐释了外在自然的物资匮乏与安全威胁迫使人们以国家的形式求生为继，而内在自然中的贪婪本性与繁殖欲望却加速了外部自然逐渐趋于匮乏的进程。

当一个国家的人类繁殖力达到其所处自然的上限时，摆在其面前的只有两条道路——迁徙扩张或走向衰落。沃斯特以罗马帝国为例证，用饱满浓烈的笔触，深入剖析了"人类自然"在"罗马帝国的衰落"这一历史转折点上的关键作用。地中海区域既不似其他国家发源地一般拥有大河体系，又饱受土壤淤积与盐渍之苦。当罗马帝国在对外扩张中无往不胜，能够运送大量粮食回乡之时，其生态脆弱性的弊端尚未显现；但当其海外食物供应网络受到威胁、本土的土壤肥力也已消耗殆尽之时，罗马帝国便走到了大厦将倾的边缘。同时，帝国对高生育率的追求也制造了高人口密度

---

① 卡内罗认为国家的起源来自必需，而非民主或自由意愿，当任何时候、任何地方，土壤、森林、水产、矿产或能源已经开始短缺，造成物质限制或者对安全构成威胁，国家便会崛起。Robert Carneiro, "A Theory of the Origin of the State," *Science*169, 1970, pp.733-738.

② ［美］唐纳德·沃斯特：《欲望行星：人类时代的地球》，第147页。

的"人为生态"①，频频暴发的瘟疫一次次动摇着整个帝国的根基。正如书中所述，"罗马国家最伟大的成就便是提供了更多的家园与工作"，"而这些功绩本身也是这个帝国的人民饱受苦难的原因"②。在这一过程中，沃斯特跳出了国家进步论及人类群体之间争权夺利的常用叙事③，将国家的起伏兴衰放置于更大的地球自然图景中考察，向我们展示了人类力量在自然力量面前的渺小。即使人类以农业、人口与权力等方式试图控制和形塑自然，但自然总能够以更加强大的物质力量瓦解人类物种构筑的引以为傲的权力堡垒和人文生态。

　　从行星史的角度，沃斯特将1500年人类历史上的地理大发现定义为"第二地球"的发现（与亚欧非大陆的"第一地球"相对）。他同样强调了过去被史学界忽略的推动地理大发现的生态因素，即人类依然对农业经济有着长足依赖，但欧洲大陆已经达到了喂养当前人口的物质极限。人类如同智人走出非洲一般再次被迫出走，并无意间连通了整个地球，人类也由此迎来了由传统农业生活到工业资本主义的第二次转型，步入了人类人口、食物体系与性习惯模式的新阶段。沃斯特指出，卡尔·马克思（Karl Heinrich Marx）与亚当·斯密（Adam Smith）等思想家率先意识到了"发现美洲"对加快人类进程的重要意义，但他们都漠视了第二地球对人类世界的形塑力量。人类发明机器、制造技术的天赋和习惯在1500年之前便长久存在，是丰裕的第二地球的出现才令人类工业化进程得以加快。沃斯特还进一步解构了主流的资本主义理论④，认为其高估了观念与文化在资本主义崛起中扮演的角色，驱动人类经济秩序和生活方式发生转变的实际是古老的繁殖冲动和新兴的财富欲望。

――――――――

　　① "人为生态"在环境科学领域被定义为人工控制条件下的人为模拟的生态系统，也称为模拟生态系统、实验生态系统、微型生态系统，也代指各种人为的生态规划、生态工程，例如人工操场上植物的微进化等。在此处，沃斯特应是意指后者，即罗马帝国城市中的人为景观、人类生活、动植物的生存状态等。

　　② ［美］唐纳德·沃斯特：《欲望行星：人类时代的地球》，第181—182页。

　　③ 在詹姆斯·斯科特（James Scott）之前，进步主义叙事多将国家的形成定性为人类文明的进步，斯科特挑战了此种叙事，认为国家是精英发明用以剥削民众的工具。

　　④ 卡尔·马克思认为资本主义兴起源自人们对财富的无限追求和对个人价值的剥削；马克斯·韦伯试图指向新教文化，以工作对所有个体而言都是神圣的理念解释资本主义的崛起；扬·德弗里斯（Jan DeVries）则将资本主义解释为一种勤劳革命，强调荷兰和英国勤奋至上的文化特征带给资本主义扩张的绝对性影响。

　　正如罗马帝国的泱泱之众过度依赖于对外扩张带来的食物供给一样，英帝国在接受众多海外殖民地滋养的同时，也同样面临着其食物供应因战争与疫病随时断裂的风险，其赖以为生的第二地球也与罗马帝国所依托的第一地球同样存在着自然极限。沃斯特以森林与煤炭开发为例证，展示了英国的工业化是如何铸就了人类伟业，却也造成了自然恶行。之后，许多国家与地区似乎不可避免地陆续步入了英国的后尘，但沃斯特提出了能够改变上述行进方向，助力人类走入第四阶段的可能——生态文明。在书中，沃斯特着重肯定了中国对生态文明愿景的呼吁，指出生态文明视角超越了资本主义与共产主义的对抗，跨过了人类中心主义的限制。他条分缕析地阐释了构筑生态文明愿景的西方理性批判与中国哲学内涵，建议东西方加强互相交流、共通与互鉴，共同推动在这一行星中互持共存新伦理的形成与实践。

　　以此，《欲望行星》各章节内容紧密衔接，层层递进，系统性地铺展了一个关于过去二十万年间物质环境与内在自然之间错综复杂、相互影响的宏观叙事。虽然本书紧紧围绕人口繁育展开，但沃斯特跳出了过往人类学家、人口学者研究中只偏重人类视角的局限和在价值评判上的纷扰。他将人口繁育细化为三个既各自独立又相互映照的子议题：如何正视繁育本能对人类的驱动和对行星史的改造？如何看待人口增长与自然极限？如何认识人类繁育模式的变迁？

　　在人类社会对人口问题的既往探讨中，各学者依据不同的价值评判标准，形成了进步论和退步论两大主要观点。托马斯·罗伯特·马尔萨斯牧师（Rev. Thomas Robert Malthus）率先意识到人口增长与资源有限性之间的关系，并认为如果人类不控制人口增长，将会面临贫穷、饥荒和战争等厄运。以埃斯特·博塞拉普（Ester Bpserup）为代表的经济学家坚持认为人多必然带来进步，能够为人类征服地球注入动力。

　　然而，无论是以马尔萨斯为代表的人文学者，还是达尔文等科学家，都在对人类性行为和繁殖本能的探讨上保持缄默。他们误将当时人口持续增长的历史状态理解成一种线性向前发展的必然，未曾意识到自然中的繁殖力比率伴随着时间缓慢地发生着演化。而在沃斯特的启发下，不难发现过去是第一地球与第二地球的丰沛为人类的开枝散叶提供了充裕的空间与肥沃的土壤，而每次将要触碰到自然边界的人类也会改变其繁育模式，去适应新的生存条件。农业革命、国家建立、资本扩张等历史上的重大变革也是人口增长和繁育模式逐渐改变的结果。

从内外自然交互的角度看待人口增长，便无须从人类的角度对其利害得失进行评判。沃斯特注重内生自然与外部自然相连的物质性，以及人与人之间、人与其他物种之间的共通性，但这并不代表他对人类未来抱有消极态度，对科学与道德的力量予以贬损。他认为，人的内生自然及其所有的社会性别、宗教文化、社会阶级、种族甚至国家也都会随着新物质条件的出现而不断演化，人口的增长和减少也是如此，都是适应当下的外生自然的必然结果，无须评判这种演化是进步还是退化。

人类繁衍欲望本身也随境而变。随着工业—城市时代的到来，新环境条件的变化导致女性群体的生育观念发生了巨大转变，社会上的节育运动与科学界对避孕的研究也随之兴起。在该书的最后一章，沃斯特通过叙述自美国医生查尔斯·诺尔顿（Chairles Knowlton）、女权运动创始人苏珊·安东尼（Susan B. Anthony）的生育控制实验，到女权运动家玛格丽特·桑格（Margaret Sanger）、张民觉等人的团队对避孕药的发明，以及19世纪末20世纪初兴起的"优生学"运动，展示了人类的内在自然也在发生改变，并随之调整着其荷尔蒙的流动、性习惯与繁殖过程。

近年来，现代绿色革命极大地提升了人类的食物供给能力，但许多专业人口统计学者仍对未来人口趋势作出了消极的预测。沃斯特并未在论著的最后为"人类繁育应该走向何方"指出一个确定的方向，以人类的智识凌驾于历史的浩瀚也并非其写作此书的初衷。但沃斯特以内外自然的演化来看待人类历史的思考方式，能够极大地启迪我们，要以开放的心态看待人口与自然的持续变化与相互影响。我们的文明并非仅局限于持续进步或濒临崩溃这两种单一的线性发展结果，相反，我们人类的文明与道德观念以及我们对待行星的伦理标准都会随着地球上的生物与环境一同发生着演化。

余　论

诚然，编写一部宏观巨著，考虑到涵盖的广度、深度及复杂性，很难做到对每一个细节都进行详尽无遗的阐述。《欲望行星》在行文中对人类从渴望生存到渴望财富的转变过程一笔带过①，而这一过程或更能体现人类欲望的扩张实质。获得食物供应与满足繁衍需求的欲望催生了人类对周遭自然无限制的索取，在非洲大陆无法满足之时，人类走出了非洲，在第一地球无法满足之时，人类开发了美洲。然而，没有一个丰饶的第三地球可供人类索取与扩张了，因此他们将索取的手伸向了每个人类内在的自然。资本家借用并催化了人们心中对财富的渴望，这种人为创造的欲望也反过来奴役了人类自身。消费的欲望与消费的需求被构建出来，成为每个现代人类的思想钢印。或许，对财富的渴望无须与满足食欲、繁衍后代和获得更多性伴侣的欲望分而视之，也是食色之欲的另一种表现形式。和文明与权力一样，财富同样是"关于稳定与安全的梦想"。

不过，穷尽详尽的史料覆盖人类历史的方方面面并非《欲望行星》的主要任务，其发人深省的叩问带给读者的震撼远超过其在知识广度上的拓展。一方面，该书提供了一种更为宏观、更具开放性且更加多元辩证的世界观，而非在既定的思维模式中故步自封，对人类智识居功自傲。正如沃斯特所说："如果没有对人类自然相通的信念与共有的定义，我们人类将执拗地寻找差异，形成一个个愈发敌对的阵营。"②

另一方面，在极大地扩宽了读者对行星史的认知框架后，该书也留下了一个引人深思的询问，即"在人类欲望之下，行星发展是否存在希望的基础"。而本书对人类内生自然的探索也为其提供了一个相对温和与开放的答案，道德约束、生育约束的出现，标志着人类的内生自然也会随着行星的萎缩与丰裕而发生演化。我们无法预知未来，但在未来的各个阶段，人类对生殖、获取与消费的欲望一定也会以各种目前未知的形式，发生变化、竞争、转移、扩大或萎缩。"几乎所有有机体都富于生存策略"，而地球也比我们所知的更具韧性，生命与环境之间的联系也比我们目前尚能思索得更加深远。

[徐珂浩，华南师范大学历史文化学院特聘副研究员（青年英才）]

---

① 论述过程详见［美］唐纳德·沃斯特《欲望行星：人类时代的地球》，第 231 页。
② ［美］唐纳德·沃斯特：《欲望行星：人类时代的地球》，第 14 页。

Book Reviews

海外新书评介

《拜占庭的波斯观念（650—1461）》评介

李晓嘉

Rustam Shukurov，*Byzantine Ideas of Persia*，650－1461，London：Routledge，2023，xvii+288 pp.

"波斯"的观念或印象，在古希腊罗马的文化中有着源远流长的存在传统。作为希腊文明对立面的波斯，在希波战争后随着古希腊人民族凝聚力和文化认同感的增强，其在古希腊人对"蛮族"的描写中所占比重越发瞩目，成为希腊人反观自我的主要"他者"。"希腊人"或"罗马人"在表述"他者"的地域或人群时，也包含了对自身进行思考和探询的过程。在古希腊罗马的书写中，"东"与"西"定义有所流动的同时，因定义自身而存在的对立和敌意是漫长时间段内的主题——对"波斯"的戒备和解读亦在其中。如此书写为"东方主义"提供了合理性，且丰富了"东方主义"的话语体系。

1978 年，萨义德（Edward Wadie Said）出版《东方学》一书，将"他者"凝视集合成理论。《东方学》中提出的"东方主义"论点是，自古以来西方艺术就以刻板印象扭曲了东方。西方的东方研究大多旨在自我肯定欧洲身份，而非客观的学术研究，因此，东方研究的学术领域充当了文化歧视和帝国主义统治的实用工具。之后英国学者霍尔（Edith Hall）在《构想蛮族人》中借用"东方主义"以探讨希腊悲剧中对东方人形象的塑造，但此之后各种与古希腊罗马文化"自我"和"他者"的有关讨论并未将"波斯"有关的"印象"于历史学范畴有效发散。进入 21 世纪，与"波斯印象”有关的讨论逐渐收获学术界的关注。古典时期的“波斯印象”是研究兴趣大部，对阿契美尼德时期更是青睐。“波斯”实体消散后的“波斯化”或“波斯印象”亦有学者探讨。

鲁斯塔姆·舒库罗夫（Rustam Shukurov）于 2023 年出版的《拜占庭的波斯观念（650—1461）》一书则侧重于古代波斯在拜占庭中后期文化记忆中的持久地位，全面研究了中后期拜占庭对伊朗的看法，探讨了波斯文化对拜占庭知识分子、社会和文化的影响。该书透过分析教俗两方的历史材料，探讨了古代波斯与拜占庭文化记忆之间错综复杂的关系，以及“波斯观念”在中后期拜占庭历史发展中的效用，由此点明“波斯观念”对拜占庭学者的研究重要性和深刻影响。舒库罗夫于 1984 年毕业于莫斯科国立大学并留校任教三十余年，目前为圣安德鲁斯大学（University of St Andrews）的访问学者。他出版过多本有关拜占庭、伊朗和突厥的历史专著，如 2001 年的《大科穆宁和东方（1204—1461）》和 2016 年的《拜占庭土耳其人（1204—1461）》。

《拜占庭的波斯观念（650—1461）》分为导言、正文七章和结语几个部分。

舒库罗夫之所以将“波斯观念”的研究时段定在萨珊波斯亡国的 650 年至拜占庭消逝的 1461 年，是基于实体“波斯”的消逝与“波斯文化”长寿的对比思考。中后期的拜占庭，教俗两方的文字或图像作品中，与“波斯”相关的意象大量存在。作者认为这种情况的出现源于拜占庭对“波斯观念”的多视角观察传统。在“波斯”消亡后的拜占庭文化中，“波斯”被自由地塑造成各种适宜拜占庭人使用的模样——基督教的宗教解释和发展过程中不乏“东方波斯”的参与，从古希腊罗马文化中继承的“他者波斯”仍具有潜在影响，而“萨珊波斯”的消逝导致的文化缺位亦给了近邻拜占庭借此巩固自身形象或认知的机会。换言之，“萨珊波斯”消逝后的“波斯文化”不再受到“波斯”实体的控制或左右，650—1461 年的拜占庭可凭需塑造“波斯”形象。该书所讨论的重点亦由此显现：“波斯”实体消失后，拜占庭如何自定义“波斯”。

舒库罗夫认为在大多数情况下，以传统的军政外交研究方式探索拜占庭的“波斯观念”是足够的；但拜占庭与“波斯”的交往以及对“波斯”的塑造并不局限于干戈，在此之外的“波斯”需要另辟讨论角度。且拜占庭有"仿古"的习惯，会借古希腊或罗马文化中的典故抒发今景。但这样的"仿古"并非一味地直白用典，在拜占庭文本和视觉文化中，"文化记忆"元素的每一个直接引用或间接暗示，都揭示了个人意识和"文化记忆"之间特定类型的相互作用。无视拜占庭"波斯观念"的复杂性并概以"仿古"论之，而不在实际背景下理解"仿古"的缘由与效用，这在舒库罗夫看来亦是"西方中心主义"傲慢的体现。加之学界在讨论萨珊前的"波斯"时多青睐套用"东方主义"理论，致使"波斯"成为"希腊化"的产物和陪衬品。这样的做法或许适用于拜占庭之前，但拜占庭的"波斯观念"在舒库罗夫看来并不完全适用于"东方主义"的理论框架。若"东方主义"确实是现代欧洲的特征，那么拜占庭的"波斯观念"似乎是一种更复杂、更深刻的现象，一种参与塑造自我身份界定或认同的结构元素。

"文化记忆"是作者在正文部分讨论"波斯"在拜占庭人心目中形象的焦点，也是他认为"波斯文化"长寿不衰的要因。该书中，"文化记忆"被理解为永存的过去或关于过去的思想（或"故事"）系统，它形成了实际意识的语义语境，并赋予从经验中新获得的意象以文化意义。"文化记忆"是"非理性的"，或者说是直观的。"文化记忆"预先定义了语境意识，因此也预先定义了文化价值的自我认同、价值论模式和层次结构。舒库罗夫认为"文化记忆"是多层的：尽管"文化记忆"的某些元素可能是当时每个人或大多数人都能理解的，但这并不意味着群体中每个人都一定向着同一个方向去保存同样的"文化记忆"。每个人都有自己特定的经验、品位和偏好，故"文化记忆"可以自由地被塑造和解释。拜占庭的"文化记忆"包括来自过去并体现在语言、书面文本、礼拜仪式、公民仪式、视觉传统、实用技术、口头传统、习惯和习俗中的大量信息。作者认为拜占庭塑造的"波斯"抽取了来自"波斯"实体各个方面的"文化记忆"元素以迎合中后期拜占庭生活文化的不同需要，这是一个动态的现象与过程，并与拜占庭历史的发展息息相关。

拜占庭文化环境中的波斯形象是多样的，在不同历史时期、文化背景或宗教因素的影响下形成的"波斯"在中后期拜占庭中各自发展以至矛盾纵生。因此，该书的正文部分力求在宗教和世俗背景下重建"波斯"实体消失后波斯形象的同时，亦分析和重构了拜占庭人在 7—15 世纪期间所新积累的当时代与"波斯"相关的信息碎片。正文部分共有七章，各个章节不仅在主题上有所不同，且在材料的呈现方式上也有所区别。前六章讨论了"波斯"在"宗教"（1—3章）和"世俗"（4—6章）中作为"文化记忆"元素所勾连的相关问题。舒库罗夫选择将"宗教"先于"世俗"呈现，是因其认为只有考虑到拜占庭思想的宗教主题和语义背景，才能理解波斯"世俗"在希腊形象中的变形。

该书的第一章讨论了"波斯"在基督教经典中的神圣性，着重探讨"波斯"在基督教认知中的不可或缺；第二章则回溯了波斯麻葛出现前的宗教发展，提出了基督教在发展中或呈现"波斯化"的猜想；第三章将论述重点转至波斯圣徒，主要讨论了波斯圣徒在作品表现中逐渐拜占庭化的情况。由于现代学术界尚未对希腊东正教宗教思想中的波斯元素进行问题化和系统性的研究，因此该书的前三章将重点放在了识别和系统化基督教经典中"波斯"的参与，以及与"波斯"基督教化有关的史料探讨。这三章的重点不仅在于教会知识分子如何看待波斯，还在于这些观念如何作用平信徒的日常活动。

该书的第四章讨论了"波斯观念"作为拜占庭人回溯自身来源和定位的辅助角色，提出"波斯观念"或许是认识拜占庭人自身的桥梁；第五章则将拜占庭人对阿契美尼德时期波斯的"文化记忆"作为探索重点，点明"波斯"在拜占庭社会与文化发展中的实用性；第六章以"波斯哲学"为中心，将琐罗亚斯德教亦括入哲学范畴，阐述了波斯的哲学思想在中后期拜占庭文化发展中的工具角色。这三章讨论了拜占庭"文化记忆"中波斯元素在世俗传统中的表现，研究在很大程度上得益于古希腊罗马的史料积累和后世探索。作者在这三章的重点是拜占庭中后期传统中波斯主题的内容累积以及传播这些内容的手段，具体分析了在思想和实践中重新激活"文化记忆"的众多实例。舒库罗夫在这部分提出的论点是：文化记忆（包括所谓"波斯观念"）在潜移默化中塑造了当时代的知识流动、社会变迁和个人活动。拜占庭的世俗传统为理解文化记忆和个人意识之间微观层面的相互作用提供了充足的材料。

而该书的第七章不再关注拜占庭对古代事件的记忆，而把重点投射至拜占庭的社会生活和思想，包括在帝国定居的新"波斯人"、当时代有关"波斯"的新地理知识、新波斯语言的使用，以及拜占庭对波斯科学的借鉴与挪用。本章最后作者提出了这样的论点：在拜占庭帝国存在的最后几个世纪里，新"波斯人"在拜占庭知识精英的环境中，其人数呈显著增长的趋势。

虽在正文的前六章，作者将讨论内容以"宗教"和"世俗"类分，但他更多地将这种类分作为区分拜占庭文化中存在的两条不同发展路线的比喻。所谓"宗教"代指主要由闪米特人（特指基督教）所带来的文化发展，而"世俗"则代指印欧语系（特指希腊与罗马）从古带来的历史沉淀。舒库罗夫认为，中后期的拜占庭几乎没有对教俗做出鲜明的区分。拜占庭人认为大多数我们现在称之为"世俗"或"世俗"的"文化记忆"呈现，是广义上宗教中立的文化组成部分，是技术智慧和常识实践（如法律和政治制度、科学、风俗、习惯等）的自然结果。与此同时，拜占庭人认为这些常识与神圣的秩序（即与"宗教"）密切相关，从而拜占庭文化中的两个维度才能融合无隙。但为分析便利，当代学者才不得不有目的地、有条件地将拜占庭的教俗在书目结构和叙述框架中分开。

结语中，作者认为拜占庭宗教和世俗传统中的"波斯观念"都有坚实的事实基础，并由此产生了丰富而精致的文化背景，将波斯与希腊罗马民族的历史不可分割地联系在一起。与欧洲中世纪和斯拉夫的基督教传统不同，对波斯的记忆成为拜占庭文化中不可或缺的一部分——拜占庭的"波斯观念"对塑造拜占庭的集体和个人身份作出了贡献。几个世纪以来，"波斯观念"在神学、哲学和科学（包括神秘实践）中的概念中心地位使"波斯"与"希腊"的语义趋于平等。波斯元素逐渐纳入拜占庭文化，进而被视为拜占庭的重要组成部分。

"波斯"作为拜占庭"文化记忆"的要素，显示了"文化记忆"的核心在面对变化时具有的弹性。一般而言，人们会习惯以传统的叙述方式和文化背景来运用对过往历史的记忆。"波斯"的形象在中后期的拜占庭有所分化。阿契美尼德和帕提亚时期的"波斯"在拜占庭的文化表现中基本与前朝无异，但拜占庭对萨珊波斯的记忆则随着萨珊覆灭而在几个世纪内逐渐消逝。作者认为是双方的交流旺盛和唇亡齿寒的关系降低了萨珊波斯在拜占庭"波斯观念"中的生命力。这也是该书在学术讨论中的缺口之一，即对萨珊波斯与拜占庭文化交往的前置研究有所松懈，致使对萨珊波斯何以在中后期拜占庭的"波斯观念"中占比稀薄的解释有简单化倾向。反观12—14世纪的拜占庭，对来自所谓新"波斯"的哲学和科学的吸收带有浓厚的兴趣，并由此带动了拜占庭科学技术的发展。有关萨珊波斯的"波斯观念"在该书中呈现出的"低潮"，或许受限于作者主攻的研究领域，则此部分的讨论和探索有待其他学者进行补足。

然瑕不掩瑜，该书对中后期拜占庭"波斯观念"的功用与影响提出的结论颇有华彩。舒库罗夫认为，拜占庭人自我认同中的波斯元素起到了门户的作用，让异域文化从伊朗高原、阿拉伯和突厥等地汇入拜占庭文化。这些保存在中后期拜占庭"文化记忆"中的波斯元素使拜占庭人对来自东方的新信息保持开放且敏锐的态度。"波斯"实体所留下的"波斯观念"遗产为拜占庭人提供了与东方邻居共处的平衡点，使拜占庭人能将来自东方的新事物放入自己的"文化记忆"中以联想到自身。

作者还认为，就拜占庭本身而言，似乎存在不止一个波斯——神学和教会的波斯、哲学和科学的波斯、文学的波斯和政治的波斯。诚然所有的"波斯"在拜占庭的"文化记忆"中都有共同的文明背景，古希腊史家笔下阿契美尼德人、基督教经典中的波斯麻葛、呼罗珊人和小亚细亚的波斯人都被拜占庭人认为是"波斯"的组成部分；而对宗教的虔诚、对哲学的痴迷、对科学的热爱、对基督教的残酷以及对占星炼金术的精通，也是拜占庭人对"波斯"的精神速写。有趣的是，对于"波斯"的不同形象，拜占庭的知识精英没有将其整合成一个体系完整且逻辑通顺的"波斯观念"，也从未将各种形象的"波斯"作为一个整体进行论述或思考。"波斯"在中后期拜占庭的"波斯观念"里是复杂、矛盾且支离破碎的。与拜占庭"文化记忆"中的阿拉伯人、土耳其人、斯拉夫人和拉丁人相比，"波斯观念"更丰富多彩，但也更模糊不定。舒库罗夫认为正是拜占庭人对"波斯观念"缺乏全面的理解，才导致了现代学术界忽视或低估"波斯"在中后期拜占庭"文化记忆"和社会文化中所占的重要地位。多样化的波斯形象体现了拜占庭描述事物的多线性，而这与我们当代主流的单线性描述习惯形成了鲜明的对比。也许，这种多重的线性思考赋予了拜占庭文化以永续性和可塑性，使其在相当长的时间内数次复兴重生。

舒库罗夫在该书中的另一个华彩，是其认为中后期拜占庭的"波斯观念"对现代伊朗的民族叙事构成亦存在长久影响。拜占庭人的"文化记忆"中累积了犹太人、希腊人和罗马人所知的有关古代波斯的信息，并将其合并成了一个单一但各面矛盾的"波斯"。拜占庭将伊朗古代历史视为一个不可分割的整体，视为一个不断展开的过程。波斯从成为"他者"开始便被连续的王朝所统治：米底、阿契美尼德、帕提亚和萨珊。而希腊化时期的马其顿则被视为波斯连续性的暂时中断，充当了阿契美尼德和帕提亚之间的过渡。应明晰的是，波斯历史的连贯性纯粹是拜占庭对"波斯"的一种推测性建构，这对于拜占庭对自身的认识有加固之用——一个连续的"波斯"匹配了一个从"希腊"与"罗马"延续而生的"拜占庭"。现代学者可获得的古伊朗文本信息大部分由拜占庭的知识精英保存而来，正因如此，拜占庭人为有关米底、阿契美尼德、帕提亚和萨珊的现代学术史奠定了基础。而继拜占庭人对"波斯"的构建后，拜占庭人提出的连续"波斯"构成了现代学术中古伊朗史的基本分期——现代学者透过拜占庭人的视角来看待古伊朗的历史。

拜占庭人保留了部分旧的"文化记忆"并又创造了关于过去伊朗的新叙事，因此古伊朗的现代形象连带着被严重希腊化、罗马化和拜占庭化。而且，这样的形象构成了现代伊朗民族自我认同的基础。自 19 世纪卡扎尔王朝以来，作为其对伊朗过去的回忆，希腊、罗马和拜占庭对古波斯及其历代统治王朝的"波斯观念"逐渐被伊朗文化记忆所采用。20 世纪至今，拜占庭"波斯观念"所造就的波斯形象已进入伊朗人、阿富汗达里人和塔吉克人的教科书，作为伊朗人民古代历史的标准自我描述版本——最终，拜占庭人对波斯的记忆变成了现代伊朗人的叙古记忆。

该书内容虽然没有涉及拜占庭关于萨珊波斯的"波斯观念"，但对当今学界多以萨珊波斯前时期和伊斯兰化时期拜占庭与近邻之交流为论题的情况无疑有所改善，为后继学者接力讨论早期拜占庭中的"波斯印象"提供了承接后世的桥梁。既承接了伊朗学中对"波斯化"的讨论趋势，亦从"文化记忆"理论的角度尽力补充了拜占庭学中对萨珊波斯消亡后"波斯"如何延续的探索空白。将拜占庭人的自我定位和伊朗人的民族认同置于一本书中加以论述的做法，亦暗中照应了近几年学界对拜占庭人自我身份定位讨论的热点，或为此议题往后新视角的展开埋下了伏线。

（李晓嘉，东北师范大学古典文明研究所博士后）

《美洲的第一批亚洲人：跨太平洋历史》评介

崔　宇

Diego Javier Luis, *The First Asians in the Americas*: *A Transpacific History*, Cambridge, Massachusetts and London, England, Harvard University Press, 2024, xiv + 350pp.

迭戈·贾维尔·路易斯（Diego Javier Luis）所著《美洲的第一批亚洲人：跨太平洋历史》是一本聚焦早期亚洲移民进入美洲历史的学术著作。该书从全球史和跨太平洋史的视角出发，重新阐释了 16 世纪至 19 世纪早期亚洲移民的跨太平洋历史轨迹。作者通过马尼拉大帆船的跨太平洋航行，讲述亚洲移民（包括自由人和被奴役者）进入西班牙美洲殖民地，并在复杂的种族、社会和法律环境中寻求生存与发展的历程。路易斯的研究不仅从微观历史出发，呈现出这些移民的个人经历，而且还通过跨区域的宏观视角探讨了跨文化互动、种族化进程和殖民统治的权力结构等问题。

　　全书共计六章，主要讲述西班牙殖民地的亚洲移民种族建构的重要历程，同时分析了近代西班牙帝国时期的"chino"含义。作者通过对"chino"的分析，呈现亚洲移民对西属拉美殖民地历史的重要性，同时揭示了跨太平洋贸易对美洲殖民社会发展的基本作用。

　　第一章主题为"殖民马尼拉的脆弱共存"，路易斯分析了 16 世纪末到 17 世纪初马尼拉的社会结构，特别是在不同种族和文化之间的"共存"（Convivencia）。路易斯认为，尽管马尼拉作为西班牙殖民地的枢纽，吸引了来自中国、日本、菲律宾土著、西班牙和其他地区的移民，然而这种多元文化的共存实际上极为脆弱。作者通过对 1603 年中国人起义的分析，试图说明种族、文化和经济矛盾是如何在殖民统治的压迫下爆发为暴力冲突。这一事件不仅标志着马尼拉社会内在紧张局势的公开化，而且反映出多民族共存的深层次问题。如西班牙殖民者通过种族歧视和法律手段试图限制中国移民的社会地位，最终导致了起义的爆发。路易斯的研究表明，西班牙当局的种族化政策不仅仅是对中国移民的排斥，实际上还反映在广泛的殖民权力结构中，传达出殖民者对异族他者系统性贬低与全方位控制的意图。

第二章以"太平洋航程"为主题，作者深入探讨了马尼拉大帆船跨太平洋航行对亚洲移民的影响。路易斯描绘了这些移民是如何经历漫长而艰苦的航程，尤其是那些从菲律宾被带往新西班牙（西班牙总督辖区）的亚洲奴隶。马尼拉大帆船连接了亚洲与美洲，大量亚洲人进入了欧洲殖民美洲的社会结构进程。然而，这段旅程不仅是地理上的跨越，更是社会身份的转变过程。在这一章中，作者分析了"种族化"的过程。尽管这些移民拥有不同的文化背景，但在西班牙殖民体制下，无论他们的文化和族群背景存在何种差异，他们都被统一称为"chinos"。通过这种手段，殖民当局有效地将这些文化多元的亚洲移民整合为单一的"种族"类别，从而将他们置于西班牙种族等级制度的底层。而这种身份建构的背后则反映出殖民当局对外来移民的控制欲望，以及在跨太平洋贸易中，对异族的深层恐惧与资源掠夺的企图。

第三章路易斯讨论了亚洲移民在新西班牙是如何通过申请武器许可和从事商业活动来提高社会地位的行为。西班牙当局通常对移民进行严格的武器管制，尤其是对"chinos"这一族群。然而，一些移民还是通过成功地申请到武器许可，从而获得了自卫权和社会认同。许多获得自由的"chinos"不仅是商人，同时也成为持有武器的群体，这样的身份对他们的社会地位的改变起到了十分重要的作用。路易斯列举了来自孟加拉的弗朗西斯科·德·利马（Francisco de Lima）是如何通过利用当地采矿与经济的紧密联系，获得了骡子运输的经营权，从而赢得了武器许可。他声称，"手持武器不仅能够保护他免受土著和劫匪的攻击，还能使他获得西班牙殖民者的尊重"。此外，新西班牙的不同移民群体还面临着复杂的经济和法律挑战。对于"chinos"来说，想要在殖民地合法经营，就必须获得贸易许可。移民商人不仅经营食品、衣物、铁矿石等物资，还在理发等服务业中占有一席之地。路易斯列举了"chinos"理发师是如何通过在墨西哥城的行业竞争中脱颖而出，甚至在一定程度上威胁到西班牙竞争者的地位。尽管这些商人取得了许可，但他们仍然面临着持续的种族歧视，以及经济政策上的阻碍。

第四章作者探讨了亚洲移民在新西班牙的奴隶身份，及其对抗奴役的方式。虽然许多"chinos"是被当作奴隶带到美洲，但他们并未完全接受这种命运。相反，他们通过多种方式争取自由，寻求改变自己处境的方法。首先，路易斯认为，许多被奴役的"chinos"通过法律途径试图摆脱奴隶身份。例如，亚洲移民向殖民法庭提交申诉，要求证明自己是被非法奴役的群体。尽管这些法律行动通常成功率不高，但确实有一些"chinos"成功赢得了自由。此外，路易斯还指出逃跑也是奴隶抗争的重要策略。许多亚洲奴隶通过逃跑加入逃奴社区（palenques），这些社区通常由逃跑的非洲裔和土著奴隶组成。在这些社区中，亚洲奴隶能够获得支持，并与其他族群的奴隶建立跨文化合作关系。

第五章作者发现了亚洲移民在新西班牙之外的其他地区的活动轨迹。他们不仅集中在墨西哥中部，而且逐步迁移到了美洲的其他区域，如太平洋沿岸、安第斯山脉和加勒比地区。首先，路易斯指出，一些"chinos"被送往墨西哥以外的地区工作，他们对整个航海贸易都作出了贡献，尤其是从秘鲁到菲律宾的贸易网络中发挥了重要作用。这些移民通过马尼拉大帆船的航线，进入南美洲的矿场、种植园和港口城市。他们中的许多人作为劳动力被转移到这些地方，进一步扩展了亚洲移民在整个西班牙殖民帝国的分布范围。其次，路易斯还描述了这些移民如何与当地的土著群体及其他殖民者互动的情况。亚洲移民在新的环境中继续寻找适合自己的生存方式，他们甚至通过建立跨文化的社区网络来提高自己的社会地位。通过这些互动，亚洲移民逐渐融入更为广泛的殖民社会体系当中。因此，作者认为，亚洲移民的活动并不限于墨西哥中部，而是在整个西班牙美洲殖民地中都有所延伸。这些移民不仅通过劳动力迁移来扩大他们的影响力，还通过跨文化合作来适应不同的殖民环境。

第六章作者分析了18世纪亚洲移民在新西班牙及其殖民体系中的分布情况，尽管关于他们的人口记录较少，但他们对新西班牙社会的影响依然存在。亚洲移民通过与其他种族群体的融合，继续在殖民地社会中发挥作用。与前几个世纪相比，在18世纪的相关记载中，关于"chinos"的记录较少，因此被称为"难捉摸的18世纪"。尽管如此，路易斯还是通过现存的档案和历史资料，分析了这一时期亚洲移民的生活状况和社会角色。虽然"chinos"在17世纪初期的殖民地社会中占有显著地位，但到了18世纪，他们的人口数量和影响力明显有所下降。然而，这并不意味着他们完全消失。事实上，许多"chinos"及其后裔已经融入其他种族群体当中，特别是土著和非洲裔群体，这使得他们的身份在社会层面变得更加模糊。此外，路易斯还讨论了18世纪西班牙帝国的社会和经济变革对亚洲移民产生的影响。随着殖民经济结构的转变，跨太平洋贸易逐渐减少，马尼拉大帆船航线的衰退也造成了亚洲移民输入的减少。尽管如此，路易斯认为，亚洲移民的遗产和影响仍然深深根植于当地社会，尤其是在沿海城市和贸易中心。

　　总体而言，该书较为全面地展现了16—19世纪跨太平洋的亚洲移民对西班牙美洲殖民地的深远影响。因此，该书的意义不仅仅在于在一定程度上填补了相关亚洲移民研究议题中的学术空白，而且还深刻地探讨了亚洲移民在美洲殖民地的跨文化互动，以及种族融合的过程。更重要的是，此书还丰富了亚洲移民在全球历史中的殖民语境叙事维度。路易斯通过跨学科的视角，带领读者走进了一个鲜为人知的历史领域，展现出亚洲人在太平洋贸易体系中的角色，并强调了亚洲移民是如何在美洲殖民地的复杂种族等级制度中进行身份协商和生存斗争。另外，作者在讨论殖民种族化过程时，重点分析了"chino"标签的形成及其对社会身份的影响，为相关学者进一步研究其他亚裔移民群体在不同殖民背景下的种族化过程提供了重要的参考价值，特别是在不同帝国统治下（如葡萄牙、英国、荷兰等）的亚洲移民经历。

（崔宇，四川大学道教与宗教文化研究所博士研究生）

《英国女主人：殖民地印度的英国女性》评介

王　悦

Ipshita Nath，*Memsahibs*：*British Women in Colonial India*，London：
C. Hurst & Co. Ltd. ，2022，xiv+496pp.

　　《英国女主人：殖民地印度的英国女性》一书以殖民时期旅居印度的
英国女性为研究主体，考察她们在印度生活的方方面面，以及她们的殖民
者形象。作者伊普希塔·纳特（Ipshita Nath）目前是萨斯喀彻温大学医学
史的博士后研究人员。她的研究领域集中在殖民时期印度的疾病、医疗保
健和监狱制度，以及英国女性在印度殖民地的经历。

　　纳特在攻读博士学位期间主要聚焦这样一个问题：后殖民想象是如何
基于歪曲的历史和刻板印象建构出后殖民文学中的英国"女主人"（Mem-
sahib）[①] 形象的？在她看来，许多后殖民作品对"女主人"形象的塑造缺
乏可靠的历史依据，往往叙述前后不一致，这源于这些女性在印度的真实
经历被忽视，她们的叙述在帝国历史中处于相当边缘的境地。她们在印度
的地位几乎完全由同行"男主人"（sahib）的权力和地位所决定，她们自
身的优点并不被看重，这导致她们仅作为娇惯的"随从配偶"（trailing
spouses）的刻板印象在小说和电影中大行其道。纳特对这种他者化"女主
人"并对其进行想象化建构的现象感到不满。她主张复兴女性书写，重新

---

　　① Memsahib 是具有殖民色彩的单词，由两部分组成："Mem"即"Madam"的变体；"Sahib"
源自阿拉伯语صاحب，意为"主人"或"先生"。是殖民统治时期的印度仆人或本地居民对英籍女
性的尊称，与"sahib"（对男性的尊称）对应。

审视她们的经历，研究其主体性，并将这些女性的书写纳入学术研究的前沿。只有这样，才能让女性"自己发声"。"女主人"的行为和声音是殖民历史知识中不可或缺的一部分，这一性别视角的研究可以补充英帝国殖民印度的历史，也回应了女权主义历史学家的呼吁。纳特为了完成其研究，深入阅读了18—20世纪初大量"女主人"的作品，并亲自走访了她们笔下频繁提及的印度城市。

英属印度对女性的监管相较于国内少。对于女性来说，英属印度成了她们抛弃传统束缚、追求自由的"解放之地"。她们中有的踏上了去往丛林或寻找"风景如画"之地的旅途，有的学习了解印度文化及孟加拉语，有的成为印度妇女和女孩的教师，还有的投身于研究印度妇女问题并致力于改善后者的现状……各种丰富多彩的经历都记录在女性的信件与日记中，无一不体现了她们足智多谋、充满活力，具有挑战和冒险的精神。尽管她们的出路有限，但还是尽量为自己开辟了一条实现人生价值的道路，在英属印度的教育、公益服务和民族志等方面作出了贡献。但由于这些作品主要是未经证实的个人经历，其中的真实性问题值得思考。对此，纳特指出，相比于追踪考究她们书写的可信度而言，她们为何如此书写更加重要，因为这些动机往往与殖民主义相关。她建议用"书信编年史"（Epistolary Chronicling）的方式处理"女主人"的书写作品，这些作品在19世纪20年代开始在英国公开出版并拥有了读者群，可以作为霸权主义殖民话语的补充。

英属印度的白人女性是通过婚姻制度间接参与殖民地事务。她们以这种非官方立场可以获得足够的内幕信息，这种独特的内部—外部立场（insider-outsider position），使她们的知识生产具有主流殖民话语特征的同时，又带有一些另类视角。有时她们设法超越种族、阶级和性别的限制进行书写，甚至与殖民主流立场背道而驰。

同时，纳特强调不该以浪漫化的方式美化"女主人"，将她们描绘成"无辜的和无可指责的人"。她们只是偶尔运用了反殖民或反霸权的话语。更多时候，她们顺从帝国统治，参与对殖民地的剥削，或者以傲慢的种族主义者身份出场。有些女主人的书写让纳特觉得"明显令人憎恶"。她们有意将东方人描绘成"野蛮人"或"亚人类"（sub-human），这种动机与种族主义和19世纪帝国扩张主义的目标一致。纳特称"英国女主人"施行的是一种"温和的帝国主义"（gentle imperialism），与英帝国要使印度"文明化"的目标一致。此外，她们的种种行为偏离了维多利亚时代妻子或母亲的标准形象，让她们面临着声誉受损，甚至招致公众愤恨的风险。这些处境使她们持有复杂的心态，焦虑感常常充斥于她们的书写中。比如，她们把自己在丛林中的冒险经历做了明显戏剧化和夸张处理，显得自命不凡。这源于她们渴望如同她们的男性同行一样，目睹"未曾见过的"和"未被发现的"事物。因此，女性很可能效仿男性东方主义者，刻意将自己塑造成殖民进程的参与者。总体上看，他们如何理解印度都是从自身利益出发，她们的活动都是受益于帝国活动的"战利品"，或经常"陶醉于大不列颠的荣耀"。

该书共十章。第一章讲述了"女主人"们从英国启程前往印度的航海经历。在海洋上航行的日子与在英国养尊处优的生活天差地别。女性们在船上也有社交需求，一来打发枯燥时光，二来结交到的朋友可以在登陆印度时候为她们提供帮助。但是她们也因维多利亚时代严格的性别社交规范而受到压力，喝酒、跳舞、寻欢作乐、大声说话，以及与男性随意交谈都会带来非议。纳特讨论了这些女性普遍的婚姻态度，以及一些女性择偶的事例。受维多利亚时代保守的社会风气影响，"女主人"群体被讽刺成轻佻而任性的形象，体现了她们受到性别观念的限制。

在第二章，作者讲述了"女主人"在印度安家、适应印度生活时遇到的困难。很多在英国赖以为生的用品，在印度很难找到，比如抽水马桶和卫生用品等。在日常生活中，她们受到诸如猛虎、蝎子、蛇、蜥蜴等各种野生动物的困扰；印度气候炎热、卫生条件差，霍乱等传染病在她们看来是生死攸关的大问题，她们总是非常努力地保持清洁，确保食物的质量。她们与印度男仆相处时有诸多不便，感觉隐私被剥夺，还要警惕仆人的盗窃行为，却不得不依靠大量佣人、厨师和管家帮助她们维持奢侈的生活。此外，社交是英属印度社会女性生活中重要一环，是"女主人"们花费巨大精力在印度维持英式生活的重要体现。印度的英国社会机制复杂而多层次，处事社交中的规矩义务多且苛刻，她们必须迅速适应。与帝国中明确严格的等级制度相对应，"女主人"行列中也存在等级秩序，资历较浅的"女主人"要承认资历高的"女主人"的权威，还需努力赢得后者的青睐和支持。她们都需要小心维护自己的形象和名声，对其他女士进行自命不凡的评头论足在"女主人"中非常流行。虽然这一女性群体中普遍的规则并未得到殖民政府的承认，但对于女性的生活社交至关重要。

在第三章，纳特关注"女主人"们的情绪和心理问题。她们无法抑制对家的思念，收到来自英国家人、朋友的信件都让她们坐立不安。她们的丈夫忙于工作，一旦生活缺乏刺激，她们就处于无聊、无目的感和孤独中，有些"女主人"就产生了心理健康的问题。她们时而昏昏欲睡，意志消沉，不得不靠养宠物填补空虚感；时而情绪失控，歇斯底里症普遍存在于"女主人"群体中。纳特指出，长期以来，人们以嘲讽的态度看待这种女性形象，这是源于她们在文学作品中普遍遭到贬低，她们这些情绪特征被抨击为懒惰的、娇生惯养的。而对于"女主人"们的这种情绪和体验，作者认为应给予她们充分的理解，并指出这种情况源于她们处于帝国事务的边缘位置，根本没有生产性的或有报酬的活动可供她们从事。受到殖民地统治阶层的特殊性别关系的影响，婚姻不幸的现象普遍存在于白人夫妇中间，但多数"女主人"只能受困于其中，即受困于性别和社会地位的框架中。殖民地社会不断强调"女主人"需严格遵守性别规范。任何"不正常"的行为都使她们面临降低社会价值的风险。其中最严重的就是"前往丛林"，这被视为进入印度原始状态的"堕落"。

在第四章和第五章中，作者介绍了"女主人"作为特权者的旅行、露营、狩猎等各类户外经历。在旅途中，强盗（dacoit）群体引起了"女主人"的特别关注。她们作为特权旅行者，在能够保障自身安全的前提下运用女性视角观察这些强盗群体，不同于从镇压和处罚的角度看待他们的"男性帝国"的视角。

纳特结合自己的医疗史研究背景，在第六章考察了印度的气候环境、卫生条件、疾病传播给女性带来的挑战。"女主人"发挥自己的主观能动性，在殖民地的医疗领域中发挥着微观层面的作用。同时，她们面临着一些生活在印度非常棘手的女性困境，包括她们的妇科健康、怀孕分娩等问题。她们既背负着为殖民统治繁衍后代的"母性负担"，又受到一系列性别规范的约束。帝国运用一整套医学知识话语和性别道德话语对她们进行严苛的警告和规训，但她们的生殖健康问题未受到足够重视，处理女性健康的医疗护理机制严重缺乏，甚至这些问题都没有自由讨论的空间。事实上，帝国工作需要她们持续参与其中，她们即使努力遵循医疗和性别规则，也难以在母亲身份与"女主人"身份之间维持平衡。

在第七章中，纳特考察了"女主人"的私人情感生活和发生在"山间车站"那充满乐趣的体验。在第八章中，作者考察了她们养育孩子的经历及她们与女佣（ayah）之间的紧张关系。在一些持种族化观念的"女主人"看来，印度人与白人小孩一样"天真且头脑简单"，因此，他们之间存在某些"自发的感情"。这种现象引起了"女主人"的极大焦虑，她们不希望自己的孩子与女佣过于亲密。在她们看来，这些印度女佣没有纪律意识，担忧孩子从女佣身上沾染上邋遢、不讲礼貌等"印度特征"，学会一些"野蛮"的印度习俗。她们的英裔印度孩子的健康和受教育问题都是令她们头疼的事，也是她们处于母亲和帝国太太两种身份之间的矛盾。

在第九章中，纳特考察了女性对1857年印度兵变中残暴场面做的大量细节记录，这些书写成为传播痛苦与恐惧的工具，激发起英国大众的愤慨和种族对立情绪。在她们看来，这场兵变并不是殖民统治中的重大事件，这些士兵只不过是军队内部无能又无知的叛乱分子。她们更加关注的是兵变中无辜者的遭遇，借此将自己塑造成伸张正义的使者。

作者在第十章介绍了殖民统治结束时，"女主人"离开印度的经历。随着技术进步，到了殖民后期，摄影成为新的记录"东方"的方式。作者并没有如同引用女性文本那样放置摄影图片，仅对图片内容做了描述。

该书从女性视角出发，将英属印度的"女主人"群体大量的生活细节、面临的各种挑战及她们在殖民统治中的处境生动地铺陈在读者面前，强调了她们经历和性格特征的多样性。通过展现"女主人"形象的多样性、丰富多彩的生活及积极应对挑战的精神，纳特反驳了文学形象中她们慵懒傲慢、百无聊赖、以自我为中心的刻板印象，是对莎拉·米尔斯（Sara Mills）对女性赋予特定形象的做法持批判态度的回应。

该书的研究主题非常新颖，尤其是对"女主人"的心理和身体健康的考察，是作者结合自己的医疗史研究背景，深入考察她们背负的责任与女性困境，是女权主义历史学家尚未深入考察的领域。该书的研究路径是将女性群体作为研究主体，把妇女的作用纳入帝国殖民事业中。当她们的丈夫忙于建立"伟大"的帝国时，她们不仅在幕后生活方面承担起重任，也在帝国事务中频频出席，为帝国的建立和统治付出了代价，是一部性别史视角下的新帝国史研究。纳特将"女主人"从英国到印度的海上航行经历、在印度的旅居经历及她们的各项行动编织成一张来往于英帝国与印度之间、印度国内各地之间的流动网络，是一部将生活书写的微观史研究与殖民帝国的宏观视野相结合的作品。

纳特认为"女主人"群体与帝国殖民存在着共谋关系。她指出大多数"女主人"具有帝国主义心态，她们认为自己的帝国正从事着提升"未开化"种族的崇高事业。她将这些女性文本视为女性利用知识生产，与殖民权力关系勾结在一起的证据，丰富了米尔斯的"女权主义福柯模式"（a feminist Foucauldian model）的研究。她考察了"女主人"与殖民地各种人群进行的跨文化互动，对他者形象进行的建构，通过大量补充细节，对英迪拉·戈斯（Indira Ghose）所述帝国中的"女性凝视"（Female gaze）框架做了补充。同时，纳特着重于描绘"女主人"们为维持得体而优越的英式生活所做的努力，以及对自己作为殖民参与者身份的塑造，后者体现了她们焦虑而复杂的殖民心态。

最后，笔者认为稍有遗憾的是，该书并没有围绕"女主人"这一概念进行深入探讨。纳特曾指出并不是所有旅居印度的英国白人女性都属"女主人"群体，但并没有界定清楚该群体的范围，比如"女主人"是否必须是已婚妇女。此外，她忽略了英国对印度不同阶段的殖民统治特征，不同殖民阶段中的"女主人"群体的观念和行动是否存在差异？纳特的论述似乎缺乏一些历史维度。

（王悦，首都师范大学历史学院博士研究生）

《大西洋转向：19 世纪的帝国、
政治与奴隶制》评介

常哲荣

Dale W. Tomich, *Atlantic Transformations*: *Empire*, *Politics*, *And Slavery During The Nineteenth Century*, Albany, State University of New York Press, 2020, iv + 227pp.

戴尔·韦恩·托米奇（Dale W. Tomich）是纽约州立大学宾汉姆顿分校社会学系教授、费尔南·布罗代尔研究中心副主任。他具有深厚的历史学背景，精通多种语言，在拉丁美洲研究领域拥有丰富的学术经历，其研究主要集中于奴隶制与资本主义的复杂关系，主要探讨奴隶制在现代世界经济体系形成中的关键作用。他的著作《糖业中的奴隶制：马提尼克与世界经济（1830—1848）》（*Slavery in the Circuit of Sugar*: *Martinique and the World Economy*，1830—1848）通过马提尼克奴隶制的复杂视角，将地方历史与全球经济变迁紧密联系，从而揭示了奴隶制在经济、政治和社会之间的动态交互作用；《透过奴隶制的棱镜：劳动、资本与世界经济》（*Through the Prism of Slavery*: *Labor*，*Capital*，*and World Economy*）强调了奴隶制在全球经济中的重要性、多样性和复杂性。从学术路径的角度来看，戴尔·托米奇的研究挑战了解释美洲奴隶制形成的传统范式，他通过"第二次奴隶制"的视角为大西洋体系内奴隶制形成与废除的历史考察提供了新的思路。与此同时，他所编辑的多本书籍，如《奴隶制的新边疆》《第二次奴隶制的政治》《大西洋与非洲：第二次奴隶制及其他》等不仅继续探讨了奴隶制的多维度影响，还进一步促进了相关研究领域的对话与合作。

　　《大西洋转向：19 世纪的帝国、政治与奴隶制》是 2016 年 4 月 29 日至 30 日宾厄姆顿大学费尔南·布罗代尔研究中心举行的"政治、经济和第二次奴隶制"会议的论文集。这次会议是为了纪念克里斯托弗·施密特－诺瓦拉（Christopher Schmidt-Nowara，1996—2015），他是以"第二次奴隶制"视角进行研究的先驱，其作品对大西洋史、西班牙史和拉丁美洲史等研究领域产生了重大影响。这本文集的文章通过研究全球和地方在不同时间和空间上的相互影响，极大地拓宽了"第二次奴隶制"视角的范围。更重要的是，它们特别关注了作为大西洋世界的一部分的西班牙殖民帝国在古巴和波多黎各所建立、推行和废止的奴隶制。

　　该书第一篇文章《1780—1880：帝国转型的世纪》来自巴塞罗那庞培法布拉大学的何塞普·弗雷德拉（Josep M. Fradera）教授，他比较了 19 世纪欧洲帝国和临时帝国竞争的结构，呼吁关注帝国政治、殖民主义和奴隶制之间的相互作用。弗雷德拉认为，1780—1880 年是帝国转型的世纪。它包含三个周期：第一个周期是 1780—1830 年的革命周期。以七年战争为开端，一种新型的军事财政国家得以建立。在这一时期，国家由于战争所导致的征兵和财政需求的扩大，形成了对其帝国治下社会的入侵。殖民地与其宗主国的联系纽带发生变化，由旧制度聚合而成的君主制帝国，凭借其多重管辖权和杂乱无章的宪法和政府解决方案，以及以内部变异为特征，转变为以"民族"空间为代表的帝国。第二个周期是 1830—1870 年，与"特殊性"（specialness）的胜利有关。在这一时期，欧洲强国效仿了法国的"特殊性"思想，以期在宗主国和殖民地之间获得更高的一致性。但在殖民实践中，特殊性的政治和司法文化的发展以及不同的立法逻辑不可避免地导致了主权国家和帝国语境之间的逐步区分。第三个周期始于 19 世纪的最后几十年，结束于第一次世界大战。在这一时期，民族国家的巩固和帝国的扩张都以民族为中心，民族作为一个政治和文化共同体成为最具活力的因素，种族观念在殖民活动中发挥着越来越重要的作用。弗雷德拉的研究启示我们关于帝国的历史书写应该考虑到它的殖民基础，应该涉及殖民地综合体的政治和文化融合。这既体现了帝国政府的复杂性，也反映出它在本质上的不平等。

　　第二篇文章来自耶鲁大学历史系副教授马塞拉·埃切维里（Marcela Echeverri），她的《第二次奴隶制时代的西班牙美洲大陆奴隶制》从西班牙美洲大陆的视角重新思考了"第二次奴隶制"的历史分析边界。马塞拉·埃切维里认为，西属美洲大陆社会的特殊性使其在"第二次奴隶制"的史学研究中处于边缘地位，这种差异为充分理解奴隶制的复杂性提供了可能。西班牙美洲大陆是我们从历史角度理解大西洋反奴隶制的政治、各种地方和社会层面与 19 世纪全球资本主义的出现之间的联系的一个中心节点，这与目前关于废奴的全球性研究保持一致。为此，她以 1820—1830 年间的旧哥伦比亚，以及 1830 年后的厄瓜多尔、委内瑞拉和新格拉纳达为重点，试图将西班牙主体地区的原住民纳入 19 世纪奴隶制和反奴隶制的历史之中。在她看来，这样做至少有三个方面的贡献：一是可以将大西洋世界奴隶制和反奴隶制的经济和政治历史中看似互不关联的年代学结合起来；二是可以重新审视和考虑美洲共和主义和废奴主义之间的普遍等同性；三是可以确定废除奴隶制和土著劳工之间的联系，并通过南美的历史视角扩大关于奴隶制、自由和废奴的讨论。

巴塞罗那庞培法布拉大学的阿尔伯特·加西亚-巴拉纳（Albert Garcia-Balanà）副教授贡献了第三篇文章。他的《跨大西洋爱国主义：1860 年非洲战争影响下西班牙加勒比地区的种族和民族》揭示了 1860 年前后西班牙与加勒比地区在帝国主义经验、爱国语言、种族意识和民族思想等方面所存在的重要的跨大西洋交流。加西亚-巴拉纳认为 1859—1860 年的西摩战争对这些思想作出了显著贡献。为此，他对 1860 年第一次西摩战争时期西班牙古巴殖民地最高当局迅速且多方面地拒绝武装非洲裔古巴"志愿军"加入非洲军的计划进行了双重解读。他认为该事件一方面反映出西班牙母国与克里奥尔精英群体之间的矛盾；另一方面也反映出非洲奴隶制框架在古巴政治上的失败。正是通过对这一事件的引申，加西亚-巴拉纳以弗朗西斯科·福尔特（Francisco Fort）和安东尼奥·塞雷特（Antonio Ser-ret）的人生传记为中心深入追溯并反思了西摩战争在西班牙所掀起的爱国主义浪潮以及其对加勒比地区的影响。加西亚-巴拉纳认为从半岛爱国主义（Peninsular Patriotisms）到克里奥尔爱国主义（Creole Patriotisms）这些形式的爱国语言得以传播的关键因素是人们越来越多地从种族的角度来定义民族共同体。这一方面要归功于 1860 年前后西班牙海外政策的进一步发展；另一方面也得益于西班牙在非洲的战争。它强调了对表层遗传特征（主要是肤色）的依赖，并将其作为文明和价值的标尺，从而证实了西班牙的权力和多重政治含义。除此之外，更频繁的跨洋活动和生活经历所产生的集体召唤，以及种族语言在将"帝国"定义为一个平等的政治共同体时所产生的包容力（及其反面的排斥力）也在其中发挥了重要的作用。

第四篇文章来自西班牙卡斯特利翁豪梅一世大学历史学教授何塞·安东尼奥·皮克拉斯（José Antonio Piquerase）。他的《古巴合法奴隶贸易的结束与第二次奴隶制》一文批判性地讨论了维也纳会议在结束非洲奴隶贸易进程中具有决定作用这一观点。其核心观点认为，虽然英国在维也纳会议上成功地将废除奴隶贸易提上议程，并取得了一些进展，但随后达成的双边协议和宣言反映了各国态度的转变。对此，他以英西双边外交为中心，详细审查了自 1814 年至 1820 年间英西双方就废除西班牙奴隶贸易所签订的条约和款项。以此为基点，皮克拉斯的研究展示了在这一时期西班牙印度委员会（the Council of the Indies）少数有影响力成员的反对意见，并通过强调西班牙在该地区的殖民利益，反映了西班牙阻挠和拖延废奴贸易的企图。正是通过这种审视，皮克拉斯利用计量的方法，通过详细的数据分析为我们生动地展现了这一特殊时段古巴和波多黎各空前猖獗的奴隶贩卖和投机活动。皮克拉斯认为，从 1814 年维也纳会议的废奴宣言到 1817 年英国和西班牙签订的废奴条约，这些关于废除奴隶贸易所进行的"人道主义"行为并没有提高所谓的人道主义标准，它不过是时代背景下大国之间博弈与世界秩序变动的产物。更为重要的是，它们实际上增加了奴隶贸易的数量，并且达到了空前的规模。同时，它还匆忙启动了一个以古巴为中心的庞大的国际机制以提高奴隶贩卖的数量和蔗糖的产量，这使奴隶贸易在被禁止后又持续了 45 年。

第五篇文章是耶鲁大学历史系副教授安妮·埃勒（Anne Eller）的《从棉花到骆驼：本世纪中叶伊斯帕尼奥拉岛的种植园野心》。在该文中，安妮·埃勒重新审视了 1861—1865 年西班牙再次占领多米尼加时期殖民地当局与殖民地精英的政治合作、劳动控制和经济期待。她认为虽然在 19 世纪中叶的种植园生产史中少见多米尼加共和国的身影，但这一时期多米尼加的地方精英与重新到来的西班牙殖民者以及外来投资者都对该地区的经济繁荣充满期待。因此，在接下来的占领时期，西班牙当局采取了诸如设立行政机构、推行新法典、扩建邮政系统等措施来重建殖民政府。与此同时，西班牙当局继续实施特权，通过在城市中心严苛立法执法，重建并扩大监狱系统，强化军事纪律，煽动移民计划，实施严格的宗教改革，限制有色人种的自由旅行等一系列措施，意图将多米尼加人变成"生产"主体，并将他们置于更大的殖民国家的管辖之下，以服务于煤矿开采、棉花生产、烟草种植和货物运输等大型项目。安妮·埃勒的研究展现了该时期西班牙当局在多米尼加的劳动控制计划和种族主义行为，并且强调了其对多米尼加当地人的压迫与剥削。

第六篇文章《反对赞助人的斗争：拉布拉、塞佩达和第二次废奴运动》来自路易斯·米格尔·加西亚·莫拉（Luis Miguel García Mora）研究员。他以施密特·诺瓦拉（Christopher Schmidt-Nowara）和戴尔·托米奇为基点回溯了关于古巴废奴主义的史学传统。莫拉认为，诺瓦拉的研究关注了反奴隶制这样一种意识形态和运动如何在 1833 年至 1874 年这一特定时期内发展起来，其重要贡献在于揭示了加勒比地区废奴主义的本土力量。莫拉参照托米奇所提出的"第二次奴隶制"概念，以拉斐尔·玛丽亚·德·拉布拉（Rafael María de Labra）所创办的《论坛报》（*La Tribuna*）和弗朗西斯科·塞佩达（Francisco Cepeda）所创办的《安提拉斯评论》（*Revista de las Antillas*）为中心，进一步探讨了在第二次废除奴隶制时期两代废奴主义者的新闻宣传活动和殖民意识形态。莫拉认为，虽然从整体上看废除奴隶制更多是国际压力、西班牙民主革命和古巴战争的结果，而不是奴隶劳动过时的结果。

第七篇文章是巴塞罗那大学美国史教授贾维尔·拉维纳（Javier Lavina）的《大西洋化和第一次失败的奴隶制：16—17 世纪的巴拿马》。该文从全球化视角重新审视了 16—17 世纪西班牙在中美洲加勒比海沿岸的殖民。拉维纳认为，对美洲奴隶制的讨论应该考虑到"新世界"与大西洋沿岸其他地区的开放和联系，以此为基础，"第一次奴隶制"的概念与"大西洋化"的概念为我们从根本上理解三大洲之间不对称的交流空间提供了新的视角。在这个不对称空间的核心，欧洲确立了自己在大西洋的经济、技术和军事实力。在这种情况下，巴拿马作为太平洋和大西洋之间的纽带，其奴隶制和奴隶制的商业化成为连接帝国列强和大洋贸易的共同纽带。除了这种全球叙事，拉维纳还提醒我们应重视同时发展的地方和区域历史。在殖民奴隶制形成并规范大西洋世界的同时，殖民势力有效控制奴隶和奴隶制的能力也受到质疑。为此，拉维纳考察了巴拿马议会的社会结构，并对巴拿马奴隶制有别于传统的农业劳动力剥削和种植园经济的发展轨迹进行了分析。同时，借由对"马龙人"（Marronage）社会组织、文化传统和政治斗争的讨论，拉维纳为我们生动展现了该时期逃亡奴隶的抵抗行动和"第一次奴隶制"的失败。

最后，戴尔·托米奇和拉斐尔·马尔克斯（Rafael Marquese）的《帕莱巴山谷的奴隶制和19世纪世界咖啡市场的形成》借助更广泛的全球视角和更深入的区域分析，展示了19世纪上半叶巴西帕拉伊巴山谷（the Paraiba Valley）在世界咖啡市场形成过程中的作用和影响。托米奇和马尔克斯认为，从全球框架来看，各种生产空间的形成是相互关联的。自1790年至1830年，从圣多明各的咖啡种植到牙买加的种植园，世界咖啡市场经历了巨大的波动，这既是海地革命的结果，也是大西洋列强军事冲突的结果。它标志着大西洋历史的断裂，也标志着英法加勒比海殖民奴隶制的衰落和19世纪奴隶制新历史结构的形成——其中心是古巴和巴西。巴西的咖啡繁荣与古巴的咖啡生产危机和蔗糖繁荣之间有着密切的关系。此外，通过考虑土地、劳动力和资本的地区构成以及种植园主、被奴役工人和国家之间的政治关系，托米奇和马尔克斯解释了帕拉伊·巴山谷咖啡集中生产的原因和1830年后巴西在世界咖啡市场上的地位变化。他们认为理解这些问题的关键是奴隶劳动。种植园主不仅推动了非洲奴隶向新世界最密集的流动，其中部分是在非法的情况下进行的，而且在短短三代人的时间里，还夷平了世界上最丰富的森林植被之一。大规模的生产、消费、奴役和破坏，这些都是现代性的标志，它们共同塑造了帕拉伊巴河谷的历史景观。

总之，从17世纪的巴拿马到18世纪的古巴和多米尼加，从大西洋的奴隶贸易到种植园的生产经济，从种族观念的推行到废奴意识的生发，这些文章揭示了在不同时间和空间范围内影响"第二次奴隶制"形成的各种力量，并在不同程度上回应了奴隶制在现代世界中具有陈旧性或不合时宜性的过时观点。通过"第二次奴隶制"的研究视角，反思帝国扩张、殖民活动与民族意识、种族观念之间的紧密联系，再思奴隶贸易、殖民体制与全球经济、现代体系的复杂关系，大西洋体系下奴隶制建立与废除的史学研究无疑更加重视区域研究与全球叙事的结合，更加关注大西洋奴隶制的扩张方式以及它作为新的全球政治经济秩序的一部分被重塑的方式。奴隶制与反奴隶制都是复杂而矛盾的现代性的一部分，它不断给出新的问题也将不断收获新的解释。在这种情况下，《大西洋转向：19 世纪的帝国、政治与奴隶制》无疑提供了新的思路，做出了新的尝试。

（常哲荣，上海师范大学人文学院世界史系博士研究生）

《全球启蒙：西方进步与中国科学》评介

陈显川

Alexander Statman, *A Global Enlightenment*: *Western Progress and Chinese Science*, Chicago: The University of Chicago Press, 2023, vi+356pp.

  启蒙运动通常被视为本质上属于欧洲的知识运动，它起源于欧洲的"科学"，使西方获得"进步"，并赋予西方超越世界其他地区的历史地位，将"科学"和"进步"的观念从欧洲传播到世界。这种启蒙的经典解释建构了一种"欧洲中心神话"，试图使欧洲推动世界进步的观点变得根深蒂固。但实际上这样的解释有意无意掩盖了一些基本事实：启蒙是一个全球性的现象，而非从一个地方传播到另一个地方；启蒙时代的科学知识也具有全球性，包含了很多非西方地区尤其是中国科学的内容；早期的启蒙哲学家如伏尔泰等对中国古典思想的理性价值充满盛赞，而在后来的启蒙叙事中这些非西方的哲学思想和科学内容被"驱逐"出了欧洲启蒙历史。因此，这种"欧洲中心启蒙史"或者"大西洋启蒙史"既不能平等地对待不同区域和文化的启蒙贡献，也不能客观说明世界各国走向现代化的"进步"历程和相互关系。

  从反思和克服欧洲中心启蒙叙事的问题出发，"全球史"的视野和方法为启蒙研究提供了新的时间性和空间性，并促使 20 世纪后期的启蒙研究向"启蒙全球史"转变。"全球史"方法意在超越民族史、国别史乃至一般意义的世界史研究的单向视角，突破某一个国家或区域的"中心"主义或"本位"主义，强调国家与国家之间、文明与文明之间的平等交流和相互影响，立足于"全球"视角来重新理解"人类历史的统一性和文化的多样性"。全球史方法对启蒙研究具有重要的理论启示和方法指导意义。同时，启蒙全球史本身也是全球史研究的具体实践，它继承和践行去中心的、平等的和多元主义的原则，强调启蒙并非欧洲单独造就，全世界很多地区的知识和智慧都有参与和贡献，并且启蒙理念本身就是跨地区和全球化的反应机制，而非"进步"的观念在欧洲的推动下向全世界扩散的历史。因此，启蒙全球史为突破经典启蒙解释所包含的欧洲中心论预设和大西洋史语境提供了可能。

美国学者司马世荣（Alexander Statman）的《全球启蒙：西方进步与中国科学》（以下简称《全球启蒙》）一书是启蒙全球史研究动向下的重要新成果。该书荣获 2024 年美国历史学会颁发的"赫伯特·巴克斯特·亚当斯奖"（Herbert Baxter Adams Prize），这不仅是对作者关于启蒙运动研究成果的肯定，同时也反映出当下史学主流对全球史研究趋势的期许。

《全球启蒙》一书从全球史视角探讨了中国科学与西方进步观念在启蒙运动时期的相互影响，以及这种影响如何塑造了现代对于"进步"观念、"科学"观念，以及东西方关系的理解，并由此呈现出超越欧洲中心的"全球性的启蒙"景观。司马世荣聚焦于他称之为"启蒙运动的孤儿"（Orphans of the Enlightenment）的知识群体，其中包括前耶稣会传教士、法国政治家、欧洲汉学家、满洲贵族和中国士大夫等人物，考察他们如何研究古代的天文记录、当代的自然知识、热气球、机器、石刻、阴阳宇宙观、动物磁力、道家医学、塔罗牌算命，以及催眠治疗法等东西方的知识内容，并确立起一种新的全球科学史研究的方法。该书作者认为，尽管流行的历史共识认为非西方思想在启蒙运动中被驱逐出了欧洲，但实际上启蒙思想家对中国科学充满了兴趣，他们将中国视为古典智慧和理性的源泉加以推崇。启蒙运动时期，欧洲与中国的知识交流，揭示了中国思想对欧洲启蒙运动的重要贡献。此外，该书还探讨了西方对中国科学的认识转变过程：启蒙时代曾被作为榜样来赞赏和效仿，而后被视为启蒙运动的对立面加以批判和否定，最后又作为现代性的替代品。尽管这种转变与欧洲自身的"进步"观念变化相关，但无论如何，中国科学对西方产生了不可替代的影响。

《全球启蒙》除"引言"和"结论"外共有五个部分，分别通过一系列相互关联的关于中国科学的对话，来讨论欧洲和中国如何在启蒙时代交流旧的思想和知识，并在此过程中创造出新的认识和观念。

第一章"伏尔泰笔下的孔子的死亡"主要讲述了欧洲在启蒙运动时期对中国认识的转变，以及中国文化对欧洲思想的影响。该书认为以伏尔泰为代表的启蒙哲学家对中国十分青睐，这一时期的欧洲人不仅钦佩中国的历史、哲学、宗教和文化，而且将其作为追求的榜样。但是18世纪末欧洲对中国的看法开始出现显著逆转并趋于负面。孔子也从伏尔泰笔下"传统的典范"，变成了通向"进步"的障碍。这一重大逆转的原因，一是因为欧洲与中国之间发生的"大分流"使得欧洲工业社会不断扩大了物质经济差距，削弱了对中国农业经济社会及其文化的兴趣。二是因为历史"进步"的理念被重新界定，中国被重新定义为一个"停滞的帝国"，而欧洲则代表了面向未来的"进步"。伏尔泰之后的欧洲人将自然科学视为社会进步的唯一引擎和新的进步叙事的决定性因素，因此他们认为中国缺乏进步，指责中国未能发展自然科学。在启蒙运动末期以欧洲科学为核心的"进步"观念的影响下，中国从原来欧洲人眼中的"理性之地"被重新定位为"毫无进步之所"，宣告了伏尔泰笔下的孔子的死亡。

不过，启蒙运动与中国思想的接触并没有结束。基尼（Joseph de Guignes）、贝尔坦（Henri Bertin）等汉学家仍然推动着中西之间的知识交流，以弗朗索瓦·魁奈（Quesnay）为代表的"重农主义者"仍然坚持为中国的科学以及政治道德辩护，耶稣会传教士也继续将中国的历史、科学、艺术和风俗等介绍到欧洲，他们重新解读儒家的自然哲学，试图为启蒙运动作出贡献。当启蒙运动后期的哲学家们转而反对中国时，仍然有人试图借鉴中国古代传统来反驳现代欧洲的观点。

第二章"中国的前耶稣会传教团"将目光从欧洲转到了中国，以前耶稣会士钱德明（Joseph-Marie Amiot）为中心，叙述了传教士在中国的活动与交流情况。传教士在中国怀抱着"拯救灵魂"和"推进知识"的双重使命。耶稣会内部的变故使得传教团组织充满分歧，但钱德明这样的"启蒙运动的孤儿"依然坚持了他们在科学知识方面的使命。他们同中国的朋友一起在北京交流和试验最新的启蒙科学，从电医学到热气球。他们也为乾隆皇帝的宫廷效力，在艺术、技术和科学领域发挥自己的专长，参与"中国的凡尔赛宫"——圆明园的机械喷泉和水渠设计，以及向皇帝介绍地球探索和天文测绘等知识。钱德明等传教士具有欧洲学者和帝国仆人的双重角色。他们凭借在绘画、制表和机械等方面的专长，在中国的宫廷里获得一席之地，甚至可以在清朝的官僚机构中任职。宫廷里对欧洲技术尤其是钟表和枪支等的需求，使传教士和上层贵族建立起了交谊基础。钱德明和宗室贵族弘旿建立起友谊并一起交流晚期启蒙科学，弘旿通过钱德明了解到欧洲物理学的奥秘，而钱德明也通过弘旿发现了一个对于欧洲和中国学者都颇重要的方面：现代欧洲科学的某些发现可能之前就已被中国所超越。他们互相影响并印证了这样一个认识，即新的欧洲科学可能是对中国古代知识的一种"重新发现"。

第三章"神秘主义的起源"探讨了中国知识如何进入启蒙运动之中，并参与到关于"进步"问题的辩论，以及启蒙学者如何通过中国的历史和文化来探索科学的起源等问题。启蒙运动的孤儿们保留了一种"古代智慧"的信念，并且为了寻找艺术和科学的起源，他们通过"神秘主义"的相关问题来探讨启蒙哲学家们的进步理论。他们认为，古人拥有许多现代人所不知道的、有价值的知识，虽然很难对其进行概括，但这种复杂多变的特质反而增强了其重要性。尤其是在早期欧洲的知识文化中，古代智慧的理念既是对"创世"神话解读的一种暗示，也是对科学起源的一种世俗解读。启蒙运动时期，欧洲人将对古代智慧的追求与中国历史联系了起来，因此，中国证据组成了现代神秘主义的基础部分，为启蒙运动提供了重要信息。为了探寻科学的起源，他们讨论研究了中国文化起源于何时何处、中国人从哪里来等问题。他们将中国的大禹石碑和欧洲的塔罗牌联系起来研究，并由此证实"古代智慧的存在"。对中国远古问题的研究在启蒙时代形成了一种认识：进步并非前所未有，古人也不逊于现代人。在寻找古代智慧的过程中，启蒙运动的孤儿们尝试运用中国的知识来寻找答案，将中国的自然哲学直接带进了欧洲的启蒙运动。

第四章"动物磁性的阴阳理论"讨论了启蒙时代西方科学与东方自然哲学的一种有趣的结合。在探索"古代智慧"和全球知识互动的背景下，钱德明和梅莱（Mellet）发展出一种将中国的"阴阳"宇宙观与动物磁力理论融为一体的自然解释。他们发现欧洲思想和中国思想之间存在的相似性和关联性，并利用彼此来解释对方。梅莱的电医学研究运用了大量中国的资料，钱德明以欧洲催眠术为灵感，对中国的儒家宇宙观和道教等问题进行了开创性的新研究。启蒙运动的孤儿们通过这些研究实例发现，中国古代的知识和现代欧洲科学具有一致性。他们将中国的自然哲学与欧洲科学中被拒绝的神秘主义、神秘学等联系起来，这在当时虽然被证明并非"科学"，但是随着进步理念对科学观的影响，这些非科学的内容也很快被科学认可。

实际上，直到 18 世纪末，启蒙运动才就科学是什么——基于科学不是什么——达成稳定的共识，神秘科学和非西方科学从此被排除在外，由此产生的一个观念是：科学知识必然是现代的和欧洲的。这加剧了欧洲对"进步"理念的垄断。尽管启蒙时代的科学理论越来越以欧洲为中心，但在实践中却不可避免地越来越全球化，因为主要的科学人物通常从被置于现代科学谱系之外的非西方知识传统中汲取灵感，尤其是来自中国的科学知识（有些被认为是神秘主义的）在全球启蒙科学中扮演了重要的角色。启蒙运动的孤儿们相信欧洲可以从中国学习自然科学，他们并不认为自然科学一定是现代的或一定是欧洲的，无论在过去还是未来，在东方还是西方，真正的科学知识都是一体的，或者说具有全球性。

第五章"东方智慧的发明"讲述了 19 世纪以来欧洲对东方智慧的重新认识，以及中国思想在新的世界知识秩序里的意义。18 世纪末，欧洲在法国大革命后对中国的研究一度陷入低谷，中国不再是他们紧迫的研究对象，能够阅读中文的欧洲学者越来越少，并且对中国知识的负面看法被广泛传播和接受。不过，19 世纪初的汉学家对欧洲的中国观和中国知识本身进行了扬弃，启蒙运动的孤儿们也为新学术学科的创立设定了条件。他们重新评估和区分东方与西方的知识，但并非为了摒弃中国古代的知识，而是为了重新获取它。汉学家雷慕沙（Abel Remusat）重新对"古代东方智慧"进行了阐述，他抛弃了传教士时代被欧洲人视为中国代言人的孔子，在后启蒙时代把道家思想作为"古代东方智慧"的代表，认为道家学说实际上是一门科学，是关于宇宙构成、第一因和第二因的作用的"理性之学"，并且从道家思想中找到了一种将中国重新融入欧洲现代知识体系的方式。哲学家黑格尔（Hegel）也接受了雷慕沙的某些认识，从道家思想来探讨古代东方的智慧。"古代东方智慧"的重新发现还包含一种关于"进步"问题的主张：亚洲的古代民族并不像被现代欧洲描绘的那样落后，"古代东方智慧"也并非超自然的或者神话的，而是一种理性、科学和启蒙学说。非西方的知识，尤其是中国知识以一种新的认识被重新引入现代进步理论之中。

进一步而言，古代东方智慧的理念在现代世界重新焕发生机，其意义并不在于欧洲对东方中国的理解变得更准确、客观或者全面，而是代表了一种新的思考方式。在后启蒙进步论中，无论古代东方拥有何种知识与智慧，它都不是那种被视为现代西方独有的科学或者哲学知识。但问题的重点恰恰不在于是什么让中国的科学与西方相同，而在于它为何如此不同。现代进步理论接纳了启蒙运动的孤儿们的成果，重新将非西方科学纳入新的世界知识秩序中。古代东方智慧并非由欧洲的进步理念产生，进步思想不是要排除这些非西方的可能，而是要适应它们。所以东方智慧的贡献是在以西方为中心的进步叙事之外，为全球启蒙、科学和进步等问题提供一个古老而遥远之地的新答案。

结论部分显示，虽然该书的大量篇幅都在讲述非西方知识的启蒙价值，以及启蒙时代将其排除在科学和进步概念之外的谬误，但这并不代表作者在"知识"上完全接受这些内容，比如塔罗牌隐藏着埃及魔法、人类文明建立在亚特兰蒂斯废墟之上、动物磁力遍布宇宙，或者中国哲学预见了现代科学，等等。实际上，作者主张从史家的角度来探讨现代进步观念是如何形成？是什么影响了这种进步观念？他们包括和排除了什么，以及它们自身是如何在历史中变化的？该书的研究与其说包含了为启蒙时期"古代东方智慧"辩护的态度，不如说坚持了全球史的基本立场和原则，用跨文化比较研究的方法，展现了全球性启蒙运动可能的样子。

该书的一大特点是重视一手史料。作者运用了大量 18 世纪和 19 世纪的原始史料，其中包括耶稣会传教士和汉学家的手稿、书信、论著和译作等。作者还查阅了法国十多个档案馆和图书馆的馆藏文稿、通信等档案资料，以及中国国家图书馆和中国第一历史档案馆的相关档案资料。作为美国学者，除启蒙时代的英语、法语文献之外，作者还大量运用了中文的古籍和碑刻资料，既要克服跨文化和多语言研究带来的挑战，还需在浩如烟海的古籍和档案史料中整理分析那些鲜被关注的故事，实属难能可贵。

该书在理论方面深受萨义德（Edward Wadie Said）《东方学》一书的影响，在揭示启蒙时期主流思想存在的西方中心主义偏见和东方想象之外，也批判了西方对"进步"和"文明"概念的垄断为欧美国家的殖民主义提供了借口。不过，萨义德的"东方"概念聚焦于中东或阿拉伯世界，而该书则将"非西方"的视野聚焦于中国，这对萨义德"东方学"的地域局限问题具有重要的补充意义。在萨义德之外，还有一些学者的研究也展现出全球史视野下中国对于启蒙研究的价值，比如毕诺（Virgile Pinot）的《中国对法国哲学思想形成的影响》、艾田蒲（René Etiemble）的《中国之欧洲》、谢和耐（Jacques Gernet）的《中国与基督教》等。徐前进《启蒙全球史的起源与方法》一文总结说尽管上述研究各有侧重，但都体现了启蒙全球史的解释对欧洲中心论的挑战，以及突出了世界各地的相互交往和中国的影响，舍弃了现代启蒙思想和进步观念从西方传播到东方的固有论调。与前辈学人的研究相比，司马世荣在很大程度上继承了这种基本理念，并继续深化和践行启蒙全球史的研究方法。而该书的特别贡献在于将关注点集中在他称之为"启蒙运动的孤儿"这个被长期忽视的思想家群体。这些思想家既反映了欧洲启蒙时代的理念，又重视非西方尤其是中国的古代智慧，通过他们挖掘出以往被忽视但又具有重要意义的中西知识交流内容，为具象化认识和理解启蒙全球史提供了新的切入点和坚实的历史证明。

运用跨文化比较研究的方法来讨论启蒙运动的全球性是该书的另一大特点，其视野和结论多有新奇精彩之处。比如将中国的大禹石碑和塔罗牌结合在一起，来讨论和证明"原始世界的古老智慧"；用诺亚洪水和亚特兰蒂斯来对比讨论中国人及中国知识的渊源；对电磁科学的兴趣竟导向梅莱伯爵将中国的功夫作为理论和实践，以及将欧洲的电磁科学与中国的阴阳理论融合成"动物磁力的阴阳理论"；在中国道家的炼丹术与欧洲的炼金术、道家医学与欧洲的催眠术之间探索科学的奥秘和东西方神秘主义之间的新联系，等等。这些跨文化且极具比较价值的内容因过于"奇特"而容易被研究欧洲"科学"的学者所忽略，或被视为"神秘主义"及"迷信"的内容而被排斥在正统的科学视野之外。而该书却通过这些"神秘"知识的遭际转变，从全球史和跨文化研究的方法另辟出讨论启蒙时代东西方科学知识交流史的门径，并呈现出与经典启蒙叙事不同的启蒙全球史。

该书的一些内容也需要进一步思考。虽然启蒙运动的孤儿们对古代东方智慧的重视为启蒙运动赋予了全球性意义，但是与主流启蒙思想家群体相比，他们毕竟是启蒙时代的"孤儿"，是历史中的少数。因此，该书通过一个少数群体突出且卓越的思想展示出全球启蒙的一面，其学术意义和创新价值固然毋庸置疑，但是，如何安置和统一启蒙运动的孤儿们的"全球启蒙"和主流启蒙思想家们的"欧洲中心的启蒙"，或许仍需要进一步的省察。

（陈显川，中南大学马克思主义学院博士研究生）

《心理学的全球起源：古代世界的神经学、语言与文化》评介

杨　凡

Richard Valentine, *The Global Origins of Psychology: Neurology, Language and Culture in the Ancient World*, New York: Routledge, 2024, xiv+265 pp.

1879 年，德国莱比锡大学的威廉·冯特（Wilhelm Wundt）建立首个心理学实验室，标志着现代心理学作为独立学科的诞生。在此之前，有关心理学的知识长期属于哲学范畴。大多数西方学者认为，心理学的起源可追溯至古希腊哲学对灵魂的研究与探讨。理查德·瓦伦汀（Richard Valentine）从全球史的角度挑战了这一主流的学科史观点。该书是系列丛书《西方心理学的全新历史》（*A New History of Western Psychology*）的第一卷，虽非严格意义上的历史学者的研究，却充分展现了全球史方法对心理学史的深刻影响。作者理查德·瓦伦汀目前作为劳特利奇出版社（Routledge）交叉学科项目的丛书主编，除《心理学的全球起源》外，还著有《古代希腊与印度的萨满教与心理学》。

《心理学的全球起源》聚焦于心理学起源的多元性与全球性，突破了传统上认为心理学起源于希腊哲学的单一认知。瓦伦汀主张，心理学的根源深植于新石器时代和青铜时代诸多古老文明之中，像苏美尔、埃及、希伯来和中国等文明，均在心理学的形成中扮演了关键角色。全书分为上下两篇，上篇"理论工具"构建历史学、心理学与文化研究的跨学科框架，为下篇"学术研讨"部分对全球古老文明的心理学考察奠定了理论基础。

在前三章中，瓦伦汀从历史学、心理学及文化研究的角度，重新解构

了心理学史的范畴。他指出，心理学学科谱系的建构一直以来就充满争论。各学派都试图凭借知识谱系的建构证明自身理论的合法性。这种谱系建构以 19 世纪威廉·冯特建立心理学实验室为起点，强调自然科学范式在心理学研究中的核心地位，为实验心理学、行为主义等学派的理论体系提供了学科依据。"短时段"的心理学史切断了心理学与古代心智哲学之间的联系，却忽视了心理学古典与中世纪时段的思想渊源。近年来，部分学者将心理学的源头追溯至笛卡尔、洛克等早期现代思想家，通过挖掘"身心二元论""经验主义"等哲学概念对现代心理学、神经学的奠基作用，又形成了"中时段"学术史。比如，马丁·费雷尔（Martin Farrell）的《心理学的历史学与哲学基础》一书，便摒弃了心理学仅为实证主义自然科学的定义，将其知识谱系承接至理性主义与经验主义的传统中。

由于受精神分析学派影响，越来越多的西方学者倾向于将心理学的起源追溯到古希腊，从而形成"长时段"学科史。以弗洛伊德、荣格为代表的精神分析学派，将希腊神话原型作为心理治疗的核心隐喻，视古希腊灵魂理论为现代催眠术的源头。"长时段"说的另一个重要依据在于，心理学的现代术语"psychology"源于希腊术语"psyche"（心灵、灵魂）与"logos"（语言、理性）的结合，字面意为"关于人类心灵的讨论或学说"。这一学科术语体系深深根植于希腊语源，使得学者更倾向于追溯心理学与古希腊之间的渊源。毕达哥拉斯、柏拉图、亚里士多德、希波克拉底等古希腊学者曾系统讨论灵魂、欲望、神经学等知识范畴。"长时段"说刻意弱化了非西方文明的贡献。比如，布雷特（George Brett）的《心理学史：古代与教父时期》便是例证，仅以 10% 的篇幅处理希腊前史以及非西方文明。埃及、波斯等文明被符号化处理，希腊罗马部分却详尽论述。

瓦伦汀指出无论是"短时段""中时段"或者"长时段"的心理学史，都存在西方中心主义的价值倾向，从西方文明的某一时段开始建构心理学的学科史。瓦伦汀认为心理学有其更古老的历史源头。现有学术史掩盖了新石器时代的历史价值，将原始社会构建为蒙昧低级的历史阶段。在"文明—野蛮"的二元主义认知框架下，"石器—青铜—铁器"三阶段线性进化模式暗含欧洲文明处于顶端的价值判断，这种偏见使得史前社会沦为研究盲区，新石器时代人类的心理活动也被简单贬低为"原始思维"。瓦伦汀指出，近代以来由于科学主义特别是进化论观点深入人心，心理学被视为具有强烈唯物主义倾向的学科。而在古代，心理学知识恰恰与宗教、唯灵论、神学紧密相关。比如，埃及医学虽发达，却因未从唯物论或生物学的角度论及精神现象，而被当代学者排除在心理学史之外。

瓦伦汀主张将心理学的溯源大幅前推至史前时代，构建"更长时段"的心理学史。他指出，现代心理学受个人主义影响，通常关注个体层面的精神状况，而古代心理学则更重视社会心理与集体意识。瓦伦汀的灵感来自柏拉图在《理想国》中对个体心灵与城邦对应关系的解读。他主张从社会文化层面解读新石器时代人类对灵魂与心灵的理解。而在这些方面，本尼迪克特（Ruth Benedict）、布尔迪厄（Pierre Bourdieu）与玛格丽特·米德（Margaret Mead）曾对民族性格进行了细致研究。瓦伦汀认为，文化的集体特征有助于探究不同民族的心理现象。通过研究新石器时代群体信仰的仪式和符号系统，可以窥见其中的"世界观"，而新石器时代人类对宏观世界的建构源于对灵魂结构的模仿。从这个角度来看，萨满巫师堪称最早阐释灵魂与宇宙奥义的"心理学家"。作为一个涵盖巫医、预言者等多种角色的松散群体，萨满具备"穿越不同世界"的灵性特征。此外，瓦伦汀还指出，萨满在石器时代分布广泛，且不同地区的萨满教思想及仪式实践存在相似之处，这一现象暗示着早期心理学曾经历全球性的接触与扩散。

从第四章起，瓦伦汀聚焦于新石器时代萨满教展开研究，这也是其研究中最为关键的部分。他突破了"逻各斯中心主义"的局限，创新性地提出新石器时代的萨满教是用物质符号书写的"石质心理学"。在瓦伦汀看来，西方哲学传统中以理性、语言和逻辑为核心，并将其作为理解世界、获取真理的唯一可靠方式，经常忽视和贬低了其他古老文明的认知模式与思维方式。瓦伦汀指出，哥贝克力石阵以及T形石柱上的动物图腾，就是萨满宇宙观的立体投射。这些符号经过仪式内化为社群内部的"物质化的集体无意识"。瓦伦汀还从建筑方位解读出新石器时代的"三界心灵模型"，即地下（潜意识）、地表（日常意识）、天空（超验体验）的分层结构。通过对比不同地区萨满的实践活动，他发现新石器时代已存在系统的意识调控技术。土耳其遗址中使用的致幻植物、巨石阵的声学共振现象等，这些不仅是宗教体验的载体，更是早期人类对心灵结构的物质化表达。

瓦伦汀还区分了新石器时代晚期两种不同的萨满形式：在狩猎采集社会中，横向萨满教以个体身份与神灵沟通；而农业社会中的纵向萨满教，其职能由专业化群体垄断，这些群体逐步演变为青铜时代的祭祀阶层，甚至成为行政首领。为解释从新石器时代晚期到青铜时代萨满教由横向到纵向的断裂发展，瓦伦汀借鉴了朱利安·杰恩斯（Julian Jaynes）的"二分心智理论"和罗杰·斯佩里（Roger Sperry）的"左右半脑分工"理论。原始人类并非听凭理性和逻辑指导行动，而是依靠"幻听"系统下达指令。随着社会日趋复杂，二分心智模式瓦解，人类发展出内在叙事能力，左右半脑也形成分工。其中，左半脑负责逻辑理解、记忆、语言等连续性、分析性思维；右半脑则在空间想象、艺术创作和情感表达等方面发挥关键作用。约三千年前，人类才具备现代意义上的自我意识。正是这一时期人类脑部神经学发生变化，幻听系统逐渐被抽象理性逻辑所取代。

瓦伦汀认为，在文字诞生前，萨满靠听觉符号与神灵沟通。脑部半球结构变化使这种沟通方式改变，左右半球功能分化，左半球主导理性分析，右半球关联情感想象。横向萨满教时期，萨满与神灵沟通直接个体化；随着脑部演变，抽象理性逻辑兴起，纵向萨满教出现。这一转变伴随社会阶层分化与文字诞生，导致青铜时代文明的多样性。之后，瓦伦汀转向研究古代两河流域、古埃及、古希伯来、古代中国文明中萨满教遗存，指出文字时代也有类似新石器晚期心灵结构的表达。然而，青铜时代不同文化间文字符号系统的显著分野，致使各文明在灵魂认识论层面呈现出明显的异质性特征。

在第五章中，瓦伦汀介绍了古代苏美尔文明中心理学的发展情况。书记员群体的兴起反映出苏美尔人思维从具体到抽象、从单一到多元的转变过程。尽管楔形文字早期因偏向行政管理，在表达抽象心理概念时存在局限，但随着文化发展，其逐渐成为苏美尔人探索心理世界的重要媒介。社群中的祭祀与占星师在一定程度上承袭了早先的萨满角色。占星师将星象特殊组合与人类情感、行为变化相联系，或视为心理特质凸显的预示，或当作神灵对人类心理状态的警示，为民众提供心理指引与精神慰藉，展现出苏美尔人借助神秘主义理解内心世界的努力。以吉尔伽美什的故事为代表，苏美尔神话成为集体心理、世界观与自我认知投射的载体，实现了集体心理的反思与认同构建。

第六章讨论了古埃及心理学知识。古埃及人通过象形文字系统构建起精密的心灵哲学，将法老视为国家集体心理的具象化载体，这种"国家心理学"在吉萨金字塔群中达到巅峰，其融合精确几何计算与神话隐喻，体现左脑工程理性与古老萨满教元素的结合。埃及医学对神经系统有独特认知，祭司创造的灵魂分层模型，如将心脏（ab）视作心智中枢，统摄情感与理性，以生理器官承载心理哲学；"卡"（ka）、"巴"（ba）、"阿赫"（aakhu）等概念，构建起复杂的灵魂理论体系。此外，埃及人痴迷于梦，发展出特色解梦传统，象形文字图像、符号与语音"三位一体"的特性，深度重塑了古埃及人的脑功能结构。

第七章考察了犹太文明的心理学阐释。在《创世记》中，人类被描述为生物性的"肉身"（basar）与"灵性"（nephesh）的结合。人的内在灵魂具有"道德意识"（lev）和"神圣灵感"（ruach）的整体。这种身心结构区别于埃及式的灵魂重生。希伯来字母表的诞生推动文字革命，使书写走向大众化。先知（navi）作为神人中介，将口头启示转化为公共律法，打破传统萨满与民众的界限。犹太心理学在一神论框架下，倡导人人平等承载"神的形象"。这一观念为西方心理学的人性平等观埋下伏笔，也影响了弗洛伊德等犹太思想家对身心统一的观点。

在最后一章中，瓦伦汀注意到了古代中国心理学的独特之处，认为其符号系统与哲学体系的深度整合造就了中国人的思维方式。商周时期形成的甲骨文字系统"文"与《易经》二进位制卦象体系，二者起源于占卜方法且相互交织，构建了中国人独特的思维方式。中国心理学的核心特质在于身心统一的整体观，以及天人对应的宇宙论。这有别于埃及的灵魂解剖学与希腊的灵肉二分观念。商周的"心"字兼具心脏器官与思维情感之意。早期萨满"绝地天通"的仪式后来演变为周王祭天特权。然而，在《易经》占卜中仍保留了个体与神秘力量对话的民间传统。新石器时代的二元对立思维经《易经》系统化，发展为六十四卦的决策模型。

作为一部跨学科心理史学的探索之作，该书仍存在一些有待关注的不足。从读者定位的角度而言，作者似乎主要面向心理学专业群体。书中对历史基础知识的详细阐释，对历史专业的读者来说稍显冗余；而在心理学理论层面的深度剖析，又稍显不足。在章节结构上，该书也有一些令人困惑的地方。书中每章开篇对前一章内容的重复性回顾，虽有助于知识的连贯衔接，但这种设计使得全书更似课堂讲义，容易打乱跨文明比较的逻辑脉络，影响阅读的流畅性与整体感。在具体内容方面，瓦伦汀对古印度和古希腊心理学传统的分析较为扎实深入，因此这部分内容被单独整理成一卷出版。书中论述最为翔实的部分集中于新石器时代晚期和古埃及相关讨论，相比之下，对古代两河文明、犹太文明，以及商周文明的介绍则稍显简略。此外，作者在书中花费大量篇幅探讨语言文字系统对不同文明思维模式的塑造作用，并以此为基础阐述青铜时代萨满教在各文明中的发展历程，但对心理与灵魂知识本身的实质性探讨却相对较少，这在一定程度上削弱了分析的深度与力度。

不过，这部作品依然瑕不掩瑜。作者以全球史视角为切入点，尝试重新界定心理学的起源，致力于在新石器时代晚期至青铜时期的古老文明间，构建起连续的心理学知识谱系。此举旨在打破传统"希腊中心说"，乃至更广义上的"西方中心论"的学术桎梏，为心理学史研究开辟了全新路径，其创新价值与启发性不容忽视。

（杨凡，山东师范大学世界史博士后）

Abstracts

The "Material Turn" in World and Global History

Giorgio Riello (31)

Abstract: This article charts the confluence and eventual overlap between two different fields: that of world/global history and that of material culture. At a basic level, world and global historians' interest in "things" is the result of the fact that material artefacts—whether commodities, luxuries, scientific tools, ethnographic specimens or unique art objects—have been seen as mobile as people. Yet, the so-called "material turn" in world/global history also raises a series of methodological and theoretical questions. I start with a historiographic overview to map the major currents and areas of global history affected by a "material turn". Moving from a historiographical to a conceptual plane, the main body of this article is dedicated to showing how material culture might come to the assistance of world/global history. It provides a series of methodological and theoretical tools for historians to play with established narratives and to revise the conceptualization of connectivity—a key concept in global history. I conclude with some reflections on how a material approach might relate to recent forays into what is now called global microhistory, addressing issues of agency and the relationship between academic and public history.

Key Words: early modern; material culture; global exchange; arts; consumption; connections

From "Decline" to "Transformation": The Change of Pattern in Studies of Ottoman History

Chen Gong; Zan Tao（67）

Abstract: This article reviews scholarship on Ottoman history spanning the "Classical Age" to the "Longest Century". Since the 1960s, the dominant pattern in this field has shifted from a narrative of "Ottoman decline" to one of "Ottoman transformation." In *The Emergence of Modern Turkey* (1961), Bernard Lewis argues that the Ottoman Empire experienced decline across political, economic, and cultural spheres. This decline paradigm remained the dominant pattern in the field of Ottoman history for an extended period. However, as specialized fields developed, historians increasingly began to interpret the changes in the Ottoman Empire during the 16th to 18th centuries as processes of transformation rather than decline. Baki Tezcan's *The Second Ottoman Empire* exemplifies this pattern shift toward "Ottoman transformation." Today, the transformation narrative has largely replaced the decline narrative as the prevailing pattern in the field.

Key Words: Ottoman Empire, Decline, Transformation, Comparative Study, Historiography

A Historical Examination of the Concept of "民主主义" in Global Perspective

Xing Ke（89）

Abstract: The term "民主主义" is widely used in eastern Asia, but in the major languages of Western Europe, there is only "democracy", not "democratism". In the 19th century, the word "democracy" expanded its meaning and gradually evolved from a political form to a social principle, which created the conditions for the creation of the concept of "民主主义". In the Marxist sphere, the term was developed along the lines of "social democracy - democratic revolution - демократизм". In the non-Marxist sphere, the term "民主々義" appeared in Japan in the 1880s, but its influence on the production of the Chinese concept of "民主主义" was limited. Between the late nineteenth and early twentieth centuries, an expanded sense of "democracy" came to China, and in the process of "ismization", a conceptual family of more than a dozen near-synonyms was formed. The emergence of various synonyms for "民主主义" reflected the ideological tug-of-war between different schools of thought over China's development path. In this tug-of-war, Marxism occupied a favorable position, creating a fertile ground for the further development of the theory. When the word "демократизм" used by Lenin was planted like a seed in this fertile soil, "New Democracy" came into being. "New Democracy" is a concept with Chinese characteristics that emerged from global cultural interactions and has had a wide international impact.

Key Words: conceptual history; democracy; New Democracy; Marxism

The Concept of "Comfort" and Localized Sweetened Tea Drinking among the British Middle Classes in the Eighteenth Century

Chen Zhijian; Zhou Nan (104)

Abstract: Introduced to Britain in the mid-seventeenth century as a symbol of Chinese culture, tea consumption became widespread by the late eighteenth century, fostering a unique British tea culture. This period witnessed a significant shift in British tea-drinking practices, from the unsweetened "qingyin" (清饮) to the sweetened and milked "nongyin" (浓饮). This transformation reflects distinct cultural constructions of tea consumption across different social classes. While the upper class associated unsweetened "qingyin" with markers of status, such as lineage, novelty, and luxury, establishing it as a signifier of social distinction, the middle class's adoption of sweetened tea was driven by their pursuit of "comfort". This concept is deeply rooted in the socio-cultural context of the era, shaped by Enlightenment philosophy, health literature, and the Evangelical movement. This study demonstrates the dynamic evolution of the cultural attributes associated with tea-drinking, highlighting their responsiveness to broader societal changes.

Key Words: 18th century; Britain; sugared tea; status; comfort

Perceptions and Imagined Constructions of the "Orient" among Classical Greek Intellectual Elites: A Case Study Centered on Aeschylus's Works

Shao Shenshen (127)

Abstract: The Greco-Persian Wars of the 5th century BCE profoundly reshaped not only the relationship between Greece and the Orient but also the perceptions of the "Orient" (particularly Persia) among Classical Greek intellectual elites. Aeschylus, a pivotal representative of these elites, was both a soldier who fought against the "Eastern barbarians" and a poet who inherited the literary legacy of his predecessors. His tragedies centered on the Orient or its figures reflect Greek cognitive frameworks toward the "Orient", interwoven with imaginative elements. By analyzing specific works of Aeschylus—notably *The Suppliants* and *The Persians*—within their historical context, this paper traces the evolution of the "Oriental image" during the Classical era, examines Aeschylus's discursive construction of the "Orient", and attempts to elucidate the enduring influence of his Oriental representations on later Western thought.

Key Words: Aeschylus; Greek tragedy; the Orient; *The Suppliants*; *The Persians*

Between Name and Reality: External Construction and Self-identification of the "Saxons"

Zhang Youjie (145)

Abstract: Since the 2nd century, the external construction and self-perception of "Saxons" has evolved in the course of history. The externally constructed "Saxons" initially referred to an unspecified group of people, but it was gradually modified in the course of interaction and influenced the reality and self-perception of the Saxons people. The onslaught of the Saxon wars and the conquest and integration of the Carolingian dynasty led to the unification of the external construction and self-perception of "Saxons". At the same time, however, the Saxons also went on to merge with other barbarian groups to form a new ethnic group, and eventually "Saxons" was left as a cultural concept. The internal and external perceptions of "Saxons" were influenced by social development and communication, and the two also influenced each other, jointly contributing to the evolution of the relationship between name and reality. This process not only reflects the complexity of the interactions between individuals and society, and between the external and internal, but also provides a new perspective for understanding the development of historical identity, and a profound insight into the nature of human cognition and social evolution.

Key Words: Saxons; identity; the relationship between name and reality; external construction; self-identification

Manuel Ⅱ's Journey to Western Europe from the Perspective of Cross-Cultural Interaction

Jiao Pengfei (164)

Abstract: At the end of 1399, Byzantine Emperor Manuel Ⅱ traveled to the West with the Frenchman Boucicant, hoping to obtain economic and military aid from Western Europe to resist the increasingly powerful Ottoman Turks. The emperor visited northern Italy, France, and England, engaging in multiple negotiations with kings and nobles, and ultimately returned to Constantinople in 1402. Although Manuel Ⅱ's journey to Western Europe did not achieve its intended diplomatic goals, from the perspective of cross-cultural interaction, the emperor's journey left a deep impression on the people of Western Europe. The accounts of Manuel Ⅱ and Western historians reflect that, during the initial stages of cross-cultural interaction, the existence of cultural boundaries led to a largely imaginative understanding of the other, based on their own cognitive frameworks. As cultural contact deepened, Manuel Ⅱ drew on Western art and theological theories to create two works: an ekphrasis and a theological essay, demonstrating his efforts to address the contradictions of cultural adaptation and cultural boundaries. After Manuel Ⅱ left Western Europe, his long-term stay in the west and the subsequent fall of the Byzantine Empire greatly increased Western interest in him, leading to the creation of numerous literary and artistic works based on his figure. However, due to the unequal "power" structures between the two sides, the different perceptions of this "cross-cultural interaction" in Western Europe and the Byzantine world led to different outcomes, primarily in terms of the impact of the journey to Western Europe. Therefore, studying Manuel Ⅱ's journey to Western Europe from the perspective of cross-cultural interaction, using theories of cultural boundaries and "power" relations, provides a new perspective distinct from political and diplomatic history. This approach can better understand the narratives and representations of both parties involved and offer a new angle on cultural exchanges between Byzantium and the West.

Key Words：cross-cultural interaction；Manuel Ⅱ；Western Europe；cultural boundaries；power relations

From Chinoiserie to Localisation：Re-exploring the Eastern Origins and Local Creations of the European Ceramics in the Perspective of Mutual Learning among Civilizations

Xue Bing（182）

Abstract：Before the 18th century, Chinese porcelain industry enjoyed a global monopoly. At the beginning of the Age of Sail, Chinese porcelain goods were carried to the west, meeting the needs of all social classes for daily use, furnishings, collection and display, and attracting a considerable amount of precious metals to China. European potters, after a series of imitation, experimentation and innovation, finally fired hard porcelain. Afterwards, they surpassed Chinese export porcelain in terms of technology and sales. The uniqueness of the Chinese ceramics comes from its integration with Chinese history and culture, but the implied meaning usually changes when it is removed from the home country, and new connotations emerge to meet the target market. The world history of ceramics from the 16th to 18th centuries shows that, from imitating Chinese products to creating the local styles, generations of European artisans have witnessed and demonstrated the fascination of cross-cultural understanding. This is also a useful attempt in exchange, integration and innovation of the material and spiritual civilizations in the world.

Key Words：export porcelain；European porcelain industry；Oriental origins；localisation；innovation

Hints on Etiquette and the Usage of Society Compiled by John Fryer from a Cross-Cultural Perspective

Cai Jifeng (203)

Abstract: *Hints on Etiquette and the Usage of Society* compiled by John Fryer is the first etiquette book from modern Europe, as well as the first Western conduct book translated and introduced to modern China. It was translated into multiple languages and subsequently published and circulated in Europe, North America, Asia, and Oceania. As an affordable and accessible English etiquette guide, *Hints on Etiquette and the Usage of Society* pioneered a new genre of etiquette writing in European civility. It not only provided codes of conduct for the British middle class, helping them to ascend socially, but also created more nuanced forms of social distinction, bringing ordinary people into the realm of etiquette practices. After Fryer's compilation and translation, *Hints on Etiquette and the Usage of Society* gradually evolved from a textbook for new-style schools to an important document in the system of Western learning. It not only helped to reflect upon and reinterpret traditional concepts of civility but also encouraged intellectuals in the early Republic period to continue writing new Western manner guides. These newly written guides provided new behavioral standards and lifestyles for progressive youth studying abroad and participating in work-study programs. *Hints on Etiquette and the Usage of Society* which instilled civilized discipline into intellectual communities of different societies in both East and West, not only signified the cross-cultural flow of modern European etiquette culture, but also marked the beginning of interaction between Chinese and Western social manner.

Key Words: *Hints on Etiquette and the Usage of Society*; John Fryer; etiquette book; manner interaction

The Eben Ezer Colony Project and the Image-Building of British North America by Early Modern European Colonists (1732—1775)

Gao Longhai (222)

Abstract: In 1732, under the planning of groups such as the Augsburg Lutherans, Halle Pietists, the Society for Promoting Christian Knowledge in England, and Colonial Trustees, a group of Salzburg Protestants who had been persecuted by the Catholic Church went into exile in Georgia in the southeastern United States and founded the EbenEzer Colony. In the propaganda of the German and English Protestant community, three different but related discourse patterns were formed: in the pre-migration period, under the influence of traditional German notions of the exotic and emigration pamphlets, the Salzburg immigrants saw North America as an improved version of Germany in the mirror; in the early stages of immigration, Protestant groups borrowed the wilderness discourse from classical Christian tradition, comparing the immigrants to the Israelites in Egypt, led by God through the wilderness of EbenEzer to the Promised Land, thereby constructing colonial legitimacy for the project of the EbenEzer; in the middle to late period, after the settlers improved the wilderness, North America became a prosperous "vine-garden of the Lord," intended to provide a model for European Protestantism and colonial expansion. The EbenEzer colonial project was a microcosm of the transatlantic expansion of Protestantism. Also, the propaganda and shaping of the image of the North American colonial space by European colonists had a profound impact on the European perception of the North American and American perception of the wilderness.

Key Words: the EbenEzer Project; Salzburg protestants; Biblical discourse; desert discourse; "vine-garden of the Lord"; image building

Britain, the United States and the Transfer of Power in Pakistan, 1947—1954

Liu Heng (242)

Abstract: The path to the U. S. -Pakistan Alliance was actually a history of multilateral interaction among Britain, the United States and Pakistan. Britain played a special role in Pakistan's early defense building after independence, reflecting the protracted nature of decolonization in South Asia. However, Britain's support to the defense of Pakistan was rather limited as a result of Pakistan's peripheral position in the diplomatic and defense strategy of Britain. Pakistan's alliance with U. S. not only marked the beginning of the cold war in South Asia, but also symbolized the transfer of power from Britain to the United States in Pakistan. The publicly coordinated policy concealed the divergence between Britain's imperial interests and the United States' Cold War strategy. If, according to Robert Mc-Mahon, the US military commitment to Pakistan was based on a "inchoate and inconsistent" strategy vision motivated by the Cold War, the policy objectives of Britain remained clear and coherent, in the eyes of the British policymakers, the existence of empire depended on the Anglo-American cooperation in areas that mattered strategically to Britain such as the Middle East, Pakistan was the price which Britain deserved to pay in order to "pull the Americans in Middle East".

Key Words: Britain; the United States; Pakistan; Middle East

The Imperialization of NATO and its Changing Power Structure in the Perspective of "Empire" Studies

Ju Weiwei (264)

Abstract: Based on summarizing the concept and connotation of "empire" in Western academia, this paper sorts out the historical development and expansion of NATO from its inception to the Cold War and the post-Cold War era, and discusses the process of the emergence, strengthening and establishment of NATO's identity as an "empire". Taking "imperial mixed power" as the starting point, this paper conducts an in-depth analysis of NATO's "imperial power structure" through the internal power operation mechanism and system, mainly the "three types of power mixed regimes" embodied in NATO, and then analyzes NATO's power structure, operation mechanism and development direction through the research perspective of the concept of "empire".

Key Words: NATO; empire; expansion; power

Andrew Watson's Theory of the "Arab Agricultural Revolution" and its Historical Contributions

Cheng Liwei (289)

Abstract: The theory of Islamic agricultural revolution was put forward in

1974 by Andrew Watson, a famous scholar at the University of Toronto in Canada, in the context of the rise of global history. The Arab conquest, he argues, led to the spread of 18 new crops, irrigation techniques, and new agricultural practices across the three continents of Asia, Africa, and Europe, leading to a dramatic increase in land productivity that triggered an agricultural revolution that brought economic prosperity to the early Arab world. This revolution was possible not only because of the favorable environment provided by the media, but also because of the dual drive of demand and supply. This theory proposed by Watson is not only a new understanding of the agricultural tradition of Islamic civilization, but also a deep exploration of the power of the transformation of the world in the early Middle Ages. Watson made a foundational contribution to the development of many academic fields with his transcendental research, and its influence continues to grow today. Therefore, how to evaluate Watson's academic contribution is a topic worthy of attention.

Key Words: Arab Agricultural Revolution; new crops; irrigation techniques; crop rotation; Andrew Watson

The Shift in Earth Environmental History: An Examination Centered on *Planet of Desire: Earth in the Time of Humans*

Xu Kehao (309)

Abstract: As an emerging perspective and methodology in historical research, environmental history is demonstrating its growing vitality, particularly in its efforts to expand the scope and boundaries of the field. In recent years, Earth environmental history has drawn inspiration from panoramic and long-term historical narratives, incorporating insights from global history and "big history" to foster continuous innovation, and continuously developed and innovated in the study of environmental history. It has gradually shifted the focus from "the history of the relationship between man and his surrounding environment" to "the evolution history of humans and the environment as an integrated whole". Donald Worster, a pioneering figure in advancing environmental historical studies, further advances this transition in his latest monograph, *Planet of Desire: Earth in the Time of Hu-*

mans. He introduces the concept of "human nature" for the first time, transcending the entrenched dichotomy between human and natural histories. He goes beyond human activity to examine the planet as a whole, analyzing the major changes and transformations in human history within a more natural, material, and planetary research framework, and reassessing planetary history from the perspective of the evolution of humans and the Earth.

Key Words: earth environmental history; human nature; planetary History; historiography

《全球史评论》稿约

一、《全球史评论》是由刘新成教授和刘文明教授主编、首都师范大学国别区域研究院和全球史研究中心主办的连续性学术辑刊，为 CSSCI 收录集刊和 AMI 核心集刊，半年刊，由中国社会科学出版社出版发行。

二、《全球史评论》致力于介绍最新的全球史理论，推进全球史的研究视野和方法，提倡有关跨文化、跨国家历史现象的研究，注重揭示全球视野中不同文明之间的互动，探寻全球化进程中政治、经济、文化、生态环境等方面的变迁及其全球性与地方性的关系。

三、《全球史评论》设"全球史理论与方法""专题研究""学术评论""海外新书评介"等栏目。"全球史理论与方法"和"专题研究"为原创性的全球史问题研讨，字数一般不超过 2 万字。"学术评论"为某一全球史问题的学术史述评或重要论著的深度评论，1 万字左右为宜。"海外新书评介"是对近年来在海外出版且尚未译成中文的全球史著作的评介，4000 字以内为宜。

四、《全球史评论》对来稿一视同仁，执行双向匿名评审制度，以追求公正和严肃性。编辑部接到学者赐稿后，将在三个月内给予采用与否的答复。

五、稿件所涉文献引注格式，同《中国社会科学》及《历史研究》杂志的体例。

六、《全球史评论》编辑部投稿电子邮箱：cnuglobalhistory@163.com

《全球史评论》编辑部

2025 年 6 月